14.50

COLLECTION TEL

Georges Duby

Guerriers et paysans

VII-XIIe siècle

Premier essor
de l'économie européenne

Gallimard

AVERTISSEMENT

Ce livre ne prétend pas être un précis d'histoire économique. Ce n'est qu'un essai, une suite de réflexions sur une évolution très longue, dont j'ai tenté de percevoir et de débrouiller le jeu incertain et complexe. Les défaillances de la documentation, l'imparfait avancement de la recherche historique expliquent la part très large laissée aux hypothèses dans une telle construction. Mais en les énonçant, mon but essentiel reste de soulever des interrogations et des remarques, dont les plus critiques ont bien des chances d'être les plus fécondes. Il est certain, d'autre part, que pour embrasser une aire géographique aussi vaste et aussi diverse que l'était à l'époque l'espace européen, et pendant une période aussi étendue, mieux valait m'établir sur le terrain où je me sentais le plus sûr. Je précise donc que l'histoire qui m'est la plus familière est celle des campagnes, spécialement celle des campagnes françaises. Ceci pour que le lecteur s'étonne moins de certains choix, de certaines perspectives et de toutes les omissions qu'il découvrira dans cet ouvrage.

Beaurecueil, septembre 1969.

Première partie

LES BASES
VIIe ET VIIIe SIÈCLE

A la fin du VIᵉ siècle, lorsque se trouve à peu près close en Occident, avec l'établissement des Lombards en Italie et la descente des Basques en Aquitaine, l'ère des grandes migrations de peuples, l'Europe dont il est question dans ce livre — c'est-à-dire l'espace où le christianisme de rite latin s'est progressivement étendu jusqu'à la fin du XIIᵉ siècle — est un pays profondément sauvage. De ce fait, il échappe dans une large mesure à l'histoire. Dans les régions où naguère on employait abondamment l'écriture, l'usage de celle-ci est alors en voie de se perdre. Il pénètre ailleurs très lentement. Les textes qui nous restent sont donc fort rares. Les documents les plus explicites sont ceux de la protohistoire, ceux que livre la prospection archéologique. Mais ce matériel documentaire est lui-même défectueux : les vestiges de la civilisation matérielle sont pour la plupart de datation très imprécise; ils sont en outre dispersés au hasard des trouvailles, et leur répartition sporadique, extrêmement lacunaire, rend périlleuse toute interprétation d'ensemble. Insistons au départ sur les limites étroites de la connaissance historique, sur le champ démesurément large abandonné aux conjectures. Ajoutons que l'historien de l'économie se trouve sans doute plus démuni que tout autre. Lui font en effet presque complètement défaut les chiffres, les données quantitatives qui permettraient de compter, de mesurer. Il lui faut surtout, s'il tente d'observer dans ce monde très primitif, les mouvements de croissance qui, peu à peu, entre le VIIᵉ et le XIIᵉ siècle, l'ont fait émerger de la sauvagerie, se défendre d'appliquer abusivement à leur compréhension les modèles construits par l'économie moderne. Il apparaît aujourd'hui que les pionniers de l'histoire économique médiévale ont été souvent involontairement entraînés à surestimer l'importance du commerce et celle de la monnaie. La tâche la plus nécessaire — et sans doute aussi la plus difficile — consiste à définir ce que furent véritablement dans cette civilisation les bases et les moteurs de l'économie. Pour aider à cette définition, les réflexions des économistes contemporains apparaissent, en fait, moins utiles que ne sont celles des ethnologues.

Cependant, il existe en réalité des degrés au sein de cette commune dépression culturelle. Sur ses lisières méridionales, la chrétienté latine se trouve confrontée à des aires sensiblement plus développées qu'elle ne l'est. Dans les régions dominées par Byzance, et bientôt par l'Islam, continue de vivre un système économique hérité de la Rome antique, c'est-à-dire des cités qui exploitent les campagnes avoisinantes, c'est-à-dire une monnaie d'usage quotidien, des marchands, des ateliers où, pour les riches, sont fabriqués des objets splendides. De ces zones de prospérité, l'Europe ne fut jamais séparée par des frontières étanches; elle en subit constamment l'influence et la fascination. D'autre part, dans l'espace européen lui-même, s'affrontent en fait deux types d'inculture. L'un s'identifie au domaine germano-slave, au domaine « barbare », comme disaient les Romains; il est celui de la jeunesse, de l'immaturité, d'un accès progressif à des formes supérieures de civilisation; il est le lieu d'une croissance continue. L'autre est, au contraire, le domaine de la décrépitude; ici achèvent de se dégrader les survivances de la civilisation romaine; les divers éléments d'une organisation jadis complexe et florissante, la monnaie, la route, la centuriation, le grand domaine rural, la ville, ne sont pas tout à fait morts; certains sont susceptibles, un jour, de renaître; pour le moment, ils s'affaissent, insensiblement. Entre ces deux versants, l'un orienté vers le Nord et vers l'Est, l'autre vers la Méditerranée, se situe, sur les rives de la Manche, dans le Bassin parisien, en Bourgogne, en Alémannie, en Bavière, une marge largement étalée où s'établit plus activement qu'ailleurs le contact entre les forces jeunes de la barbarie et les débris de la romanité. C'est ici que s'opèrent des interpénétrations, des rencontres, dont beaucoup sont fécondes. Il convient de ne point perdre de vue cette diversité géographique. Elle est fondamentale. Elle commande, pour une bonne part, les premiers cheminements de la croissance.

I

Les forces productives

LA NATURE

Tout au long de la période dont traite ce livre, le niveau de la civilisation matérielle demeure si bas que l'essentiel de la vie économique se réduit à une lutte, celle que l'homme, pour survivre, doit mener quotidiennement contre les forces naturelles. Combat difficile, car il manie des armes peu efficaces, et la puissance de la nature le domine. Le premier souci de l'historien doit être de mesurer cette puissance, et d'essayer, par conséquent, de reconstituer l'aspect du milieu naturel. La tâche est difficile. Elle requiert une enquête minutieuse, conduite au ras du sol, à la recherche des vestiges du paysage ancien que conservent dans les campagnes d'aujourd'hui les noms que portent les lieux et les champs, le dessin des chemins, les limites des terroirs, les formations végétales. Cette enquête est loin d'être achevée; dans bien des régions de l'Europe, elle est à peine entreprise. L'image, de ce fait, reste floue.

En Europe occidentale, la steppe pousse une pointe avancée en Pannonie, dans le bassin moyen du Danube; elle s'insinue même peut-être plus loin encore, localement, jusque sur certains plateaux limoneux du Bassin parisien. Toutefois, c'est bien le développement de la forêt que, d'une manière générale, favorisent les conditions climatiques. A l'époque qui nous occupe, la forêt paraît régner sur tout le paysage naturel. Au début du IXe siècle, les possessions foncières de l'abbaye parisienne de Saint-Germain-des-Prés s'étendaient dans une région où l'effort agricole s'était sans doute développé plus largement que partout ailleurs : les bois recouvraient encore cependant les deux cinquièmes de ce patrimoine. Et, jusqu'à la fin du XIIe siècle, la proximité d'un vaste arrière-fond forestier retentit sur tous les aspects de la civilisation : on peut en découvrir la marque aussi bien dans la thématique des romans courtois que dans les formes inventées par les décorateurs gothiques. Pour les hommes de ce temps, l'arbre est la manifestation la plus évidente de la nature végétale.

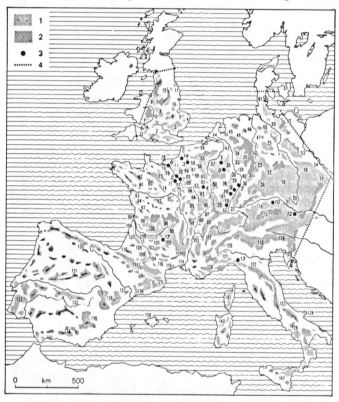

G. Fourquin : « La carte des forêts au haut Moyen Age », d'après *Histoire écono-mique de l'Occident médiéval*, 1969, A. Colin, collection « U ».

Deux remarques cependant s'imposent. D'une part, les sols sont, dans cette partie du monde, d'une extrême diversité. Leurs aptitudes varient souvent notablement sur de très courtes distances. La sagesse paysanne a toujours opposé les « terres chaudes » aux « terres froides », c'est-à-dire les sols légers, où l'eau s'égoutte facilement, où l'air circule, et qui se laissent travailler plus aisément, aux sols lourds, épais, que l'humidité pénètre mal et qui résistent à l'outil. Sur les pentes des vallons ou sur les plateaux se disposent donc des terrains où la couverture forestière est moins résistante, où l'homme a moins de peine à modifier les formations végétales en fonction de ses besoins alimentaires. Au VIIe siècle, la forêt européenne apparaît ainsi trouée d'innombrables clairières. Certaines sont récentes et étroites, comme celles qui fournirent leur nourriture aux premiers moines de Saint-Bavon de Gand; d'autres se déploient très largement, comme celles où, depuis des siècles, se mêlent les champs et les broussailles sur le limon des plateaux picards. On doit remarquer d'autre part qu'aux abords de la Méditerranée, l'aridité estivale, la violence des pluies, des écarts de relief plus accusés, la puissance de l'érosion qui arrache la terre au flanc des vallées et accumule en contrebas les dépôts infertiles rendent la forêt fragile, vulnérable aux feux qu'allument les agriculteurs et les pâtres, lente à se reconstituer, prompte à se dégrader définitivement en buissons. Sur le versant méridional, le combat pour la production des subsistances doit être mené moins contre l'arbre que contre les eaux. Il s'agit de domestiquer celles-ci pour protéger le sol le long des pentes, pour drainer les marécages des plaines et compenser par l'irrigation l'excessive sécheresse des étés.

Apparaît donc ici le rôle déterminant que jouent les variations climatiques. De la température, et plus encore de l'humidité, de la répartition des pluies au cours des saisons, dépendent la résistance plus ou moins grande des formations forestières, le comportement des sols, la réussite ou l'échec de l'homme lorsqu'il s'efforce d'étendre l'espace qu'il met en culture. Or, il n'est plus possible aujourd'hui de considérer que le climat est resté stable en Europe pendant les temps historiques. L'historien d'une économie aussi primitive que celle du premier Moyen Age ne peut, par conséquent, faire abstraction des fluctuations qui, même très légères, ont pourtant modifié les conditions de la lutte entre l'homme et la nature. Le difficile est de les dater et d'en estimer l'amplitude. Les textes médiévaux ne fournissent guère, en effet, à ce sujet d'indications valables. Certes, les chroniqueurs de ce temps se montrent d'ordinaire très attentifs aux météores; ils notent au long des années, parmi les autres calamités dont la colère divine frappe le genre humain, les froids excessifs et les inondations; mais leurs appréciations sont toutes subjectives, imprécises et occasionnelles. Or ce qui

importe à ce genre de recherches, ce sont des séries continues
de notations mesurables. On les a demandées à la dendrologie,
c'est-à-dire à l'examen des troncs d'arbres, dont les cercles
concentriques annuels traduisent, par la variation de leur
épaisseur, la plus ou moins grande vitalité de la plante, c'est-
à-dire ses réactions aux influences climatiques. Mais les
espèces arborescentes européennes sont de longévité insuffisante pour fournir des indices applicables au haut Moyen Age.
Les données les plus utiles au médiéviste restent donc, en
Europe, celles que procure l'étude de la crue et de la décrue
des glaciers alpestres. La tourbière de Fernau, dans le Tyrol,
située à proximité d'un front glaciaire, s'est trouvée à plusieurs reprises au cours de l'histoire recouverte par les glaces.
L'accumulation des végétaux fut alors interrompue, et dans
l'épaisseur de la tourbe on peut repérer aujourd'hui des couches
de sable plus ou moins épaisses qui s'intercalent entre les
feuillets de décomposition végétale. Elles correspondent aux
avances du glacier. Il est ainsi possible de proposer une chronologie, évidemment approximative, des flux et des reflux
glaciaires — c'est-à-dire des oscillations climatiques, puisque
les mouvements du glacier sont directement commandés
par les variations de la température et de la pluviosité. Il
apparaît alors que les Alpes ont connu, pendant le Moyen
Age, une première crue glaciaire, que l'on peut situer grossiè-
rement entre le début du Ve et le milieu du VIIIe siècle. Cette
phase fut suivie d'un retrait qui s'est prolongé jusque vers
1150, et la décrue fut alors, semble-t-il, nettement plus accentuée qu'elle ne l'est au XXe siècle. Ceci fait supposer que
l'Europe occidentale bénéficia, pendant la période corres-
pondante, d'un climat plus doux que celui d'aujourd'hui,
certainement aussi moins humide : on remarque alors dans
le sol des tourbières l'absence de mousses hygrophiles. Puis
les glaciers progressent de nouveau après le milieu du XIIe siècle, et fort brusquement : le glacier d'Aletsch a recouvert à
cette époque toute une forêt de conifères, dont les troncs
momifiés ont été remis au jour par le recul actuel. Cette
seconde phase active s'est terminée vers 1300-1350. Elle doit
être mise en relation avec un abaissement de la température
moyenne (faible, à vrai dire : les spécialistes la jugent inférieure à 1 °C) et avec une hausse de la pluviosité, dont
on découvre ailleurs les traces : sur le site d'un village provençal, certaines grottes furent abandonnées vers le milieu du
XIIIe siècle en raison de fortes infiltrations d'eaux que provoquaient sans doute l'aggravation des pluies d'été et l'affaiblissement de l'évaporation consécutif au rafraîchissement général.

Les données fournies par la glaciologie alpestre peuvent être confrontées à des phénomènes attestés par des témoignages d'un autre type et en d'autres lieux. Peut-être est-il hasardeux d'établir un rapport direct entre les oscillations climatiques et la transgression marine dont on vient d'établir l'existence, qui, peu après l'an mille, submergea les établissements humains sur les côtes flamandes. En revanche, il existe des concordances dignes d'intérêt entre les alternances de flux et de reflux glaciaires et les modifications du manteau végétal que met en évidence l'examen des pollens conservés dans les tourbières. L'étude de ces résidus végétaux permet notamment de bâtir une chronologie, elle aussi très approximative, de l'extension et de la rétraction des formations forestières au voisinage des accumulations de tourbe. L'un des diagrammes polliniques qui furent les premiers construits fait apparaître, sur les plateaux de la Germanie centrale, entre le viie et le milieu du xie siècle, un recul progressif de la forêt que suivit, au xiiie et au xive siècle, la lente reconquête de l'espace par l'arbre. Tout récemment, des études menées dans les Ardennes ont mis en évidence de la même manière, séparées par des phases de retrait, trois poussées successives du hêtre; placées respectivement aux alentours des années 200, 700 et 1200, elles corroborent ce que suggèrent les observations glaciologiques quant aux oscillations de longue durée du climat européen. Tout imprécis qu'ils demeurent encore, ces indices convergent : ils permettent de fonder l'hypothèse — et c'est l'intérêt qu'ils présentent pour notre propos — qu'un climat moins humide et plus chaud s'est établi en Europe occidentale entre le viiie et la seconde moitié du xiie siècle — c'est-à-dire au moment même où se dessine le premier développement d'une croissance économique dont nous verrons qu'elle fut alors essentiellement agricole.

Qu'il ne s'agisse pas d'une simple coïncidence, mais d'une étroite corrélation de ces deux phénomènes, il serait téméraire de l'affirmer. Les effets de la conjoncture climatique sur les activités humaines, en effet, ne sont pas simples. Il faut de plus considérer que la fluctuation fut certainement de faible amplitude, trop faible, en particulier, pour que l'élévation de la température et la réduction de la pluviosité aient pu déterminer dans le manteau végétal des changements d'espèce. Cependant, même si la hausse des moyennes thermiques annuelles, comme on peut le supposer dans l'hypothèse la plus prudente, demeura inférieure à 1° C, elle ne fut pas, dans l'état des techniques agricoles de ce temps, sans retentir

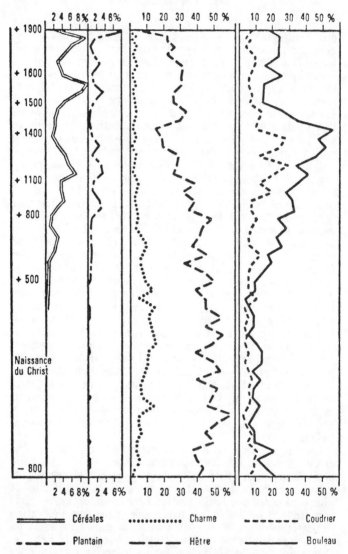

▬▬▬▬▬ Céréales	•••••••••••• Charme	▬ ▬ ▬ ▬ Coudrier
▬ ▪ ▬ ▪ ▬ Plantain	▬ ▬ ▬ ▬ Hêtre	▬▬▬▬▬ Bouleau

• Le diagramme de pollen du Rotes Moor, d'après Delort : *Introduction aux sciences auxiliaires de l'histoire*, 1968, A. Colin.

sur les aptitudes des sols cultivés : remarquons en effet qu'une telle variation correspond à peu près à la différence que l'on observe, dans la France actuelle, entre le climat de Dunkerque et celui de Rennes, entre le climat de Belfort et celui de Lyon. En outre, tout porte à croire que cette hausse fut accompagnée d'un relatif assèchement, et c'est là le fait important. Des recherches conduites sur les documents anglais datant d'une époque légèrement postérieure à celle qu'embrasse cette étude ont établi en effet que, dans les campagnes européennes soumises aux influences atlantiques, la récolte des céréales n'était guère affectée alors par les oscillations thermiques; mais elle était d'autant meilleure que l'été et l'automne étaient plus secs, et se trouvait au contraire compromise par des pluies trop abondantes, surtout lorsque l'excès de pluviosité se plaçait pendant la période automnale [1]. On ne peut donc négliger cette donnée que propose l'histoire très neuve du climat : dans les campagnes de l'Europe occidentale, qui se trouvaient au début du VIIe siècle encore enfoncées dans l'hostilité d'une longue période d'humidité froide, les conditions atmosphériques, selon toute apparence, devinrent par la suite peu à peu plus propices aux travaux de la terre et à la production des subsistances. De cette légère amélioration bénéficièrent surtout les provinces septentrionales. Dans la zone méditerranéenne, en revanche, le surcroît d'aridité rendit sans doute plus fragile encore la couverture forestière et le sol, par conséquent, plus vulnérable aux effets destructeurs de l'érosion.

CONJECTURES DÉMOGRAPHIQUES

Si l'on cherche à se représenter ce qu'était, au seuil de la période que nous étudions, l'implantation humaine, on se heurte à des difficultés presque insurmontables. Les documents écrits ne fournissent à peu près aucune indication. Les premiers dénombrements susceptibles d'être exploités par le démographe n'apparaissent en effet qu'au début du IXe siècle dans les inventaires de quelques grands domaines carolingiens; ils viennent tous des zones fort étroites où s'était alors répandu dans l'administration l'usage de l'écriture, c'est-à-dire des pays situés entre la Loire et le Rhin, d'une part,

---

1. J. Titow, « Evidence of Weather in the Account Rolls of the Bishopric of Winchester, 1209-1350 », *Economic History Review*, 1960.

et de l'Italie du Nord, d'autre part; enfin, ils ne concernent jamais que des îlots de peuplement très restreints. L'archéologie pourrait fournir des indices plus nombreux et moins inégalement répartis dans l'espace; mais la prospection demeure actuellement très limitée. Elle met au jour des vestiges d'habitat, dont l'interprétation démographique est des plus délicates. De l'étude des sépultures et des débris humains qu'elles contiennent, il est possible de tirer quelques informations relatives au sexe, à l'âge et parfois à la complexion biologique des défunts; sur ces données, on peut se hasarder à construire des tables de mortalité. Encore faut-il inventorier le cimetière tout entier, être sûr que tous les habitants du lieu y furent ensevelis, que ne sont pas intervenus des phénomènes de ségrégation en fonction de la condition sociale et de l'appartenance ethnique, délimiter enfin la période pendant laquelle la nécropole fut en usage, c'est-à-dire dater les tombes; on peut le faire, approximativement, lorsque celles-ci renferment un mobilier funéraire, mais les progrès de la christianisation et les modifications qu'ils déterminèrent dans le culte des morts font peu à peu disparaître, au fil du temps, tous les éléments de datation. Autant de problèmes techniques dont la solution n'est pas aisée et qui restreignent singulièrement la portée des découvertes. Fort hypothétiques aussi sont les résultats des recherches qui, par l'examen des terroirs, des sols et des résidus floraux, tentent de circonscrire pour ces époques anciennes l'aire de l'occupation humaine. En un mot, toute conjecture démographique relative à ce temps repose sur des fondements très fragiles.

Du moins l'impression d'ensemble est-elle que le viie siècle se situe, dans l'histoire du peuplement de l'Europe, au terme d'une longue phase de régression, qui n'est sans doute pas sans lien avec les fluctuations climatiques. Il est vraisemblable que le monde romain fut affecté à partir du iie siècle de l'ère chrétienne par un mouvement de déclin démographique. Ce lent affaissement semble avoir été brusquement précipité au vie siècle par l'irruption d'une épidémie de peste noire. Selon l'historien byzantin Procope, le meilleur témoin de ces calamités, le mal se répandit en 543-546 à travers l'Italie et l'Espagne, envahit une grande partie de la Gaule et poussa jusqu'aux rives du Rhin supérieur et moyen. On sait par la description qu'en donne Grégoire de Tours qu'il s'agissait en effet de la peste bubonique, qu'elle survint après des inondations catastrophiques, qu'elle attaqua toute la population et surtout les enfants, provoquant une mort immédiate.

Comme après la seconde attaque du même fléau que l'Europe subit au milieu du xive siècle, la maladie demeura présente pendant plus d'un demi-siècle, rejaillissant çà et là en poussées meurtrières. Les textes signalent de telles reprises en 563 en Auvergne, en 570 en Italie du Nord, en Gaule, en Espagne, en 580 en Gaule du Sud; la peste sévit à Tours et à Nantes en 592; elle règne entre 587 et 618 en Italie et en Provence. Aucune donnée numérique ne permet la moindre évaluation des effets de la mortalité. En Italie, ils se conjuguèrent à ceux de la guerre et de l'invasion lombarde. Les observations des archéologues mettent en évidence en tout cas un retrait sensible du peuplement, qui ne se limite pas aux espaces dont on sait, par les textes, qu'ils furent atteints par l'épidémie de peste. Elles font apparaître notamment un net recul de l'occupation humaine en Allemagne, dans le Sud-Ouest aussi bien que sur les côtes de la mer du Nord. Un exemple : le site de Mahndorf, au sud-est de Brême, était occupé par quatre-vingts paysans entre 250 et 500; entre 500 et 700, les habitants étaient, au plus, une vingtaine; la zone côtière, peuplée vers 400, semble ensuite se vider totalement.

Certaines évaluations d'ensemble de la population européenne ont été risquées pour le vi^e siècle. Elles proposent d'estimer la densité kilométrique à 5,5 en Gaule, à 2 en Angleterre — ce qui correspondrait à une population de moins d'un demi-million d'habitants —, à 2,2 en Germanie, où, dans les régions les plus intensivement occupées, l'espace cultivé aurait couvert 3,5 %, 4% tout au plus de la superficie globale. Gardons la plus grande prudence à l'égard de ces chiffres. Leur seul intérêt est de montrer combien les hommes étaient rares en Europe, au départ du mouvement de progrès que nous nous proposons d'observer. Ces terres forestières étaient à peu près vides. Leurs habitants apparaissent en outre en état de malnutrition : les ossements et la dentition recueillis dans les sépultures révèlent la pression de rudes carences alimentaires. Elles expliquent la vulnérabilité de la population aux attaques de la maladie. Des épidémies non identifiées sont attestées encore en Angleterre en 664, en Italie vers 680, en 694 en Narbonnaise; un retour offensif de la peste se développe en 742-743; le dépeuplement, l'abandon des terroirs qu'envahit le marécage provoquent l'installation tenace de la malaria dans les plaines méditerranéennes. Dans ce vide humain, l'espace est surabondant. Ce qui fait alors le vrai fondement d'une fortune, ce n'est pas la possession du sol, mais le pouvoir sur ces hommes, pourtant si misérables, et sur leurs très pauvres outils.

L'OUTILLAGE

De ces outils, nous ne savons à peu près rien. Il sont sans conteste moins bien connus que ceux des paysans du Néolithique. Les textes, les rares textes de ce temps, n'apprennent rien sur eux; ils livrent des mots; encore s'agit-il de mots latins transposant maladroitement le langage vulgaire, désuets et mal faits pour exprimer la réalité quotidienne. Sous ces vocables, comment discerner l'objet, sa forme, sa matière, donc sa plus ou moins grande efficience? De l'*aratrum* ou de la *carruca*, dont parlent de temps à autre les documents écrits très peu prolixes qui, au long des siècles, ont tenté de décrire les travaux des champs, que pouvons-nous connaître? Ces deux termes sans doute interchangeables — le premier préféré par les scribes plus lettrés parce qu'il venait du vocabulaire classique, l'autre traduisant plus fidèlement les parlers populaires — évoquent seulement un instrument tiré par un attelage et destiné au labour. Le second mot indiquerait tout au plus que cet outil était muni de roues, mais aucune glose ne permet de définir quelle était l'allure de son soc, si l'action de celui-ci se trouvait amplifiée par l'adjonction d'un versoir, c'est-à-dire si le laboureur disposait d'une charrue véritable, capable de retourner le sol et de l'aérer dans sa profondeur, ou bien d'un simple araire, dont le soc symétrique pouvait tout juste ouvrir un sillon sans retourner la terre. Les trouvailles archéologiques n'ont presque rien livré qui puisse éclairer, pour cette époque, l'histoire de la technologie paysanne. Et l'on ne peut pas attendre beaucoup de l'iconographie, d'ailleurs fort déficiente; rien ne permet en effet de juger si telle image s'est souciée de reproduire le spectacle de la vie contemporaine ou si, s'inspirant de modèles d'ateliers, antiques ou exotiques, elle présente, sans aucun souci de réalisme, des formes purement symboliques et dépourvues de toute référence au quotidien. L'absence d'informations certaines relatives à l'équipement paysan est particulièrement fâcheuse. Comment, en effet, se faire une idée des forces productives si l'on ignore tout de l'outillage?

Dans une obscurité si profonde, force est de recourir à des documents plus tardifs, aux textes que la renaissance de l'écriture, stimulée par l'administration carolingienne, a fait surgir à l'extrême fin du VIIIe siècle. Précisons tout de suite que ces écrits concernent exclusivement les plus vastes domaines et les mieux gérés, c'est-à-dire les secteurs d'avant-garde de la technique agricole. Les enquêteurs, qui reçurent alors mission de dresser l'inventaire de ces grandes exploitations, avaient l'ordre de dénombrer les outils dont disposait chaque centre domanial, et spécialement les ustensiles de métal parce qu'ils étaient plus précieux. Voici l'un de ces rapports. Conservé dans un manuscrit du premier tiers du IXᵉ siècle, il intéresse un grand domaine royal, celui d'Annappes, situé aux confins de la Flandre et de l'Artois : « Outils : deux bassines de cuivre, deux vases à boire, deux chaudrons de cuivre, un de fer, une poêle, une crémaillère, un landier, une torchère; deux cognées, une doloire, deux tarières, une hache, un grattoir, un rabot, une plane; deux faux, deux faucilles, deux pelles ferrées. Des outils de bois en suffisance [1]. » De ce passage ressortent clairement les faits suivants : les objets soigneusement inventoriés en raison de leur valeur sont d'abord des ustensiles de cuisine ou de feu et, en outre, quelques outils destinés au travail du bois; dans cette exploitation très vaste, où l'on élevait alors près de deux cents bovins, les seuls instruments de métal employés pour l'agriculture étaient destinés soit à couper l'herbe et le blé, soit à retourner la terre à la main; le maître n'en possédait qu'un tout petit nombre, sans doute parce que les travailleurs de la terre venaient pour la plupart de l'extérieur et apportaient avec eux leur propre outillage; aucun instrument aratoire n'est mentionné parmi les outils métalliques. La part du fer paraît donc extrêmement restreinte dans l'équipement agricole, et la rareté du métal se trouve confirmée par d'autres textes. Ainsi, la loi salique, dont la première rédaction latine date de 507-511 et qui fit l'objet d'adjonctions et de remaniements successifs au cours des VIIᵉ et VIIIᵉ siècles, punissait d'une lourde amende le vol d'un couteau. Le capitulaire *De villis*, ce guide rédigé aux alentours de l'an 800, à l'usage des régisseurs des propriétés royales, leur recommandait de dresser attentivement l'inventaire des forgerons, des *ministeriales ferrarii*; lors de leur passage à Annappes, les enquêteurs ont noté qu'il n'y en avait aucun dans le domaine. Dans le très grand monastère de Corbie, en Picardie, dont on connaît assez bien l'économie interne par les statuts qu'édicta l'abbé Adalard en 822, il existait un seul atelier pour lequel on achetait régulièrement du fer, et où l'on portait réparer tout l'outillage des différents domaines

1. *Monumenta Germaniae historica, leges,* Capitularia regum francorum, I, p. 254.

ruraux; or ce n'était pas là que les charrues employées dans
le potager de l'abbaye étaient fabriquées; fournies par les
paysans, elles étaient faites et réparées de leurs mains et par
conséquent, semble-t-il, sans recours au métal. On est donc
porté à penser que, dans les très grandes exploitations agricoles sur lesquelles nous renseignent les manuscrits de l'époque
carolingienne — à l'exception peut-être de ceux rédigés en
Lombardie, qui parlent plus souvent des forgerons et qui
montrent quelques tenanciers astreints à livrer en redevance
des socs d'araires en fer —, la charrue, l'instrument de base de
la culture des céréales, comptait parmi les outils de bois,
négligés par les rédacteurs d'inventaires qui se contentaient
de noter qu'il y en avait « en suffisance ». Elle n'était pas
confectionnée par un spécialiste, apte à la façonner de manière
plus complexe et plus efficace, mais dans la maison paysanne.
On peut penser que sa pointe d'attaque, tout entière en bois
durci au feu, à tout le moins recouverte d'une mince chape de
métal, était peu capable, même lorsque l'outil était très lourd,
muni de roues et traîné par six ou huit bœufs, de s'appliquer
à des sols épais. Elle ne pouvait même pas bouleverser assez
profondément les terres légères pour stimuler vigoureusement
la régénérescence de leurs principes de fertilité. Elle apparaît
une arme dérisoire, face à la puissance de la végétation naturelle.

A vrai dire, il n'est pas certain que le personnel des grands
domaines que décrivent les inventaires du ixe siècle ait été
aussi bien équipé que les cultivateurs des contrées plus sauvages. Ces exploitations appartenaient, en effet, presque toutes
à des moines, c'est-à-dire à des lettrés que fascinaient les
modèles classiques de l'agriculture romaine et qui cherchaient
à en appliquer les recettes à la mise en valeur de leur terre.
Or, la civilisation romaine, parce qu'elle était de dominante
méditerranéenne, parce que la Méditerranée est pauvre en
métal, parce que les sols arables y sont fragiles, parce que le
labour ne consiste pas à retourner la terre, mais seulement
à en briser la croûte superficielle et à détruire la végétation
parasite, ne s'était guère souciée du perfectionnement des
techniques aratoires : dès le début de notre ère, les Latins
avaient découvert avec surprise que les « barbares »
employaient un outillage agricole moins rudimentaire que le
leur; ils n'avaient pas cherché à se l'approprier. Pendant
le haut Moyen Age, quelques indices incitent à attribuer
une certaine supériorité technique à des régions moins « civi-
lisées » que ne l'était alors l'Ile-de-France. L'étude des langues
slaves établit, par exemple, que la charrue véritable, distincte

du simple araire, était, avant les invasions hongroises qui séparèrent Slaves du Sud et Slaves du Nord, c'est-à-dire avant le xe siècle, suffisamment répandue en Europe centrale pour recevoir un nom particulier. En Moravie, aux Pays-Bas, les archéologues ont découvert des objets de fer qui, peut-être, sont des socs d'araires. L'illustration d'un manuscrit anglais du xe siècle montre, en action, un instrument de labour muni d'un versoir. Ces socs de fer, le poète Ermoldus Nigellus les évoque au ixe siècle à propos de l'Austrasie, c'est-à-dire de la province la plus sauvage de la Gaule, et si, dans son *Colloquium*, dont le manuscrit qui en a conservé la version latine date des environs de l'an mille, l'Anglo-Saxon Aelfric Grammaticus fait dire au *lignarius*, à l'artisan du bois, « je fabrique les outils », il attribue au forgeron un rôle éminent dans la confection de la charrue : elle doit à ce travailleur du fer ses accessoires les plus efficaces et le meilleur de sa puissance. On ne saurait négliger ces indications éparses. Elles incitent à supposer que, durant la seconde moitié du Ier millénaire, les peuples forgerons de la Germanie primitive, dans l'obscurité totale qui recouvre alors l'histoire des techniques, ont peut être étendu peu à peu la place du métal dans les instruments de l'agriculture.

Conservons cependant l'image globale d'une société agraire fort mal outillée et contrainte, pour produire sa subsistance, d'affronter la nature les mains presque nues. L'allure très clairsemée que présente au viie siècle l'occupation du sol tient autant à cette précarité de l'équipement qu'à la défaillance démographique. Les terres cultivées en permanence sont rares, étroitement cantonnées sur les sols les moins rétifs au travail paysan. De ces champs, les hommes tirent une part de leur nourriture, mais une part seulement. Par la cueillette, la pêche ou la chasse — le filet, la nasse, tous les engins de capture constituent, et pour très longtemps encore, des armes primordiales dans le combat qu'ils livrent pour leur survie —, par la pratique intensive de l'élevage, ils trouvent abondamment de quoi se nourrir dans le marais, le fleuve, les friches et la forêt.

LE PAYSAGE

La physionomie du paysage reflète la densité du peuplement et l'état de l'équipement, mais aussi le système de culture, lequel dépend lui-même des traditions alimentaires.

En effet, il ne faut pas croire qu'une société humaine se
nourrisse de ce que la terre où elle est implantée serait la
plus apte à produire; elle est prisonnière d'habitudes qui se
transmettent de génération en génération et qui se laissent
difficilement modifier; elle s'acharne donc à vaincre les résistances du sol et du climat, pour se procurer à toutes forces
les aliments que lui imposent de consommer ses coutumes
et ses rites. De ceux-ci, l'historien doit, au préalable, s'informer lorsqu'il cherche à se représenter ce qu'étaient lans
le passé les usages agricoles.

On peut penser que la rencontre et la fusion progressive
de la civilisation romaine et de la civilisation germanique,
dont l'Europe occidentale fut le théâtre pendant le très
haut Moyen Age, favorisèrent, entre autres choses, la confron-
tation de traditions alimentaires sensiblement différentes.
Rappelons le dégoût qu'inspirait au Gallo-Romain Sidoine
Apollinaire la manière dont se nourrissaient les barbares qu'il
était forcé de côtoyer   leur cuisine, à base de beurre et
d'oignon, lui semblait répugnante. De fait, ce furent aussi
deux façons d'exploiter les ressources naturelles, et par
conséquent deux types de paysages, qui s'affrontèrent pendant
le viie et le viiie siècle, un type romain, en voie de dégradation, un type germanique, en voie de perfectionnement,
et qui progressivement s'interpénétrèrent.

Quelques textes font connaître, pour cette époque, le
modèle d'alimentation qu'avait légué Rome. On sait, par
exemple, que les pauvres entretenus dans les hospices de
Lucques recevaient chaque jour, en 765, un pain, deux mesures
de vin et une écuelle de légumineuses accommodées à la
graisse et à l'huile. Mais ce sont les chapitres xxxix et xl
de la règle édictée par saint Benoît de Nursie à la fin du
vi^e siècle pour les communautés monastiques de l'Italie
centrale qui fournissent les indications les plus consistantes.
Ces préceptes fixent en effet, pour les diverses périodes du
calendrier liturgique, le nombre des repas, la nature des
denrées qui doivent y être consommées, enfin la mesure des
rations. Disons brièvement que la règle de saint Benoît
enjoint de servir au réfectoire des plats composés, comme
aux premiers temps du monachisme, d' « herbes », de « racines »
et de légumineuses. Elle adjoint, en quantité très substan-
tielle, du pain et du vin, à ces nourritures que l'on consomme
crues ou cuites, et qui n'apparaissent plus, de ce fait, que
comme un complément, l'accompagnement du pain, le *companagium*. Remarquons bien qu'il s'agit là d'un régime très
spécial, composé pour des hommes qui s'étaient engagés

dans l'abstinence et qui, notamment, s'interdisaient, sauf en cas de défaillance physique, la consommation de la viande des quadrupèdes. De toute évidence, et puisque cette interdiction même est présentée comme une privation difficile et éminemment salutaire, le régime normal, dans cette région, faisait une place aux aliments carnés. On doit penser, cependant, que saint Benoît, et les maîtres dont il s'inspirait, animés par un esprit de modération, ne s'étaient guère écartés, lorsqu'ils instaurèrent ces règlements alimentaires, des coutumes en usage dans la société rurale de leur temps. En vérité, ce que, dans le droit fil de la tradition romaine, cette société méditerranéenne attendait de la terre, c'était bien avant tout des céréales panifiables et du vin, puis des fèves et des pois, les « herbes et racines » cultivées dans le jardin, enfin de l'huile.

Une telle manière de se nourrir avait pour elle de s'intégrer au style d'existence que la colonisation romaine avait de longue date implanté, au voisinage des cités, jusqu'en Bretagne et sur les rives du Rhin, et que les Germains voulurent s'approprier parce qu'il caractérisait à leurs yeux l'élite civilisée du monde heureux dont ils avaient forcé l'entrée. Par le prestige qu'elles devaient à ce qui les rattachait à la civilisation classique, ces habitudes alimentaires s'étaient donc imposées comme un modèle. L'un des signes élémentaires de la promotion culturelle fut donc de manger du pain, de boire du vin, de consommer ces deux espèces que les rites majeurs du christianisme proposaient comme le symbole même de la nourriture humaine. L'ample mouvement qui fait se diffuser ce type d'alimentation « civilisée » apparaît en plein développement au viie siècle : l'implantation, dans les zones sauvages du Nord et de l'Est, de nouvelles communautés monastiques dont les membres étaient astreints, par des textes précis, à se nourrir comme les paysans italiens contemporains de Benoît de Nursie contribua à propager ces pratiques alimentaires. Mais les adopter impliquait soit d'importer certaines denrées — ainsi les moines de Corbie, en Picardie, se procuraient-ils de l'huile dans le port provençal de Fos où l'apportaient, de plus loin encore, des navires —, soit de mettre en œuvre un système de culture approprié, fondé sur la production des céréales panifiables et sur la viticulture. D'un tel système on pouvait trouver les principes et les recettes dans les écrits des agronomes latins, vénérés au même titre que les autres vestiges de la littérature classique et recopiés comme eux dans les ateliers d'écriture des monastères — le plus ancien manuscrit des *gromatici* qui nous est resté vient de l'abbaye italienne de Bobbio et date du viie siècle. Bien que le climat, dans un large secteur de l'Europe occidentale, fût, en raison surtout de son humidité excessive, peu favorable à la culture du blé et moins favorable encore à celle de la vigne, le système avait largemment gagné du terrain. Il en gagnait encore. On est tenté de penser que la lente modification de la température et de la pluviosité favorisait ses progrès. Les membres de l'aristocratie, et en premier lieu les évêques, dont le rôle fut essentiel dans le maintien des formes supérieures de la civilisation antique, avaient créé des vignobles au voisinage de leurs résidences et encouragé l'extension des labours. Ainsi s'était répandu, fort loin de son berceau méridional, un certain type de paysage.

Ce paysage, dont la pièce maîtresse est le champ permanent, avait été initialement aménagé en fonction d'une agriculture de plaine, qui, en pays méditerranéen, exige une organisation collective appliquée à la domestication des eaux courantes. Dans les provinces les plus étroitement soumises à Rome, cette organisation s'était développée dans le cadre orthogonal, rigide, étatique, de la centuriation dont la photographie aérienne fait apparaître, en Afrique du Nord, en Italie, dans la basse vallée du Rhône, les traces fort nettes encore sous le réseau cadastral actuel. Les vastes espaces voués à la culture des céréales et aux plantations de vignes et d'oliviers se trouvaient répartis entre de grosses exploitations compactes, de surface quadrangulaire. Dans les régions plus éloignées de la Méditerranée, l'implantation des champs et des vignes s'était faite, de façon de moins en moins homogène, sur les sols de plus en plus rares et dispersés qui se révélaient propices à l'aménagement de clairières agricoles, autour de *villae* isolées. Dans ce système, la production des blés reposait sur une rotation biennale de la culture : la terre qui avait une année porté moisson était laissée en repos l'année suivante; sur cette jachère, on semait seulement un peu de légumineuses. De telles dispositions, ainsi que la présence de la vigne, impliquait une nette ségrégation entre l'élevage et les cultures : à l'*ager* s'opposait vigoureusement le *saltus*, la zone livrée au bétail. Prenons l'exemple de l'Auvergne, cet îlot préservé de la romanité au cœur de la Gaule, dont quelques notations éparses dans l'œuvre de Grégoire de Tours, qui en était originaire, permettent d'entrevoir le paysage rural. Le contraste y paraît abrupt entre la Limagne — « qui est couverte de moissons et n'a pas de forêts », où l'absence de bois oblige à faire du feu avec la paille et dont l'agriculture de plaine est constamment menacée par l'inondation et par le retour conquérant du marécage — et les montagnes qui l'entourent, les *saltus montenses*, la *silva*, domaine des chasseurs domestiques qui ravitaillent en gibier les demeures aristocratiques de la plaine, domaine des ermites qui ont voulu fuir le monde, domaine des pâtres surtout, vaste zone de parcours pour les brebis et qui, par grands secteurs, appartient à l'État, auquel les éleveurs paient des taxes de pâture.

Un tel contraste commande la répartition de l'habitat. Dans le *saltus* se maintiennent des formes primitives d'établissement, antérieures à la conquête romaine, des hameaux de hauteur, installés au carrefour de très vieux chemins, dont le réseau en étoile, encore visible aujourd'hui ici et là dans la topographie des campagnes, diffère sensiblement du réseau régulier et orthogonal instauré plus récemment dans les plaines par la centuriation. A ces *castella*, pour reprendre une expression de Sidoine Apollinaire, s'opposent les *villae* disséminées dans l'*ager*. Le vocabulaire des écrivains du VIIᵉ siècle distingue, d'une part, les résidences des maîtres *(domus)*, établies au cœur des grands domaines — flanqués des bâtiments d'exploitation et des cabanes où vivent les serviteurs domestiques, chacune est le centre d'un important noyau de peuplement —, et, d'autre part, les maisons des paysans *(casae)*, elles aussi dispersées au milieu des champs — la haie qui les protège abrite aussi, avec plusieurs constructions sommaires, les resserres et les jarres où l'on conserve les réserves de provisions. De loin en loin s'élève un *vicus*, une petite bourgade peuplée d'agriculteurs; ces agglomérations, pour le moment ouvertes et sans remparts — on en a dénombré treize en basse Auvergne et quatre-vingt-dix environ dans le diocèse du Mans —, sont devenues dès le VIᵉ siècle les chefs-lieux des premières paroisses rurales. Au plan religieux du moins, les *villae* d'alentour sont tenues pour leurs satellites.

A vrai dire, ces structures représentent un vestige du passé, en voie de détérioration comme toutes les réalisations de la civilisation romaine. Et l'une des raisons de leur progressive dégradation est que les traditions alimentaires subissent elles-mêmes une lente modification. En Gaule, parce que les liaisons commerciales se distendent et qu'il faut bien vivre de ce qu'on a, l'usage du lard, de la graisse, de la cire, tend à se substituer à celui de l'huile pour la nourriture ou l'éclairage. Mêmes changements en Italie du Nord, sous l'influence de coutumes importées par les envahisseurs germaniques et que le prestige des guerriers victorieux rend séduisantes : en Italie, la ration journalière de ces artisans spécialisés que sont les *maestri comacini* – on la connaît par des règlements du milieu du viie siècle – fait une large place à la viande de porc; dans les maisons des riches on s'accoutume à consommer de plus en plus de venaison. C'est-à-dire que les produits du *saltus*, de la nature sauvage, remplissent une fonction de plus en plus importante dans l'alimentation des hommes. Mais le paysage de type romain se dégrade aussi, parce que l'agriculture de plaine, rappelons-le, est fragile. La menacent et la détruisent peu à peu les entreprises des pillards, auxquelles la défaillance de l'ordre public laisse libre cours, et qui convergent vers les lieux où s'accumulent les richesses faciles à prendre – aussi bien que le relâchement des organisations collectives de drainage, incapables désormais de contenir efficacement l'action des eaux vagabondes. Insensiblement, les zones basses de l'*ager* se dépeuplent et vont à l'abandon. Au cours du viie siècle d'innombrables *villae* furent délaissées dont les archéologues découvrent l'emplacement au milieu des terres, tandis que des *vici* se vidaient de leur substance et devenaient de simples *villae*. Ces phénomènes sont corrélatifs à la chute générale de la population. Mais il est possible aussi que dès cette époque se soit mis en branle dans certaines régions de l'Europe méditerranéenne, en Italie centrale, un lent mouvement de transfert de l'habitat, un reflux vers les sites perchés de hauteur, une revigoration des cadres primitifs du peuplement indigène. La décadence de Rome se manifeste également par ce retour à des types de villages et à des systèmes de culture qui s'étaient autrefois établis en fonction, non pas de l'*ager*, mais du *saltus*, et d'une large exploitation de la nature sauvage – c'est-à-dire très proches de ceux des Germains.

★

Les paysages de type germanique se montrent à l'état pur dans les régions que la civilisation romaine n'avait pas touchées, comme le pays des Saxons, ou à peine effleurées de son empreinte, comme l'Angleterre. Sur ce revers septentrional de l'Europe, l'occupation humaine était très faible, trois fois moins dense, on l'a vu, qu'elle ne l'était sans doute en Gaule; les conditions climatiques et pédologiques imposaient ici, avant d'ensemencer la terre en céréales, de la retourner en profondeur avec un instrument tracté ou bien, et de manière certainement plus efficace, à la main, à l'aide d'une houe ou d'une bêche. Ces nécessités techniques et le petit nombre de bras imposaient de cantonner étroitement

les champs sur les sols les plus propices à ce travail, sur les
loess des plateaux en Germanie, sur les bords alluviaux des
rivières en Angleterre. Il est probable que, dans ces régions
sauvages, les clairières arables se trouvaient dès le vii⁰ siècle
en voie d'élargissement : c'est à ce moment sans doute que
les terres lourdes des Middlands, à la faveur peut-être d'une
extension de l'esclavage et d'une utilisation plus poussée
de la main-d'œuvre servile au travail des champs, furent
peu à peu colonisées par l'agriculture. Toutefois, en Germanie,
à cette époque, l'habitat rural restait généralement très dispersé en hameaux de très petite taille : sur tel site voisin de
Tübingen, dans l'Allemagne du Sud-Ouest, sur un terrain
pourtant particulièrement fertile et facile à travailler, les
archéologues estiment que se trouvaient établies, au début
du vi⁰ siècle, deux ou trois exploitations agricoles seulement,
qui ne nourrissaient pas plus d'une vingtaine de personnes;
dans la vallée de la Lippe, les agglomérations qu'ils ont repé-
rées réunissaient rarement plus de trois foyers. Ils se représentent l'espace cultivé autour de chacun de ces points de
peuplement comme un îlot très restreint, limité tout au plus
à une dizaine d'hectares. Cet *in-field*, d'étendue dérisoire,
était d'abord occupé par des jardins situés au voisinage
immédiat des maisons; objets d'un labeur assidu, enrichis
par les détritus du ménage et par le fumier de la basse-cour,
ces lopins formaient la part de loin la plus productive de l'aire
exploitée; il s'y trouvait quelques arbres fruitiers, rares
encore : les articles de la loi salique frappent de lourdes
amendes les voleurs de fruits. Quant aux champs, il semble
bien qu'ils étaient loin de couvrir tout le reste de la petite
clairière. Les Germains, en effet — Tacite l'avait jadis noté
dans la célèbre formule : *Arva per annos mutant et superest
ager* —, pratiquaient une rotation périodique de la culture
céréalière, et sur un rythme beaucoup plus lâche que dans
les campagnes romanisées; ils abandonnaient pour plusieurs
années à la friche les parcelles dont la fertilité commençait
à s'épuiser, ils y laissaient pâturer leur bétail et ouvraient
un peu plus loin de nouveaux labours sur des sols qu'un certain temps de repos avait régénérés. Ainsi s'étendait, au-delà
de l'espace vital voué au jardinage, c'est-à-dire à une culture
dont l'engrais et le travail manuel autorisaient la permanence,
une zone où se juxtaposaient ce que les premiers actes écrits
en Germanie pour garantir la possession foncière — ils sont
tardifs; le plus ancien que nous ayons conservé date de 704
— appellent *rothum*, c'est-à-dire les champs momentanément
délaissés, et *nova*, c'est-à-dire la terre nouvellement remise

en exploitation. Dès que la semence commençait à lever sur celle-ci, des « signes » étaient dressés pour en interdire l'accès et la loi punissait ceux qui ne respectaient pas ces défenses. L'aire où se déplaçaient lentement les moissons et où les arbres demeuraient nombreux était délimitée par des haies, dont l'importance juridique est attestée par toutes les lois des peuples germaniques; ces clôtures avaient pour but de protéger la terre en exploitation contre les dégâts des bêtes sauvages; mais elles signifiaient principalement l'appropriation du sol par les habitants du hameau. Franchie cette limite, se déployait, plus profonde, une nouvelle auréole, celle-ci soumise tout entière à l'exploitation collective de la communauté villageoise; les troupeaux y pâturaient du printemps à l'automne; on y pratiquait la chasse, la cueillette, on y prenait le bois pour les maisons, les clôtures, l'outillage et le feu. La forêt se trouvait ici fortement dégradée par tous ces usages, mais plus loin elle se développait intacte, et parfois sur de très larges espaces. Du paysage dont on entrevoit les structures dans la Germanie de ce temps, celui d'Angleterre différait peu. Sans doute, dans certaines parties de ce pays, et spécialement dans le Sud-Est, les clairières étaient-elles déjà moins exiguës; les hameaux étaient surtout fort peu distants les uns des autres et parfois les terroirs cultivés se rejoignaient; ainsi se disposaient des espaces continus de champs ouverts; autour des quartiers ensemencés s'élevaient des clôtures temporaires que l'on abattait après la moisson pour les dresser de nouveau à la première pousse des blés. Toutefois, certains textes, et notamment les stipulations des lois du roi Ine, qui datent du VIIe siècle, révèlent l'existence, auprès des parcelles de labour que possède chaque famille, de prairies qui sont objet d'appropriation collective, et de larges superficies boisées trouées ici et là d'îlots de culture intermittente et de grandes aires de pâturages, les *wealds*, communes à plusieurs villages. Alors que, selon les documents du Xe siècle, l'ensemble de l'espace inculte apparaît nettement délimité et réparti entre les différents hameaux, les premiers actes écrits, qui sont de trois siècles antérieurs, montrent qu'à ce moment les communautés paysannes installées le long des cours d'eau ne s'étaient pas encore partagé les zones abandonnées à la végétation sauvage.

Les rares indications dont on dispose pour connaître l'alimentation humaine dans cette portion « barbare » de l'Europe montrent que l'on y consommait aussi partout des grains. Au temps du roi Ine, les sujets astreints à ravitailler la maison royale livraient des pains et de la bière, et les archéologues qui

ont mesuré la superficie des étables exhumées dans les sites
d'ancien habitat sur les rives allemandes de la mer du Nord
jugent que les produits de l'élevage ne pouvaient assurer
que pour moitié la subsistance des habitants. Mais il apparaît
fort nettement que la part des blés était ici sensiblement
plus restreinte que dans les contrées romanisées. Les paysans
anglais fournissaient également à leur souverain, et en quantité considérable, du fromage et du beurre, de la viande, des
poissons et du miel. Se fondant sur les trouvailles archéologiques, W. Abel a calculé que les champs cultivés près des
hameaux de l'Allemagne centrale étaient trop peu étendus
pour procurer plus du tiers des calories nécessaires à ceux qui
les labouraient. Ces derniers devaient donc demander la plus
grande part de leur nourriture au jardinage, à la cueillette,
à la pêche, à la chasse, à l'élevage enfin. Le paysage dont
on découvre les traces dans l'Europe barbare répond incontestablement à un système de production moins agricole que
pastoral. De cet élevage, on sait qu'il était mêlé et que la
proportion des différentes espèces animales variait en fonction des aptitudes naturelles. Les bœufs et les vaches étaient
plus nombreux dans les contrées où l'herbe prédominait dans
la végétation naturelle : sur le site d'un petit hameau de
Germanie qui fut occupé, sur les bords de la mer du Nord,
entre le VIe et le Xe siècle, les ossements d'animaux se repar-
tissent de la manière suivante : bovins 65 %, ovins 25 %,
porcs 10 %. Toutefois, d'une manière générale, et parce que,
presque partout, la forêt de chênes et de hêtres constituait
l'élément majeur du paysage, l'élevage du porc était le grand
pourvoyeur de la nourriture carnée : au titre II de la loi
salique, seize articles traitent des vols de porcs, précisant
minutieusement, selon l'âge et le sexe de l'animal, le tarif
des dédommagements, et les forêts anglaises paraissent
parsemées de *denns*, c'est-à-dire d'installations affectées à
l'engraissement des porcs.

*

Cette association intime de l'élevage et de l'agriculture,
cette compénétration du champ et de l'espace pastoral,
forestier et herbager, est sans doute le trait qui distingue le
plus nettement le système agraire « barbare » du système
romain, lequel dissociait l'*ager* du *saltus*. Cependant, la distinction entre les deux systèmes se trouvait pendant le haut
Moyen Age en voie de progressive atténuation. Parce que,
d'une part, dans son ensemble le monde romain retournait

à la barbarie, parce que, d'autre part, le monde barbare se civilisait, parce que peut-être la pénétration du christianisme détruisait lentement les tabous païens qui mettaient obstacle au défrichement des forêts, parce que sûrement les hommes sauvages s'accoutumaient peu à peu à manger du pain et à boire du vin. Au cœur de la forêt allemande, l'étude des pollens de tourbière atteste au VIIᵉ et au VIIIᵉ siècle, malgré les retours de peste et toutes les mortalités, l'avance lente mais continue des céréales aux dépens des arbres et des broussailles. Tacite s'était étonné de ce que les Germains de son temps « n'exigeaient de la terre que des moissons » et ne plantaient pas de vigne; or la vigne est déjà l'objet d'une protection spéciale dans le code pénal de la loi salique, et lorsqu'il arrive au VIIIᵉ siècle à de grands propriétaires germaniques de se défaire de leur domaine en échange d'une rente viagère en nourriture, ils exigent du bénéficiaire de cet abandon de grosses livraisons de vin.

Or, précisément, c'est de la fusion de ces deux systèmes de production qu'est né finalement celui qui caractérise l'Occident médiéval, et cette fusion fut sans doute plus précoce et plus rapidement féconde dans les régions où s'établissait le plus étroit contact entre les deux civilisations : au cœur de la Gaule franque, c'est-à-dire dans le Bassin parisien. Il subsistait ici de vastes espaces forestiers : les grands domaines dont les testaments des évêques du Mans révèlent au VIᵉ et au VIIᵉ siècle la structure étaient en grande partie couverts par les bois et par les friches. Mais ces espaces occupés par la végétation naturelle et voués à des modes d'exploitation de type germanique voisinaient avec des « plaines », avec des zones défrichées de longue date et où s'étaient implantées les pratiques agraires romaines. Il se trouve que les premiers documents véritablement explicites qui dévoilent les procédés appliqués à l'exploitation rurale — ce sont les guides d'administration et les inventaires de domaines rédigés sur l'ordre des souverains carolingiens à l'extrême fin du VIIIᵉ siècle et au début du IXᵉ — concernent précisément ces régions de confluence. Ce qu'ils montrent, en ce point d'équilibre entre l'immaturité des paysanneries primitives et la dégradation des campagnes du Sud, dans des terroirs relativement favorisés par les influences climatiques et par la qualité des sols, ce sont des entreprises de production conduites par les agents du roi et par ceux des grands monastères, c'est-à-dire les plus attentivement soignées sans doute, des exploitations pilotes. On peut s'appuyer sur l'enseignement de ces textes pour tenter d'apprécier ce qu'était alors, dans le meilleur des cas, la productivité du travail rural.

Parmi ces documents, ceux — ils sont fort rares — qui ne décrivent pas la propriété monastique, c'est-à-dire des domaines où le régime alimentaire ritualisé de la communauté religieuse imposait de produire avant tout des céréales panifiables et du vin, montrent le rôle considérable que tenait dans la production l'exploitation du *saltus*. Les articles du capitulaire *De villis*, qui concerne les domaines du roi, invitent ceux qui les gèrent à s'occuper du soin des bestiaux et de la défense des bois contre la déprédation des défricheurs, beaucoup plus que des champs cultivés. Lorsque des enquêteurs visitant à la fin du viiie siècle la maison royale d'Annappes voulurent évaluer les réserves de nourriture conservées dans les celliers et les greniers, ils découvrirent relativement peu de grain, mais quantité de fromages et de quartiers de porc fumé. Toutefois l'inventaire qu'ils ont dressé montre aussi que les moulins et les brasseries, ces ateliers de transformation des céréales que le maître avait construits pour ses propres besoins mais que, moyennant un prélèvement proportionnel à l'usage, il mettait à la disposition des agriculteurs du voisinage, rapportaient régulièrement de grosses quantités de blé. Ce qui prouve que, même dans cette région demeurée fort pastorale et même au niveau de la petite exploitation paysanne, les champs étaient largement installés au cœur du système de production.

Pour que ces terres arables fussent à même de remplir leur fonction nourricière, il importait de les maintenir fertiles en les laissant périodiquement au repos, en leur apportant de l'engrais et en les labourant. De l'efficacité de ces trois pratiques conjointes dépendait le rendement de la culture céréalière. Mais cette efficacité dépendait elle-même étroitement de la qualité de l'élevage. En effet, les labours pouvaient être d'autant plus fréquents, et s'avéraient d'autant plus utiles, que les bêtes attelées aux instruments aratoires étaient plus nombreuses et plus puissantes; plus le troupeau lâché sur la jachère était important, plus reconstituante était la fumure naturelle; enfin la qualité du fumier que l'on pouvait répandre sur les champs était fonction du nombre de bœufs et de moutons qui demeuraient pendant l'hiver à l'étable. L'interdépendance des activités pastorales et agricoles constitue en Europe la clé du système de culture traditionnel.

Les documents du viiie siècle ne contiennent guère d'indications sur le bétail. Le peu qu'ils disent donne à penser cependant que les étables des grands domaines étaient mal garnies. Sans doute les bêtes élevées dans les exploitations paysannes satellites contribuaient-elles à revigorer la terre du maître; elles venaient paître sur ses jachères; on les conduisait labourer ses champs. L'impression demeure cependant d'une nette insuffisance du cheptel. Elle s'explique. Dans cette civilisation fruste, les aliments étaient rares; les hommes voyaient dans les animaux domestiques des concurrents qui leur disputaient la provende; ils mesuraient mal que la rareté et la faiblesse du bétail étaient en fait responsables des déficiences de la production agricole, c'est-à-dire de la pénurie des subsistances; ils ne se résolvaient pas à faire une place convenable à l'élevage des bêtes de trait. De ce fait, la terre était d'abord mal travaillée. On le voit par les inventaires des grands domaines carolingiens et ce qu'ils disent des corvées effectuées sur les champs seigneuriaux : à l'automne, la semaille du froment, du seigle ou de l'épeautre était préparée par deux labours successifs; un troisième labour précédait au printemps la semaille de l'avoine. C'était trop peu pour apprêter convenablement le sol, l'outil aratoire étant rudimentaire et tiré par des bœufs sans vigueur. Des équipes de travailleurs manuels devaient compléter l'action des araires par un véritable travail de jardinage : une fois l'an, les dépendants de l'abbaye de Werden venaient, avant le passage des laboureurs, défoncer à la houe une certaine surface du champ seigneurial. L'importance considérable des services de bras parmi les charges imposées aux tenanciers des grands domaines peut être tenue pour un palliatif à l'insuffisante efficacité du labour. Mais les hommes, eux aussi, étaient rares. Le manque de main-d'œuvre, la précarité de l'équipement technique interdisaient de reconstituer par le travail, autant qu'il eût fallu, la fécondité du sol.

Ceci imposait de ne point le solliciter trop vivement, de lui laisser de longs repos et de ne mettre chaque année en culture qu'une part restreinte de l'espace arable. Les observations des enquêteurs chargés de dresser l'état des exploitations agricoles n'apprennent guère sur les rythmes de la rotation des cultures. Il est à peu près certain qu'au IXe siècle, sur les grands domaines du Bassin parisien, on ensemençait en céréales de printemps, et accessoirement en légumineuses, les champs qui l'année précédente avaient porté des blés d'hiver. Les terres possédées par l'abbaye de Saint-Amand étaient en conséquence divisées en trois parts égales; chaque année, donc, un tiers seulement de l'aire cultivée était abandonné à la jachère et livré, semble-t-il, à la dépaissance du bétail; une semblable rotation triennale était, selon toute apparence, pratiquée dans les seigneuries monastiques des environs de Paris. Toutefois, et sans doute parce que les troupeaux qui pâturaient sur les champs laissés en friches, entre les barrières temporaires qui leur interdisaient l'accès des parcelles ensemencées, étaient trop peu nombreux pour que la jachère fût vraiment fécondante, on peut croire que, d'ordinaire, la récolte des blés de printemps était très inférieure à celle des blés d'hiver, et que souvent les champs demeuraient incultes plusieurs années consécutives : les terres de l'abbaye flamande de Saint-Pierre-au-Mont-Blandin ne portaient moisson qu'un an sur trois. Les insuffisances de l'outillage et de l'élevage obligeaient par conséquent à étendre démesurément l'espace agricole.

Enfin, l'apport d'engrais animal paraît avoir été extrêmement réduit. Les moines de l'abbaye de Staffelsee en Bavière obligeaient leurs dépendants à répandre régulièrement du fumier sur les champs domaniaux, mais dans des proportions dérisoires : chaque année 0,5 % seulement de la terre seigneuriale bénéficiait de cet apport. Les autres inventaires, lorsqu'ils énumèrent très minutieusement les obligations paysannes, ne font pas même allusion à un tel service. Il est donc permis de penser que la fumure ne tenait pratiquement aucun rôle dans les pratiques agraires de l'époque : le peu de fumier recueilli dans des étables trop faiblement garnies était vraisemblablement réservé au sol exigeant des jardins et des plantations de vignes. Intervenait toutefois, dans certaines régions, le recours à l'engrais végétal. L'archéologie révèle l'existence, aux Pays-Bas et en Westphalie, d'anciens terroirs dont le sol fut complètement transformé et singulièrement amélioré par l'introduction durant des siècles, et depuis le très haut Moyen Age, de mottes de bruyère et de plaques d'humus apportées des bois voisins. Mais rien ne prouve que de tels procédés de régénération pédologique aient été largement appliqués ailleurs. Labour inefficace, manque d'engrais : malgré les longues jachères, les pratiques utilisées pour stimuler la fécondité de la terre arable paraissent de faible portée. Même au IXᵉ siècle, alors que le progrès agricole était déjà depuis quelque temps en marche, et même dans des provinces comme l'Ile-de-France que l'on peut tenir pour plus développées que bien d'autres, le rendement du travail agricole semble bien, de ce fait, s'être maintenu très bas.

Il est difficile en vérité d'en apprécier le niveau. Un seul document fournit en effet sur ce point des données numériques, dont l'interprétation est d'ailleurs des plus délicates : c'est l'inventaire du domaine royal d'Annappes. On y trouve estimées, d'une part, les quantités de grains qui se trouvaient encore dans les greniers au moment de l'enquête — c'est-à-dire pendant l'hiver, entre les semailles d'automne et celles de printemps — et, d'autre part, celles qui venaient d'être semées. La comparaison entre les deux séries de chiffres montre que, dans l'exploitation centrale, il avait fallu consacrer aux nouvelles semailles 54 % de la précédente récolte d'épeautre, 60 % de celle de froment, 62 % de celle d'orge, et la totalité de celle de seigle. Autrement dit, les rendements de ces quatre céréales avaient été respectivement, cette année-là, de 1,8 pour 1, 1,7 et 1,6 pour 1, enfin 1 pour 1, c'est-à-dire nul. Ces taux sont si bas que beaucoup d'historiens ont refusé d'admettre qu'ils pouvaient correspondre à la réalité. Pourtant, il faut remarquer d'abord que, l'année où fut opérée l'estimation, la moisson avait été mauvaise, moins bonne en tout cas que l'année précédente : des quantités importantes d'orge et d'épeautre demeuraient en réserve de cette récolte-là. Il apparaît en outre que la productivité avait été légèrement plus élevée dans les exploitations satellites de la cour centrale, où le rendement de l'orge parvient à atteindre 2,2 pour 1. Par ailleurs, il est évident que des rendements de ce niveau, c'est-à-dire situés entre 1,6 et 2,2, sont loin d'être exceptionnels dans l'agriculture ancienne : on en découvre d'aussi bas au XIVe siècle encore dans la campagne polonaise, et même dans certains terroirs de Normandie qui n'étaient pas particulièrement infertiles. Enfin, d'autres indices épars dans les sources écrites de l'époque carolingienne incitent à penser que les grands possesseurs fonciers d'alors n'attendaient pas de leur domaine une productivité moyenne plus élevée. Le monastère lombard de Santa Giulia de Brescia, qui consommait chaque année quelque 6 000 mesures de blé, en faisait semer 9 000 pour couvrir ses besoins — c'est-à-dire que le rendement normal était estimé à 1,7 pour 1. Dans un des domaines de l'abbaye parisienne de Saint-Germain-des-Prés où 650 mesures de blé avaient été semées sur les champs seigneuriaux, les corvées de battage imposées aux paysans dépendants étaient fixées de manière à traiter une récolte de 400 mesures; le rendement escompté se situait ici encore aux alentours de 1,6 pour 1. Retenons par conséquent l'image, incertaine mais probablement juste, d'une culture céréalière partout répandue, mais très largement extensive, très exigeante en main-d'œuvre manuelle et pourtant fort peu nourricière. Obligés de réserver pour les futures semailles une part de la récolte au moins égale à celle qui pouvait les alimenter — et cette part, les rongeurs, tout au long de l'année, la leur disputaient, les ferments de pourriture la gâtaient —, menacés de voir ce faible surplus réduit sensiblement lorsque le temps d'automne ou celui du printemps avait été trop humide, les hommes d'Europe vivaient alors obsédés par la faim.

Malgré le constant recours à l'exploitation déprédative de la nature sauvage, malgré l'appoint considérable des produits de l'élevage et des jardins, la productivité dérisoire du travail agricole explique la présence permanente de la disette, plus oppressante peut-être dans les provinces où les hommes avaient pris l'habitude de se nourrir d'abord de pain : c'est dans la part la plus civilisée de la Gaule que Grégoire de Tours décrit ces gens qui s'acharnaient à faire du pain avec n'importe quoi, « avec des pépins de raisin, des fleurs de noisetier et même avec des racines de fougère », et dont le ventre enflait démesurément parce qu'ils avaient dû manger l'herbe des champs. Le niveau très bas des rendements céréaliers explique la faible vitalité d'une population pourtant fort clairsemée. De ses déficiences biologiques, les plus clairs témoignages proviennent des sépultures. Jusqu'à présent, les observations les plus riches d'enseignement se fondent, à ce propos, sur l'étude des cimetières hongrois des xe-xie siècles[1]. Mais il n'est pas trop téméraire de supposer que les conditions d'existence n'étaient pas meilleures aux viie et viiie siècles dans la plupart des régions situées plus à l'occident de l'Europe. Le plus frappant, dans ces observations, est la gravité de la mortalité infantile. Elle représente environ 40 % de l'ensemble : sur cinq défunts, un est mort à moins d'un an, deux avant quatorze ans. Parmi les adultes, la mort frappait surtout les très jeunes mères, si bien que le taux de fertilité s'établit à 0,22 pour les femmes mortes avant vingt ans, à 1 pour les femmes mortes entre vingt et trente, à 2,8 pour celles qui vécurent jusqu'au terme de la période de procréation. On mesure combien, dans de telles sociétés, se trouvait restreinte la marge de croissance démographique. Toutefois, dans les cimetières hongrois, on repère des tombes où la proportion des squelettes d'enfants est moindre : ce sont celles des plus riches. Au viie siècle, sans

1. G. Acsadi, « Les résultats des recherches paléodémographiques sur la mort .lité hongroise au Moyen Age » (en hongrois), *Törteneti Statistikai Evkönyv*, 1963-1964 ; J. Nemeskeri et A. Kralovanszky, « Estimations de la population de Szekesfehervar aux xe-xie siècles » (en hongrois), *Szekesfehervar evszazadai*, 1967.

doute existait-il encore sur les franges les plus sauvages de l'Europe, dans l'Est, le Nord, l'Ouest lointains, quelques peuplades de chasseurs ou de pêcheurs ignorant toute différenciation économique entre les groupes de parenté. Mais on peut penser qu'il ne s'agissait plus alors que de zones résiduelles, en voie de rapide résorption. Partout ailleurs — et c'est là le plus profond ressort de la croissance — une classe de seigneurs exploitait des paysans, les forçait, par sa seule présence, à restreindre les larges temps de loisirs qui sont le propre des économies primitives, à lutter avec plus d'acharnement contre la nature, à produire, dans leur profond dénuement, quelques surplus destinés à la maison des maîtres.

Les structures sociales

Ni la société romaine, ni les sociétés germaniques n'étaient en effet des sociétés d'égaux. Les unes et les autres reconnaissaient la prééminence d'une noblesse : ce qu'était la classe sénatoriale dans l'Empire; ce que formaient, dans les peuplades barbares, les parents, les camarades des chefs de guerre, dont les lignées, au moins dans certaines tribus, apparaissaient douées, par la qualité de leur sang, de privilèges juridiques et magiques. Les unes et les autres pratiquaient l'esclavage, et la guerre permanente entretenait la puissance d'une classe servile, régénérée chaque été par les rafles opérées sur le territoire des peuples voisins. Les migrations avaient affermi ces inégalités en ruralisant l'aristocratie romaine et en la mêlant à la noblesse barbare, en étendant aussi le champ des agressions militaires et en revigorant de ce fait l'esclavage : celui-ci trouvait une nouvelle vitalité sur toutes les lisières où s'affrontaient les diverses ethnies et sur les marges tumultueuses du monde chrétien. Trois positions économiques fondamentalement différentes s'établissaient de la sorte au sein du corps social. Celle des esclaves, totalement aliénés, celle des paysans libres, celle enfin des « grands », maîtres du travail des autres et de ses fruits. Tout le mouvement de l'économie, la production, la consommation, le transfert des richesses, se trouvait commandé par une telle configuration.

LES ESCLAVES

Dans l'Europe des VIIe et VIIIe siècles, les textes qui subsistent révèlent tous la présence d'hommes et de femmes très nombreux que le vocabulaire latin nomme *servus* et *ancilla*, ou qui sont désignés par un substantif neutre, *mancipium*, exprimant plus clairement leur situation d'objets. Ils appartiennent en effet totalement à un maître depuis leur naissance jusqu'à leur mort, et les enfants que la femme esclave met au monde sont appelés à vivre, à l'égard du propriétaire de leur mère, dans la même dépendance que celle-ci. Ils n'ont rien à eux. Ce sont des instruments, des outils animés que leur possesseur utilise à sa guise, entretient s'il lui plaît, dont il est responsable devant les tribunaux, qu'il punit comme il veut, qu'il vend, qu'il achète ou qu'il donne. Des outils de valeur lorsqu'ils sont en bon état, mais qui paraissent avoir été, en certaines régions au moins, d'un prix relativement bas. A Milan, en 775, on pouvait acquérir un garçon franc pour douze sous; il en fallait quinze pour avoir un bon cheval. Aussi, dans les contrées proches des zones agitées par la guerre, n'était-il pas rare que de simples paysans possédassent de ces instruments à tout faire : au ixe siècle, le régisseur d'un domaine appartenant à l'abbaye flamande de Saint-Bertin, qui cultivait en propre vingt-cinq hectares de labour, entretenait une douzaine d'esclaves, et les petits exploitants rattachés à la seigneurie du monastère austrasien de Prüm faisaient accomplir par leurs propres *mancipia* les services de fenaison et de moisson auxquels ils étaient astreints. Il n'était pas de maison aristocratique, laïque ou religieuse, qui n'abritât une équipe domestique de condition servile. Celle-ci rassemblait dix personnes dans telle *villa* qu'un évêque du Mans légua à son église en 572 : un ménage avec un petit enfant, quatre serviteurs, deux servantes, un garçon chargé de garder dans les bois un troupeau de chevaux; trois siècles plus tard, en Franconie, tel petit domaine laïc se montre semblablement équipé : un esclave, sa femme, ses enfants, son frère célibataire, un autre esclave avec ses sœurs, un garçon, une fille — et les noms que ces gens portent donnent à penser qu'ils descendaient de captifs vendus, trois générations au moins auparavant, lors des guerres que menaient les Francs contre les Saxons et les Slaves.

On le voit par cet exemple : la population servile se reconstituait à la fois par la procréation naturelle, par la guerre et par le commerce. Les lois prévoyaient aussi qu'un homme libre, pressé par la nécessité, décidât d'aliéner sa personne ou que, en punition de certain méfait, il fût réduit en servitude. Le christianisme ne condamnait pas l'esclavage. Il ne lui porta guère atteinte. Il défendait simplement, et cette inter-

diction ne fut sans doute pas mieux respectée que beaucoup
d'autres, de réduire des baptisés en servitude. En outre, il
proposait comme une œuvre pie d'affranchir les esclaves,
ce que firent, entre autres, nombre d'évêques mérovingiens.
Le plus sensible effet de l'imprégnation chrétienne fut d'amener à reconnaître aux non-libres des droits familiaux. En
Italie, l'idée progressa pendant le viie siècle que les esclaves
pouvaient contracter un mariage légitime; on passa de l'interdiction à la tolérance, puis à la réglementation de l'union
entre un esclave et une femme libre. De tels mariages mixtes,
très significatifs de la rupture progressive d'une ségrégation,
ainsi que la pratique de l'affranchissement, firent apparaître
des catégories juridiques intermédiaires entre la liberté
complète et son absence totale. Le droit de l'époque se souciait de fixer avec précision la valeur des personnes pour
que les dédommagements prévus en cas d'agression fussent
établis clairement; il détaille donc avec minutie les différentes strates de la hiérarchie juridique; ainsi l'édit du roi
lombard Rotari, promulgué en 643, situe, entre l'homme libre
et l'esclave, des affranchis et des demi-libres. Mais ces êtres,
pour n'être point enserrés aussi strictement dans les liens de
la servitude, demeuraient dans l'étroite dépendance d'un
maître qui prétendait disposer de leurs forces et de leur avoir.
L'existence au sein du corps social d'un nombre considérable
d'individus astreints au *servicium*, c'est-à-dire à la prestation
gratuite d'un travail indéfini, et dont la progéniture et l'épargne restaient à la discrétion d'autrui, marque d'un trait
fondamental les structures économiques de ce temps. Même si
de lents mouvements de profondeur préparent déjà, mais à
très longue échéance, l'intégration de la population servile à
la paysannerie libre et tendent, par conséquent, à modifier
radicalement la signification économique de l'esclavage.

LES PAYSANS LIBRES

Les règles juridiques, les titres qu'elles attribuaient aux
individus maintenaient l'existence d'une frontière entre la
servitude et la liberté. Ce que l'on entendait par là n'était
pas l'indépendance personnelle mais le fait d'appartenir au
« peuple », c'est-à-dire de relever des institutions publiques.
Cette distinction était plus franche dans les contrées les plus
primitives : les sociétés de la Germanie reposaient sur un
corps d'hommes libres. Le droit de porter les armes, de

suivre le chef de guerre dans des expéditions entreprises chaque printemps, et donc de participer aux éventuels profits de ces agressions, représentait le critère essentiel de la liberté. Elle impliquait en outre le devoir de se réunir périodiquement pour dire le droit et rendre la justice. Elle autorisait enfin à exploiter collectivement les parties incultes du terroir, à décider d'accueillir de nouveaux venus dans la communauté des « voisins » ou de leur en refuser l'entrée. Dans les provinces romanisées la liberté paysanne était plus étiolée et n'excluait pas la soumission à des formes strictes d'exploitation économique. Elle ne prenait toute sa vigueur que si elle s'alliait à la propriété du sol. Or une bonne part des paysans, sinon la majorité, étaient des « colons » qui cultivaient la terre d'autrui. Réputés libres, ils étaient en fait emprisonnés dans tout un réseau de services qui limitait singulièrement leur indépendance. Pour les ruraux, d'autre part, les devoirs militaires s'étaient convertis en l'obligation de pourvoir à l'entretien des armées de professionnels. La limite entre la liberté et les formes atténuées de l'esclavage se trouvait ainsi fortement estompée, et ces conditions préparaient son progressif effacement. Pourtant la dégradation de la liberté n'était pas totale. Il subsistait, notamment en Gaule, des paysans vraiment libres, ceux qui peuplaient les *vici*, ceux qui détenaient un droit d'usage sur les terres communes que les textes bourguignons appellent encore au xe et au xie siècle la *terra francorum.*

A propos de cette couche mère de la société rurale, les différentes sources de l'histoire ne sont guère prolixes. En effet, presque tous les documents concernent la seigneurie et parlent d'autant moins des hommes qu'ils sont plus indépendants d'elle. C'est à ce niveau cependant que se situe la cellule de base de la production agricole, l'équipe de travailleurs réunie par les liens du sang et appliquée à mettre en valeur la terre héritée des ancêtres. De la famille paysanne, on discerne très mal les structures. Les indications les plus explicites datent encore de l'époque carolingienne : dans la description des grands domaines sont souvent soigneusement énumérées toutes les personnes établies dans chacune des petites exploitations soumises à l'autorité du maître. L'image que suggèrent ces dénombrements est celle d'un groupe de parenté restreint au père, à la mère et à leurs enfants; des frères ou des sœurs non mariés font parfois partie du groupe, mais on ne voit guère qu'il rassemble des parents plus éloignés, et les fils, lorsqu'ils prennent femme, paraissent bien le plus souvent fonder un nouveau foyer. Il n'est pas certain que la structure de la famille ait été semblable dans les exploitations paysannes qui n'étaient pas prises dans le cadre de la seigneurie. On en aperçoit quelques-unes, qui viennent d'être intégrées au patrimoine d'un monastère et qui sont pour cela décrites dans les inventaires; dans ces cellules agricoles vivent parfois ensemble plusieurs couples et leur progéniture, c'est-à-dire une vingtaine de personnes. En outre, on le sait déjà, la domesticité servile n'était pas absente des ménages paysans et en augmentait l'effectif. Il n'apparaît toutefois pas possible de supposer à cette époque l'existence de rassemblements nombreux, d'allure patriarcale. Par leur dimension, les foyers paysans différaient peu sans doute de ceux que l'on rencontre aujourd'hui dans les campagnes d'Europe où se conservent encore les structures rurales traditionnelles. Un capitulaire de Charlemagne daté de 789 fait entrevoir comment se répartissaient les tâches parmi les membres du groupe familial : aux femmes incombaient les travaux du textile, couper, coudre, laver les vêtements, carder la laine, broyer le lin, tondre les brebis; aux hommes, outre ce qui subsistait des services d'armes et de justice, le travail dans les champs, les vignes et les prés, la chasse, les charrois, le défrichement, la taille des pierres, la construction des maisons et des clôtures.

On voit plus clairement la manière dont la communauté familiale se trouvait enracinée dans le terroir, l'ensemble des droits fonciers auxquels s'appliquaient ses forces et dont elle tirait sa subsistance. Encore que, toujours, on ne voie la terre paysanne que par les yeux des maîtres, des chefs, qui la considéraient de l'extérieur comme la base de leur pouvoir d'exploiter — base concrète, solide, beaucoup plus stable que les hommes, lesquels semblent bien alors tenus sans cesse en mouvement par le hasard des alliances matrimoniales, des migrations et des fuites. Cette société a ressenti très fortement le lien organique qui faisait une seule réalité de la famille, du lieu fixe de résidence où ses membres se réunissaient autour du foyer et rassemblaient leurs réserves de nourriture, des *appendicia* enfin, des dépendances naturelles de ce refuge, c'est-à-dire des divers éléments disséminés dans le terroir environnant et qui fournissaient au ménage de quoi s'alimenter. Cette assise fondamentale, ce point d'insertion majeur de la population agricole dans le sol qui le nourrit, on le nomme en Angleterre *hide* — mot que Bède le Vénérable traduit en latin : *terra unius familiae*, la « terre d'une famille » —, en Germanie *huba*. Dans les textes latins qui

furent rédigés au centre du Bassin parisien est employé pour
la première fois en ce sens, en 639-657, le terme *mansus;*
il se répand peu à peu vers la Bourgogne et les pays de la
Moselle, vers la Flandre, vers l'Anjou, mais reste rare jusqu'au milieu du viiie siècle. Ce vocable met l'accent sur la
résidence. Il désigne en effet d'abord la parcelle enclose,
strictement entourée de barrières qui délimitent l'aire invio-
lable où la famille est chez elle, avec son bétail et ses provisions. Mais le mot, tout comme *hide* ou *huba*, en vient à désigner l'ensemble des biens fonciers dont cette parcelle habitée
constitue le cœur, toutes les annexes éparses dans la zone
des jardins, dans celle des champs permanents, parmi les
pâtures et les friches, et qui deviennent ici de simples droits
d'usage. On arrive même à attribuer au manse une valeur
coutumière, à l'utiliser comme une mesure définissant l'étendue
de terre qui convenait à l'entretien d'un foyer. On parle ainsi
de la *hide* ou de la *huba* comme de la « terre d'une charrue »,
entendons la surface arable que normalement un attelage
pouvait labourer dans l'année, c'est-à-dire cent vingt acres,
cent vingt « journaux », cent vingt journées de travail aratoire
réparties entre les trois « saisons » des labours. La structure
de l'exploitation dont vit la famille paysanne varie selon les
modes d'occupation du sol. Les champs qui lui sont attachés
sont davantage éparpillés, en parcelles qui s'entremêlent aux
appendices des autres manses, dans les terroirs plus largement ouverts où les villages sont plus compacts; ils se rassem-
blent au contraire en un seul bloc dans les petites clairières
défrichées au milieu du *saltus.* Mais toujours ils n'ont d'existence que par rapport à l'enclos habité, d'où vient le travail
qui les fertilise, vers lequel est transporté tout ce qu'ils ont
produit, et sur lequel, que ses habitants soient ou non de
condition libre, l'aristocratie s'efforce d'affermir sa prise.

LES MAITRES

Il existe en effet des manses qui, par leur structure, sont
semblables à ceux qu'occupent les rustres, mais qui sont
beaucoup plus vastes, mieux bâtis, largement peuplés
d'esclaves et de troupeaux, et dont les *appendicia* s'étendent
amplement à l'entour. Dans les régions où s'est maintenu
l'usage du vocabulaire romain classique, on les appelle des
villae, et, de fait, ils sont ici très souvent établis sur le site
d'une ancienne *villa* romaine. Ils appartiennent aux « grands »,

aux chefs du peuple et aux établissements ecclésiastiques. Dans les structures politiques qui se sont mises en place après les migrations barbares, le pouvoir de commander, de conduire l'armée au combat et de faire régner la justice parmi le peuple appartient au roi. Celui-ci doit son pouvoir à la naissance, au sang dont il est issu, et ce caractère dynastique détermine pour une bonne part la position économique de la race royale. L'hérédité favorise entre ses mains l'accumulation des richesses, mais comme les règles de la dévolution successorale sont les mêmes dans cette famille que dans les autres, et comme la pénétration des coutumes germaniques a fait triompher partout le principe d'un partage égal du patrimoine entre les héritiers, cette fortune est menacée, comme toutes les autres fortunes laïques, de se fractionner à chaque génération. Mais elle est de très loin la plus riche; de multiples initiatives contrarient sans cesse les effets des divisions successorales : la personne royale se trouve, pour ces deux raisons, toujours au centre d'une très vaste « maison ». Ce rassemblement d'hommes liés au souverain par des relations domestiques, la rémanence d'un vocabulaire venu du Bas-Empire le fait nommer le « palais » *(palatium)*, et ses dimensions dépassent de très loin celles de toutes les autres « familles » du royaume. Il réunit, en effet, à la parenté et au corps des serviteurs, un grand nombre de jeunes gens nés dans l'aristocratie, qui sont venus parfaire leur éducation auprès du roi; plusieurs années durant, ils demeurent « nourris » dans le palais. En outre, une suite d' « amis », de « dévoués », entoure le souverain, attachée à lui par une fidélité particulière qui confère à ces personnages une « valeur » individuelle exceptionnelle : toutes les lois barbares estiment le prix de leur sang sensiblement plus élevé que celui des simples hommes libres. Certains de ces parents, de ces fidèles, sont délégués loin de la cour, dispersés dans le pays pour y répandre l'autorité royale. La dissémination d'une partie des membres de la maisonnée, le mouvement inverse qui lui agrège temporairement une forte proportion de la jeunesse aristocratique, enfin le jeu des alliances matrimoniales qui tissent autour du palais un réseau serré de liens de parenté établissent d'étroites liaisons entre l'entourage du souverain, qui rassemble en permanence plusieurs centaines d'individus, et tous les nobles du royaume — ceux que l'édit de Rotari nomme les *adelingi*.

Constituée d'éléments divers dont la fusion se fait de plus en plus intime, mêlant à la descendance des chefs de tribus soumises les résidus de la classe sénatoriale romaine, cette noblesse apparaît comme l'émanation de la royauté. On peut dire qu'elle tient d'elle sa richesse, par les cadeaux que le souverain distribue, par les portions de butin qui sont plus grosses pour les amis du roi, par les pouvoirs que celui-ci délègue à ses « comtes », a ses *ealdormen*, à ceux qu'il charge de commander en son nom dans les provinces, par les hautes fonctions ecclésiastiques qu'il attribue.

Insérée dans le siècle, établie dans une puissance temporelle que chacun juge convenable aux serviteurs de Dieu, l'Église chrétienne a pris place parmi les grands. Elle est enracinée, nantie. Autour des cathédrales, dans les monastères vivent aussi de très larges « familles » qui jouissent collectivement d'une fortune ample et stable. Les patrimoines ecclésiastiques ne cessent de s'enrichir par un vif mouvement de donations pieuses. C'est par de tels dons que se constitua, par exemple, en moins de trois quarts de siècle, l'énorme fortune foncière de l'abbaye de Fontenelle, fondée en Normandie en 645. Ces aumônes viennent d'abord des rois et des nobles, mais aussi, par lots minuscules, des petites gens, comme on le voit dans les notices des *libri traditionum*, des livres où furent enregistrées les acquisitions des monastères de la Germanie méridionale et qui fournissent le plus clair témoignage du maintien tenace au vIIIe siècle d'une propriété paysanne. L'accroissement constant de la richesse ecclésiastique est un phénomène économique de toute première importance et celui que les sources écrites mettent le mieux en évidence.

★

L'aristocratie pèse sur l'économie tout entière par le pouvoir d'abord qu'elle détient sur la terre. Ce pouvoir est sans doute moins absolu qu'il ne paraît à travers une documentation qui ne parle jamais des pauvres s'ils ne sont pas dominés de quelque façon par les riches. Mais ce pouvoir est immense, incontestablement. Les contours des grands patrimoines sont très difficiles à cerner avant la fin du vIIIe siècle, avant la renaissance de l'écrit aux temps carolingiens. Force est de se contenter des très minces indices, épars dans certaines lois, dans les très rares testaments qui tous viennent d'évêques, dans les titres enfin que conservent les archives de certains établissements religieux, mais qui ne montrent jamais les possessions des laïcs qu'au moment où elles viennent se fondre dans la fortune de l'Église. Les limites de ces patrimoines sont d'ailleurs très mobiles. Ceux des laïcs se désagrègent et se reconstituent sans cesse par le jeu des aumônes,

des faveurs du roi ou de l'Église, des châtiments et des usur-
pations, des mariages enfin, et des partages successoraux,
dont les règles varient selon les coutumes des différents
peuples. Interviennent aussi pour modifier constamment la
position des fortunes aristocratiques le progrès même de
la civilisation, l'implantation de l'Église chrétienne dans
les régions dont elle était absente, la lente hausse de la production dans les contrées les plus sauvages, qui rend peu à
peu les tribus les plus frustes capables de supporter le poids
d'une noblesse. Mais si les contours des patrimoines sont
insaisissables du fait de leur fluidité, leur structure interne
se laisse encore plus malaisément discerner. Et l'on devine à
peine comment les grands tiraient parti de leurs droits sur
la terre.

Au VIIe siècle, l'existence de grands domaines est attestée
dans toutes les provinces qui ne sont pas plongées dans une
complète obscurité documentaire, en Gaule par les donations
testamentaires des évêques mérovingiens, en Angleterre par
les articles des lois d'Ine qui placent sous le contrôle royal
les relations entre seigneurs et tenanciers, en Germanie
par les lois des Alamans et des Bavarois qui règlent les obligations des paysans dépendants, dans l'Italie lombarde par
le classement que l'édit du roi Rotari établit parmi les travailleurs des grosses exploitations rurales. Les pays latinisés
utilisent plusieurs mots pour désigner ces grands ensembles
fonciers, *fundus*, *praedium* et, le plus souvent, *villa*. Les
grands domaines recouvrent parfois un territoire homogène,
vaste de plusieurs milliers d'hectares, telle la *villa* de Treson
dans le Maine dont le testament de l'évêque Domnole déli-
mite strictement les frontières; la plupart, cependant, sont
de dimensions plus restreintes, et les textes latins emploient
à leur propos des diminutifs; ils parlent de *locellum*, de
mansionile, de *villare;* nombre d'entre eux, morcelés par
les donations ou les divisions successorales, apparaissent sous
forme de fragments, de « portions », de « parts »; d'autres
enfin sont constitués de multiples îlots disséminés parmi
différents terroirs ou dispersés sur les franges pionnières du
peuplement. Tous ne sont qu'en partie mis en culture. La
variété de leur consistance tient à leur propre histoire — les
gros domaines compacts possédés par les rois et les familles
de vieille aristocratie semblent souvent, en Gaule par exemple,
les successeurs des *latifundia* de la Rome antique — ainsi
qu'à la disposition du paysage naturel : dans les régions de
l'actuelle Belgique, les plus vastes *villae* sont établies dans
les zones de sol propice, amplement défrichées à l'époque

romaine, alors que sur les sables moins fertiles les unités domaniales, rétrécies par les difficultés de la mise en valeur et la faible densité de l'occupation humaine, se cantonnent sur des espaces beaucoup plus exigus.

Ces larges rassemblements de terre sont avant tout l'objet d'une exploitation directe. La gestion domaniale repose sur l'emploi d'une troupe d'esclaves que vient, de temps à autre, épauler, lorsque la besogne est pressante, le renfort d'une main-d'œuvre auxiliaire, ces ouvriers, par exemple, qu'un passage de Grégoire de Tours montre au travail pendant la moisson sur les champs d'un noble d'Auvergne. Il n'est pas de grosse exploitation où ne soit attestée la présence d'une domesticité de condition servile, et dans beaucoup d'entre elles les seuls travailleurs qui soient visibles sont des esclaves entretenus dans la maison du maître. Pourtant, déjà, et le cas semble de plus en plus fréquent dans les régions les plus évoluées, on découvre des *villae* dont la terre n'est pas tout entière mise en valeur par les serviteurs de la maison; pour une part, elle est partagée entre des tenures, entre des exploitations satellites concédées à des familles paysannes. Ainsi, près de la *villa* de Treson, qui n'était garnie que d'esclaves, un autre domaine, lui aussi pourvu d'une équipe servile, comptait dans son personnel d'exploitation dix paysans dénommés *coloni*.

Le terme vient du vocabulaire de la seigneurie romaine : il désigne des hommes qui ne sont pas les maîtres de la terre qu'ils cultivent, mais qui juridiquement, face aux tribunaux publics, conservent néanmoins leur liberté. De fait, l'usage, dans les documents de l'époque, de l'expression *colonica* pour qualifier les tenures englobées dans la *villa* exprime la filiation qui relie ce mode d'exploitation au colonat du Bas-Empire. Toutefois, ces « manses », comme on commence à les nommer au VIIe siècle dans la région parisienne, ne sont plus seulement peuplés d'hommes libres. Certains sont occupés par des esclaves, ceux que l'édit de Rotari nomme les *servi massarii*, c'est-à-dire établis sur une exploitation autonome. Dès 581, on trouve parmi les legs d'un évêque du Mans une *colonica*, une tenure de colon qui est donnée « avec deux esclaves, Waldard avec sa femme et leurs enfants qui y résident ». L'apparition et la multiplication des tenures paysannes au VIIe siècle sont donc également la conséquence d'une innovation de très grande portée : une manière nouvelle d'utiliser la main-d'œuvre servile. Il semble que les grands propriétaires aient découvert à cette époque qu'il était profitable de marier certains de leurs esclaves, de les caser dans un manse, de les charger d'en cultiver les terres attenantes et de nourrir ainsi leur famille. Le procédé déchargeait le maître, réduisant les frais d'entretien de la domesticité; il stimulait l'ardeur au travail de l'équipe servile et en accroissait la productivité; il assurait aussi son renouvellement, puisqu'il confiait aux couples d'esclaves le soin d'élever eux-mêmes leurs enfants jusqu'à ce qu'ils fussent en âge de travailler. Ce dernier avantage devint sans doute, peu à peu, le plus évident. Il semble bien en effet que les esclaves soient devenus de plus en plus rares sur la plupart des marchés d'Europe occidentale tout au long des temps mérovingiens et carolingiens. Cette raréfaction procède peut-être d'une rigueur progressive de la morale religieuse à l'égard de l'asservissement des chrétiens; elle résulte plus sûrement de l'essor d'un trafic à destination des pays de la Méditerranée méridionale et orientale : la plupart des esclaves que procurait la guerre pouvaient être vendus hors de la chrétienté latine; sur place leurs prix ne cessaient de monter. Si bien que les propriétaires eurent intérêt d'en faire l'élevage; le plus sûr était alors de confier celui-ci aux parents, donc d'extraire ces derniers de la promiscuité domestique et de les laisser vivre dans leur propre foyer. Au centre de la *villa*, l'équipe des serviteurs s'amenuisa donc, en même temps que se restreignait l'étendue des terres en exploitation directe et que se multipliait le nombre des tenanciers. Parmi eux, les esclaves devinrent peu à peu plus nombreux. Se met alors en branle une lente mutation de l'esclavage qui le rapproche peu à peu de la condition des tenanciers libres. C'est l'un des événements majeurs de l'histoire du travail, et qui fut certainement un facteur décisif du développement économique. Cette mutation fit se répandre depuis la fin du vi^e siècle un nouveau type de structure domaniale, fondé sur la juxtaposition d'une réserve et de tenures, et sur la participation de celles-ci à la mise en valeur de celle-là.

En réalité, nous sommes mal informés sur les devoirs des exploitants dépendants à l'égard du maître de leur terre. L'usage d'enregistrer par écrit ces obligations ne s'était guère maintenu sans doute que dans les régions où les assises de la culture antique s'étaient moins qu'ailleurs détériorées, c'est-à-dire en Italie centrale : on y conserve quelques bribes de manuscrits où sont consignées les charges des tenures. Dans les provinces les plus romanisées, il se peut aussi qu'ait survécu l'usage de contrats aux termes desquels la terre était concédée pour un temps déterminé en échange seulement de redevances en nature : dans l'Auvergne du ixe siècle encore, les tenanciers, dont beaucoup pourtant sont des esclaves, ne doivent guère porter à la *villa* que des denrées prélevées sur leur récolte; ils sont à peu près dégagés de tout service en travail. Plus au nord en revanche, il semble bien que la concession d'une tenure ait astreint le paysan libre, non seulement à livrer des grains, du bétail ou du vin, mais à mettre ses bras et ses bêtes de trait au service du domaine pour certaines tâches déterminées, réparer les bâtiments seigneuriaux, construire les clôtures, charrier les récoltes, porter les messages et parfois mettre en culture une portion des champs seigneuriaux. Aux chapitres LXIV-LXVI des lois d'Ine, il est question d'un paysan à qui l'on a concédé, pour le labourer, un *yard of land;* il ne perd pas sa liberté, mais il doit fournir une rente en nature et un apport de travail dont l'importance est fixée par un accord avec le possesseur du sol; s'il a reçu de celui-ci une maison et la première semence, il ne peut quitter la terre sans abandonner la récolte. La loi des Bavarois, qui fut mise par écrit en 744-748, précise ainsi les devoirs du colon de l'Église : « Il y a l'*agrarium* (c'est-à-dire le loyer de la terre) selon l'estimation du régisseur; que celui-ci veille à ce que le colon donne selon ce qu'il a; il donnera trois mesures de grains sur trente et paiera le droit de pâturage selon l'usage du pays; il laboure, sème, enclôt, moissonne, charrie et engrange les *andecingae* (c'est-à-dire un lopin prélevé sur la terre du maître) de dimension légale...; il enclôt, fauche, fane et transporte un arpent du pré (seigneurial); pour les blés de printemps, il doit mettre de côté jusqu'à deux mesures de semence, semer, moissonner et engranger; qu'ils livrent la deuxième botte de lin, le dixième pot de miel, quatre poulets, vingt œufs. Ils fourniront les chevaux de poste ou bien ils iront eux-mêmes où il leur sera prescrit; ils feront les corvées de charroi avec leur char dans un rayon de cinquante lieues, mais on ne les contraindra pas à plus; pour réparer les maisons du seigneur, le fenil, le grenier et la haie, il leur est attribué des tâches raisonnables [1]... » Outre un prélèvement d'un dixième environ sur les produits de leur exploitation, ce que le maître exige de ses tenanciers libres c'est donc qu'ils apportent aux domestiques du domaine un renfort régulier, qui est considérable. Celui qu'il attend des esclaves qu'il a casés sur des tenures est plus important encore, et surtout moins nettement défini. Interrogeons cette fois la loi des Alamans, rédigée en 717-719, et dont le texte est d'ailleurs très proche de

---

1. *Monumenta Germaniae Historica, legum, sectio* I, t. V, Hanovre, 1926, I, 13, p. 285.

celui de la loi des Bavarois : « Les esclaves de l'Église acquitteront leur tribut conformément à la loi : quinze mesures de cervoise, un porc valant un tiers de sou, deux mesures de pain (on remarquera que, bière ou pain, les livraisons portent sur des céréales qui, dans la maison de l'esclave, ont été déjà apprêtées pour la consommation), cinq poulets et vingt œufs. Les femmes esclaves feront sans négligence les travaux imposés. Les esclaves mâles fourniront la corvée de labour moitié pour eux, moitié sur la réserve, et s'il reste (du temps), qu'ils fassent comme les esclaves ecclésiastiques : trois jours pour eux, trois jours sur la réserve [1]. » Les esclaves tenanciers, on le voit, demeuraient intégrés à mi-temps dans la domesticité des grands.

*

Ceux-ci possèdent de très larges portions de l'espace nourricier; la plupart des esclaves leur appartiennent; un grand nombre de paysans libres tiennent d'eux l'enclos qu'ils habitent, les champs qu'ils cultivent et le droit de parcourir les forêts et les friches. Ceci permet à l'aristocratie de soutirer à cette population famélique une grande part de ses forces et de puiser pour son usage dans les maigres surplus des petites exploitations. Par les droits sur la terre, les rois, leurs amis, les nobles, le clergé des cathédrales, les monastères accumulent dans leurs greniers, leurs caves et leurs celliers une proportion notable de ce que produisent cette campagne sauvage et ingrate et cette paysannerie démunie. Mais l'aristocratie dispose en outre d'une autorité qui renforce singulièrement son pouvoir économique et qui l'étend bien au-delà des limites de sa propre fortune foncière. Légitimement, cette autorité appartient tout entière au roi. Il la doit à sa fonction militaire et à la puissance magique que ses ancêtres lui ont léguée, encore qu'il la considère comme une possession privée, comme un élément de son patrimoine et qu'il l'exploite pour cela à sa guise, aussi librement que sa terre. Chef de guerre, il partage en premier lieu le butin rassemblé pendant les expéditions de pillage. Maître de la paix, il est la source de la justice : les hommes libres — et eux seuls, tous les esclaves étant châtiés par leur propre maître — qui, par un forfait quelconque, ont brisé la paix publique doivent réparer le dommage qu'ils ont causé de ce fait au souverain, acheter sa

---

1. *Monumenta Germaniae Historica, legum, sectio* I, t. V, Hanovre, 1888, XXI, XXII, 1 et 2, p. 82.

clémence, acquitter pour cela l'une de ces amendes dont les lois barbares établissent minutieusement le tarif, et même, si la faute est exceptionnellement grave, livrer au roi toute leur fortune et jusqu'à leur personne. Tout l'espace du royaume, d'autre part, est le bien personnel du roi, c'est-à-dire que toute terre qui n'est la propriété de personne est à lui et que quiconque met en exploitation les étendues non appropriées lui doit en principe quelque chose. Du système fiscal de l'Empire romain, il subsiste encore quelques débris dont les chefs barbares se sont emparés, et en particulier un ensemble de taxes levées sur la circulation, les « tonlieux », perçus à l'entrée des cités et le long des rivières. Aux principales réunions de la cour, les grands ne se présentent point sans apporter des présents. Le peuple enfin assure l'entretien, pendant les déplacements de la maison royale, du roi et de toute sa suite : c'est ainsi que les hommes libres anglo-saxons, les *ceorls*, s'associent par groupes de villages pour fournir ce qu'on appelle la *feorm*, de quoi nourrir le souverain et son escorte pendant vingt-quatre heures. De la sorte, ce que les textes latins dans certaines régions nomment le *bannum*, le « ban », la mission de maintenir l'ordre, le droit de commander et de punir, est à l'origine d'importants transferts de richesses et légitime de nouvelles ponctions sur les ressources de la paysannerie. Et comme la royauté est par sa nature même prodigue, comme le roi abandonne une large part de ses prérogatives à ceux qui le servent, qu'il aime ou qu'il craint, comme, dans un pays morcelé par tant d'obstacles naturels et par l'extrême dispersion du peuplement, le souverain est la plupart du temps très loin et hors d'état d'user lui-même de ses pouvoirs, ce sont le plus souvent des chefs locaux, les maîtres des grandes *villae* dont les greniers sont pleins au milieu de la commune pénurie, qui, aidés par une escouade de serviteurs armés, exercent au jour le jour la puissance de la manière la plus efficace; ils en recueillent les profits. De fait, la tendance de longue durée paraît bien être, pendant cette époque obscure, au renforcement progressif de l'aristocratie par le lent mûrissement de ce qui constitue le cadre dominant de l'économie médiévale, la seigneurie.

*

L'emprise des grands semble bien, en effet, s'appesantir, et de manière plus précoce sans doute dans les régions les plus évoluées. A tel point que, dès le viie et le viiie siècle, l'indépendance paysanne apparaît comme une structure résiduelle, comme la survivance d'un état social sur lequel s'étaient anciennement appuyées les institutions politiques de l'Antiquité classique et qui pour un temps se maintient encore vigoureuse dans les plus sauvages des tribus barbares, mais que le progrès menace alors partout.

Dans la Germanie primitive, l'homme libre était d'abord un combattant, appelé à la belle saison à des activités militaires, menées sur de courtes distances; ces expéditions, montées essentiellement pour le pillage, se rangeaient parmi les entreprises dont dépendait normalement la subsistance du groupe; elles procuraient, comme la cueillette et la chasse, un complément de nourriture. Les inconvénients de cette mobilisation saisonnière étaient minimes dans une société d'esclaves et de cultivateurs itinérants, où la part des tâches proprement agricoles était restreinte. Ils s'aggravèrent lorsque les champs permanents prirent plus d'importance, lorsque, les tribus venant se fondre dans une formation politique plus étendue, la zone des opérations guerrières tendit à s'éloigner, lorsque enfin les techniques militaires se perfectionnèrent et que la conduite de la guerre nécessita pour être efficace un équipement moins rudimentaire. Dès lors, combattre devint une charge écrasante et dont l'incidence, dans le moment de l'année où la terre cultivée réclame des soins assidus, fut difficilement supportable par la majorité des paysans. Pour survivre, ceux-ci durent renoncer au critère essentiel de la liberté, la fonction guerrière. Ils furent, comme l'étaient déjà les travailleurs ruraux dans l'État romain, désarmés, *inermes;* ils devinrent ce que le vocabulaire des documents carolingiens appelle des « pauvres ». On ne cessa pas de considérer qu'ils devaient coopérer à l'action militaire, mais leur contribution prit la forme dégradante d'un « service ». Ils durent livrer du ravitaillement pour les troupes : pour les colons dépendants du monastère de Saint-Germain-des-Prés, l'*hostilicium*, c'est-à-dire l'ancienne obligation de combattre, ne se distinguait plus au début du IXe siècle des redevances et des corvées imposées à chaque manse. Une telle évolution se traduisit donc par un net rétrécissement de la distance qui séparait les paysans libres de ceux qui ne l'étaient pas, et par l'institution d'un prélèvement sur les récoltes et sur les forces des petites exploitations qui n'étaient pas encore englobées dans un domaine — exigence d'autant plus grave que d'ordinaire le grand propriétaire local fut chargé de contrôler l'accomplissement de ce service.

Accablés non seulement par l'hostilité de la nature mais par de telles obligations, bien des « pauvres » recherchèrent alors le patronage d'un puissant qui pût les protéger ou tout simplement les nourrir. Le texte des formulaires mérovingiens est ici fort éclairant : « Comme il est bien connu de tous que je n'ai pas de quoi me nourrir et me vêtir, j'ai sollicité de votre pitié, et votre volonté me l'a accordé, de pouvoir me livrer ou me confier à votre protection. Ce que j'ai fait aux conditions suivantes : vous devez m'aider et me soutenir, tant pour la nourriture que pour le vêtement, selon que je pourrai vous servir et bien mériter de vous. Tant que je vivrai, je vous devrai le service et l'obéissance compatibles avec la liberté, et toute ma vie je n'aurai pas le pouvoir de me soustraire à votre puissance ou protection[1]... » De cette manière, un nouveau dépendant, avec tout ce qu'il pouvait posséder de terre, et bien sûr avec toute sa famille, s'agrégeait au grand domaine. Parfois c'était aussi la piété, le souci de s'assurer des grâces et les protections de l'au-delà, qui poussait les humbles à abandonner ainsi leur indépendance et à s'incorporer à la *familia*, à la clientèle d'un établissement religieux. Plus souvent encore ce fut simplement la misère, le désir d'esquiver le poids de l'État, de mieux résister aux percepteurs, ou bien la pression du chef local qui, dans la Gaule du VIIe siècle, transformèrent tant de *vici*, peuplés d'hommes libres, en *villae*, peuplées de tenanciers.

Ajoutons que la royauté, bon gré mal gré, et d'autant plus aisément que le territoire soumis à sa puissance devenait plus étendu, concédait aux grands son pouvoir d'exploiter. L'Église la persuadait de le lui abandonner, pour s'assurer la bienveillance du ciel; la noblesse laïque l'obligeait à le lui céder parce qu'il fallait sans cesse lui donner pour qu'elle ne fût pas trop turbulente. Dès le VIIe siècle, les rois anglo-saxons donnèrent aux évêques et aux abbés la *feorm*, le droit de gîte et les services de construction dus par les *ceorls* sur tout un territoire; ce n'est qu'un peu plus tard qu'apparaissent dans les textes écrits de semblables concessions à des seigneurs laïcs, mais il est certain que les faveurs du souverain envers ces derniers furent plus précoces et plus amples encore qu'envers les ecclésiastiques. Les droits royaux s'intégrèrent de la sorte aux patrimoines privés, et les exactions qu'ils autorisaient à percevoir se mêlèrent aux prestations exigées des tenanciers du domaine. Au sein de la coutume domaniale, la confusion s'opéra rapidement entre les charges d'origine publique et les redevances qui constituaient le loyer de la terre : des services

---

1. Formulae Turonenses, 43, *Monumenta Germaniae historica*, Formulae Merovingici et Karolini Aevi, Hanovre, 1882, I, p. 158 (2e quart du VIIIe siècle).

en travail se substituèrent vite en Angleterre aux fournitures de vivres perçues au titre de la *feorm*. La notion de *servicium*, d'*obsequium*, par quoi s'étaient naguère exprimées les obligations spécifiques des esclaves et des affranchis à l'égard de leur maître, absorba tout. Ce qui se produisit alors, insensiblement, ce fut bien en effet un asservissement général de la population rurale. Se mit en place, peu à peu, dans l'ensemble de l'Europe, un rapport de sujétion économique très simple qui soumettait aux « grands » tous les « humbles », aux « puissants » tous les « pauvres », un mécanisme d'exploitation qui dès lors domina tout et dont les rois, lorsqu'ils étaient conscients de leur mission, tentèrent, mais en vain, de restreindre les abus. Il dirigea inexorablement vers les « maisons » des maîtres le surproduit des travailleurs des champs.

★

La répartition du pouvoir sur la terre et sur les hommes posait un problème de liaison entre les lieux de résidence de l'aristocratie et les multiples clairières où les rustres s'acharnaient à tirer de la terre de quoi survivre et satisfaire en outre aux exigences des maîtres. Ce problème était d'autant plus aigu que la population était faible et très disséminée et que la fortune de l'aristocratie, celle des souverains, celle des églises, aussi bien que celle des grandes familles, se trouvaient très largement répandues dans l'espace. En Italie, fidèles à la tradition romaine, les rois, comme la plupart sans doute des nobles lombards, résidaient encore dans les villes; dans les cités se trouvaient établis les évêques et, dans leur voisinage immédiat, la plupart des monastères; c'étaient aussi des demeures urbaines que les principaux palais des rois mérovingiens, mais ceux-ci faisaient de longs séjours dans leurs domaines ruraux, tels Compiègne ou Crécy-en-Ponthieu, et au cours du VIIIe siècle, les souverains francs, semble-t-il, cessèrent de fréquenter les *civitates;* des villages, également, jalonnaient l'itinéraire des rois anglo-saxons. Il est certain que le déplacement périodique était un moyen pour les chefs et les grands de tirer profit des divers éléments de leur fortune; il leur importait d'ailleurs de manifester ici et là leur présence, ne fût-ce que pour éviter que leur autorité ne devînt tout à fait abstraite, c'est-à-dire nulle; dans tous les centres domaniaux, de grosses réserves de provisions attendaient donc le passage du maître et de sa suite. N'imaginons pas cependant un constant nomadisme. Certains seigneurs, et parmi les plus riches —, c'était le cas de toutes les commu-

nautés monastiques —, étaient d'ailleurs astreintes à la
stabilité; les autres s'établissaient pour un certain temps
dans les mieux aménagées de leurs maisons, mais ils n'en
visitaient pas chaque année tous les domaines satellites.
La puissance économique de l'aristocratie et la dispersion de
ses assises foncières impliquaient donc l'emploi de méthodes
de gestion indirecte. Il fallait établir des responsables à la tête
de chaque centre domanial, chargés de le tenir en état dans
l'intervalle des séjours seigneuriaux, d'en conduire l'exploitation, d'exercer les pouvoirs sur les domestiques, les tenanciers,
les dépendants, de percevoir les prestations, de diriger éventuellement les excédents de la production vers les lieux où résidaient les propriétaires. La structure des fortunes et de
l'autorité imposait l'existence de pouvoirs économiques intermédiaires, ceux que détenaient tant de régisseurs mal surveillés
comme ces intendants, les *villici*, à qui s'adresse l'ensemble des
recommandations contenues dans le capitulaire *De villis*.
Entre les travailleurs et les maîtres s'interposaient des hommes
qui souvent étaient des esclaves, mais qui s'efforçaient de
tirer le plus grand profit personnel de leur fonction. Le grand
domaine nourrissait ainsi bon nombre de parasites.

La position économique de l'aristocratie était la cause
d'une autre forme de déperdition. Elle obligeait à de constants
transferts de richesses. Cette nécessité explique le poids
énorme des services de messages ou de charrois parmi les
charges imposées aux paysans dépendants. Une large part de
la main-d'œuvre se trouvait affectée, le long des pistes et des
cours d'eau, à ces tâches de transport et de liaison qui, dans
ce monde si peu peuplé et si mal équipé pour produire, réduisaient encore, et très notablement, les forces disponibles pour le
travail de la terre. Cette situation et le désir de limiter le
gaspillage incitaient à recourir autant que possible à des
échanges, à vendre ici pour acquérir ailleurs, à utiliser la
monnaie. Le recours à l'instrument monétaire était tenu pour
normal par les administrateurs de ce temps. Ainsi la règle
bénédictine prévoit-elle sans aucune réticence l'usage du
numéraire; elle institue dans les monastères un office particulier, celui du chambrier, à qui revient le maniement de
l'argent et qui préside à l'ouverture de l'économie domestique
sur l'extérieur et sur les trafics. Ainsi le capitulaire *De villis*
conseille-t-il aux régisseurs de négocier une part de la production des domaines royaux. Ainsi, au début du VIIIe siècle, les
abbayes de la vallée du Pô, qui exploitaient des olivettes
dans la région des lacs et des salines sur les lagunes de Commachio, possédaient-elles aussi des entrepôts à Pavie, le long

du Tessin et vers son confluent avec le Pô, où les excédents de la production domaniale étaient vendus aux négociants du fleuve. Par le seul fait que la production agricole était placée sous l'emprise de l'aristocratie et parce que, dans le cadre de la grande exploitation, les consommateurs se trouvaient souvent fort éloignés des producteurs, les fruits du travail paysan entraient donc naturellement dans un certain commerce.

III

Les attitudes mentales

Mais pour définir sans trop d'inexactitude la situation du commerce véritable dans l'économie de ce temps et pour atteindre les ressorts profonds du mouvement des richesses, il faut encore s'informer des attitudes mentales. Leur incidence est, en effet, aussi déterminante que celle des facteurs de la production ou des rapports de force entre les différentes strates de la société. Deux traits majeurs de comportement doivent être mis dès l'abord en évidence. En premier lieu, ce monde sauvage est tout entier dominé par l'habitude du pillage et par les nécessités de l'oblation. Ravir, offrir : ces deux actes complémentaires gouvernent pour une très large part les échanges de biens. Une intense circulation de dons et de contre-dons, de prestations cérémonielles et sacralisées, parcourt d'un bout à l'autre le corps social; ces offrandes détruisent en partie les fruits du travail, mais elles assurent une certaine redistribution de la richesse, et surtout elles procurent aux hommes les avantages qui leur paraissent les plus précieux, la faveur des forces obscures qui régissent l'univers. En second lieu, l'Europe des VIIe et VIIIe siècles est fascinée par les souvenirs de la civilisation antique, dont les formes matérielles n'ont pas toutes été entièrement détruites et dont elle s'efforce de réemployer tant bien que mal les débris.

PRENDRE, DONNER, CONSACRER

On a vu déjà à plusieurs reprises que la civilisation née des grandes migrations de peuples était une civilisation de la guerre et de l'agression, que le statut de liberté se définissait d'abord comme l'aptitude à participer aux expéditions militaires et que la principale mission temporelle de la royauté était la conduite de l'armée, c'est-à-dire du peuple tout entier rassemblé pour l'attaque. Entre l'action guerrière — en fait tout ce que nous appelons la politique — et le pillage, il n'existait pas de frontière. Ph. Grierson attire l'attention sur les stipulations des lois d'Ine, roi de Wessex, qui, traitant des agresseurs, invite à faire entre eux les distinctions suivantes : s'ils sont moins de sept, ce sont simplement des voleurs; s'ils sont plus nombreux, ils forment une équipe de brigandage, mais s'ils sont plus de trente-cinq, il s'agit bel et bien d'une entreprise militaire[1]. De fait, l'étranger est une proie; au-delà des frontières naturelles que dressent le marécage, la forêt et tous les espaces sauvages, le territoire qu'il occupe apparaît comme un terrain de chasse; tous les ans, en bande, les jeunes hommes s'en vont le parcourir, guidés par les chefs; ils tentent de dépouiller l'ennemi, de saisir sur son sol tout ce qui peut s'emporter, les ornements, les armes, le bétail et, s'ils le peuvent, les hommes, les enfants et les femmes; ces captifs, leur tribu pourra les récupérer contre rançon, ou bien ils demeureront la propriété de leur ravisseur. La guerre est ainsi la source de l'esclavage. Elle constitue en tout cas une activité économique régulière, d'importance considérable, aussi bien par les profits qu'elle procure que par les dommages dont elle menace les communautés rurales. Ce qui explique la présence des armes dans les sépultures de paysans, le prestige du guerrier et son absolue supériorité sociale.

Mais l'hostilité naturelle entre les ethnies ne se libère pas seulement par des razzias. Elle est aussi l'origine de transferts de richesses réguliers et pacifiques. Le tribut annuel n'est autre qu'une collecte de butin codifiée, normalisée, au bénéfice d'une peuplade assez menaçante pour que ses voisins sentent l'intérêt de contenir à ce prix ses déprédations. Ce que fit longtemps Byzance, qui acheta la tranquillité de ses provinces excentriques par de somptueux présents offerts aux rois barbares. De leur puissance militaire certains peuples tiraient ainsi des rentes. Celles-ci n'étaient pas dans leur essence très dissemblables des redevances que les maîtres des grandes *villae* imposaient aux cultivateurs d'alentour, contraints par leur seule faiblesse à subir leur patronage. Elles étaient d'autant plus lourdes que la supériorité des armes était plus grande. A la fin du viᵉ siècle, le peuple franc recevait du peuple

1. Ph. Grierson, « Commerce in the Dark Ages, a Critique of the Evidences », *Transactions of the Royal Historical Society*, 1959.

lombard un tribut de 12 000 sous d'or. Et l'écrivain arabe
Ibn Rusteh peut dire, à propos des Hongrois du IXe siècle :
« Ils dominent tous les Slaves qui les avoisinent et leur
imposent un lourd tribut : les Slaves sont à leur merci comme
des prisonniers[1]. » Enfin, lorsque la paix s'établissait entre
tribus de forces égales, il convenait de l'entretenir soigneusement par des dons réciproques, gages essentiels de sa durée.
Qu'est-ce que la paix pour l'auteur de *Beowulf?* La possibilité
d'échanger des présents entre les peuples. Au jeu hasardeux des agressions alternées, se substituait un circuit réglé
d'offrandes mutuelles.

Le don est en effet, dans les structures de ce temps, la
contrepartie nécessaire de la capture. Au terme d'une campagne heureuse, aucun chef de guerre ne garde pour lui le
butin. Il le distribue, et non seulement parmi ses compagnons
d'armes. Il se doit en outre d'en offrir une part aux puissances
invisibles. C'est ainsi, par exemple, que de nombreuses églises
d'Angleterre reçurent leur part des trésors que Charlemagne
et l'armée franque rapportaient de leur campagne contre les
Avars. Cette distribution, cette consécration sont la condition
même du pouvoir, celui que le chef exerce sur ses compagnons,
celui que les dieux lui délèguent. Elles sont aussi la condition
d'une purification, d'un rajeunissement périodique du groupe
social. Autant que de se défendre contre les agresseurs, autant
que de servir et de produire, ces hommes, dont l'existence est
pourtant si précaire, se soucient d'offrir et de sacrifier. De ces
actes, à leurs yeux, dépend également leur survie. Car, dans
toutes les sociétés, un grand nombre des besoins qui gouvernent la vie économique sont de nature immatérielle; ils
procèdent du respect de certains rites qui impliquent non seulement la consommation profitable mais la destruction apparemment inutile des richesses acquises. Parce que bien des
historiens économistes ont méconnu l'importance d'une telle
attitude, il importe de la souligner vigoureusement ici et de
citer l'un des maîtres de l'ethnologie, Marcel Mauss : « Dans les
économies qui ont précédé la nôtre, on ne constate pour ainsi
dire jamais de simples échanges de biens, de richesses et de
produits au cours d'un marché passé entre individus. D'abord,
ce ne sont pas des individus, ce sont des collectivités qui
s'obligent mutuellement, échangent et contractent... De plus,
ce qu'ils échangent, ce ne sont pas, exclusivement, des biens
et des richesses, des meubles et des immeubles, des choses
utiles économiquement. Ce sont, avant tout, des politesses,

1. *Les Atours précieux*, trad. Wiet, Le Caire, 1955, p. 160.

des festins, des rites, des services militaires, des femmes, des enfants, des danses, des fêtes, des foires, dont le marché n'est qu'un des moments... Enfin, ces prestations et contre-prestations s'engagent, sous une forme plutôt volontaire, par des présents, des cadeaux, bien qu'elles soient au fond rigoureusement obligatoires, à peine de guerre privée ou publique. »

Une part considérable de la production se trouvait par conséquent entraînée dans une ample circulation de générosités nécessaires. Nombre de redevances et de prestations que les paysans ne pouvaient différer de porter à la maison de leurs maîtres furent très longtemps désignées dans le langage courant comme des cadeaux, *eulogiae*. Vraisemblablement, elles étaient considérées comme tels par les uns et par les autres. De même, le versement du prix du sang par lequel, après un meurtre, s'établissait la paix entre la famille de la victime et celle de l'agresseur. De même, les concessions de terres en « précaire » — c'est-à-dire quasi gratuites — dont, souvent contre leur gré, les églises faisaient bénéficier les grands du voisinage. De même, le vaste déplacement de richesses dont tout mariage était l'occasion : lorsqu'en 584 le roi des Francs Chilpéric remit sa fille, future épouse du roi des Goths, à l'ambassadeur de celui-ci, la reine Frédégonde apporta « une immense quantité d'or, d'argent et de vêtements », et les nobles francs avaient offert, eux aussi, de l'or, de l'argent, des chevaux, des parures[1]. Car les grands du royaume devaient venir à la cour les mains pleines. Leurs dons périodiques ne constituaient pas seulement la manifestation publique de leur amitié et de leur soumission, un gage de paix semblable à ceux qui maintenaient la sécurité entre les peuples. Offerts au souverain, que chacun tenait pour l'intercesseur naturel entre le peuple tout entier et les puissances de l'au-delà, ils garantissaient à tous la prospérité; ils promettaient un sol fécond, des moissons abondantes, la fin des pestes.

Toutes ces offrandes cependant devaient être compensées par les largesses de ceux qui les recevaient. Nul riche ne pouvait fermer sa porte aux solliciteurs, renvoyer les affamés qui quêtaient une aumône devant ses greniers, refuser aux malheureux qui leur offraient leurs services de les nourrir et les vêtir, de les prendre dans son patronage. De tous les biens que la possession de la terre et l'autorité sur les humbles faisaient converger vers la demeure des maîtres, une bonne part se trouvait ainsi forcément redistribuée parmi ceux-là

1. Grégoire de Tours, VI, 45 (éd. Latouche, II, p. 69).

mêmes qui les avaient apportés. C'est par le biais des muni-
ficences des seigneurs que cette société réalisait la justice
et faisait se résorber, dans une commune pauvreté, la totale
indigence. Et ça n'étaient pas seulement les monastères qui
organisaient un service de la « porte » dont le rôle était de
normaliser cette redistribution parmi les pauvres. Quant aux
princes, leur prestige était fonction de leur générosité :
ils ne ravissaient — avec une cupidité qui paraît insatiable —
que pour donner plus largement. En effet, non seulement ils
nourrissaient dans leur maison tous les fils de leurs amis,
non seulement ils partageaient entre leurs compagnons
d'armes tous les profits du pillage et des tributs mais, lors
des grandes assemblées, il s'établissait entre eux et les grands
qui venaient à leur cour une sorte de rivalité dans l'offrande :
c'est à qui ferait les présents les plus beaux. Toute réunion
autour d'un souverain apparaît ainsi comme le temps fort
d'un système régulier d'échanges gratuits qui se ramifie dans
tout le corps social et qui fait de la royauté la vraie régula-
trice de l'économie générale. Mais la principale accumulatrice
aussi, car il lui faut une réserve où puiser.

Constamment amenuisé par les libéralités faites aux églises,
aux fidèles de l'aristocratie, aux rivaux que sont les autres
rois, constamment renouvelé par les présents et les captures,
le trésor du souverain est l'assise de sa puissance. Il doit
concentrer ce que le monde matériel recèle de plus fascinant,
c'est-à-dire l'argent, mais surtout l'or et les gemmes. Les rois
doivent vivre environnés de merveilles, qui sont l'expression
tangible de leur gloire. Le trésor ne peut consister en un simple
amoncellement de matières précieuses. Il convient en effet
qu'il soit montré lors des grandes cérémonies, il faut que les
chefs du peuple disposent les divers éléments de leur trésor
autour de leur personne, comme une auréole de splendeur.
Ces objets sont leur fierté. Montrant à Grégoire de Tours les
médailles qu'il avait reçues de l'empereur Tibère II, puis un
grand plat d'orfèvrerie orné de pierres précieuses, Chilpéric
disait : « Je l'ai fait pour donner du relief et de l'éclat à la
nation des Francs... si Dieu me prête vie, j'en ferai encore
d'autres. » Tout le peuple, en définitive, tire gloire des richesses
qui s'accumulent autour de son roi. Encore importe-t-il que
ces richesses soient belles, puisque le trésor est une parure.
Ce qui fait que les trésors royaux ont, naturellement, pour
annexe un atelier qui réunit les meilleurs artisans; ceux-ci
s'emploient à incorporer dans une collection cohérente les
objets hétéroclites que les offrandes font parvenir de divers
côtés. Ce sont avant tout des orfèvres, tel saint Éloi qui servit

Dagobert. Ils ajoutent aux prix des choses la valeur, infinie et inestimée, de leur travail. Les cours, celles de Paris et de Soissons au temps des premiers Mérovingiens, celles de Tolède au VIIᵉ siècle, celle de Pavie sous le règne du roi de Lombardie Liutprand, sont donc aussi le point de concentration des plus fines techniques artisanales; ce sont des foyers de création artistique dont l'éclat est d'autant plus vif que le prince a plus de puissance. Des foyers largement ouverts dont les produits sont diffusés au loin par la générosité du souverain, qui est le ressort de son prestige. Ce que les Occidentaux percevaient alors de la gloire de Byzance tenait pour une grande part à la qualité merveilleuse des objets fabriqués dans les manufactures impériales et que le Basileus distribuait parmi les chefs barbares pour qu'ils mesurent toute l'étendue de sa supériorité. Mais les souverains d'Occident donnaient aussi, abondamment, et ce qu'ils possédaient de plus beau. Des choses qui par leur prix et leur perfection formelle contrastaient violemment avec le dénuement de cette paysannerie famélique, dominée, écrasée, dont le labeur, finalement, était la source lointaine de tout le luxe des cours.

N'imaginons pas cependant que le luxe fût réservé aux rois et aux grands, leurs fidèles. Dans ce monde si pauvre, les travailleurs les plus humbles n'ignoraient pas les fêtes, dont le but, par la destruction collective, brève et joyeuse, des richesses au sein d'un univers de privation, est périodiquement de faire renaître la fraternité, de forcer la bienveillance des forces invisibles. Ni les *potationes*, les beuveries rituelles de boissons alcoolisées qui visaient à la fois à entrouvrir les portes de l'inconnaissable et à cimenter la cohésion des groupes de défense mutuelle. Ni les parures. On découvre dans les sépultures les plus pauvres des objets qui sont la réplique dérisoire de ceux dont s'ornait le corps des rois. Dans la Germanie du VIIᵉ siècle, des orfèvres et des fondeurs itinérants produisaient pour une clientèle toute rustique des fibules et des boucles de ceinture en bronze estampé dont le décor popularise les thèmes artistiques des trésors royaux et aristocratiques. Enfin, du haut en bas de la société et jusque dans ses plus obscures profondeurs, les croyances, la crainte de l'invisible, le souci de déjouer les pièges insidieux tendus de toutes parts par les puissances de la surnature dressaient des interdits, obligeaient à des actes de consécration et à des sacrifices dont il serait périlleux de méconnaître l'influence sur les mouvements de l'économie. Il se peut que le culte voué aux arbres et aux forêts — une rubrique entière des canons du concile de Leptines, tenu en 743 dans la Gaule franque, invite à le combattre et, au xɪᵉ siècle encore, l'évêque Burchard de Worms en dénonce les tenaces survivances — ait dressé de robustes tabous qui freinèrent les activités des défricheurs, qui bloquèrent à la lisière des clairières, où pourtant ne manquaient pas les bras et où les ventres étaient vides, l'extension de la terre nourricière, et que la propagation du christianisme mit fort longtemps à désagréger tout à fait. En tout cas, les attitudes religieuses imposaient, elles aussi, des dons, les plus précieux, les plus nécessaires puisqu'ils s'adressaient à des forces inexorables dont nul ne connaissait les limites.

En outre, les donations pieuses représentaient un retranchement décisif aux dépens de la production et de la consommation, puisque, à l'inverse des présents dont bénéficiaient les seigneurs et les rois, elles n'étaient pas compensées par la redistribution d'avantages visibles. Sacrifices véritables ceux-ci, de bétail, de chevaux, sacrifices humains même, dont on sait par des fouilles récentes qu'ils étaient pratiqués au xᵉ siècle encore sur les confins des provinces christianisées. Dans les rites du paganisme, un grand nombre de ces offrandes allaient aux morts, qu'il faut donc considérer comme une catégorie importante de consommateurs dans un système économique qui se déployait largement dans le surnaturel. Outre des provisions de nourriture, le défunt avait droit d'emporter dans sa tombe ce qui lui avait appartenu en propre, ses bijoux, son armement, ses outils, tout un attirail dont le foyer des survivants se trouvait, d'un coup, privé. A ce bagage s'ajoutaient les présents des proches. L'abondance des trouvailles de l'archéologie, pourtant fortuites et opérées dans une très faible proportion des sépultures, atteste la gravité des prélèvements que subirent de la sorte, pendant des générations, les richesses des vivants. Cette ponction portait certes essentiellement sur les objets du luxe, sur le trésor individuel que tout être humain, si pauvre fût-il, conservait avec soi. Mais elle touchait aussi aux instruments, et notamment à ceux de métal, dont la société de l'époque apparaît si mal pourvue. Il s'agissait là de valeurs si tentantes que certains n'hésitaient pas, pour s'en emparer, à braver la vengeance terrifiante des âmes défuntes — la rigueur des peines édictées contre les violateurs de sépulture en fournit la preuve. Mais les fouilleurs de tombes ne furent cependant jamais nombreux, et la plus grande part des biens offerts aux morts n'était pas remise en circulation. Aucun investissement ne peut être plus improductif que celui-ci, le seul pourtant que pratiqua largement cette société infiniment pauvre.

Les progrès de l'évangélisation — et c'est en cela peut être qu'ils coopérèrent le plus directement au développement économique — firent se vider les tombes. A vrai dire, très lentement : les capitulaires carolingiens continuent le combat contre les offrandes aux morts ; mais les interdits promulgués dans les assemblées générales de l'Empire ne retinrent pas Charlemagne de descendre au tombeau paré d'une orfèvrerie magnifique. D'autre part, les pratiques païennes furent remplacées par d'autres, tout aussi exigeantes. La « part du mort », ce qui lui était laissé pour sa vie future par ses héritiers, ce fut l'Église qui la réclama. La thésaurisation, dont les sépultures naguère étaient le lieu, se déplaça simplement vers les sanctuaires du christianisme, où vinrent se déposer les richesses consacrées. Les grands et les humbles léguèrent leurs parures pour qu'elles vinssent orner le service de Dieu. Ainsi Charlemagne répartit ses bijoux entre les églises métropolitaines de l'Empire. De cette manière commencèrent de se constituer, près des autels et des reliques des saints, des trésors, dont les plus belles pièces venaient du trésor royal. Ils s'enrichissaient sans cesse. Sauf accident, ils n'étaient pas dilapidés. Des tabous les protégeaient des pillages — et l'on a conservé l'écho de la terreur sacrée qui saisit la chrétienté lorsque les Vikings, encore païens, violèrent ces interdits et firent main basse sur l'or et l'argent que la crainte de l'au-delà avait accumulés dans les sacristies des monastères. Ces tabous furent d'une telle efficacité que nombre de ces offrandes demeurent encore aujourd'hui à la place où elles furent alors déposées. Tout ce que nous conservons encore de l'orfèvrerie de ce temps, qui ne provient pas des tombes, vient de ces trésors qui, dans les églises tendues d'étoffes précieuses, entouraient le service divin d'une pompe parfois plus éclatante que celle dont s'environnait la personne des rois. Toutefois, les métaux précieux légués par les morts n'étaient pas, comme jadis, enfouis dans la terre et par là à jamais soustraits à l'usage des vivants. Le temps devait venir où l'on jugerait plus utile à la gloire de Dieu d'employer autrement ces trésors, où l'on puiserait dans ces réserves d'or et d'argent pour rebâtir l'église ou pour aider les pauvres. La christianisation de l'Europe n'abolit pas la thésaurisation d'intention funéraire. Elle en changea radicalement la nature. De définitive, et par conséquent stérile, elle devint temporaire et, de ce fait, féconde. Pendant les siècles obscurs elle accumula l'épargne métallique où devait s'alimenter après l'an mille la renaissance de l'économie monétaire.

Mais l'Église reçut bien davantage. Dans les pratiques

chrétiennes s'engouffrèrent en effet les vieilles croyances qui faisaient du sacrifice des biens terrestres le plus sûr moyen d'acquérir les faveurs divines et de se purifier de ses fautes. On acheta le pardon de Dieu par des offrandes comme on achetait par une amende la paix des rois. Offrir au Seigneur les premières récoltes, la dixième gerbe après la moisson était également un don propitiatoire. Toutefois, et ce fut encore une modification de très grande portée, ces biens consacrés n'étaient pas détruits, brûlés, anéantis sur des aires sacrificielles. Ils étaient remis à des hommes chargés d'un office particulier : la prière. La pénétration du christianisme aboutit ainsi à installer, dans la société, un groupe nombreux de spécialistes qui ne participaient ni au travail de la terre ni aux entreprises militaires de pillage et qui formèrent l'un des secteurs les plus importants du système économique. Ils ne produisaient rien. Ils vivaient de prélèvements sur le labeur d'autrui. En échange de ces prestations, ils livraient des oraisons et d'autres gestes sacrés, au bénéfice de la communauté du peuple. Toute l'Église n'était pas, à vrai dire, dans une telle situation économique : le bas clergé des campagnes exploitait lui-même des tenures, labourait, vendangeait et se distinguait mal des paysans. Mais les plus humbles des prêtres étaient pourtant, pour une part au moins de leurs ressources, des rentiers. Quant aux clercs associés à l'évêque dans le service des cathédrales, quant aux moines, ils occupaient véritablement une position seigneuriale, oisive et consommatrice. L'universelle pratique du don, du sacrifice rituel à la puissance divine accroissait constamment leur fortune foncière. Nous avons déjà reconnu dans le flot des donations de terres en faveur de l'Église l'un des courants économiques les plus amples et les plus réguliers de ce temps.

On mesure ainsi comme il est faux de tenir cette économie pour close. Incontestablement, il régnait dans toutes les maisonnées, dans celles des rois, dans celles des moines comme dans celles des paysans les plus pauvres, le souci de se suffire à soi-même et de tirer de sa propre terre l'essentiel des biens de consommation. Cette inclination à l'autarcie, le désir de vivre du sien et de demander le moins possible à l'extérieur, poussait par exemple les monastères établis dans les provinces où la culture de la vigne était décevante à agréger à leur patrimoine des annexes viticoles situées parfois très loin, sous des climats plus cléments. Mais la société tout entière était parcourue par les réseaux indéfiniment diversifiés d'une circulation de richesses et de services suscitée par ce que j'ai appelé les générosités nécessaires. Celles des dépendants envers leurs patrons, celles des parents envers l'épousée, celles des amis envers le promoteur d'une fête, celles des grands envers le roi, celles du roi envers les grands, celles de tous les riches envers tous les pauvres, celles enfin de tous les hommes envers les morts et envers Dieu. Il s'agit bien là d'échanges, et ils sont innombrables. Mais il ne s'agit pas là de commerce. Considérons par exemple le trafic du plomb à travers la Gaule du IXe siècle, qui n'en produisait point et qui l'importait des îles Britanniques. Pour en couvrir la toiture d'un sanctuaire dans son abbaye de Seligenstadt, Éginhard dut certes en acheter et débourser pour cela une grosse quantité de monnaie. Mais pour se procurer ce métal, Loup, abbé de Ferrières près d'Orléans, écrivit au roi de Mercie pour qu'il lui en fît parvenir, lui promettant en échange des prières, et le pape Hadrien en reçut de la générosité de Charlemagne mille livres, que les officiers de la cour transportèrent dans leurs bagages, par colis de cent livres, jusqu'à Rome. Point de marchands, cette fois, ni de paiement; ce produit rare circule cependant et sur des distances fort longues. Comme les épices que des amis romains envoyaient à saint Boniface en échange de libéralités compensatrices. Parce qu'ils ont découvert peu de traces d'un commerce véritable, nombre d'historiens de l'économie ont attribué à l'Europe des âges obscurs un repliement qui n'était pas le sien; ou bien ils ont faussement considéré comme commerciaux des échanges qui ne l'étaient nullement. En vérité, l'expansion du commerce dans l'Europe médiévale, dont nous essaierons de suivre dans ce livre le développement, ne fut en fait que la très progressive et toujours incomplète insertion d'une économie du pillage, du don et de la largesse dans les cadres de la circulation monétaire. Ces cadres étaient présents. Ils étaient le legs de Rome.

LA FASCINATION DES MODÈLES ANTIQUES

Autre trait fondamental de mentalité : tous les Barbares aspiraient à vivre à la romaine. Rome leur avait communiqué des goûts impérieux, celui du pain, du vin, de l'huile, du marbre, de l'or. Subsistaient, parmi les décombres de sa civilisation, des demeures somptueuses, des cités, des routes, des marchands, de la monnaie. Les chefs des conquérants s'étaient installés dans les villes; ils en avaient occupé les palais; ils s'étaient accoutumés à fréquenter les thermes, les amphithéâtres, le forum; la part de leur luxe dont ils étaient le plus fiers portait les oripeaux de la romanité. Ainsi se maintint la vitalité des villes, plus intense certes à Vérone, à Pavie, à Plaisance, à Lucques, à Tolède, mais jusque dans les ruines de Cologne ou des *chesters* de Bretagne. Les activités urbaines proprement économiques connurent certes un considérable reflux. Les cités se ruralisèrent. On planta des vignes, on fit paître les troupeaux parmi les vestiges des monuments antiques. Les boutiques se vidèrent. Il devint de plus en plus hasardeux d'y trouver des denrées de provenance lointaine. Mais elles ne disparurent point tout à fait. En tout cas, la ville demeura le centre de la vie publique, parce qu'elle abritait le palais du souverain ou de son représentant, la demeure de l'évêque, les *xenodochia* où les voyageurs trouvaient asile. Autour de toutes les cités gauloises, à quelque distance du centre fortifié, s'était implantée, depuis le vıe siècle, une couronne d'établissements monastiques, Saint-Vincent et Saint-Germain-des-Prés à Paris, Saint-Médard à Soissons, Sainte-Radegonde à Poitiers, Saint-Remi à Reims; hors de l'enceinte du Mans on comptait au vııe siècle huit monastères et hospices. L'escorte des chefs politiques, la domesticité des églises concentraient ainsi sur le site urbain un groupe important de résidents stables et de niveau de vie relativement élevé. Sa seule présence suscitait un apport régulier d'approvisionnement et entretenait l'activité d'artisans spécialisés. Car les successeurs des citadins romains entendaient mener l'existence de leurs devanciers. Ils s'efforçaient de maintenir tant bien que mal en état le cadre matériel que ceux-ci leur avaient laissé. Ils se souciaient notamment de bâtir. A la fin du vıe siècle, le poète Fortunat loue le duc Leunebolde d'avoir construit une église, et cet homme de race « barbare » d'avoir accompli ce qu'aucun « Romain » n'eût osé entreprendre.

Un égal souci de ne pas laisser se perdre une tradition de confort et de somptuosité monumentale se manifestait à la campagne dans les *villae* qui demeuraient occupées par les propriétaires les plus fortunés et les moins frustes. Le même Fortunat décrit ainsi, vers 585, la demeure où aimait à résider, près de Coblence, l'évêque de Trèves, Nicet, originaire d'Aquitaine : « Une enceinte flanquée de trente tours environne la montagne; un bâtiment s'y élève sur un emplacement naguère couvert de forêts; le mur étend ses ailes et descend jusqu'au fond de la vallée; il rejoint la Moselle dont les eaux ferment de ce côté le domaine. A la cime du rocher est bâti un magnifique palais, pareil à une seconde montagne juchée sur la première. Ses murailles enveloppent d'immenses espaces et la maison constitue à elle seule une véritable forteresse. Des colonnes de marbre supportent l'imposante construction; du haut de celle-ci, pendant les jours d'été, on voit les barques glisser à la surface du fleuve; elle a trois étages, et quand on parvient au faîte, il semble que l'édifice couvre les champs qui sont à ses pieds. La tour qui commande la rampe d'accès renferme la chapelle consacrée aux saints, ainsi que les armes à l'usage des guerriers. Là est encore une machine de guerre dont le trait vole, donne la mort en passant et fuit au-delà. L'eau est amenée par des conduits qui suivent les contours de la montagne; la meule qu'elle fait tourner broie le blé destiné à la nourriture des habitants du pays. Sur ces coteaux, jadis stériles, Nicet a planté des vignes au suc généreux, et les pampres verdoyants tapissent le rocher qui ne portait jadis que des broussailles. Des vergers d'arbres à fruits croissent çà et là et emplissent l'air du parfum de leurs fleurs. » Il faut faire dans cette description la part de l'emphase rhétorique. Mais elle fournit une image saisissante, celle d'abord de l'intime compénétration dans ce genre de vie aristocratique de l'élément religieux, de l'élément militaire et de l'élément rustique, celle, d'autre part, de l'implantation dans les forêts de Germanie, par l'initiative d'une élite porteuse des traditions antiques, d'une économie de type colonial dont le bâtiment de pierre, le vignoble et le moulin constituent le symbole. Parmi les propagateurs des modèles romains, les évêques jouèrent un rôle considérable. Les moines aussi. Dans la Gaule seule, plus de deux cents monastères furent fondés au viie siècle sur l'emplacement d'anciennes *villae* romaines, et leurs constructions couvraient une superficie vingt ou trente fois plus vaste que l'aire de la Lutèce antique. La seule édification de ces grandes bâtisses nécessita le transport et la mise en œuvre d'une masse énorme de matériaux; certains d'entre eux venaient de fort loin, comme les marbres des carrières pyrénéennes qui furent employés à décorer les sanctuaires monastiques de la région parisienne.

Transplanter de la sorte les modes d'existence romains dans le Nord sauvage n'impliquait pas seulement d'y ranimer les vestiges qui pouvaient subsister de l'ancienne colonisation et de modifier le paysage en acclimatant la culture de la vigne. Il fallait encore maintenir des liaisons avec les sources d'approvisionnement de denrées exotiques, tels l'huile, le papyrus ou les épices. Or, ces liaisons étaient menacées par la dégradation continue du système de communication que Rome avait implanté. Le témoignage — tardif, les faits qu'il évoque datent de 991 — laissé par Richer, moine à Saint-Remi de Reims qui voulut un jour se rendre à Chartres, révèle le profond délabrement qui avait fini par gagner le réseau routier : « M'étant engagé avec mes deux compagnons dans les détours du bois, nous fûmes en butte à toute espèce d'infortunes. Trompés par l'embranchement de deux routes, nous fîmes six lieues de plus qu'il ne fallait. » A six milles de Meaux, le cheval de somme meurt. « Je laissai là le domestique avec les bagages, après lui avoir dicté ce qu'il devait répondre aux passants... et j'arrivai à Meaux. A peine le jour me permettait-il de voir le pont sur lequel je m'avançais, et lorsque je l'examinai plus attentivement, je vis que je touchais à de nouvelles calamités. Mon compagnon, après avoir cherché de tous côtés une barque sans en trouver, revint au dangereux passage du pont et il obtint du ciel que les chevaux puissent le traverser sans accident. Sur les endroits rompus, il plaçait quelquefois son bouclier sous leurs pieds, quelquefois il rapprochait les plantes disjointes; tantôt courbé, tantôt debout, tantôt s'avançant, tantôt reculant sur ses pas, il traversa heureusement le pont avec les chevaux, et je le suivis. » Pourtant, les transports en chariot par voie de terre ne cessèrent pas. Dans un texte rédigé avant 732 à Saint-Denis, ce moyen était encore considéré comme normal. Il s'agit d'une décision royale concédant à un établissement religieux l'exemption des taxes perçues sur les marchandises : « Nous lui avons accordé la faveur pour ses envoyés qui commercent ou se déplacent pour quelque autre nécessité de ne pas payer à notre fisc le tonlieu ou les taxes quelconques, chaque année pour tant de charrettes, lorsqu'ils vont à Marseille, ou dans les autres ports de notre royaume, acheter ce qui est nécessaire au luminaire (c'est-à-dire l'huile). En conséquence... vous ne réclamerez ni n'exigerez aucun tonlieu pour tant de charrettes de cet évêque à Marseille, Toulon, Fos, Arles, Avignon, Valence, Vienne, Lyon, Chalon et autres cités, partout où dans notre royaume on les exige, qu'il s'agisse de taxes sur le transport en bateau ou en char, sur les routes, au passage d'un pont, pour la poussière soulevée, pour le salut à rendre ou pour l'herbe consommée[1]. » Mais ce document mentionne en premier lieu des bateaux, et l'itinéraire dont il situe les jalons est effectivement celui de la batellerie. De fait, les cours d'eau devenaient les voies principales de la circulation, ce qui favorisait par rapport aux autres les agglomérations qui se trouvaient à proximité des rivières. Enfin, on trouve

---

1. Marculfi, *Formularum libri duo*, Upsala, 1962, p. 332.

dans cette formule des allusions très claires à des achats, à des points de perception traversés par des *mercatores*, par des négociants.

Le trafic des denrées lointaines n'était donc pas animé seulement par les échanges de cadeaux. Intervenaient aussi, incontestablement, des spécialistes du commerce. Il s'agissait parfois — comme le suggère la formule dont on vient de lire le texte — de serviteurs envoyés par un maître pour traiter au loin des affaires en son nom, mais aussi, sans doute, de vrais marchands. Il est difficile à vrai dire de reconnaître si les *negociatores* qui paraissent dans les documents étaient indépendants ou les domestiques d'un patron. Probablement, et dès le Bas-Empire, les grands s'étaient accoutumés à engager des agents commerciaux, mieux au courant des pratiques du négoce. Ces professionnels tiraient avantage de leur appartenance, temporaire, à la maisonnée d'un maître puissant : ils pouvaient bénéficier grâce à lui de sauf-conduits et de privilèges qui facilitaient leurs propres transactions. En tout cas, l'existence de trafiquants, au moins partiellement autonomes, et qui vivaient de leur fonction intermédiaire, ne fait aucun doute. Rome avait laissé dans les cités les résidus de colonies de négociants orientaux, les *Syri*, qu'évoquent fréquemment les sources gauloises du VIe siècle, et dont les commerçants israélites prirent ensuite le relais. Parmi ceux que Dagobert appelle ses « marchands » figuraient des juifs. Ceux-ci profitaient, dans la conduite des entreprises marchandes, d'un équipement intellectuel mieux adapté à ces activités, ainsi que des relations intimes qu'entretenaient les multiples îlots de la Diaspora répandus sur tout l'espace de l'ancien Empire. Leur situation extérieure par rapport au peuple et à la chrétienté les vouait spécialement à remplir ces fonctions économiques; en effet, les sociétés pour qui le commerce demeure une activité marginale, cantonnée sur les lisières d'une économie du don, et par conséquent suspecte — ce qu'il était alors aux yeux de l'Église chrétienne —, en laissent volontiers l'exercice à des étrangers. Pourtant il existait aussi certainement des chrétiens parmi les professionnels du négoce, et ces marchands indigènes se trouvaient plus nombreux dans les régions où l'empreinte romaine était moins effacée. Dès que l'Italie sort de la profonde obscurité où la tient plongée pendant tout le VIIe siècle l'accumulation des calamités, on voit les rois lombards s'intéresser spécialement à eux. Les lois de Liutprand, en 720, prennent des dispositions particulières à l'égard des hommes libres qui s'absentent trop longtemps de leur demeure pour des affaires commerciales ou pour la pratique de l'artisanat dont ils sont spécialistes. Aistulf en 750, répartissant parmi les membres du peuple les services qui lui sont dus, distingue des *possessores*, c'est-à-dire de ceux dont la richesse est terrienne, les *negociatores*, et ces derniers constituent une classe si importante et si diversifiée que la loi distribue ses membres en trois groupes, en fonction de leur fortune. Les plus riches négociants doivent servir à cheval, avec un équipement militaire complet. Ce qui les distingue des plus riches possesseurs fonciers, c'est qu'ils ont la latitude de se libérer de leurs obligations en apportant de l'argent au trésor royal. Car leur richesse est, pour la plus grande part, monétaire.

*

Pour toutes les peuplades qui occupent l'Occident de l'Europe, l'argent et surtout l'or représentent les plus hautes valeurs matérielles qui soient. Mais les métaux précieux ne revêtent la forme monétaire que d'une manière très marginale et le plus souvent éphémère. Dans leur grande masse, ils servent à disposer autour des dieux, de la personne des rois, des chefs, de tous les riches et dans l'environnement des morts, une auréole de magnificence. Les pillages, les tributs et les dons les font circuler la plupart du temps sous forme de parures. Des artisans, qui jouissent du plus grand prestige, ont mission de les façonner pour les rendre plus propres à manifester la gloire de celui qui les détient. Pourtant, partout, et jusque dans les contrées les plus sauvages, des monnaies circulent. Apprécier avec exactitude le rôle qu'elles ont pu tenir dans les sociétés de ce temps est une tâche difficile, la plus difficile peut-être de celles qui s'imposent à l'historien de l'économie. En premier lieu, parce que les moyens d'information sont ici particulièrement décevants : les seules indications qui puissent autoriser des jugements sûrs sont fournies par les pièces elles-mêmes. On en a retrouvé beaucoup, mais toujours au hasard des découvertes archéologiques, dans les sépultures et surtout dans des trésors que leurs propriétaires, après les avoir enfouis — pour des raisons qui toujours nous échappent, mais, le plus souvent sans doute, dans l'espoir de soustraire provisoirement au danger ces réserves de puissance —, n'ont pas eu le loisir de déterrer. Tous les documents numismatiques proviennent d'une suite d'accidents, de plus en plus fortuits : le fait que l'on ait placé ces espèces monétaires dans des cachettes, puis qu'elles y soient restées, enfin que des archéologues soient venus les mettre au jour. Ce caractère occasionnel limite considérablement leur valeur. En second lieu, et surtout peut-être, il faut un effort sérieux pour se dégager des habitudes de pensés qu'impose le monde moderne, où tout le mouvement économique s'ordonne en fonction de valeurs monétaires, et pour s'introduire, afin de juger plus justement, dans un univers psychologique radicalement différent.

Si la monnaie au viie et viiie siècle est partout présente, elle est bien loin d'être partout frappée. A l'est du Rhin, point d'atelier monétaire avant le xe siècle. En Angleterre, les premiers ont dû fonctionner dans le tout début du viie siècle, mais leur activité demeura longtemps très limitée : le trésor de Sutton-Hoo, dont les archéologues pensent qu'il fut enfoui soit vers 625, soit vers 655, ne renferme pas plus de trente-sept pièces de monnaie; toutes sont franques. La frappe prit un départ plus vif à partir de 680; jusqu'au ixe siècle cependant elle resta strictement cantonnée dans le Sud-Est de l'île. Soulignons bien ici que rien n'autorise à supposer une quelconque mutation économique dans cette partie de l'Angleterre aux alentours de 680. Notons donc qu'il est téméraire de relier de manière trop étroite l'ouverture d'un atelier monétaire à un processus de croissance. Mieux vaut sans doute considérer que la frappe s'introduit dans les pays « barbares » comme un élément emprunté à une culture supérieure et fascinante. La monnaie doit être tenue pour un vestige, parmi d'autres, des structures romaines. Fabriquer des pièces — comme faire du pain, boire du vin, prendre des bains, se convertir au christianisme — ne manifeste pas forcément une promotion économique. C'est le signe soit d'une « renaissance », soit d'une acculturation.

De fait, au début du viie siècle, la monnaie est frappée dans toutes les provinces qui sont restées fidèles aux traditions antiques. Encore faut-il s'interroger sur l'usage qu'on faisait des pièces dans ces régions mêmes, et sur leur véritable signification. Prenons le cas de la Gaule du viie siècle. Dans le Sud, et jusqu'à la Seine, le numéraire était compté, additionné; le prix des choses était traduit par une certaine quantité de pièces; ce qui veut dire que l'on avait confiance dans le poids de celles-ci et dans leur aloi; dans les habitudes mentales, elles étaient reconnues comme des mesures, comme des symboles de valeur, comme des éléments d'appréciation. Mais au nord de la Seine, plus on pénètre dans la barbarie, plus cette fonction de la monnaie paraît s'estomper : ici, semble-t-il, les pièces étaient pesées et éprouvées; on les tenait donc pour incertaines et diverses, et cela découle évidemment du fait

que l'approvisionnement en numéraire était irrégulier, les
ateliers lointains, multiples, et les émissions de qualité
variable; mais surtout, les peuplades de ces régions n'étaient
pas accoutumées à recevoir les espèces monétaires pour la
valeur abstraite qui leur était attribuée : les pièces étaient
pour elles des morceaux de métal qu'il importait, un par un,
d'évaluer.

Ajoutons que, partout présente, la monnaie était partout
insuffisante. Ce sont les documents écrits qui le prouvent.
Ils montrent des hommes très riches incapables de réunir le
numéraire dont ils ont à certains moments besoin. Ce fut le cas
d'un grand de Neustrie qui, pour n'avoir pas rejoint l'armée
royale, fut condamné à la fin du VIIe siècle à l'amende, très
lourde, de six cents sous qui punissait les défections militaires;
il dut se tourner vers l'abbé de Saint-Denis, lui remettre en
gage, en échange du nombre de pièces d'or nécessaire, un grand
domaine en Beauvaisis; il mourut sans avoir pu se libérer de
sa dette, et son fils dut reconnaître à ce monastère la pleine
propriété du gage. Dans les actes qui constatent des ventes,
le prix est bien exprimé en valeurs monétaires; mais, à tous les
niveaux de la société, on voit le plus souvent que l'acquéreur
s'est acquitté, en partie au moins, par le don d'objets qu'il
possédait et que le vendeur convoitait. « Le prix est apprécié,
en or, en argent et en chevaux, à 53 livres » : cette formule qui
vient du Nord-Est de la Gaule et qui date de 739 est très
significative. On s'étonnera davantage de voir un propriétaire
italien vendre en 760 une terre valant un sou et recevoir une
tranche de lard pour la moitié du prix, six muids de mil pour
l'autre, ou bien, à Lucques, un monétaire, c'est-à-dire un
homme qui pouvait plus aisément que tout autre se procurer
du numéraire, donner un cheval en équivalence de treize des
vingt-huit sous qu'il devait. Plus caractéristique de la place
restreinte que tenait l'instrument monétaire dans le mouvement des échanges est l'absence, dans les sociétés les plus
évoluées de ce temps, de petite monnaie, susceptible d'être
employée à des transactions modestes. L'Antiquité avait
frappé en bronze une monnaie d'appoint. Elle n'apparaît plus
en Italie ou en Gaule après le VIe siècle. Ne circulent plus, dès
lors, que des pièces d'or et d'argent. Celles-ci ont une très
forte valeur libératoire. Le capitulaire de Francfort de 794
invite à céder contre un seul denier d'argent douze pains de
froment pesant deux livres, ou bien quinze pains de seigle, ou
bien vingt pains d'orge. Comment payer un seul pain, c'est-à-
dire la ration journalière d'un homme? Et à quoi pouvaient
servir dans la vie quotidienne les pièces d'or, qui valaient au

moins douze fois le denier d'argent de Charlemagne, et qui furent les seules frappées en Gaule entre 550 et 650? Les historiens ont de la peine à admettre l'inexistence d'une monnaie divisionnaire, et ils se sont demandé si la carence des sources ne les trompait pas. Qu'elle soit absente des trésors, disent-ils, ne prouve rien : elle n'avait pas de valeur suffisante pour qu'on la thésaurisât. L'argument est faible : jusqu'au vi^e siècle, en effet, les trésors contiennent aussi des pièces de bronze. Certains historiens ont émis l'hypothèse d'un usage prolongé des anciennes monnaies romaines; or il est prouvé que les pièces de ce temps s'usaient très vite, au point de disparaître, lorsqu'elles circulaient, en moins d'un siècle. Il faut donc se rendre à l'évidence : la monnaie dont on se servait à cette époque était des plus lourdes. Mais les ethnologues nous apprennent que les sociétés primitives peuvent fort bien se passer de petite monnaie, sans pour cela ignorer les échanges, ni même les échanges proprement commerciaux. De fait, l'Europe du viie siècle, on vient de le voir, pratiquait abondamment le troc. Entre des maisonnées riches et pauvres s'établissait tout un jeu de prestations diverses qui faisait de l'achat une opération exceptionnelle, en tout cas périodique. A cette économie pourtant très ouverte, les pièces légères n'étaient pas indispensables. La raison profonde de leur disparition fut que les souverains se désintéressèrent de leur frappe : celle-ci n'ajoutait rien à leur prestige. Du système romain ils ne conservèrent que les éléments de majesté. Ce fut la monnaie d'or qu'ils frappèrent, parce que leur désir était d'abord d'imiter l'empereur.

Répétons-le : à l'époque qui nous occupe, les phénomènes monétaires relèvent moins de l'histoire économique que de celle de la culture ou des structures politiques. De fait, c'est d'abord par l'évolution culturelle et politique qu'il faut tenter d'expliquer la progressive diffusion de l'instrument monétaire et les fluctuations qui affectèrent la circulation des espèces. Émettre la monnaie est en effet, proprement, une affaire d'État. Un tel acte requiert donc le minimum d'organisation politique, sans quoi n'est pas possible la fabrication régulière de ces objets identiques que sont les pièces, sous la garantie d'une autorité reconnue. Il requiert surtout que soit parvenue à maturité la notion de souveraineté, l'idée que le prince est le soutien de l'ordre, le maître de la mesure et qu'il lui appartient de mettre à la disposition du peuple les étalons nécessaires à la régularité des transactions. Comme la justice, le monnayage est une institution de la paix publique; comme elle, il émane du personnage qui, par sa magistrature éminente,

a mission de maintenir en corrélation harmonieuse et salutaire le monde visible et les desseins de Dieu. Cette mission
suprême d'équilibre et de paix appartenait à l'empereur.
Pendant longtemps l'empereur fut seul jugé capable de la
remplir. L'Europe du très haut Moyen Age usa donc d'abord
exclusivement de pièces qui portaient sur l'une de leurs faces
l'effigie de César. Le retrait progressif de ces pièces, l'apparition d'espèces émises au nom des rois « barbares » s'intègrent
donc dans le processus général d'acculturation qui fit s'insinuer
insensiblement la barbarie dans les cadres politiques hérités
de la romanité.

Les pièces d'or byzantines les plus tardives que l'on ait
trouvées en Occident au-delà des Alpes viennent de trésors
enfouis en Frise entre 625 et 635. À vrai dire, les ateliers
impériaux continuèrent ensuite à émettre des pièces d'or, des
sous et surtout des tiers de sous *(triens)*. En Italie, qui
demeura plus longtemps sous la tutelle politique de Byzance,
ils poursuivirent leur activité au nom de l'empereur : à
Ravenne jusqu'à ce que cette fût en 751 conquise par les
Lombards, à Rome jusqu'à ce que, vers 770, l'autorité
pontificale se substituât décidément à celle de Byzance, à
Syracuse jusqu'au milieu du ixᵉ siècle, c'est-à-dire jusqu'à la
conquête arabe. Mais ailleurs, dans les royaumes barbares,
les souverains s'étaient emparés des ateliers. Pendant longtemps, ils n'osèrent cependant pas s'approprier réellement la
frappe. Ils laissèrent subsister les pièces à l'effigie de l'empereur.
Pour prendre l'audace de lui substituer la leur, il fallut qu'ils
fussent persuadés de n'être plus des délégués du pouvoir
impérial, mais des maîtres et les véritables responsables de
l'ordre public. Les premiers à l'oser furent les rois francs vers
540. Les rois lombards les suivirent. En Espagne l'initiative
revint au roi Leovigild (575-585); elle prend place dans un
effort d'ensemble pour réorganiser l'État, renouer avec la
tradition juridique, restaurer les symboles romains de la
souveraineté — ce qui prouve encore que la reprise de l'activité
monétaire manifeste avant tout la renaissance du sentiment
de la majesté. De même, dans le Kent, au début du viiᵉ siècle,
les premières émissions de pièces d'or traduisent un progrès
des institutions politiques, qui trouve son expression dans les
lois d'Aethelbert. Ce qui frappe aussi dans les décisions des rois
barbares, c'est le respect dont ils font preuve à l'égard de la
tradition antique du monnayage, fidélité évidemment plus
marquée que partout en Lombardie, où les souvenirs de
Rome étaient plus tenaces. Le roi Rotari reconstitue, à l'imitation de Byzance, les collèges de monétaires, dont les membres,

assermentés, en possession héréditaire de leur charge, vont dominer l'économie des cités lombardes jusqu'au xiie siècle. Il affirme le monopole des émissions comme un attribut primordial de la souveraineté. Il réserve au monarque tout le métal jaune recueilli dans les fleuves par les orpailleurs. Il inflige la peine byzantine de la main coupée à quiconque tenterait de contrefaire la monnaie d'or. La frappe se concentre à Pavie, Milan, Lucques et Trévise, et le nom du monétaire n'apparaît pas sur la pièce, pour que soit bien marqué le caractère public de l'atelier.

Quant à la fonction de la monnaie royale, elle paraît triple. En premier lieu, elle est affirmation du prestige monarchique. Elle est d'autre part un symbole de l'ordre, des valeurs stables, et pour ainsi dire divines, qui doivent présider à toutes les transactions, et même à celles, innombrables, qui ne font point recours aux pièces. Enfin, concrètement, il est permis de croire que la fonction principale de la monnaie est alors de canaliser ceux des échanges qui se développent autour de la personne royale. Les pièces sont de beaux objets, faits de matières très précieuses, comme les parures que fabriquent les orfèvres attachés au trésor royal (lesquels sont fréquemment aussi les responsables de la frappe). Ne servent-elles pas d'abord à véhiculer les faveurs qui émanent du palais? Puis à ramener vers le roi ce que ses agents prélèvent sur les convois de marchandises le long des routes et des rivières, le montant des tributs imposés aux populations soumises, le produit des amendes infligées dans les tribunaux publics? Les plus nombreuses références à des valeurs monétaires n'apparaissent-elles pas dans les stipulations des lois barbares qui fixent le tarif des peines pécuniaires? Parmi tous les transferts de richesses, il en est pour lesquels on ne peut se passer de recourir à l'instrument monétaire, ceux que détermine l'impôt, sous toutes ses formes. Le troc ici n'a pas sa place : le noble neustrien dont nous disions qu'il fut condamné à verser six cents sous au trésor royal dut bien, en dépit de toutes les difficultés, s'acquitter en espèces. Par sa munificence, le roi distribue autour de lui des fragments d'or, marqués du signe de sa puissance personnelle; ils lui reviennent par la fiscalité. Ainsi s'organise un circuit, limité et presque entièrement fermé sur lui-même, dont le palais constitue le pivot. Tel semble bien être le rôle fondamental de cette très lourde monnaie, dont l'incommodité, au niveau des échanges proprement commerciaux, frappe l'économiste. La monnaie, ne l'oublions pas, appartient à César et doit lui être rendue. Mais si le numéraire est le véhicule de la fiscalité, il est également l'un de ses instruments : sur le métal précieux que les particuliers portent aux ateliers pour qu'en soient fabriquées des pièces, le souverain prélève en effet légitimement une part. Et ce profit, qu'il arrive aux rois d'abandonner à ceux qu'ils gratifient du droit de battre monnaie, incite les détenteurs du monnayage à favoriser autant qu'ils le peuvent le développement de la circulation monétaire.

Dans l'histoire de l'instrument monétaire, parce qu'il est d'abord une institution politique, se reflètent donc toutes les vicissitudes de l'État. Le cas de la Gaule franque est à ce propos fort éclairant. A l'inverse de l'Italie, parce que le pouvoir était ici moins concentré et les modèles romains plus estompés, la Gaule vit se disperser la frappe en une quantité d'ateliers. Leur distribution géographique souligne l'orientation vers la Méditerranée des voies principales de la circulation, celles où l'on percevait le tonlieu, qu'il fallait acquitter en numéraire, celles qu'empruntaient les marchands — car la monnaie, bien entendu, servait aux opérations commerciales. La frappe de Marseille fut longtemps la plus active. Elle se développa considérablement vers 600 et connut son apogée au milieu du VIIe siècle, alors que, dans l'Italie ruinée par les guerres de Justinien, l'invasion lombarde avait détourné vers la vallée du Rhône les principaux courants d'importation de denrées orientales. Au nord de la Gaule, on commença de battre monnaie vers 650, et, cette fois encore, le long des itinéraires les plus fréquentés, à Huy et à Maastricht sur la Meuse, à Quentovic où se concentrait le trafic vers la Grande-Bretagne. Ce qui importe surtout, c'est la progressive dissémination des lieux de frappe. Dans la Bourgogne du VIIIe siècle, les principaux sont dans les cités romaines qui jalonnent la route de la Saône vers la Neustrie, à Chalon d'abord, puis à Sens, à Autun, à Auxerre, à Mâcon, mais on en a repéré neuf autres. Ils sont plus d'un millier dans toute la Gaule. Beaucoup sont établis dans des localités minuscules, si petites que, dans l'Ouest, 20 % d'entre elles n'ont pas été identifiées. La dispersion est beaucoup plus marquée dans le Nord où les activités proprement commerciales étaient pourtant apparemment moins intenses. Elle n'est donc pas une réponse aux besoins des usagers; elle manifeste la décomposition de l'autorité monarchique. Étouffée peu à peu par les progrès de la puissance aristocratique, la royauté franque n'a pu tenir en main son monopole. Avec d'autres faveurs, elle a concédé aux églises le droit de battre monnaie. Elle a laissé les monétaires — de plus en plus nombreux, on en connaît plus de quinze cents, dont certains étaient nomades — prendre de plus en plus d'indépendance, et la manifester en substituant sur les pièces leur propre nom à celui du roi : le premier nom de monétaire apparaît en 585, le nom royal disparaît de la monnaie d'or au début du VIIIe siècle. Ce dont il s'agit là c'est bien d'une dilapidation du pouvoir régalien. En résultent l'irrégularité de la frappe et la détérioration des espèces, dont le poids peu à peu s'affaiblit et dont le titre s'altère.

A cette évolution, consécutive au désastre politique, il est tentant de relier le phénomène monétaire le plus important de l'époque : la victoire progressive mais totale que remporta la monnaie d'argent sur la monnaie d'or. En effet, au moment même où, dans l'État lombard, le rehaussement du prestige royal faisait se renforcer la frappe de l'or et abandonner celle de l'argent, on voyait les ateliers de Gaule, dont le caractère public s'était presque tout à fait perdu, émettre vers 650, à Clermont, à Lyon, à Orléans, le « denier », c'est-à-dire une pièce d'argent. Son poids, qui varie entre 1,13 et 1,28 g, était nettement plus élevé que celui du *triens* qui pesait à peine 1 gramme. Il resta stable jusqu'à la fin du VIIIe siècle. Peu à peu les pièces d'or disparurent : on cessa d'en frapper à Marseille vers 680; on n'en trouve plus dans les trésors de Frise enfouis après le dernier tiers du VIIe siècle. Un nouveau système monétaire s'installa en trois décennies. Il trouva aussitôt son répondant de l'autre côté de la Manche. Lorsque la frappe reprit vers 660 dans le Sud-Est de l'Angleterre, les ateliers émirent ces pièces d'argent que les numismates appellent des *sceattas* et qui se diffusèrent partout : à Cimiez, près de Nice, un trésor enfoui en 737 en contient. Ce système triompha totalement. A la fin du VIIIe siècle, la frappe de l'or n'était plus qu'un résidu. La conquête carolingienne l'avait rejetée hors du royaume lombard d'abord, puis de Rome, au temps du pape Hadrien. Elle se trouvait repoussée sur les minces franges de l'Occident où Byzance demeurait présente.

Je ne m'étendrai pas sur les controverses prolongées qui ont opposé les historiens à propos de cette mutation. Retenons seulement que l'Europe occidentale ne possède pas de sources d'or. Quels poids de métal jaune pouvaient bien récolter les orpailleurs dans les torrents du royaume lombard ? L'Occident devait donc vivre sur son stock, qui s'usait, ou s'alimenter au-dehors. Il est certain que les apports extérieurs tarirent précisément à l'époque où se ralentit la frappe de l'or. Mais non point pour des raisons commerciales. Byzance avait été au VIe siècle, et demeurait au début du VIIe, le principal pourvoyeur d'or. Non par ses activités mercantiles : il était strictement interdit aux marchands d'exporter des pièces hors de l'Empire. Mais par ses actes politiques, par les cadeaux offerts aux souverains barbares, par les soldes payées aux mercenaires, par les tributs que son orgueil faisait déguiser en dons gracieux : l'exarque de Ravenne, à la fin du VIe siècle, faisait porter chaque année trois cents livres d'or aux rois lombards. Tandis que l'empire d'Orient se repliait sur lui-même, ces livraisons devinrent peu à peu moins abondantes. Elles cessèrent bientôt tout à fait. Restait le stock. Il était considérable. L'or est partout, dans les écrits des temps mérovingiens, et l'orfèvrerie franque et saxonne ne fut peut-être jamais plus active que dans la seconde moitié du VIIe siècle, c'est-à-dire au moment même où se développent très rapidement les conquêtes du denier. Mais justement, l'or tendait à ce moment à se figer dans les trésors, ceux des souverains, ceux des églises, ceux que l'on dédiait aux morts. L'argent, lui, était un produit local. Tacite s'était étonné de voir les Germains le préférer à l'or. Aux seigneurs privés, qui dominaient en Gaule le monnayage et qui ne se souciaient pas autant que les rois de majesté, l'argent apparut une matière première commode. Les hommes qui faisaient usage du numéraire pour le négoce à longue distance montrèrent plus d'intérêt pour le denier à mesure que, par un lent mouvement de bascule, se raréfiaient les relations directes avec le monde byzantin et que s'intensifiaient les échanges avec les peuplades de la Germanie et de la mer du Nord, ainsi qu'avec le monde musulman, dont la monnaie, le dirhem, était d'argent. Enfin, il n'est pas interdit de penser que la pièce d'argent, de moindre valeur, fut considérée comme un instrument plus pratique dans une société qui s'accoutumait à user de la monnaie pour des transactions de moins en moins exceptionnelles. L'abandon de la monnaie d'or pourrait donc être le signe, non pas comme on l'a trop dit d'une contraction économique, mais tout au contraire d'une lente ouverture aux échanges commerciaux. Encore que l'insertion de ce phénomène dans le mouvement de l'économie paraisse assez marginale. D'abord parce que la monnaie, quelle qu'elle fût, demeura d'une extrême rareté. Lorsque Alcuin voulait plaire à ses amis anglais en leur offrant des objets rares, il leur envoyait des épices, de l'huile, mais aussi de l'argent monnayé. En Angleterre, où le roi Offa ne battait monnaie qu'à Canterbury — tout comme en Germanie —, l'usage des pièces d'argent ne se généralisa pas avant le Xe siècle. Il est évident d'autre part, nous l'avons déjà dit, que le denier n'était pas, lui non plus, une monnaie divisionnaire faite pour les trafics quotidiens. Son adoption manifeste avant tout un changement dans la signification profonde attribuée à la monnaie. Sa valeur de prestige s'atténua, en même temps que déclinait la fascination de Byzance. Elle devint alors davantage un outil, pratique.

Telle paraît bien, au départ des mouvements qui entraînèrent à partir du viie siècle le développement de l'économie européenne, la situation de la monnaie. Elle est un héritage, celui des structures économiques beaucoup plus évoluées qui s'étaient établies autour de la Méditerranée antique. Mais cet héritage, l'Occident devenu barbare et rural l'avait pendant longtemps négligé. Les espèces monétaires avaient de ce fait perdu l'une de leurs deux fonctions principales : les pièces n'étaient plus considérées comme des réserves de richesse; c'était sous la forme de parure que s'accumulait le métal précieux. Demeurait la seconde fonction, celle, symbolique, de mesure de la valeur des choses, mais la raréfaction des échanges commerciaux en avait singulièrement limité l'importance. On peut situer dans le cours du viie siècle le terme de cette dégradation progressive, qui tendait à restreindre le rôle de l'instrument monétaire. A partir de cette époque, le sens de l'évolution, semble-t-il, se renverse. Dès que dans une peuplade les structures politiques ont pris assez de maturité pour que la frappe devienne régulière, celle-ci tend naturellement à s'intensifier par l'effet conjugué de deux facteurs : d'abord, et sans conteste, les avantages qu'offre à quiconque veut échanger des biens l'usage de la monnaie; mais aussi, et de manière déterminante, le désir des maîtres du pouvoir de tirer plus de profits du monnayage. Ce fut bien la croissance des structures étatiques qui, dans le progrès général de la civilisation médiévale, ancra peu à peu l'habitude d'employer les espèces monétaires. De ce point de vue, la montée de la puissance carolingienne marque une phase décisive dans l'histoire économique de l'Europe. A partir du viiie siècle, et de proche en proche, depuis les provinces romanisées de l'Occident, le denier est accepté comme le moyen le plus commode d'opérer un transfert de valeur, qu'il s'agisse d'un don, du paiement d'une redevance ou d'une taxe, ou bien d'une vente. Dès lors son emploi ne cessera de se vulgariser, lentement d'abord, puis plus vite, et l'argent, qui s'était condensé dans les trésors, de se mobiliser toujours davantage. Un mouvement de grande conséquence se met alors en marche. Tout le long de ce livre, il conviendra d'en repérer la progression et les effets sur la croissance de l'économie occidentale.

*

Les cheminements de cette croissance se trouvent au départ pour une large part orientés par un certain nombre de déséquilibres que cette présentation sommaire a fait tour à tour apparaître. En premier lieu par le développement inégal des différents secteurs de l'espace européen. Les migrations de peuples, la lente diffusion des formes résiduelles de la culture romaine — dont la propagation du christianisme et l'accoutumance à l'usage de la monnaie représentent des aspects, parmi les mieux perceptibles — tendaient à réunir dans un même ensemble un Nord et un Est lointains, qui n'étaient pas encore sortis de la préhistoire, et les ports de la mer latine où, près des amphithéâtres encore en usage, on entendait parler grec ou hébreu, où étaient débarquées, en plein VIIIᵉ siècle, des cargaisons de dattes et de papyrus. Entre Rome et l'Angleterre, entre Narbonne, Verdun et les confins du monde slave s'établirent donc, sur un fond commun de labeur paysan, tous les niveaux d'une acculturation progressive, tandis que s'installaient des courants de circulation d'orientation méridienne. Toutefois, ces courants, et le mouvement même de cette acculturation, furent favorisés par d'autres inégalités, par les profonds déséquilibres qui faisaient se déployer si largement l'éventail des fortunes et des conditions sociales : aux quelques riches qui disposaient entièrement du travail de centaines d'agriculteurs et de pâtres, et qui enlevaient tous les maigres surplus de centaines d'exploitations paysannes, les exemples fascinants du genre de vie romain n'étaient pas tout à fait inaccessibles. Enfin, au plan des attitudes mentales, des oppositions s'établissaient entre l'idée d'État, qui s'accordait aux souvenirs de l'Empire, et la notion de seigneurie dont les racines plongeaient dans ce qui restait du tribalisme et des *latifundia*, entre l'idéal de paix, image de la justice divine, et les habitudes invétérées de l'agression guerrière. Toutes ces contradictions imbriquées rendent fort complexe le modèle du développement.

Si l'on tente cependant de schématiser celui-ci, il faut placer en son centre l'élan démographique. Certes, il est quasiment impossible de mesurer la puissance de cet élan, non seulement parce que manquent, avant le premier coup de lumière jeté par les inventaires de l'époque carolingienne, toutes les bases d'une estimation quantitative, mais parce que règne l'incertitude la plus totale quant aux structures de la famille. Sans doute avons-nous pu remarquer combien paraissent faibles les capacités de renouvellement de ces populations, bloquées par la précarité des techniques de production et aussi par les vigoureuses survivances de l'esclavage domestique. Elles n'étaient pourtant pas nulles. L'étude des cimetières hongrois du xe siècle permet d'avancer l'hypothèse d'un taux d'accroissement naturel de l'ordre de 4 °/oo, qui parvient à faire doubler le nombre des hommes en huit générations, c'est-à-dire en guère plus de deux siècles. Or, les vides creusés par les calamités du vi^e siècle invitaient à la reconquête. Des terres délaissées s'offraient, bonnes à prendre, d'où l'on pouvait tirer de quoi mieux nourrir les enfants. Un tel appel détermina d'abord des migrations, et notamment le lent glissement vers l'ouest des peuplades slaves. Ce fut vers le début du viie siècle que les Abodrites pénétrèrent dans le Holstein oriental pour y établir, au bord des lacs et des rivières, leurs petits hameaux circulaires; au même moment commence la colonisation slave en Thuringe et sur les collines boisées qui flanquent au nord-est les pays bavarois. Mais de toute part, après les pestes, le même appel stimulait la poussée vitale. Au moment où les propriétaires d'esclaves commençaient à établir ceux-ci dans des foyers qu'ils espéraient prolifiques, semble bien s'être mis en branle un mouvement d'expansion qui ne se limita pas au repeuplement des espaces abandonnés. En Gaule, la toponymie du viie siècle incite à croire, un peu partout, à l'apparition d'habitats nouveaux sur les franges des anciennes clairières, et ce que l'on devine, par exemple, sur les plateaux de Picardie, favorisés évidemment par des conditions pédologiques exceptionnelles qui réduisaient considérablement les obstacles dressés par la végétation forestière, convie à ne point repousser l'idée du départ, dès cette époque, d'un essor très profond, créateur de nouveaux terroirs; dans cette province, plus de la moitié des lieux habités, en effet, portent un nom dont on nous dit qu'il remonte à cette période : la phase décisive du peuplement ne doit-elle pas être située ici au viie et dans la première moitié du viiie siècle? Le cas est peut-être exceptionnel, mais il n'est certainement pas isolé. L'impulsion primordiale de tous les progrès futurs, celle qui entraîna l'essor de la production agraire et suscita les innovations technologiques, s'est selon toute apparence déclenchée en Occident bien avant que l'enrichissement du matériel documentaire ne vienne éclairer quelque peu l'histoire économique. L'Angleterre du *Domesday Book* est un « vieux pays ». L'est aussi déjà, deux siècles et demi plus tôt, bien que dans une moindre mesure, l'Ile-de-France des polyptyques carolingiens.

Dans le modèle de développement, il faut également introduire des facteurs qui sont d'ordre politique et dont l'intervention fait se décomposer le mouvement de croissance en deux grandes phases. Dans la première, qui se poursuit jusque après l'an mille, les moteurs les plus apparents du développement sont des phénomènes militaires, d'agression et de conquête; ils maintiennent la vitalité de structures économiques très importantes, telles que l'esclavage ou la recherche périodique du butin. On peut dire que l'expansion, dans ses premières étapes, est celle, avant tout, d'une économie de la guerre. Cependant, les conquérants aspirèrent bientôt à reconstituer un État dont Rome fournissait le type exemplaire et au sein duquel s'établirait la paix. Les uns après les autres, ils tentèrent des « renaissances », comme celle que les Carolingiens réussirent à faire vivre un moment. Peu à peu, dans le cours du Xe siècle, s'instaura ainsi un nouvel ordre, celui-ci durable, parce que mieux adapté que l'ordre romain aux réalités profondes d'une civilisation devenue toute rurale. La chrétienté occidentale échappa désormais aux invasions; la turbulence agressive reflua peu à peu vers ses lisières, puis se transporta au-delà. Alors, dans les cadres de ce que l'on a coutume d'appeler la féodalité, commença de se développer une seconde phase de croissance. Celle-ci fut animée, au sein d'une économie de paix relative, par l'expansion agricole.

Deuxième partie

LES PROFITS DE LA GUERRE

IX⁰-MILIEU DU XI⁰ SIÈCLE

Parmi les contrastes qui opposaient encore au viiie siècle les provinces imprégnées de latinité à celles où l'emportait l'élément barbare, l'un des plus violents se situait au niveau des activités militaires. Sans doute, jusque dans les régions les plus romanisées, les invasions germaniques avaient-elles fait pénétrer dans la mentalité aristocratique la révérence des vertus guerrières. Mais les paysans d'Aquitaine, d'Auvergne ou de Provence étaient depuis très longtemps désarmés, alors que pour ceux de Thuringe ou de Northumbrie l'expédition saisonnière de pillage prenait place encore dans le cycle normal des entreprises d'approvisionnement. Il n'est pas interdit de penser que, dans ces zones surtout, les premiers fruits de la croissance économique furent employés à renforcer les moyens des chefs de guerre, qu'ils permirent même, là où elle n'existait pas encore, la constitution d'une aristocratie de combattants d'élite, et que le premier usage que fit celle-ci du surplus de ses ressources fut de perfectionner son équipement militaire. L'armement paraît bien avoir été, dans les sociétés les plus sauvages de l'Occident, le plus précoce et le plus rentable des investissements productifs. En tout cas, ce fut bien dans la perspective d'une plus grande efficacité au combat que se développèrent en premier lieu, dans le travail du fer, dans l'élevage des chevaux, dans la construction des navires, des innovations techniques qui devaient servir un jour, mais beaucoup plus tard, à accroître la production pacifique des richesses. Bien longtemps avant le début du viie siècle, dans un monde où les agriculteurs attaquaient la terre avec des outils de bois dérisoires, les forgerons de la Germanie, entourés de la vénération de tous, fabriquaient par des opérations à demi magiques ces chefs-d'œuvre d'habileté : les longues épées brillantes que vantait Cassidore et qui vinrent à bout des légions romaines. Art sacré, la métallurgie fut d'abord un art militaire. Les progrès qu'elle réalisa au service des guerriers n'ont cessé de devancer ses applications aux travaux de la paix. Mais ils les préparèrent, et c'est pour cette raison déjà que les tendances agressives que recelaient les sociétés primitives de l'Europe barbare peuvent être tenues pour l'un des plus puissants ressorts du développement, au départ de la croissance économique de l'Europe.

Elles eurent un autre effet, non moins direct. Munis d'armes meilleures, montés sur de meilleurs chevaux, conduisant de meilleurs navires, des bandes de guerriers se lancèrent, pendant les viiie, ixe, xe et xie siècles, à la conquête de provinces dont la prospérité relative, et aussi parfois ce qu'elles conservaient encore du prestige de Rome, attisaient leur convoitise. Ces entreprises furent d'abord destructrices, et beaucoup ne dépassèrent pas ce stade : elles aboutirent à des ravages, à des pillages, à l'appauvrissement des régions attaquées, dont les dépouilles, ramenées par les agresseurs dans leur pays d'origine, ne servirent guère qu'à la parure improductive des dieux, des chefs ou des morts. Mais certains conquérants poussèrent plus loin leur action, et les expéditions qu'ils conduisirent finirent par créer des conditions propices à l'essor des forces productives. Ils construisirent des États. Leurs entreprises militaires provoquèrent à la fois la destruction des structures tribales, le renforcement des positions économiques de l'aristocratie par l'implantation des vainqueurs et le perfectionnement du système d'exploitation seigneurial, l'instauration de la paix intérieure favorable à l'accumulation de capital, l'établissement de contacts entre régions diverses, l'élargissement de vastes zones d'échanges. De cette manière aussi la guerre hâta la marche de la croissance. Dans ce lent processus, deux étapes principales se marquent entre le viiie et le xie siècle, qui correspondent aux deux plus importantes aventures politiques et militaires : celle des Carolingiens et celle des Vikings.

I

L'étape carolingienne

En Austrasie, dans la province la plus sauvage du royaume franc, autour d'une grande famille, celle des ancêtres de Charlemagne, et des hommes qui s'.étaient attachés à elle par les liens de l'amitié vassalique, une force d'agression s'affermit progressivement pendant le premier tiers du VIIIe siècle; elle se lança avec succès contre les autres clans aristocratiques, puis contre les autres ethnies. Les bandes ainsi formées étendirent leurs déprédations en auréole, de tous côtés, dans les profondeurs de la Germanie en réponse aux incursions adverses, en expéditions punitives de plus en plus lointaines, vers la Neustrie, la Bourgogne, vers les contrées les plus romanisées du Sud de la Gaule, à la recherche de richesses à prendre, puis vers l'Italie lombarde. L'exemple de l'Aquitaine montre que ces attaques pendant de longues décennies signifièrent d'abord la ruine et le dépérissement. Mais finalement, sur ces dévastations s'édifia le nouvel Empire, un immense État qui fut pendant un demi-siècle solidement tenu en main. Aux yeux de l'historien, l'une des conséquences principales de cette reconstruction politique fut de restaurer l'usage de l'écriture dans l'administration. Conscient d'être l'héritier des Césars, Charlemagne voulut, sur ce point aussi, renouer avec la tradition romaine; il enjoignit de rédiger ses propres décisions, d'établir la description soigneuse de ses domaines et de ceux des églises dont il se sentait responsable. Ces prescriptions, très imparfaitement appliquées, le furent seulement dans les vieux pays francs d'entre la Loire et le Rhin, en Bavière et en Lombardie. Du moins des textes nous restent. Et cette brusque et fugitive renaissance de la documentation écrite aux alentours de l'an 800, le souci tout nouveau de la précision quantitative dont elle témoigne arrachent aux ténèbres épaisses qui les masquaient jusqu'alors de larges aspects de la vie économique. C'est là l'intérêt majeur de l'étape carolingienne : la netteté relative de l'image qu'elle procure.

LES TENDANCES DÉMOGRAPHIQUES

Dans le modèle de croissance qui vient d'être présenté, une place primordiale est attribuée au mouvement démographique. On la devinait. Voici que, pour le ixe siècle et pour quelques contrées de l'Europe carolingienne, on peut en discerner plus clairement l'orientation. Lorsque des enquêtes furent entreprises pour établir ce que l'on appelle un polyptyque, c'est-à-dire l'inventaire précis d'un grand ensemble foncier, les hommes installés sur les tenures furent dénombrés et parfois avec un très grand soin. Ils valaient en effet beaucoup plus que la terre nue et formaient l'élément majeur du patrimoine. De tels dénombrements ne procurent jamais évidemment qu'une vue partielle du peuplement rural. Ils ne concernent pas tel village, mais tel domaine dont les contours, fréquemment, ne coïncident pas avec ceux d'un terroir. Les esclaves employés sur la réserve et nourris dans la maison du maître n'y figurent pas, en principe : ils étaient considérés comme des biens meubles. Les paysans, qui étaient entrés dans le patronage du grand propriétaire sans recevoir la concession d'une tenure et dont les redevances, de ce fait, étaient seulement personnelles, furent recensés, mais individuellement, et le document ne dit rien de leur famille. En revanche, pour les tenanciers, libres ou non, c'est l'ensemble du groupe familial, dans le cadre du *mansus*, assise des perceptions seigneuriales, qui apparaît d'ordinaire dans le dénombrement. En ce cas, les données sont très précieuses. Elles permettent de vérifier l'hypothèse d'une hausse de la population qu'auraient favorisée le regain de sécurité, l'éloignement des frontières hostiles par l'établissement de marches défensives face aux dangers d'invasion, et plus directement sans doute le progressif espacement des poussées récurrentes de la peste, ainsi que les transformations de l'esclavage.

L'impression première que communiquent ces documents est bien, en effet, celle d'un peuplement très dense. Le plus célèbre des polyptyques, celui que l'abbé d'Irminon fit composer en 806-829 pour les domaines de Saint-Germaindes-Prés, permet de calculer sans risque d'erreur trop grossière la densité des habitants par kilomètre carré dans un certain nombre de villages de la région parisienne; elle atteint 26 à Palaiseau, 35 à Verrières, c'est-à-dire les chiffres mêmes de la densité du peuplement rural en Pologne et en Hongrie à la veille de la Seconde Guerre mondiale. Les terres de l'abbaye de Saint-Bertin, aux confins de la Picardie et de la Flandre, semblent avoir été peuplées plus intensément encore: selon les données du polyptyque (844-848), la densité se tient entre 12 et 21 adultes, c'est-à-dire entre 25 et 40 habitants par kilomètre carré. Il s'agit là de taux considérablement plus élevés que ceux, dérisoires, dont les observations des archéologues font supposer l'existence au début du VIIe siècle. Même si l'on considère qu'ils ne valent que pour des « plaques de peuplement », des îlots de culture où les hommes s'entassaient, séparés par de vastes espaces vides, et si, de ce fait, la densité globale d'une province était certainement beaucoup plus faible, il semble bien qu'en Gaule, en Germanie — où, dès que se répand l'usage de l'écriture, les actes de vente ou de donation sont pleins d'allusions aux défrichements —, le nombre des hommes se soit accru entre l'époque de Grégoire de Tours et celle de Charlemagne. Telle est la première hypothèse.

Elle est confirmée par d'autres indices. Les dénombrements du IXe siècle s'inscrivent tous dans le cadre du grand domaine, ou plus exactement des cellules agricoles occupées par les ménages des paysans dépendants, les manses. Ce que l'on voit très clairement, dans le polyptyque d'Irminon comme aussi dans les autres polyptyques, c'est que ces cellules, tenues abstraitement pour les « terres d'une famille », ne coïncident plus avec les ménages, les équipes de travail réunies par les liens de parenté. Le système survit parce que les administrateurs du domaine tiennent à conserver l'assise d'une répartition des redevances et des services. Mais, en deux ou trois générations, le mouvement démographique l'a rendu caduc. On remarque en particulier que beaucoup de ces manses sont occupés par plusieurs couples; c'est-à-dire qu'ils sont apparemment surpeuplés. A Palaiseau, si quarante-trois manses sont bien tenus par un seul foyer, huit le sont par deux ménages et quatre par trois; de la sorte 39 % de la population dénombrée s'accumule sur 20 % seulement des unités de tenure; dans l'ensemble de ce domaine, l'inventaire indique la présence de 193 groupes familiaux pour 114 manses; enfin, les noms portés par les tenanciers donnent à penser que les manses surpeuplés sont en fait souvent occupés par un père de famille et par ses gendres, ou par plusieurs frères mariés. L'impression qui ressort de ces observations est donc celle d'une pression exercée de l'intérieur par la croissance démographique dans les cadres anciens de l'économie domaniale. Mais cette pression paraît également contenue : une part de la population ne trouve pas de place où s'épanouir aisément et se voit ainsi contrainte à l'entassement.

Cette compression semble déterminée en partie par le poids des structures familiales. En effet, dans un même domaine, dans un même terroir, si certaines tenures sont trop peuplées, d'autres le sont insuffisamment. C'est donc que l'inégale fertilité des couples et, d'autre part, la rigueur des règles successorales empêchent la redistribution harmonieuse de la population active parmi les terres exploitables. Très frappante est, en particulier, la proportion des célibataires : ils forment près de 30 % de la population tenancière dans la *villa* de Verrières près de Paris, plus de 16 % à Palaiseau. Plus frappante encore, et posant des problèmes plus ardus, est la proportion des hommes par rapport aux femmes; le taux de masculinité apparaît parfois anormalement élevé : 1,30 à Palaiseau, 1,52 à Verrières. Sans doute les dangers de l'accouchement aggravaient-ils la mortalité féminine, mais non point dans des proportions suffisantes pour rendre compte d'un tel écart. Pour expliquer celui-ci, il faut émettre l'hypothèse d'une forte immigration masculine appelée à combler les vides creusés par l'infécondité de certains foyers — donc d'une forte mobilité de la population rurale. De celle-ci, la trace apparaît fréquemment : dans les différents domaines décrits par le polyptyque de Saint-Remi de Reims sont mentionnés des *forenses*, des *forestici*, des *foranei*, des étrangers qui dans aucun centre d'exploitation ne constituent moins de 16 % de la population recensée. Cette situation est-elle propre aux domaines ecclésiastiques, plus accueillants, plus sécurisants? Les maîtres laïcs n'étaient-ils pas au contraire mieux armés pour assurer une protection efficace? Il est permis de penser que le phénomène était général.

Mais cette mobilité se développait d'une clairière, d'une plaque de peuplement à l'autre. Apparemment, elle ne poussait pas les hommes à la conquête des friches. En effet, sauf en Germanie et peut-être dans les zones forestières de la Champagne, les mentions d'essart sont fort rares dans les provinces éclairées par la documentation carolingienne. Au chapitre xxxvi, le capitulaire *De villis* contient à leur propos cette recommandation aux régisseurs des domaines royaux : « S'il y a des espaces à défricher, qu'ils les fassent

défricher, mais qu'ils ne permettent pas aux champs de
s'accroître aux dépens des bois »; ce qui marque nettement
les limites des opérations d'essartage que l'on souhaite : elles
se bornent à l'organisation régulière de la rotation périodique
des cultures au sein du terroir ancien. Cette injonction trouve
son écho au paragraphe LXVII : « S'ils manquent de tenanciers pour les manses inoccupés, ou de place pour les esclaves
récemment acquis, qu'ils prennent avis de nous. » Un tel
conseil manifeste encore que les migrations des travailleurs
ruraux se faisaient d'un domaine à l'autre et non point vers
des chantiers de défrichement. S'il y eut expansion agraire,
elle paraît bien s'être circonscrite à l'exploitation plus méthodique et plus intensive de l'espace cultivé. Cette intensification de la culture, imposée par la pression démographique
sans qu'elle fût accompagnée d'un perfectionnement des
techniques, explique peut-être le faible niveau des rendements
que suggèrent les données des documents carolingiens. C'est
ici en tout cas que se place le second blocage, le plus déterminant. Les garçons des familles trop nombreuses s'établissent
quand ils le peuvent sur les tenures dégarnies, dans leur
domaine d'origine ou dans un autre; sinon, ils demeurent
dans l'exploitation de leur père, qu'ils surchargent et qui se
révèle alors trop étroite pour alimenter convenablement ses
occupants. Des solitudes sont toutes proches, mais bien rares,
semble-t-il, sont ceux qui s'y lancent dans des aventures
pionnières. Les raisons de cette retenue nous échappent.
Il faut chercher vraisemblablement les plus contraignantes
dans les insuffisances techniques qui rendent impossible
l'attaque des terres vierges. Ainsi s'expliquent les signes de
surpeuplement, et aussi l'existence, constamment dénoncée
par les capitulaires, d'une population flottante et dangereuse
de mendiants et de maraudeurs. Cette écume sociale, l'inquié-
tante présence de déracinés faméliques que la législation
moralisante des souverains carolingiens s'efforce en vain de
résorber, est l'un des indices les plus nets du déséquilibre
entre les cadres de la production, dont l'absence d'innovations
techniques maintient la rigidité, et les tendances naturellement expansives de la population. Mais au sein même des
espaces défrichés, l'inégale répartition des unités d'exploitation, c'est-à-dire des moyens de subsistance, entre les chefs
de famille entretient l'instabilité et la malnutrition dans une
partie de la population du domaine — ce qui, par la restric-
tion, volontaire ou non, des naissances et par les effets d'une
émigration nécessaire, temporaire ou définitive, intervient à
son tour pour réprimer les tendances naturelles à l'expansion.

Sur l'intensité de cette croissance potentielle, les données quantitatives livrées par les polyptyques fournissent quelque lumière. Les plus soigneusement établis des inventaires distinguent en effet dans chaque foyer les adultes des autres. On peut être à peu près certain que les enfants dénombrés ne sont pas les enfants majeurs (lorsque ceux-ci sont demeurés au foyer paternel, les enquêteurs font suivre leur nom de la mention de leur statut personnel), mais des jeunes, ceux qui ne sont pas encore sortis de la minorité légale. Comparer, dans la population tenancière d'un domaine, le nombre des adultes à celui de ces mineurs permet de percevoir, de manière à vrai dire fort grossière, les possibilités de renouvellement d'une génération. On est ainsi frappé de découvrir tant de foyers qui ne comptent pas d'enfants, qu'il s'agisse de jeunes ménages ou plutôt de ménages vieillissants dont la progéniture a trouvé place ailleurs : trente sont dans ce cas parmi les quatre-vingt-dix-huit chefs d'exploitation mariés dans la *villa* de Villeneuve-Saint-Georges, près de Paris, décrite par le polyptyque de Saint-Germain-des-Prés. Il résulte de cette forte proportion, et de celle aussi des célibataires, que, dans l'ensemble de la population tenancière de ce domaine, le nombre des jeunes qui ont échappé aux lourdes mortalités de la toute première enfance est exactement égal à celui des adultes. Ils sont un peu plus nombreux à Palaiseau et à Verrières : en moyenne 2,4 et 2,7 par ménage. Mais si l'on rassemble toutes les données du polyptyque d'Irminon, on établit un taux moyen légèrement inférieur à deux. Point de croissance par conséquent : la stagnation. Une stagnation dont on peut penser qu'elle résulte pour une grande part du surpeuplement et de la sous-alimentation qu'il provoque.

La clarté que projettent brusquement sur le monde rural les premiers documents carolingiens révèle donc au cœur du royaume franc une population paysanne qui n'est point en progrès, mais en crise. Au seuil du IXe siècle, elle semble bloquée dans ses puissances expansives, après un premier essor qui est venu détruire l'équilibre entre le peuplement et les cadres de l'exploitation et qui a élevé à tel point le nombre des hommes que les terroirs, techniquement inextensibles, sont incapables de les nourrir suffisamment. Chaque cellule agraire est le lieu d'une pression démographique certaine, mais totalement comprimée. Cependant cette situation paraît transitoire. On serait en effet tenté de croire que, peu à peu, dans les décennies ultérieures, la tension interne se renforçant devint assez puissante pour desserrer quelque peu l'étreinte et pour susciter peut-être une première amélioration des techniques de production. Le polyptyque de Saint-Remi de Reims, qui date de 881, dénombre en effet, en moyenne, 2,7 enfants par foyer. Dans un village des Ardennes, que décrit en 892-893 l'inventaire des biens de l'abbaye de Prüm, les hommes se pressent sur les terres beaucoup plus nombreux qu'ils n'apparaissaient au début du siècle dans les premiers polyptyques : cent seize familles de dépendants occupent ici trente-quatre manses; apparemment elles en vivent, ce qui incite à penser que le système agraire est devenu plus productif; elles mettent en valeur en outre dans le terroir onze manses, dits « inoccupés », qui paraissent des tenures privilégiées chargées seulement de redevances en argent, et qu'il n'est pas interdit de tenir pour des exploitations récemment construites par le défrichement. Un dénombrement de la population servile fondé sur les documents bourguignons du ixe siècle et du début du xe siècle fait apparaître une proportion de 384 enfants pour 304 adultes : c'est-à-dire des conditions permettant à la population de croître d'un huitième à chaque génération. En Gaule du Nord, la première moitié du ixe siècle, au sein de l'ordre relatif établi par la conquête carolingienne, semble ainsi un moment critique dans l'évolution démographique, entre deux élans de croissance. Le premier a cessé de se développer après avoir, en l'absence de tout perfectionnement technique, comblé les vides creusés par les dépeuplements du haut Moyen Age. Mais, dans la contrainte exercée conjointement par le cadre domanial et par la stagnation des techniques, il semble que se tende alors, au sein de quelques-unes au moins des zones de peuplement, le ressort d'une future expansion démographique, favorisée cette fois par le progrès technologique. Au moment où s'étendent les incursions normandes, cette seconde phase d'expansion semble avoir, ici et là, pris déjà son départ.

LE GRAND DOMAINE

Un autre intérêt des textes carolingiens est de montrer clairement ce qu'était le grand domaine. A partir des plus explicites de ces documents, qui ne parlent jamais que des plus grandes fortunes foncières, celle du roi et surtout de l'Église, en utilisant notamment le polyptyque d'Irminon, les médiévistes ont depuis longtemps construit une image typique de ce que furent les organismes économiques sans conteste les plus puissants de l'époque. De cette image, les traits les plus marquants s'esquissent dès le VIIe siècle. J'insisterai seulement sur ceux qui dans les sources du IXe siècle apparaissent plus précis ou tout à fait nouveaux. Le « régime domanial classique » s'inscrit dans le cadre des *villae* que décrivent les unes après les autres les enquêteurs. Ce sont de grands ensembles fonciers de plusieurs centaines et parfois de plusieurs milliers d'hectares; le nom qu'ils portent est généralement celui d'un village d'aujourd'hui, et l'on peut établir quelquefois que la superficie du domaine s'identifiait effectivement à celle du terroir. Toutefois, la terre s'y trouvait répartie entre plusieurs exploitations, l'une très vaste et dont le maître se réservait la mise en valeur, les autres, en nombre variable, de dimensions beaucoup plus restreintes, concédées à des ménages paysans.

La réserve domaniale est désignée comme un manse, celui du seigneur, *mansus indominicatus*. Elle s'ordonne en effet autour d'un espace enclos et bâti, qu'on appelle la « cour » *(curtis)*. Voici comment se présente celle du domaine d'Annappes : « Un palais royal construit en très bonnes pierres, trois chambres, la maison tout entourée d'une galerie supérieure avec onze petites pièces (la structure de la grande demeure rurale n'a pas changé depuis l'époque romaine); au-dessous un cellier, deux porches; à l'intérieur de la cour, dix-sept autres maisons construites en bois, avec autant de chambres, et les autres dépendances en bon état; une étable, une cuisine, une boulangerie, deux granges, trois hangars. Une cour munie de fortes palissades, avec un portail de pierre surmonté d'une galerie. Une petite cour, elle aussi entourée d'une haie, bien ordonnée et plantée d'arbres de diverses espèces [1]. » Ajoutons un ou plusieurs moulins et la chapelle, devenue, ou en passe de devenir, l'église paroissiale. A ce centre sont attachées de grandes pièces de labour, les « coutures », les meilleurs prés, toujours des vignes lorsqu'il est possible d'en cultiver, enfin la plus grande part des étendues incultes. A Somain, annexe d'Annappes, l'espace relevant de l'exploitation du maître couvrait deux cent cinquante hectares de champs, quarante-quatre de prés et sept cent quatre-vingt-cinq de bois et de friches. La surface attribuée aux diverses exploitations paysannes, dont on peut penser que les parcelles bâties, les manses, se groupent au voisinage de la demeure seigneuriale, est d'ordinaire nettement plus

---

1. *Monumenta Germaniae historica, leges*, Capitularia regum francorum, I, 1881, p. 254.

restreinte : dans les domaines du Boulonnais que décrit le polyptyque de l'abbaye de Saint-Bertin, elle équivaut aux deux tiers, voire aux deux cinquièmes de celle de la réserve domaniale. Il arrive que ces terres, qui presque toutes sont des champs, soient partagées entre les tenanciers par lots uniformes, d'une douzaine ou d'une quinzaine d'hectares. Mais le cas est exceptionnel. La plupart du temps, de fortes inégalités se manifestent, dont certaines paraissent tenir originellement au statut juridique des tenures. Les unes, en effet, dans certains inventaires, sont dites « libres » et apparaissent nettement mieux nanties que les autres, dites « serviles ». Mais les disparités sont généralement beaucoup plus profondes. D'un domaine à l'autre, d'abord : dans quatre localités de la région parisienne décrites par le polyptyque de Saint-Germain-des-Prés, la moyenne des superficies arables affectée à chacun des manses s'élève respectivement à 4,8, 6,1, 8 et 9,6 hectares : à quelques kilomètres de distance elle varie donc du simple au double. En outre, dans chacun de ces domaines, l'inventaire révèle d'énormes différences entre des exploitations voisines et de même statut. Ainsi voiton certain manse servile disposer de quarante-cinq fois plus de terre qu'un autre. De telles disproportions paraissent l'effet d'une mobilité prolongée de la possession foncière entre les mains des paysans. Le jeu des divisions successorales, des achats, des échanges a déterminé l'enrichissement des uns, l'appauvrissement des autres. Cette même mobilité a d'autre part rompu la coïncidence entre le statut du manse et celui des agriculteurs qui l'exploitent : des manses libres sont tenus par des esclaves, des manses serviles par des « colons », c'est-à-dire des travailleurs réputés libres. Enfin, nous l'avons déjà remarqué, si certains manses sont occupés par une seule famille, dans beaucoup d'autres sont établis deux, trois, parfois quatre ménages. Cependant, tout ce désordre, apparemment plus ou moins profond selon que l'organisation du grand domaine est plus ou moins ancienne, le maître entend l'ignorer. Il impose en effet des charges équivalentes, quelles que soient leur dimension et le nombre des travailleurs qui les exploitent, c'est-à-dire leurs capacités de production, à toutes les tenures d'une même catégorie juridique. Une telle indifférence contraste curieusement avec le sens de la précision numérique dont ont fait preuve beaucoup d'enquêteurs, attentifs à évaluer les surfaces et à dénombrer les occupants des tenures. Rien ne permet pourtant de penser que l'inventaire ait eu pour objet de mieux équilibrer les obligations paysannes. Or cette indifférence

aux réalités économiques était dangereuse. Elle apparaît
comme l'un des points faibles de ces grands organismes de
production. Comment espérer en effet que les tenanciers des
manses exigus ou surpeuplés aient pu, aussi aisément que
les autres, s'acquitter de leur devoir? Comment éviter qu'ils
n'aient tenté de se dérober? Sans cesse dérangée par des
mouvements que le seigneur est impuissant à réprimer, la
base de tout système domanial, la répartition des charges,
apparaît la plupart du temps en état de singulier déséquilibre.

Des manses dépendants, le seigneur attend une rente, des
redevances qui, à date fixe, lui sont portées dans sa demeure.
Ces livraisons périodiques de quelques œufs et de quelques
poulets, d'un mouton ou d'un porc, parfois de quelques pièces
d'argent, représentent le loyer de la parcelle bâtie; elles
paient les usages qui autorisent les tenanciers à mener paître
leur bétail et à prendre du bois sur la partie inculte de la
réserve; certaines encore sont des charges d'origine publique,
l'équivalent des réquisitions jadis opérées au profit de l'armée
royale et dont le souverain a abandonné la perception au
maître du domaine. A vrai dire, ces prélèvements sur le petit
élevage domestique ou sur les très modestes profits d'un
commerce marginal ne pèsent pas lourd sur l'exploitation
paysanne. Et ce qu'ils apportent à la maison du maître est
de peu de valeur. Le seigneur, tel que le montrent les polyptyques, n'est un rentier qu'accessoirement. C'est d'abord un
exploitant. Des tenanciers, il exige essentiellement un appoint
de main-d'œuvre pour les besoins de sa propre terre. La
fonction économique primordiale de la petite exploitation
satellite est de coopérer à la mise en valeur de la grande.

En raison des déficiences techniques, celle-ci réclame des
travailleurs en très grand nombre. Certains sont à l'entière
disposition du maître. Il ne fait pas de doute que, dans la
« cour » de chaque domaine, une troupe servile d'hommes
et de femmes continuait d'être entretenue. De ces esclaves
domestiques, les inventaires, à vrai dire, parlent fort peu.
Il arrive aux enquêteurs d'évoquer tel « atelier de femmes, où
il y a vingt-quatre femmes » et où ils ont trouvé « cinq pièces
de drap, six bandes de lin et cinq pièces de toile », mais s'ils
prennent soin de dénombrer les juments, les bœufs et les
moutons, ils ne prêtent pas attention à l'effectif de l'équipe
permanente des serviteurs. Quelques mentions fugitives
attestent cependant sa présence. L'évêque de Tolède repro-
chait, par exemple, à Alcuin de détenir, au service des quatre
abbayes de Ferrières, de Saint-Martin de Tours, de Saint-
Loup de Troyes et de Saint-Josse, plus de vingt mille travail-

leurs non libres; on sait aussi que, dans les soixante domaines que possédait au début du xe siècle le monastère de Santa Giulia de Brescia, où huit cents ménages étaient installés sur des tenures, sept cent quarante et un esclaves peinaient sur les terres des réserves auxquelles ils étaient attachés. Par ailleurs, des indications nombreuses prouvent l'existence d'une domesticité servile dans les maisons de simples paysans tenanciers : un ménage de paysans est donné en 850 à la cathédrale d'Amiens « avec ses enfants et ses esclaves »; et comment imaginer que les hommes seuls, qui, dans les *villae* de Saint-Germain-des-Prés, exploitaient les plus grands manses, aient pu en cultiver les terres sans requérir le service de dépendants domestiques? On peut difficilement admettre que les maisons des maîtres aient été proportionnellement moins bien pourvues que celles de leurs tenanciers. Les cabanes de bois qui flanquaient, à l'intérieur de la « cour », la demeure seigneuriale abritaient en fait de nombreux travailleurs à plein temps. Dans un domaine bavarois offert en aumône par l'empereur Louis le Pieux, ils étaient vingt-deux à s'occuper de quatre-vingts hectares de labours. Tous les maîtres aimaient à sentir auprès d'eux, toujours prêts à exécuter leurs ordres, des êtres humains dont la personne leur appartenait sans partage. De toute évidence, l'esclavage domestique demeurait encore très vigoureux au ixe siècle dans toutes les campagnes que décrivent les polyptyques, et jouait un rôle fondamental dans la mise en valeur des exploitations grandes et petites. Ce rôle toutefois était en net déclin; le système du ixe siècle n'est en fait que le substitut d'un système fondé sur l'esclavage qu'une conjoncture déjà ancienne a condamné. Les mêmes raisons que jadis, et plus vivement encore, poussent les maîtres à caser les non-libres sur des tenures. A mesure que dans la production s'étend la place des céréales et du vin, l'esclavage s'avère plus mal adapté aux besoins en personnel d'une grosse exploitation. Les travaux des champs et du vignoble sont en effet très inégalement répartis au cours de l'année; il existe des mortes-saisons, d'autres au contraire, au moment des labours ou des récoltes, où le calendrier impose la présence au travail d'une main-d'œuvre surabondante. Il eût été ruineux pour l'exploitant d'entretenir d'un bout à l'autre de l'année tout le personnel nécessaire en période de pointe; il ne conservait en permanence à sa charge qu'une équipe restreinte. Mais la nécessité de la renforcer périodiquement était plus impérieuse que jadis.

Ce renfort venait parfois de salariés. Il était aisé sans aucun doute de recruter des mercenaires parmi les tenanciers mal pourvus de terre, ou dans les bandes errantes de déracinés toujours présentes aux lisières du domaine. Ces tâcherons étaient nourris. Ils recevaient aussi des pièces d'argent : une somme de soixante deniers était affectée, par exemple, à l'emploi temporaire de jardiniers auxiliaires dans le budget annuel de l'abbaye de Corbie. Mais le principal appoint de main-d'œuvre venait des tenures, qui le fournissaient de multiples manières. En principe, les tenanciers de manses serviles devaient une plus large part de leur temps. S'il leur était concédé moins de terres, c'est en effet que, retenus plus longtemps au service du maître, ils ne pouvaient se consacrer autant que les tenanciers de manses libres à l'exploitation de leur propre lot. Plus directement engagées dans le travail domestique, les femmes de la maison devaient travailler dans les ateliers de la « cour », ou bien confectionner à domicile des pièces de tissu; quant aux hommes, ils étaient astreints à se présenter trois jours par semaine, le matin, au centre seigneurial et à exécuter tous les ordres. Le caractère de leurs obligations impliquait que les travailleurs étaient partiel-lement nourris aux frais du maître, autre raison de leur attribuer une tenure moins vaste. En tout cas, leurs services étaient, en général, manuels et de nature indéfinie. Plus étendus, mieux équipés en instruments aratoires et en bêtes de trait, les manses dits libres étaient chargés, en principe, de travaux plus strictement limités. Il leur était imposé de clore les champs, les prés, la « cour » du domaine sur une cer-taine longueur, de cultiver entièrement, au profit du maître, un lot prélevé sur les labours de la réserve, de conduire leur attelage à certaines saisons et pendant un nombre de jours déterminé sur la terre seigneuriale, d'accomplir les charrois sur une distance précise, de porter les messages. Le prélève-ment sur les forces productives de la maisonnée était ici moins lourd, mais sa valeur était cependant plus considérable aux yeux du maître, puisque les réquisitions — les « corvées » au sens strict de ce mot, qui signifie demande — mettaient à sa disposition non seulement les hommes, mais les bêtes de trait et les outils les moins inefficaces.

Lorsqu'on fait le total de tous les services en travail exigés de l'ensemble des tenures, on obtient des chiffres surprenants. Ainsi les huit cents familles tenancières du monastère de Santa Giulia de Brescia étaient redevables, au début du Xe siècle, d'environ soixante mille journées. Tout porte à croire que les grands domaines n'utilisaient pas entièrement les forces dont ils pouvaient disposer; elles constituaient une réserve où puiser à la mesure des besoins, variables selon les saisons et les années. N'oublions pas cependant que la terre était fort rétive et dévoreuse de main-d'œuvre; bien des champs en effet, et même dans la Picardie qui n'était rien moins qu'une région retardataire, étaient encore retournés à la houe. Le régime domanial était construit en fonction d'une agriculture très extensive, et dont, par son seul poids, par les ponctions énormes qu'il opérait sur les forces d'une paysannerie famélique, démunie et trop inégalement répartie sur le sol nourricier, il ne contribuait pas, bien au contraire, à améliorer la productivité. Leur capacité même de réquisitionner sans mesure une main-d'œuvre gratuite rendait les grands propriétaires fonciers indifférents aux améliorations techniques. C'est là sans doute le défaut le plus grave de ce système et qui fait soupçonner le grand domaine d'avoir de cette façon freiné sensiblement les tendances à la croissance.

*

Même dans les pays d'entre la Loire et le Rhin, terre d'élection des grands polyptyques, le régime domanial « classique » n'apparaît jamais dans la rigueur et la simplicité où l'établit le bref schéma que l'on vient de lire; et d'abord parce que tout domaine était un organisme mouvant. Les partages successoraux, lorsque le maître était un laïc, les donations, les achats, les confiscations, la pression des puissances concurrentes en modifiaient sans cesse les limites et la structure interne. Ce mouvement, lorqu'il venait étendre la superficie de la réserve, ou lorsqu'il détachait de la grande exploitation des tenures satellites et la main-d'œuvre qu'elles fournissaient, lorsque, inversement, il adjoignait au domaine de nouveaux corvéables dont l'appoint n'était pas nécessaire, déséquilibrait constamment le système. Il introduisait dans le régime domanial un trouble qui gênait son fonctionnement, qui obligeait en tout cas à d'incessants ajustements. C'était aux régisseurs qu'il incombait, selon les prescriptions du capitulaire *De villis*, d'opérer s'ils en étaient capables des transferts de main-d'œuvre et de service. En réalité l'image que proposent ordinairement les inventaires est celle d'un désordre mal gouverné. Cette image, du moins, fait ressortir assez clairement quatre traits.

1. Les structures que l'on a décrites paraissent bien, au IXe siècle, continuer de se propager. Elles s'introduisent, en particulier, dans les provinces moins évoluées de la chrétienté

latine. On voit de grands domaines naître à cette époque
dans les pays flamands et s'y organiser peu à peu. Le régime
domanial se diffuse alors dans la Germanie, progressivement
colonisée par l'aristocratie franque et par les grands établissements du christianisme. En Angleterre, des ensembles fonciers
semblablement construits se forment depuis le viiᵉ siècle au
sein de cette prospérité agraire qui devait tenter d'abord les
Vikings, puis les Normands. Ainsi se prolonge l'évolution
séculaire qui, d'une part, modifie insensiblement, par la
multiplication des casements d'esclaves, la place de la servitude dans les mécanismes économiques, et qui, d'autre part,
ne cesse de renforcer l'emprise de la haute aristocratie sur la
paysannerie demeurée indépendante.

2. Toutefois, il semble bien que le grand domaine soit très
loin de recouvrir l'ensemble des campagnes d'Occident.
Les textes ne montrent que lui, ou à peu près. L'obscurité
subsiste totale, aux lisières des grandes fortunes. On ne voit
jamais d'un terroir que ce qui appartient à celles-ci, sans
pouvoir mesurer, la plupart du temps, la proportion de ce
qui leur en échappe. Marginalement, la présence de patrimoines moins étendus est pourtant sensible. Parmi les documents écrits concernant la Picardie de cette époque, et qui ne
mettent en scène que les possessions des grands établissements
religieux, un acte sur trois révèle l'existence de propriétés de
moyenne grandeur; ceci donne à croire qu'elles occupaient
dans ces campagnes une place prépondérante. Il n'est pas
jusqu'aux exploitations paysannes autonomes qui ne continuent d'apparaître. Les capitulaires carolingiens qui répar-
tissent les obligations militaires entre les détenteurs d'un,
deux ou trois manses impliquent la tenace survivance de
petits propriétaires libres. On la devine également aux
aumônes infimes que recueillent les institutions religieuses.
Les polyptyques eux-mêmes décrivent des possessions familiales modestes qui viennent de s'intégrer dans le patrimoine
d'une église, mais qui naguère encore étaient indépendantes
et qui ne constituaient certes pas des exceptions. Enfin, au
voisinage des monastères qui ont mieux que les autres conservé
leurs archives — où l'on trouve, en particulier, des dossiers
concernant des biens de petite taille récemment réunis au
domaine, qui contiennent des contrats conclus entre laïcs
antérieurement à cette acquisition —, près de Saint-Gall, par
exemple, au ixᵉ siècle, ou près de Cluny au xᵉ, se manifeste
la vitalité de multiples alleux, de biens entièrement dégagés
de toute domination seigneuriale, dont l'étendue correspond
aux besoins et aux facultés de travail d'un ménage paysan,

et dont on aperçoit quelquefois qu'ils ont été lentement rassemblés par les patientes épargnes de leurs propriétaires. Supposons donc le maintien, dans l'ombre, d'un important secteur de l'économie rurale, tenu par une aristocratie moyenne et par la paysannerie, et qui n'entre pas, ou très latéralement, dans le cadre du régime domanial « classique ».

3. De celui-ci d'ailleurs, dès que l'on quitte la Neustrie, l'Austrasie ou la Bourgogne, les traits se déforment notablement. De profondes disparités régionales apparaissent. Ainsi, dans les provinces germaniques, la structure du grand domaine se montre-t-elle beaucoup plus distendue : un petit nombre de tenures, peuplées presque exclusivement d'esclaves, sont seules groupées à proximité de chaque « cour »; toutes les autres se dispersent à distance, si loin parfois que les paysans qui les occupent ne peuvent guère apporter au seigneur que des redevances et ne coopèrent pratiquement pas à l'exploitation de la réserve. En Lombardie, de fortes équipes d'esclaves domestiques sont établies au centre du domaine, épaulées par les services illimités de quelques paysans, eux aussi de condition servile, casés sur des tenures voisines. Mais la plupart des tenanciers sont des hommes libres, qui possèdent par ailleurs des alleux; certains d'entre eux doivent des corvées, mais très légères, et la plupart sont de simples métayers, qui livrent au maître une portion bien déterminée de leur récolte. Une semblable disjonction entre la réserve, dont l'exploitation repose presque entièrement sur des serviteurs non libres, et les tenures, qui ne fournissent que des rentes et, tout au plus, quelques services occasionnels, s'observe également en Flandre, dans la Gaule de l'Ouest, dans celle du Centre et du Sud. Si bien que l'on peut se demander si le système dont le polyptyque d'Irminon procure l'image la plus nette n'est pas demeuré en fait d'application exceptionnelle.

4. Ce système, déjà vieilli lorsque les enquêteurs visitèrent au début du IXe siècle les possessions de Saint-Germain-des-Prés, se trouve entraîné dans le cours du IXe siècle par une évolution qui en perturbe sensiblement le fonctionnement. A vrai dire, cette évolution se laisse malaisément percevoir. Les polyptyques, en effet, avaient pour but de définir l'état présent d'un patrimoine; ils avaient pour dessein d'en stabiliser les structures. La description qu'ils donnent est donc statique. Pour discerner les tendances évolutives au sein de l'organisme domanial, il faut donc soit interpréter les rares corrections qui ont été apportées au texte des inventaires dans les décennies qui ont suivi leur rédaction, soit confronter

des enquêtes de dates successives (mais celles-ci concernent
très généralement des domaines différents, ce qui retire beaucoup de son prix à la comparaison). Quelques tendances
cependant se laissent entrevoir. La plus nette est à l'effacement progressif de toute distinction entre les manses serviles
et les manses libres. Les mouvements de la population,
les mariages mixtes, les héritages, les transferts de possessions avaient de longue date brisé la coïncidence entre le
statut du paysan et celui de sa terre. Des hommes libres,
parce que leur manse ne l'était pas, devaient servir comme
des esclaves. Ils étaient plus durement exploités que leurs
voisins, de naissance servile, mais en possession d'une terre
libre. La coutume avait peine à admettre ces discordances.
Elle simplifia. Peu à peu, les mêmes charges furent imposées
à tous les enclos habités. Mais cette uniformisation s'inscrivit
dans la ligne d'une aggravation générale des obligations
paysannes. Celle-ci s'observe en particulier dans les pays
germaniques et s'explique en partie par les progrès de l'économie agraire, par une lente conversion du système de production vers l'agriculture céréalière, plus exigeante, et par une
amélioration de l'équipement paysan. Si les tenures serviles
de Germanie furent astreintes peu à peu, au IXe siècle, à des
corvées de labour, c'est que les hommes qui les tenaient
disposaient maintenant d'un attelage. Toutefois, ce fut surtout le sort des paysans libres qui s'aggrava, et la distance
qui séparait ceux-ci des esclaves se rétrécit insensiblement;
c'était un pas de plus dans une évolution qui conduisit peu à
peu de l'esclavage au servage, par la confusion de la population dépendante en un même groupe homogène d'exploités.
   Si cette première tendance est plus visible dans la part
barbare de l'Europe, l'autre apparaît au contraire plus nettement dans les provinces les plus évoluées, celles où subsistaient
les vestiges de Rome, les provinces du Sud. Il s'agit d'une
insertion de plus en plus profonde du numéraire, dont la
restauration des structures étatiques avait ranimé l'usage,
parmi les prestations dues par les manses. Un exemple : dans
tel domaine bourguignon dont l'inventaire fut dressé en 937,
chacune des tenures était astreinte à livrer chaque année, en
plusieurs versements, une soixantaine de pièces d'argent;
certaines de ces redevances en monnaie étaient bel et bien
désignées comme équivalant à d'anciennes livraisons de bétail
ou de bois façonné; un autre remplaçait éventuellement une
corvée : « Il fait deux quinzaines de travail, ou bien il les
rachète à la mi-mars par onze deniers. » De telles conversions
révèlent à la fois l'assouplissement de l'instrument monétaire

et sa progressive pénétration dans l'économie paysanne.
Maîtres et travailleurs s'entendaient pour utiliser plus largement les deniers. On ne s'étonnera point que ces commutations
aient été plus fréquentes en Italie du Nord, dont les campagnes
furent précocement animées par la circulation de la monnaie.
A la fin du xe siècle, les tenanciers du chapitre épiscopal de
Lucques étaient presque entièrement exempts de services en
travail et de redevances en nature; ils se libéraient de la
plupart de leurs obligations en versant des pièces d'argent.
De telles dispositions eurent pour effet de disjoindre davantage
la grande exploitation des petites qui l'entouraient; ce que le
tenancier payait avec ce qu'il pouvait maintenant gagner en
vendant son labeur ou les surplus de sa production domestique,
c'était le droit de disposer librement de ses forces et notamment de les appliquer à sa propre terre pour en accroître le
rendement; quant au seigneur, il entendait, avec l'argent qui
lui était ainsi versé, remplacer les corvéables par des salariés
dont le travail, volontaire et gagé, et non plus forcé et gratuit,
apparaissait lui aussi plus productif. En définitive, la grande
innovation qui se manifeste ici se situe au niveau des attitudes
mentales : tandis que les hommes s'accoutument à user
moins exceptionnellement de la monnaie, ils découvrent que
le travail est une valeur, susceptible d'être mesurée et échan-
gée. Cette découverte bouleverse de manière fondamentale les
relations entre le maître et les tenanciers du domaine, et ce
sont, par l'intrusion du médiat monétaire au cœur du système
d'exploitation, des liens économiques fort nouveaux qui
désormais les unissent. Et comme tout ceci s'inscrit dans une
sensibilité nouvelle au prix de toutes choses, la souplesse qui
s'insinue de la sorte dans les rouages de l'économie domaniale
conduit naturellement à une élévation de la productivité.

★

Si divers dans ses structures, si ductile et d'une extension
certainement moindre qu'on ne l'a parfois pensé, le grand
domaine, par la fonction qu'il remplit et par le poids dont il
pèse sur les campagnes environnantes, occupe le centre de
toute l'économie de l'époque. Son rôle est de soutenir le train
des grandes maisonnées aristocratiques. Cet organe de production se trouve pour cela au service d'une économie de consommation. Le premier souci des maîtres, lorsqu'ils se préoccupent
de gérer plus rigoureusement leur fortune, est donc de déterminer à l'avance, et le plus précisément possible, ce que seront
les exigences de leur maison. C'est ce qu'ont voulu faire au

ixe siècle quelques grands administrateurs de monastères, et notamment l'abbé Adalard de Corbie qui, en 822, s'appliqua à définir minutieusement la qualité et la quantité des denrées réclamées par les différents services de l'économie domestique. Lorsqu'il existe une planification économique, elle se place toujours au niveau des besoins qu'il faut contenter. Par conséquent, ce qui est attendu de la production domaniale, c'est qu'elle suffise à une demande prévisible, et les maîtres sont satisfaits de leurs régisseurs si ceux-ci leur procurent, aussitôt qu'ils les réclament, tout ce qui est actuellement nécessaire. La correspondance d'Éginhard, l'ami de Charlemagne, avec les intendants de ses divers domaines illustre bien cette attitude. Il ne s'agit pas de pousser le plus loin possible la productivité du patrimoine foncier, mais bien de le maintenir à un niveau tel qu'il puisse à tout moment répondre à toutes les requêtes.

D'une telle disposition découlent deux conséquences. En premier lieu, parce que l'irrégularité du climat rend possibles des écarts énormes d'une récolte à l'autre, la production domaniale, pour être toujours suffisante, doit se situer à un niveau élevé. Elle est donc normalement surabondante. Ce qui explique par exemple que les enquêteurs, visitant les greniers du domaine royal d'Annappes, aient trouvé, malgré les ponctions opérées par les animaux parasites ainsi que pour l'alimentation du personnel domestique, davantage de grains de la précédente année que de l'année même. Parce que le volume des récoltes est extrêmement variable, alors que les besoins ne sont pas élastiques, l'économie du grand domaine conduit ainsi au gaspillage. Gaspillage de terre, gaspillage de main-d'œuvre. Aussi bien que la précarité des techniques, les irrégularités de la production obligent à élargir démesurément, sur l'espace agraire et sur la paysannerie, les assises de la grande exploitation seigneuriale. On a pu calculer que la subsistance d'un seul des soixante moines de l'abbaye de Saint-Bertin reposait sur les prestations d'une trentaine de foyers dépendants. Parce que le régime domanial est d'une productivité dérisoire, les bases de l'édifice économique et social qui supportent l'aristocratie se trouvent extraordinairement distendues. Ceci incite les grands à défendre jalousement leurs droits sur la terre, et surtout sur les hommes, et à s'efforcer de les étendre encore.

En second lieu, puisque la consommation commande en réalité la production domaniale, le vrai moteur de la croissance doit être cherché dans l'élévation des besoins de l'aristocratie la plus haute, qui tend irrésistiblement à user de son pouvoir sur la terre et sur les hommes pour dépenser davantage. En soi, déjà, le renforcement par degrés d'une élite sociale dans certaines régions au moins de l'Europe carolingienne apparaît comme l'un des stimulants les plus efficaces du développement. Tous les grands souhaitent donner le plus d'ampleur possible à leur « mesnie », puisque leur prestige se mesure en fait au nombre des hommes qui les entourent, et ils entendent traiter ces commensaux mieux que ne le font les autres chefs, puisque leur générosité et le luxe de leur accueil sont l'illustration de leur puissance. Ces désirs les incitent à recevoir davantage de leur terre. Moins cependant, semble-t-il, en tentant d'accroître les rendements des champs et des vignes qu'ils possèdent qu'en s'efforçant d'en acquérir de nouveaux. Le souci d'ostentation développe la rapacité et l'esprit d'agression, bien avant qu'il n'incline à améliorer les procédés d'exploitation de la fortune foncière. Les seigneurs ne songent guère à ce moyen d'accroître leurs revenus qu'au moment où les autres occasions de s'enrichir leur manquent, c'est-à-dire lorsque les chances de s'emparer aisément des biens d'autrui s'amoindrissent. C'est de cette façon que la reconstruction de l'État et le raffermissement de la paix publique au ixe siècle ont pu stimuler le développement : en détournant l'avidité des maîtres vers la recherche d'un accroissement des profits domaniaux.

★

De fait, l'organisme domanial, par son poids même, tendait à s'étaler toujours davantage. Ce n'est pas sans raison que les actes promulgués par les souverains carolingiens nomment les possesseurs des grands domaines des « puissants » et qu'ils s'efforcent de soustraire les « pauvres » à leur emprise. Dans la clairière où s'étendent ses biens, le seigneur, et en son nom son régisseur, agissent en effet sans contrôle. D'eux dépendent la paix et la justice. Eux seuls peuvent, en les accueillant sur une petite tenure nouvellement créée aux franges de la réserve, sur un des *hospitia*, des *accolae*, comme les textes latins appellent ces lopins marginaux du terroir, offrir un établissement aux familles errantes ou aux cadets paysans du village. Le grenier du domaine, qui reste plein lorsque les autres sont vides, est l'espoir des affamés qui se pressent à ses portes et promettent tout pour avoir du grain. Cette puissance de fait, qui découle de l'éloignement des pouvoirs publics et de la simple aisance de quelques-uns dans un milieu humain assailli par mille dangers, les rédacteurs des polyptyques ne l'ont point décrite, car elle ne s'inscrivait pas parmi les règles légitimes des prestations coutumières. Elle n'en était pas moins considérable; et c'était bien par elle que reculaient constamment en auréole les limites du domaine. Elle soumettait en fait les petits exploitants encore indépendants à l'autorité du grand propriétaire. Celui-ci, par la seule étendue de ses biens fonciers, commandait en vérité tout le jeu des pratiques agraires, fixait le temps des moissons, celui de la vendange; par ses énormes besoins de main-d'œuvre auxiliaire, il gouvernait le marché du travail. Il distribuait tous les secours, il prêtait de la semence ou de la farine. Il attendait en contrepartie des services. On est frappé par l'ampleur du réseau des « recommandations » qui se nouèrent de la sorte et finirent par attacher à la *villa* le plus grand nombre des paysans non tenanciers du voisinage. Ces protégés, parce qu'ils payaient une redevance annuelle, le « chevage », furent recensés dans certains polyptyques : autour du domaine de Gagny, qui appartenait à Saint-Germain-des-Prés, ils étaient vingt, face aux soixante-huit tenanciers adultes. Leur soumission individuelle apparaît comme un premier pas vers une dépendance plus rigoureuse, qui aboutit peu à peu à intégrer leur terre à la fortune du maître et par rendre la condition de leurs descendants très proche de celle des *servi casati*, des esclaves tenanciers. Les plus grandes conquêtes du grand domaine se sont développées aux dépens, non point des domaines voisins, mais de la paysannerie demeurée indépendante.

Il semble bien, cependant, que celle-ci ait résisté, dans le cadre de la communauté villageoise naissante et de ces solidarités de « voisins » qui se renforçaient peu à peu autour de l'église paroissiale et de la possession collective des droits d'usage. Il se peut même — et la lutte des classes aurait alors revêtu principalement cette forme — que les paysans aient constitué des associations nettement destinées à les protéger de l'oppression des riches. Un capitulaire édicté par le roi de France occidentale en 884 dénonce les *villani*, c'est-à-dire les villageois, qui s'organisent en « guildes », c'est-à-dire en communautés cimentées par un serment d'aide mutuelle, afin de lutter contre ceux qui les ont spoliés. De telles conjurations furent-elles tout à fait inefficaces? On peut en douter, lorsque l'on voit, à l'intérieur même du cadre domanial, l'impuissance des maîtres à venir à bout des tenanciers récalcitrants. Un très long procès fut nécessaire — et il fallut finalement porter le différend jusque devant le tribunal royal — pour que des maîtres d'Aquitaine puissent contraindre en 883 les dépendants d'une de leurs *villae* à s'acquitter de certaines obligations : elles étaient inscrites sur un ancien polyptyque, mais la résistance passive des paysans les avait fait tomber en désuétude. Et l'on connaît d'autres cas où la justice du souverain vint soutenir des travailleurs qui renâclaient devant des exigences seigneuriales nouvelles. Le continuel et sourd combat qui opposa les forces paysannes aux maîtres de la terre n'était point en effet aussi inégal qu'il peut paraître, et ses issues furent diverses. De petites exploitations autonomes furent en très grand nombre absorbées par l'extension de l'autorité domaniale, mais, au cœur même du domaine, l'inertie, la dissimulation, les complaisances achetées du régisseur, la menace de fuir dans les solitudes proches où toute poursuite était impossible et d'y rejoindre les bandes de hors-la-loi que les capitulaires francs s'efforcèrent en vain de dissoudre constituaient autant d'armes très efficaces contre les pressions du régime économique. Aucun grand propriétaire n'avait le moyen, ni même peut-être l'intention, d'interdire le jeu très actif de ventes ou d'échanges de terres qui aboutissait à désagréger peu à peu l'assise des charges paysannes : « En certains endroits, des tenanciers de domaines royaux et ecclésiastiques vendent leur héritage, c'est-à-dire les manses qu'ils tiennent, non seulement à leurs égaux, mais à des clercs de chapitre ou à des prêtres de village et à d'autres hommes. Ils ne gardent que leur maison, et par là les domaines sont détruits, car on ne peut plus lever les redevances et on ne peut même plus savoir quelles terres dépendent de chaque manse [1]. » L'édit de Charles le Chauve qui dénonce le phénomène en 864 tente de prendre des mesures palliatives, dont on peut être sûr qu'elles furent sans effet. Parce qu'ils manquaient de rigueur, les cadres du grand domaine s'effritèrent, minés par les résistances, conscientes ou non, de ces hommes très « pauvres », très « humbles », très « faibles » qui travaillaient les champs et qui, dans leur dénuement et sous les qualificatifs apitoyés dont les revêt le vocabulaire de nos sources, étaient cependant porteurs des plus grands espoirs de la croissance. Tout polyptyque décrit un organisme en partie décomposé et dont il tente, vainement, de ralentir la désintégration. Par sa propension au gaspillage, par ses exigences démesurées, par tous les prélèvements excessifs qui maintenaient dans une sous-alimentation chronique le peuple de ses dépendants, le régime domanial tendait à stériliser les efforts paysans. Mais ses mailles étaient trop lâches et ne purent en fait refréner un élan démographique dont on a vu qu'il semble s'être fait jour

---

1. *Monumenta Germaniae historica*, Capitularia regum francorum, II, p. 323.

dans la seconde moitié du ixᵉ siècle. En fait parce que les maîtres, dans le seul but d'accroître leur profit, construisirent des machines à moudre le grain qui libéraient une part de la main-d'œuvre rustique, parce qu'ils inclinèrent peu à peu à préférer les redevances en deniers aux corvées et qu'élargissant de cette manière le secteur d'autonomie des ménages agricoles, ils les incitèrent à cultiver non plus seulement pour subsister mais pour vendre, parce qu'ils casèrent leurs esclaves et qu'ils aiguillonnèrent ainsi l'ardeur au travail dans une part considérable de la population rurale, parce qu'ils se sentaient tenus à la générosité, parce qu'ils ne pouvaient refuser de distribuer parmi les affamés les surplus de leurs récoltes et, de la sorte, maintenaient en vie des troupes d'indigents, le grand domaine soutenait malgré tout les tendances au progrès de l'économie rurale.

Le régime domanial enfin intervint très directement pour hâter dans les campagnes le développement des échanges et de la circulation monétaire. Non seulement parce que la monnaie s'introduisit peu à peu dans le circuit des prestations et parce que la nécessité où se trouvèrent les petits exploitants de livrer des deniers à leur seigneur les obligea à fréquenter régulièrement ces petits marchés hebdomadaires dont les textes montrent qu'ils se sont largement multipliés dans les villages de l'Empire pendant le ixᵉ siècle. Mais sur une échelle beaucoup plus large. Dès que l'habitude fut reprise d'utiliser les pièces d'argent comme le véhicule le plus commode des transferts de richesse, l'extrême dispersion des grandes fortunes incita ceux qui les administraient à négocier dans chaque *villa* les excédents de la production et à diriger le produit monnayé de ces ventes vers la résidence du maître. « Nous voulons, dit le capitulaire *De villis*, que chaque année, dans le Carême, le dimanche des Rameaux, les régisseurs veillent, selon nos prescriptions, à apporter l'argent provenant de nos profits, afin que nous sachions le montant, cette année-là, de nos profits [1]. » De ce fait, les domaines royaux les plus profitables se situaient bien sur les axes majeurs de la circulation marchande, que leur présence contribuait à vivifier. Tout le long de la Meuse, par exemple, des échanges fondés sur l'usage de l'instrument monétaire reliaient régulièrement au cours d'eau et à son activité batelière les grands domaines qui, sur une certaine profondeur, le bordaient. Des quinze mille mesures de vin que produisaient les terres de Saint-Germain-

1. *Monumenta Germaniae historica*, Capitularia regum francorum, I, p. 85.

des-Prés, les moines ne consommaient pas le septième. Il est certain que le surplus partait sur des barques, le long des rivières, pour être vendu dans les pays du Nord et de l'Ouest. La part de la commercialisation n'était donc pas toujours marginale, et l'ensemble de ces trafics engendrait des mouvements de numéraire de plus en plus amples. On a calculé que l'abbé de Saint-Riquier pouvait chaque année recueillir, au seuil du ixe siècle, quelque soixante-dix mille pièces d'argent, la valeur de cent cinquante chevaux, et qu'il les employait en partie à l'achat de marchandises. La concentration économique dont le grand domaine était l'agent aida de manière efficace le travail de la terre et ses fruits à se relier aux activités du négoce.

LE COMMERCE

Ces activités occupent une place très large dans les sources de l'histoire économique carolingienne. C'est l'un des effets de la restauration monarchique. Au souverain, en effet, dont l'ambition était de rénover l'Empire, et qui, sacré par les évêques, prenait plus claire conscience d'être l'instrument de Dieu, le garant de l'ordre et de la justice, il appartenait de surveiller spécialement un secteur de l'économie qui paraissait anormal, qui réclamait de ce fait un contrôle plus strict et qui se trouvait en outre moralement suspect parce qu'il mettait en jeu l'esprit de lucre condamné par l'éthique chrétienne. Le roi, par conséquent, se devait d'être en ce domaine plus attentif. Il surveilla, il légiféra, et les écrits qui émanent du palais portent les traces multiples de ses préoccupations. Ce qui risque de conduire l'historien à des erreurs de perspectives et de lui faire attribuer au négoce un rôle sans proportion avec celui qu'il tint réellement.

Ce dont l'État restauré se soucia d'abord, ce fut de maintenir la paix dans les lieux où s'opéraient les transactions, donc de fixer strictement l'emplacement et la périodicité des rencontres marchandes. Si les mentions de marchés ruraux se multiplient pendant le ixe siècle dans les zones que tenaient solidement en main les souverains carolingiens, est-ce bien seulement le signe d'une intensification des échanges commerciaux au niveau de la production paysanne? N'est-ce pas aussi pour une part l'effet d'un affermissement de l'autorité du roi sur des organismes déjà bien vivants, aussi bien que de la générosité du souverain concédant à telle ou telle église ce que rappor-

taient les taxes imposées aux usagers? Un fait est certain
cependant : si le roi Pépin en 744 recommandait aux évêques
de veiller à ce que dans chaque diocèse un marché fût régulièrement tenu, c'est qu'il n'en existait pas encore partout. Cent ans
plus tard, ils étaient devenus très nombreux dans les vieux
pays francs, trop nombreux même, si bien qu'une remise en
ordre s'imposa pour que ne se relâchât pas le contrôle royal.
L'édit de 864 enjoignit aux comtes de dresser la liste des
marchés de leur circonscription, en distinguant ceux qui étaient
actifs déjà au temps de Charlemagne, ceux qui avaient été
créés au temps de Louis le Pieux, puis au temps de Charles
le Chauve, et l'ordre leur fut donné de supprimer ceux qui leur
paraissaient inutiles.

Plus scrupuleuse encore se manifeste l'attention portée à
l'instrument monétaire. L'ordre divin dont le souverain se
voulait le gardien exigeait en effet la régularité des mesures :
« Il faut », proclame l'*Admonitio generalis* de 789, qui se réfère
au livre des *Proverbes*, « que dans tout le royaume mesures et
poids soient identiques et justes. » La réforme monétaire
carolingienne apparaît ainsi comme un acte de morale politique — c'est-à-dire religieuse, les deux domaines étant alors,
dans le magistère royal, totalement confondus. Reprenant
dans leurs mains la puissance régalienne, les nouveaux chefs
du peuple franc entendaient se réserver le monopole de la
frappe. Ils obligèrent, autant qu'ils le purent, à fondre les
monnaies étrangères, ce qui explique en particulier l'absence,
dans les trésors qui furent enfouis dans l'empire carolingien,
de ces dirhems arabes qui abondent sur les franges de l'Europe
plus barbare, dont l'organisation politique était plus rudimentaire. Ils imposèrent aux pièces un type uniforme. Aussitôt
après son sacre, dès 765, Pépin le Bref décida que l'on taillerait
vingt-deux sous dans la livre d'argent; l'un d'eux serait laissé
pour leur salaire aux monétaires qui redevinrent ainsi, par la
restauration de l'autorité souveraine, des auxiliaires rétribués.
Leur nom disparut bientôt des pièces. Elles furent bien la
chose du roi. On intégra le personnel des ateliers monétaires, à
la manière lombardo-byzantine, dans des collèges que les
comtes avaient la charge de surveiller de près. Louis le Pieux
devait un peu plus tard reprendre, contre les falsificateurs, la
sanction impériale de la main coupée; et punir d'exil et de
confiscation quiconque battrait monnaie hors des ateliers de
l'État. Le monnayage avait bel et bien repris son uniformité :
dans un trésor enfoui à Wiesbaden avant 794, les cinq mille
deniers, émis par des ateliers divers, sont tous de même poids.
En 806, Charlemagne tenta même de centraliser entièrement

la frappe : « Qu'il n'y ait monnaie en aucun lieu, sinon en notre palais. » La mesure était inapplicable, dans un État d'une telle étendue. Parce que la monnaie demeurait d'usage exceptionnel et qu'il fallait frapper des pièces à la demande lorsqu'un paiement était indispensable, il convenait que des ateliers fussent établis à proximité de tous les lieux où l'usage des espèces monétaires s'imposait de manière moins irrégulière, et notamment près des sièges de la justice, puisque la monnaie servait encore avant tout à payer les amendes. La frappe se dispersa donc, par un mouvement irrésistible. Un édit de Charles le Chauve en 864 essaya une dernière fois de l'enrayer en concentrant le monnayage dans le palais royal et dans neuf hôtels publics. Décision vaine. Du moins, l'ordre avait-il été, pendant un siècle au moins, rétabli.

Charlemagne, même après le couronnement impérial, ne revint point à la monnaie d'or, et les sous d'or que fit frapper son fils Louis le Pieux, à l'imitation non point des pièces byzantines mais de celles des Césars antiques, représentaient en fait l'affirmation très fugitive de la *renovatio imperii*, d'une Renaissance culturelle. Il est possible qu'un cours plus favorable de l'argent par rapport à l'or ait, à la fin du viiie siècle, fait affluer le métal blanc dans le Nord de la Gaule. Toutefois la fidélité au monnayage d'argent fut semble-t-il dictée, principalement, par des considérations politiques : il importait de se situer dans la tradition de Pépin, le restaurateur de la puissance franque ; il importait surtout de ne point heurter Byzance, de garder à son égard ses distances. Les rois francs entendirent du moins faire du *denarius* une monnaie forte et stable. Ils relevèrent le poids du denier mérovingien, ils le portèrent à 1,30 g d'abord, puis à 1,70, et même à 2,03 g au temps de Charles le Chauve ; ils le substituèrent en Italie du Nord au *triens* d'or, lorsqu'ils eurent conquis le royaume lombard. Ils établirent les rapports entre l'argent et l'or, entre le denier et le sous, en fonction du cours marchand des métaux précieux alors en vigueur dans le Nord-Ouest de la Gaule, et instituèrent ainsi un système monétaire basé sur une livre de vingt sous valant chacun douze deniers. Au ixe siècle les souverains anglo-saxons l'adoptèrent.

Toutefois, la renaissance de l'État avait favorisé le développement de la circulation monétaire. De plus en plus employés pour les échanges, les deniers d'argent possédaient une valeur proprement économique que percevaient de plus en plus clairement leurs utilisateurs. Dans son effort de réorganisation, Charlemagne découvrit bientôt que cette valeur échappait au contrôle royal et que l'on ne pouvait modifier le poids des pièces sans provoquer des perturbations dans l'usage des espèces. Il dut prendre une série de mesures d'ajustement. Il fixa à Francfort en 794 le prix des denrées en fonction du nouveau système. Il fit introduire après 803 dans la loi salique des gloses pour remettre en état le tarif des amendes. Il édicta des sanctions, entre 794 et 804, contre ceux qui refuseraient d'user des monnaies nouvelles; la résistance fut vigoureuse et apparemment répandue dans l'ensemble du corps social : il fallut menacer les hommes libres d'une amende de quinze sous, les esclaves de châtiments corporels, et poursuivre les évêques et les comtes qui ne se montraient pas assez vigilants. Ces résistances attestent que l'emploi du numéraire était déjà à la fin du VIIIe siècle largement diffusé dans certaines provinces de l'empire. Le roi cependant fut assez fort pour les vaincre. Et si le système numéraire franc s'imposa à toute l'Europe, ce fut, fait politique encore, parce qu'il s'appuyait sur les décisions du souverain que ses conquêtes militaires avaient rendu le plus puissant de l'Occident.

★

Il appartenait aussi à l'autorité souveraine de surveiller étroitement le commerce au long cours, l'activité spécifique de ceux que les textes nomment les *mercatores* ou les *negociatores*. Dans les contrées qu'ils traversaient, ces hommes, qui voyageaient sur de longues distances, étaient de ce fait même des étrangers, donc mal protégés par les coutumes locales, et d'autant plus menacés que les choses précieuses dont on les savait porteurs excitaient les convoitises. Il leur fallait une protection particulière. Ils étaient en outre suspects dans un monde où les frontières entre l'échange paisible et la rapine étaient floues. Comment distinguer des pillards ces commerçants inconnus qui, eux aussi, se déplaçaient en bande, qui parlaient souvent une autre langue et que les lois d'Alfred le Grand montrent circulant en compagnie d'une escouade de serviteurs vraisemblablement armés? Ils introduisaient un ferment de trouble; leur passage risquait de provoquer des rixes et des tumultes. En cas de meurtre, qui prendrait en face des victimes la responsabilité pénale de leurs actes? Qui pouvait dire si ce qu'ils offraient à vendre n'avait pas été dérobé? Il importait donc que les transactions marchandes fussent contrôlées par l'autorité publique, qu'elles n'eussent lieu qu'ouvertement et sous une stricte surveillance. La législation carolingienne interdit donc tous les trafics nocturnes, à l'exception de la vente aux voyageurs de vivres et de fourrage; et elle exigea la présence du comte ou de l'évêque lorsque l'échange portait sur certaines marchandises qui éveillaient les plus vifs soupçons : les esclaves, les chevaux, les objets d'or et d'argent. Il convenait que le roi garantît le statut des marchands au long cours et que certains lieux et certains temps fussent affectés à leur activité.

On entrevoit la condition des négociants à travers un précepte de l'empereur Louis le Pieux daté de 828. Ils sont les « fidèles » du souverain, et ce lien personnel les place dans la paix particulière qui s'étend sur la clientèle royale. Parce qu'ils appartiennent à la maison du prince, ils sont exempts des taxes levées sur la circulation des marchandises, sauf aux passages des Alpes et dans ces ports largement ouvertes sur la navigation des mers nordiques que sont Quentovic et Duurstede. Ils possèdent leurs propres moyens de transport. Mais après leur voyage, à la mi-mars, ils viennent au palais accomplir les versements d'usage au trésor et doivent alors faire loyalement le départ entre ce qui relève de leurs propres affaires et de celles qu'ils ont traitées pour le compte du souverain. Ces activités, saisonnières mais régulières, font de ces hommes incontestablement des professionnels. Sans doute sont-ils engagés dans une dépendance domestique, dont ils tirent des avantages fiscaux et un surcroît de sécurité; mais ils conservent une part d'initiative que l'on peut tenir pour large, en tout cas pour extensible. Parmi ces hommes, et parmi tous les autres que l'on devine, non pas attachés au palais royal, mais à telle abbaye, à telle maison aristocratique, ou même travaillant en francs-tireurs, combien d'hommes libres, francs ou lombards, combien de chrétiens? Tout ce qu'on peut dire c'est que les textes du viiie et du ixe siècle mentionnent abondamment, lorsqu'ils évoquent les *negociatores*, deux groupes ethniques dont les colonies jalonnent les principaux itinéraires et débordent largement les frontières de l'Empire, les juifs, d'une part, et, aux approches de la mer du Nord, les « Frisons ».

Tous ces pourvoyeurs de denrées lointaines se rencontrent sur des aires spécialement aménagées, où ils étalent leurs marchandises et échangent entre eux les produits qu'ils convoient. Les documents désignent ces lieux par le mot latin *portus*, équivalent du mot *wik* dans le dialecte germanique, et du mot *burh*, utilisé dans l'Angleterre du roi Alfred. Ce sont des espaces enclos de palissades, qui protègent les entrepôts de l'agression des maraudeurs. Sous le contrôle de l'autorité royale s'y trouvent des témoins spécialisés, garants de la validité des contrats. On y soupçonne la présence, au temps de

Louis le Pieux, d'un délégué du souverain, chargé de juger les marchands et de recueillir le tribut qui constitue le prix de la protection royale. Avant le IXe siècle, des *portus* sont apparus dans le Nord du royaume franc. Dans des pays encore sans cités vivantes : ce sont Dinant, Huy, Valenciennes, Quentovic, Duurstede. Ensuite les mentions se multiplient dans la même zone et montrent certains *portus* établis au voisinage des villes romaines, à Rouen, à Amiens, à Tournai, à Verdun. Plus au sud, on n'en découvre pas : on peut penser que leur fonction était remplie par les cités. Autres carrefours : les foires. Certaines s'inséraient dans le cycle régulier d'un marché hebdomadaire : un certain jour par an, l'une de ces réunions attirait plus de monde. Mais la rencontre marchande changeait alors tout à fait de nature : juridiquement, parce que la protection du souverain s'étendait à tous ceux qui voulaient y venir, même de très loin; économiquement, car son but était de ménager, à date fixe, un contact régulier entre des zones de production séparées par de très longues distances et pour cela sans liaisons normales. La foire qui se tient près du monastère parisien de Saint-Denis a lieu en octobre, après les vendanges. C'est en effet vraisemblablement une foire du vin. En 775, une seconde réunion lui est adjointe en février, elle aussi placée dans une charnière majeure du calendrier agricole. Pourtant, ces deux foires ne servent pas seulement d'exutoire à la production des campagnes voisines. Des actes octroyant des exemptions de taxes mentionnent qu'il y parvient des bateaux chargés de miel et que les moines de Corbie s'y rendent pour acheter le drap de leurs coules. On y voit des gens d'Angleterre dès le début du VIIIe siècle — après 750, des Frisons et des *negociatores de Langobardia*. A l'autre extrémité de l'empire, une foire se tient à Plaisance. Un jour par an d'abord. Mais en 872 sont créées trois nouvelles réunions de huit jours chacune. Puis, en 890, une cinquième foire de dix-huit jours. Ainsi s'affirme un développement des échanges. Quant à la géographie des foires et des *portus*, elle révèle, au nord-ouest et au sud-est de l'empire carolingien, l'existence de deux aires où les trafics à longue distance paraissent plus intenses.

★

Ces deux aires, qui vont demeurer les pôles d'attraction du grand commerce médiéval, s'établissent aux points de jonction entre la mer et les axes majeurs du réseau fluvial européen. La première s'ouvre, par le Pô qui conduit vers la mer byzantine, sur des espaces économiques plus prospères d'où parviennent des denrées de très haut luxe, des tissus merveilleux et des épices. L'autre, au contraire, par la Seine, la Meuse, le Rhin, la mer du Nord, sur des pays plus sauvages, toujours agités par les guerres tribales, mais qui, pour cela, fournissent des esclaves.

Les suites d'une guerre atroce, puis la migration du peuple lombard, avaient pendant tout le vii⁰ siècle laissé désemparé le Nord de l'Italie. Toute trace d'activité maritime disparut à Gênes en 642, après que se fut appesantie la domination des barbares. Un moment, la vallée du Rhône devint la voie principale vers l'Orient. C'est alors que le roi franc Dagobert (629-679) accorda dans les ports de la Provence certains avantages aux monastères du Nord de la Gaule : celui de Saint-Denis reçut une rente annuelle de cent sous d'or, assise sur le tonlieu de Fos, près de Marseille, pour acheter de l'huile et d'autres denrées; des exemptions de taxes furent octroyées dans les ports de Marseille et de Fos pour l'achat de papyrus et d'épices, et ces privilèges furent renouvelés jusqu'en 716. Mais ils étaient alors devenus anachroniques. L'itinéraire qui s'était établi le long du Rhône, de la Saône et de la Meuse, en direction de Maastricht, et que jalonnaient les actives communautés juives des cités du Midi, commençait en effet d'être perturbé par les incursions des bandes musulmanes. Il ne cessa pas d'être fréquenté, mais pour déboucher désormais, par la Catalogne, sur l'Espagne islamisée, où les marchands de Verdun conduisaient des troupeaux d'esclaves et aussi sans doute, soigneusement dissimulées car leur exportation était rigoureusement interdite, les admirables épées d'Austrasie. Cependant, la Lombardie était redevenue la porte de Byzance. La fondation du monastère de Novalaise en 726, au pied du col qui pendant tout le Moyen Age fut le plus fréquenté des Alpes occidentales, marque la première étape d'une réorganisation des passages alpestres. Le roi Liutprand conclut un accord avec les marchands de Commachio dont les barques remontaient le Pô chargées de sel, d'huile et de poivre. Sur les lagunes de l'Adriatique que Byzance contrôlait encore s'accumulaient peu à peu, dans l'ombre, les forces d'où jaillirait bientôt la vitalité vénitienne. Pavie, dès la fin du viii⁰ siècle, était le lieu d'Europe où l'on pouvait se procurer les plus beaux objets. Notker de Saint-Gall, qui écrit vers 880, raconte que, du temps de Charlemagne, les grands de la cour s'y procuraient des étoffes de soie venues de Byzance. L'information vaut sûrement pour la fin du ix⁰ siècle; elle désigne les navigateurs des lagunes comme les principaux intermédiaires entre les trésors de l'Orient et les cours carolingiennes. Et ce furent des mouvements d'échanges très lointains dont le nœud se trouvait en Lombardie qui vivifièrent peu à peu la voie rhénane, qui firent que Duurstede supplanta Maastricht et qui vinrent finalement stimuler le commerce « frison ».

Les premières conquêtes des Austrasiens avaient subjugué la Frise, que les missionnaires, péniblement, intégraient à la chrétienté. Venus de cette région, des aventuriers du commerce fréquentaient déjà l'Angleterre à la fin du VIIe siècle. Bède le Vénérable parle d'un trafiquant frison qui achetait à Londres des prisonniers de guerre; leur colonie londonienne était déjà très importante au temps d'Alcuin. Sur le Rhin, leurs barques transportaient du vin, des céréales, de la céramique, du sel tiré de Lunebourg, des esclaves. Ils étaient établis dans des quartiers spéciaux à Cologne, à Duisbourg, Xanten, Worms, à Mayence surtout. On les rencontre aux foires de Saint-Denis. Au IXe siècle, ce fut en compagnie de marchands de Frise que saint Anschaire gagna Birka, en Suède. Ce réseau de batellerie prit de l'animation à la fin du VIIIe siècle. Les postes de perception du tonlieu cités par le diplôme d'exemption que Charlemagne octroya en 779 à l'abbaye de Saint-Germain-des-Prés, c'est-à-dire Rouen, Amiens, Maastricht, Quentovic et Duurstede, ponctuent l'aire où se sont développés les nouveaux *portus* et le monnayage d'argent. Deux carrefours majeurs, Duurstede dont la monnaie rayonne de toute part au temps de Charlemagne, Quentovic, citée pour la première fois en 668 par Bède le Vénérable, où débarquent les moines anglo-saxons qui partent à l'assaut du paganisme germanique et tous les pèlerins de Rome, où passent des cargaisons de vin, d'esclaves, et de ces pièces de drap dont un accord passé en 796 entre Charlemagne et le roi Offa de Mercie visait à réglementer la qualité.

Si l'on ajoute à cela les trafics, moins distincts que partout ailleurs du pillage, qui se développent sur l'Elbe et sur le Danube, aux contacts des tribus slaves, où s'approvisionnent les trafiquants d'esclaves — un capitulaire en 805 tente de les canaliser vers un chapelet de marchés frontaliers —, l'impression est nette d'un essor continu qui fait s'étendre les activités proprement commerciales aux dépens de l'économie de don. Cet essor est favorisé au premier chef par la restauration politique, c'est-à-dire par la paix intérieure, par la remise en ordre de l'appareil monétaire et surtout par le renforcement d'une aristocratie qui se partage l'abondant butin de guerres incessantes et victorieuses jusqu'au seuil du IXe siècle. Il importe cependant de prendre la mesure exacte du développement d'échanges fondés sur l'usage de la monnaie. Ne risque-t-il pas d'apparaître fort amplifié à travers des sources écrites dont j'ai dit qu'elles tendent à fausser les perspectives réelles puisqu'elles ménagent un champ privilégié à ce qui touche au monnayage et aux marchands? Restons prudents à l'égard de ces témoignages, et méfions-nous, davantage peut-être, de l'attention excessive que, dans le sillage d'Henri Pirenne, l'historiographie récente a prêtée aux aspects commerciaux et monétaires de l'économie de ce temps. Première vague de véritable croissance ou simple frémissement de surface? Trois remarques à ce propos s'imposent :

1. C'est sur les lisières de l'empire carolingien que se montrent surtout abondants les indices d'une intensification du négoce. Mais ceci tient encore aux structures de l'État. Il s'est maintenant construit des frontières. A l'imitation de Byzance, il établit des postes fixes où l'on lève le tribut sur les marchands. Comme au Nord et à l'Est n'existaient pas ou fort peu de cités, ce souci de réglementation et de contrôle explique à lui seul l'apparition dans les documents d'agglomérations nouvelles. La localisation marginale des témoignages ne signifie donc pas que l'épaisseur de l'Europe continentale n'ait point été pénétrée par la réanimation des routes? J'ai déjà dit pourquoi on n'y trouvait guère, dans les trésors, de monnaies étrangères, et si les traces de bourgeonnement urbain y sont peu visibles, c'est qu'il existait là des cités en grand nombre et suffisamment vastes pour abriter les activités nouvelles. De fait, on sait que, dans la Bourgogne du IXe siècle, il se tenait des foires annuelles dans les cinq cités de la province, dans les chefs-lieux de comté et au voisinage des principales abbayes. L'absence de *portus*, de pièces de frappe lointaine, ne signifie nullement ici l'atonie commerciale. Rien n'autorise en vérité à attribuer un caractère exclusivement périphérique à l'éveil qui se laisse entrevoir.

2. En revanche cette animation apparaît bien marginale quant aux objets du grand commerce. Ce sont essentiellement des produits de haut luxe. Le négoce au long cours n'est en fait qu'un substitut des opérations de pillage. Il fournit ce que la guerre ne procure que de manière incertaine et irrégulière. Comme les activités militaires, il conduit vers les demeures des chefs, dont les marchands professionnels sont presque tous les domestiques, de quoi se parer, se divertir, orner les fêtes et distribuer des présents. Le poète Ermoldus

Nigellus exprime très nettement cette orientation dans l'éloge du Rhin qu'il compose au milieu du ixe siècle : « C'est un bien de vendre le vin aux Frisons et aux nations maritimes et d'importer des produits meilleurs. Ainsi notre peuple se pare : nos marchands et ceux de l'étranger transportent pour lui des marchandises éclatantes. » Sans doute convient-il de mettre à part le sel, qui est bien un produit de première nécessité et dont les cargaisons constituaient peut-être, en poids sinon en valeur, le principal des échanges à longue distance : le tarif du tonlieu de Raffelstätten sur le Danube montre que sur lui se fondait presque tout le trafic entre la Bavière et les pays slaves, et l'on peut supposer que la production et le transport de sel vers la Lombardie fut à l'origine de la première accumulation de capital à Venise et à Commachio. Mais le vin qui se vendait aux foires de Saint-Denis, lui aussi transporté en grande quantité dans ces amphores façonnées aux alentours de Cologne, que les fouilles mettent au jour en très grand nombre, à Londres, à Canterbury, à Winchester et jusqu'au fond de la Scandinavie, à quoi servait-il essentiellement, sinon à l'ornement des réjouissances aristocratiques, tout comme le miel et, pour une part au moins, les esclaves? Quant aux étoffes, les maîtres ne jugeaient pas dignes de leur gloire celles trop grossières que tissaient dans les manses serviles ou dans les ateliers des domaines les femmes et les filles de leurs tenanciers; ils souhaitaient s'en procurer de plus belles, teintes de couleurs vives, pour s'en parer ou pour les offrir à leurs amis. L'achat de ces tissus constituait sans doute la part principale de leurs dépenses. Selon la règle suivie dans les monastères bénédictins, les besoins de la communauté étaient classés sous deux rubriques : le *victus*, c'est-à-dire l'approvisionnement en nourriture dont le soin incombait au cellerier, gestionnaire de l'entreprise agricole; d'autre part les achats dont était chargé le chambrier, percepteur et gardien des ressources en numéraire, et que l'on nomme le *vestitus*, c'est-à-dire le renouvellement du vestiaire. Une telle répartition signifie que ce renouvellement imposait les plus lourdes dépenses et que, normalement, le drap était fourni par des marchands et payé en deniers. Et les « manteaux de Frise » n'étaient nullement des objets de production courante, mais des parures de magnificence : Charlemagne les offrait en présent au calife Haroun al-Rachid, et Louis le Pieux au pape. C'est bien au niveau du superflu, du luxe et de la rareté que se situaient en vérité les affaires dont les négociants protégés par le souverain venaient rendre compte au palais. Elles se développaient donc pour la plupart dans une mince zone, éminente et superficielle, aux degrés très supérieurs d'une société toute rustique.

3. Considérons enfin le retentissement de ces activités sur le phénomène urbain. Peut-on tenir en vérité les *portus* des bords de la Meuse, du Rhin ou de l'Escaut, dont l'animation demeurait saisonnière, pour de véritables villes? Qu'était Duurstede, que l'exploration archéologique fait apparaître comme une étroite rue allongée sur un kilomètre? Une simple voie, bordée d'entrepôts où vivaient à demeure les quelques négociants pour qui fut érigée une église paroissiale, tels furent aussi sans doute le *pagus mercatorum* qui se forma au IXe siècle, au pied des murs de Ratisbonne, entre le Danube et l'abbaye de Saint-Emmeram, et les autres quartiers marchands accrochés le long du Rhin aux murs des cités romaines de Mayence, Cologne ou Worms. Simples excroissances, peu différentes apparemment des groupements d'ateliers spécialisés que les besoins de la maison seigneuriale avaient fait se développer à la porte des grands monastères, des diverses « rues » parmi lesquelles, par exemple, se répartissaient dans la seconde moitié du IXe siècle, à proximité de l'abbaye de Saint-Riquier, les artisans du métal, les tisserands, les tailleurs, les pelletiers, les hommes d'armes, tous les auxiliaires domestiques d'un grand organisme rural. Les villes de ce temps, les vraies, demeurèrent avant toute chose les centres de l'action politique et militaire, qui s'appuyait sur quelques édifices de pierre, et les points de concentration de la vie religieuse. Les grands travaux de construction qu'entreprirent les évêques peu après l'an 800 à Orléans, à Reims, à Lyon, au Mans retentirent peut-être plus directement sur l'animation de l'économie urbaine que le passage des caravanes marchandes. En Germanie, les villes que l'on voit apparaître à cette époque naissent d'un palais royal fortifié, flanqué d'un siège épiscopal et de quelques monastères. L'essor commercial s'introduit dans des cadres qui restent ceux d'une société paysanne dominée par des chefs de guerre et par des prêtres. Il n'est pas assez puissant pour en infléchir, sinon très localement, les contours.

On ne peut douter cependant que ce mouvement de surface, si limité qu'il fût, n'ait rejoint par quelque côté l'autre secteur d'échanges, celui-ci fondamental, que la pénétration de l'instrument monétaire faisait se développer au niveau du village, du grand domaine et de la production agraire. Les conditions de cette rencontre échappent malheureusement tout à fait à l'observation. On sait cependant que la récolte du sel ou les activités viticoles débouchaient immédiatement

sur les itinéraires du commerce au long cours. On devine aussi
à travers les capitulaires qui tentent de réglementer le prix
des pains ou qui, comme l'édit de 864, attestent que le vin
s'achetait par setier, c'est-à-dire à la mesure de quelques
litres, que les produits de la terre étaient vendus partout au
détail dans les cités, aux principaux points de passage, pour
le ravitaillement d'une petite population de serviteurs spécialisés que leur métier avait déjà détachés de la terre, et de tous
les gens que la paix carolingienne autorisait à circuler plus
nombreux sur les pistes et sur les rivières.

*

La restauration politique dont les Carolingiens furent les
artisans imprima un autre trait décisif à l'économie de l'Occident. Les souverains étaient sacrés. Leur mission principale
était de conduire au salut le peuple de Dieu. Dans leur esprit,
leur fonction spirituelle ne se séparait point de leur action
temporelle : elle la guidait dans les voies de la morale chrétienne. Sous l'influence des hommes d'Église qui vivaient dans
leur entourage, sous celle principalement des moines qui
devint prépondérante au temps de Louis le Pieux, ils s'attachèrent à ce que les activités économiques ne vinssent pas
perturber l'ordre voulu par Dieu. Se référant aux prescriptions
de l'Écriture, ils voulurent plus particulièrement moraliser
les pratiques du commerce, le maniement de l'argent, toutes
les transactions où risquait de se perdre l'esprit de charité.
Dans les années où les mauvaises récoltes et la famine atti-
raient leur attention sur le dérèglement des transactions —
le roi se devait d'intervenir chaque fois que les calamités et la
colère de Dieu introduisaient le trouble dans la nature —,
ils édictèrent des préceptes qui dressaient des interdits et
précisaient la distinction entre le pur et l'impur, le licite et
l'illicite.

« Tous ceux qui, au temps de la moisson et au temps de la
vendange, achètent du blé ou du vin sans nécessité, mais
avec une arrière-pensée de cupidité — par exemple en achetant
un muid pour deux deniers et en le conservant jusqu'à ce
qu'ils puissent le vendre quatre ou six deniers ou même
davantage —, commettent ce que nous appelons un gain
malhonnête. Si, au contraire, ils l'achètent par nécessité afin
de le garder pour eux-mêmes ou de le distribuer à d'autres,
nous appelons cela *negocium*[1]. » Cette définition du négoce

1. *Monumenta Germaniae historica*, Capitularia regum francorum, I,
p. 132.

tirée d'un capitulaire de 806 ne met pas seulement en évidence les fortes variations du prix des vivres entre le temps des récoltes et la pénurie de l'été, que les insuffisances de la production déterminaient; elle précise les nécessités qui seules justifiaient le recours à l'achat et à la vente : ravitailler sa propre maison, se procurer de quoi donner aux autres. La morale, qui sous-tend les prescriptions carolingiennes, retient des enseignements bibliques ce qui lui permet de s'établir en fonction d'une économie de l'autosuffisance et du don. Elle ne tolère le commerce que pour combler les déficits occasionnels de la production domestique. Pour elle il est une opération exceptionnelle, presque insolite, et ceux qui s'y livrent ne doivent pas, en principe, en tirer un profit supérieur à la juste rétribution de la peine qu'ils se sont donnée. Au roi, chargé par Dieu d'extirper le mal sur la terre, il appartient donc de condamner ceux « qui par des manœuvres variées intriguent malhonnêtement pour amasser les biens de toutes sortes dans une intention de lucre », « qui convoitent les biens d'autrui et qui ne les donnent pas aux autres quand ils les ont obtenus ». Selon l'ordre que le souverain a mission de défendre, il n'est de richesse légitime que celle qui vient des ancêtres par héritage ou que l'on doit à la générosité d'un patron. La fortune est un don, non point le résultat d'une spéculation quelconque, et le mot « bénéfice », dans le vocabulaire de l'époque, ne désigne rien d'autre qu'un acte de munificence.

Mais le capitulaire que l'on vient de citer, et qui fut édicté dans un temps où manquaient les subsistances, prouve aussi que des opérations lucratives, fondées sur l'emploi de la monnaie, étaient menées jusque dans les soubassements de l'édifice économique, jusqu'au niveau de la production et de la consommation des biens les plus élémentaires. Profitant des besoins d'autrui, des hommes gagnaient de la monnaie aux dépens de « ceux qui vendent du vin et du grain avant la récolte et qui pour cela deviennent pauvres [1] ». Le commerce était une réalité, et fort rares sans doute étaient les négociants qui se cantonnaient dans le rôle d'intermédiaires bénévoles. Pour détourner les marchands d'un mal trop grand, il fallait tenter du moins de contenir leur activité dans certaines limites. Leur imposer le repos dominical et supprimer les marchés du dimanche, sauf ceux que légitimait une coutume très ancienne (809). Fixer le juste prix des denrées (794).

---

1. 809. *Monumenta Germaniae historica*, Capitularia regum francorum, I, p. 152.

Deux domaines de l'économie d'échanges où le danger du péché était le plus grave, le trafic des esclaves et le prêt à intérêt, retinrent davantage l'attention des rois francs. Il apparaissait en effet condamnable que des chrétiens fussent réduits en servitude et tout à fait scandaleux que l'appât du gain pût conduire à asservir à des infidèles des baptisés, des membres du peuple de Dieu. Or, pendant le viiie siècle, la traite avait pris beaucoup d'ampleur le long d'un itinéraire qui, depuis les confins de l'Est, menait à travers le royaume franc, par Verdun, la vallée de la Saône et celle du Rhône, vers les cités de l'Espagne musulmane. La plupart des esclaves qui passaient par là étaient des païens, germains ou slaves. Mais pour les dirigeants de l'Église qu'enflammait l'esprit missionnaire, c'étaient là des âmes à conquérir. En outre, à leur troupe se mêlaient des chrétiens que les trafiquants avaient raflés en route. A partir de 743, les souverains promulguèrent des interdits, défendant de vendre des esclaves à des acheteurs païens et de les laisser franchir les frontières. Injonctions vaines, et qu'il fallut sans cesse répéter. Au ixe siècle, l'évêque de Lyon Agobard, dans son traité contre les juifs, adjure les fidèles du Christ de « ne pas vendre des esclaves chrétiens aux israélites (qui tenaient en partie ce trafic) et de ne pas les laisser les vendre en Espagne ». Quant à l'usure, elle était une pratique normale dans une société rurale primitive, privée de réserves monétaires et cependant parcourue tout entière par de multiples réseaux d'échanges, commerciaux ou non. Tout homme, à quelque niveau qu'il se situât dans la hiérarchie des fortunes, se trouvait de temps à autre contraint d'emprunter pour s'acquitter de ses obligations. La morale chrétienne obligeait à aider gratuitement son prochain. Se fondant sur un passage de l'*Exode*, le capitulaire de 806 proclame que « le prêt consiste à fournir quelque chose; le prêt est juste quand on ne réclame que ce que l'on a fourni »; il définit l'usure : c'est « réclamer plus qu'on ne donne, par exemple si vous avez donné dix sous et que vous réclamiez davantage, ou si vous avez donné un muid de froment et qu'ensuite vous en exigez un de plus »; il la condamne — tout aussi vainement sans doute que l'exportation des esclaves baptisés. Du moins le principe était-il posé clairement, et par des textes vénérables dont le souvenir ne se perdit pas. Cette morale empêcha à jamais la paysannerie de l'Europe médiévale de se trouver aussi étroitement ligotée par l'endettement que l'avait été, pour son malheur, la paysannerie du monde antique et que le demeurait celle des pays d'Islam. L'une des empreintes les plus durables que laissa l'ordre carolingien fut l'institution d'une éthique appliquée à ce secteur qui très lentement se développait en lisière d'un système économique encadré tout entier par l'organisation domaniale, par les formes nouvelles que revêtait peu à peu la servitude et par les échanges gratuits de biens et de services qu'engendraient la dépendance des humbles et la générosité des grands.

La morale retentit encore d'une autre manière sur l'évolution de l'économie : la royauté carolingienne devint à ce moment pacifique. Si la guerre d'agression contre les peuplades extérieures perdit de sa vivacité au début du IXe siècle, lorsque Louis le Pieux devint empereur, ce fut bien parce que la conquête avait été poussée si loin que les expéditions de pillage cessaient d'être aussi profitables : au Nord et à l'Est, elles s'enfonçaient dans un monde trop sauvage et trop démuni pour qu'on y pût beaucoup prendre; elles se heurtaient au Sud à des résistances difficiles à vaincre. Mais ces réalités matérielles suscitèrent l'avènement dans le cercle très restreint d'intellectuels d'Église qui environnaient l'empereur, d'une idéologie de la paix : la dilatation du royaume avait fini par réunir quasiment toute la chrétienté latine sous une même autorité, par réaliser de la sorte la cité de Dieu; la préoccupation première du souverain ne devait-elle pas être désormais de maintenir la paix au sein du peuple? A l'exemple du Basileus, l'empereur ne devait plus songer à conduire des attaques, mais à défendre le troupeau des baptisés contre les incursions païennes. Ces considérations, diffusées par la propagande ecclésiastique, renforcèrent les tendances naturelles qui, par un retournement saisissant, tenaient maintenant sur la défensive les bandes franques si longtemps conquérantes. L'amollissement de l'esprit d'agression, dont la violence avait permis pendant un siècle à l'aristocratie de Gaule et de Germanie, qui tirait à peine de quoi vivre de son énorme fortune foncière, de se parer de quelque luxe et de stimuler l'initiative de ses marchands domestiques, apparaît en tout cas comme un fait économique de toute première importance. Pour deux raisons. Parce que, restreignant la valeur du butin que tous les ans, à la fin de l'été, les armées apportaient à la cour, il tarissait peu à peu la source principale des libéralités royales. Or de celles-ci dépendait en fait toute la puissance qui permettait au roi de tenir l'aristocratie. Alors commença la désagrégation de l'édifice politique construit par la conquête; sur ses ruines allait se poursuivre dans des cadres tout nouveaux le développement économique. D'autre part, la chrétienté latine, repliée sur ses défenses, mais que le timide essor dont nous avons discerné les traces avait enrichie quelque peu, s'offrit comme une proie, dès lors, aux agressions.

*

Par conséquent, si l'on tente, pour faire le point, de tirer parti de la relative clarté que répandent les sources écrites du IXe siècle, on peut hasarder les conclusions suivantes :

1. Charles Martel, Pépin, Charlemagne, en conduisant chaque année leurs camarades et leurs fidèles au pillage, ont ramassé de toute part des richesses. Ils ont donc beaucoup donné. Ces libéralités, ces distributions de biens meubles ont accru sensiblement les ressources que l'aristocratie pouvait consacrer à son luxe. Un tel renforcement de moyens, dans une civilisation qui s'accoutumait à l'usage de l'instrument monétaire, vint stimuler le développement d'un commerce véritable d'objets de prix.

2. Dans cette aisance, les grands ne se soucièrent guère de pousser l'exploitation de leur fortune foncière. Celle-ci fut abandonnée aux régisseurs, c'est-à-dire le plus souvent à la routine. Les grands domaines apparaissent effectivement, lorsque les inventaires en découvrent après l'an 800 les structures, comme des organismes sclérosés dont le poids tend à bloquer l'expansion démographique.

3. Toutefois, deux phénomènes vinrent, au cours du IXe siècle, contraindre ces organismes à s'assouplir, c'est-à-dire à s'adapter. Ce fut d'abord l'infiltration progressive de la circulation monétaire. Ce fut ensuite la fin des guerres de conquête. L'amenuisement des profits que procuraient le butin et les tributs amena les grands, pour maintenir leur train de vie, à exciter l'ardeur de leurs intendants : il fallait forcer les domaines à rendre davantage. Ainsi se mit en branle un lent mouvement. L'appesantissement du pouvoir des « puissants » sur les « pauvres » prépara le glissement de la paysannerie tout entière dans une condition dont les formes nouvelles que revêtait l'esclavage fournissaient le modèle. Parallèlement se dessinait une amélioration de l'équipement technique qui suscita peut-être la reprise de la croissance démographique dont les polyptyques de la fin du IXe siècle portent témoignage.

II

Les dernières agressions

Ce n'est pas sans difficulté, ni sans hésitation, que l'on se risque à situer dans l'histoire du développement économique de l'Occident médiéval les dernières vagues d'invasions que, depuis la fin du règne de Charlemagne jusqu'aux lendemains de l'an mille, subit la chrétienté latine. Ces agressions furent longtemps tenues pour responsables d'une rupture, aussi bien par des historiens qui, comme Henri Pirenne, voyaient dans les temps carolingiens la phase ultime dans la progressive désagrégation du système légué par l'Antiquité, que par ceux qui plaçaient à l'époque de Charlemagne le vrai départ de la croissance. Leur jugement s'explique : un grand vide se creuse alors dans la documentation. Après le coup de lumière que jettent sur les phénomènes économiques les écrits suscités par la renaissance culturelle carolingienne, s'ouvre en effet le gouffre des temps obscurs : pour plus d'un siècle, la connaissance historique se trouve privée de la plupart de ses moyens. Toutefois, un examen attentif des rares témoignages qui subsistent convie à réviser cette opinion, à prétendre que, dans son ensemble, la continuité ne fut pas brisée, que le mouvement de développement, dont on devine qu'il s'était mis lentement en marche peu après l'an 800, ne connut pas de réel freinage, qu'il fut même en certains secteurs stimulé. Ce qui conduit à considérer d'un seul coup d'œil la période qui débute dans les premières décennies du IXe siècle et se prolonge jusqu'au milieu, sinon jusqu'au dernier quart du XIe siècle.

Situons d'abord, brièvement, les incursions dont l'Occident chrétien fut victime. Les premières vinrent de Scandinavie. Dans le prolongement d'une expansion dont le départ eut lieu sans doute à la fin du VIIe siècle, les Norvégiens entrèrent cent ans plus tard en contact avec l'aire de civilisation dont on peut écrire l'histoire : les annales placent la date de leurs premières apparitions en 786-796 sur les côtes d'Angleterre, en 795 sur celles d'Irlande, en 799 sur celles de Gaule. C'est à ce moment que les Danois s'engagèrent dans des aventures de mer que facilita sans doute l'incorporation des navigateurs frisons au royaume franc. Ils lancèrent d'abord de rapides raids de pillage. Après 834, les expéditions prirent de l'ampleur. Des bandes établirent des bases permanentes à l'embouchure des fleuves, dont elles remontèrent le cours de plus en plus profondément, n'hésitant pas à s'attaquer aux cités, à Londres qu'elles pillèrent en 841, à Nantes, à Rouen, à Paris, à Toulouse. Sur la Gaule, la pression la plus lourde s'exerça entre 856 et 862. Après 878, plus de la moitié de l'espace anglosaxon était tenu par les Vikings.

En Méditerranée, depuis les ports de l'Afrique du Nord et surtout de l'Espagne musulmane, des corsaires poursuivaient les navires chrétiens. Ils tentaient aussi des razzias sur les rivages. De telles attaques sont attestées en Italie dès 806. La lente paralysie de la navigation rendant la piraterie maritime moins fructueuse, des compagnies de pillards s'installèrent sur le continent, rançonnant les passants sur les routes de montagne. Elles apparurent en Italie du Sud entre 824 et 829. A la fin du IXe siècle, des repaires permanents furent établis au nord de la Campanie (« Les Sarrasins allaient en razzia de la Tyrrhénienne à l'Adriatique et au Pô et revenaient sans cesse aux monts de la Sabine, et au-delà du fleuve Liri, où ils avaient leurs navires et par où ils transportaient tout en leur pays ») et en Provence, à *Fraxinetum*, dans les Maures. Les brigands qui pendant plusieurs décennies tinrent les cols alpestres venaient de là.

Enfin, depuis les plaines de Pannonie, les cavaliers hongrois s'aventurèrent vers l'ouest. Les textes font allusion à trentetrois incursions entre 899 et 955. Elles les conduisirent jusqu'à Brême en 915, à Mende et à Otrante en 924, à Orléans en 937. Presque chaque année, au printemps, les campagnes de la Lombardie et de la Bavière subirent leurs dommages. Alors

que les Sarrasins couraient les pistes, et que les Vikings suivaient le cours des rivières, les Magyars empruntaient les
voies romaines. Car ils ramenaient leur butin sur des chariots.

★

Pour expliquer la vivacité, la simultanéité et la profondeur
de ces attaques, il faut considérer d'abord que la chrétienté
latine était une proie tentante. Ce que cherchaient les pirates
issus du monde musulman, c'est-à-dire d'une aire économique
moins primitive, c'était à capturer des prisonniers. Ils allaient
les vendre, en Espagne surtout, sur les marchés d'esclaves.
S'il s'agissait de grands personnages, ils cherchaient à en tirer
rançon. Les pillages sarrasins apparaissaient donc comme une
forme renouvelée de la traite, stimulée, tout comme celle
que pratiquaient de longue date en pays slave certains *negociatores* du royaume franc, par les débouchés largement
ouverts dans l'Islam méditerranéen. Les esclaves constituaient aussi une large part du butin qu'emportaient les
Hongrois et les Scandinaves. Mais ceux-ci, issus de régions
plus barbares, recherchaient aussi les parures et les métaux
précieux, dont ils apprirent très vite qu'ils étaient thésaurisés
en abondance dans les sanctuaires. Par l'accumulation de
ses trésors, amassés pour la gloire de Dieu ou des princes,
l'Occident était à leurs yeux un Eldorado fascinant. Les
incursions des IXe et Xe siècles furent le fait d'hommes qui,
pour la plupart, sortaient de l'aristocratie de leur peuple.
Ils partaient d'abord à la poursuite de la gloire. Mais aussi
— les épitaphes runiques des guerriers scandinaves le prouvent
clairement — de richesses dont l'éclat manifesterait à leur
retour leur valeur. Certains chefs vikings enfin, surtout après
le milieu du IXe siècle, cherchèrent au-delà des mers un
établissement où se fixer durablement avec leurs compagnons
d'armes. En fait, la plupart des envahisseurs étaient animés
par les mêmes désirs que les bandes conquérantes qui, pendant le VIIe et le VIIIe siècle, avaient jailli de la noblesse
franque. Ils recherchaient l'exploit individuel, des trésors
où pourrait s'alimenter leur munificence, des esclaves qui
meubleraient leur maison, des terres enfin pour y installer
la puissance de leurs armes.
Que de telles aventures aient pu se développer avec succès
à ce moment précis de l'histoire européenne tient peut-être
à certains changements qui affectèrent les conditions d'existence dans les pays d'où surgirent les pillards. Il se peut que
les lentes mutations climatiques aient avivé la poussée vers

l'ouest des peuples de la steppe et qu'elles aient favorisé dans les pays scandinaves un essor démographique qui fut l'un des ressorts de l'expansion. Toutefois, si l'on peut effectivement supposer en Norvège un accroissement de la population pendant le viie siècle, l'hypothèse ne semble pas valoir pour le Danemark, d'où vinrent pourtant les plus ardents agresseurs. Peut-être la formation des bandes d'aventuriers fut-elle aussi favorisée, parmi les peuples du Nord, par l'évolution des structures politiques, par le passage de la tribu à l'État monarchique. Quoi qu'il en soit, la cause principale des dernières invasions que devait subir l'Europe réside dans l'infériorité militaire de celle-ci. L'armée franque s'était révélée un outil d'agression très efficace contre des peuplades qui combattaient comme elle à pied, munies d'armes rudimentaires et qui se trouvaient réduites à la défensive. Elle était invincible dans des campagnes préconçues. Mais elle était lourde, lente à se mobiliser, incapable de faire face à des attaques imprévues et furtives — hormis peut-être sur les marches militaires que Charlemagne avait installées en Germanie. Or, ses nouveaux adversaires étaient tous des assaillants. Ils disposaient d'instruments qui les rendaient insaisissables : les chevaux des Hongrois, les navires des Vikings, dont le premier essor de la civilisation scandinave avait fait des armes merveilleuses. Les premiers pillards surgirent sur un front de mer qui n'était pas préparé à la guerre. Ils ne rencontrèrent aucune résistance. Ils en rapportèrent la nouvelle dans leur pays; ils revinrent plus nombreux. Ces agressions maritimes semèrent le désarroi et l'effroi. Elles précipitèrent la désagrégation de l'État, si bien que les incursions magyares trouvèrent déjà désemparées les défenses qui auraient pu les contenir. Ainsi, l'aristocratie franque, qui, depuis des générations, puisait dans la guerre victorieuse la source principale de son faste, dut à son tour, pendant quelques décennies, livrer ses trésors aux pirates. L'histoire de la technologie militaire explique ce brusque retournement.

LES EFFETS

Il se peut que les sources écrites aient exagéré la gravité du coup. Elles proviennent toutes de gens d'Église : ils sont prompts à gémir sur le malheur des temps et à mettre en évidence toutes les manifestations apparentes de la colère divine; ils supportèrent d'ailleurs les plus lourds dommages, puisqu'ils conservaient les trésors les plus tentants et pouvaient mal les défendre. Il importe de ramener à leur juste mesure ces témoignages : parmi les cinquante-cinq chartes et diplômes concernant la Picardie, située pourtant dans l'une des zones les plus menacées, et qui ont été conservés pour la période comprise entre 835 et 935, celle du plus grand péril scandinave, deux seulement font allusion aux misères de l'époque. Il est incontestable pourtant que le choc fut rude : le souvenir durable qu'il laissa dans la conscience collective le prouve. Comment mesurer son retentissement sur les structures économiques de l'Occident?

Les pirates ont pris d'abord ce qu'ils pouvaient emporter, c'est-à-dire des hommes et des femmes, des objets précieux, l'or, l'argent, le vin, tout ce qui circulait par le don, le contredon ou le commerce, à la surface de l'économie terrienne. Plus tard, certains d'entre eux, les Danois, organisèrent l'exploitation plus rationnelle des richesses que recelait la chrétienté latine. Ils obligèrent les populations à leur payer tribut en monnaie, ceci en Frise dès 819. Ces rançons furent d'abord locales et privées, puis les chefs des bandes scandinaves traitèrent avec les pouvoirs publics. A partir de 845 et jusqu'en 926, le royaume de France occidentale fut soumis à des contributions en deniers qui achetaient la paix normande; en 861, Charles le Chauve fit porter cinq mille livres aux Normands de la Somme, six mille à ceux de la Seine. L'imposition du *Danegeld* fut introduite en Angleterre en 865 et devint permanente; l'année 991, le prélèvement opéré de la sorte atteignit la valeur de dix mille livres. Enfin, dans certaines provinces (dès 841 aux bouches de l'Escaut), les Vikings se substituèrent à l'aristocratie indigène et s'approprièrent à sa place les surplus du travail paysan. Ils fondèrent des États autour de deux cités, Rouen et York, où vint se concentrer ce que rapportait l'exploitation de la population rurale. Une large part des quelques parures, des quelques réserves de métaux précieux qu'avait accumulées la civilisation très pauvre et très rustique de l'Europe carolingienne ou de l'Angleterre saxonne passa ainsi aux mains des conquérants. Bien des provinces virent fuir leurs moines. Ils s'enfoncèrent, emportant leurs reliques et ce qu'ils pouvaient sauver de leur trésor, dans l'épaisseur du continent, vers des contrées suffisamment éloignées des fronts d'incursion pour sembler de sûrs refuges. Pendant près d'un siècle, le monastère de Novalaise, au pied d'un paysage alpestre que contrôlaient les Sarrasins, demeura désert. Les razzias et l'exode dépeuplèrent durablement les zones côtières de la

Tyrrhénienne. En Frise, l'activité marchande s'affaissa dans les années soixante du IXe siècle.

Il serait faux cependant de penser que les incursions normandes, sarrasines et hongroises aient beaucoup détruit. Nombre de villes furent pillées, mais il en est sans doute fort peu que les attaques aient totalement ruinées, comme le furent sur la côte provençale Fréjus, Toulon ou Antibes — qui d'ailleurs se repeuplèrent aux approches de l'an mille. Toute voisine de la mer du Nord, Saint-Omer résista à tous les assauts. Fortifié en 883, le bourg qui s'était formé à Arras à la porte de l'abbaye de Saint-Vaast soutint l'attaque de 891 et ne fut jamais abandonné par ses habitants. On battait encore monnaie à Quentovic en 980. Les cités survécurent donc pour la plupart, même les plus exposées. Mais elles changèrent d'aspect. Dans la paix carolingienne, leurs murailles avaient servi de carrière pour construire les nouveaux bâtiments cathédraux dont l'ampleur avait rejeté dans la périphérie du noyau urbain les activités économiques. A partir du milieu du IXe siècle, on se mit à bâtir autour des cités gauloises ou des monastères de leur *suburbium* des fortifications qui, la plupart du temps, résisteraient aux agressions. Le rôle défensif devint alors le principal soutien de la vitalité urbaine. Il fit affluer dans les villes les fuyards de la campagne et leurs richesses, et ce mouvement de concentration ne fut pas sans accumuler dans ces forteresses, qui renfermaient aussi les sanctuaires épargnés, les ressources d'un futur essor. Ainsi, non seulement n'observe-t-on point, sauf rares exceptions, de solution de continuité dans l'activité des cités, mais celle-ci fut en quelque manière stimulée par tous les dangers qui pesaient sur le plat pays.

Ce furent donc les monastères isolés et les campagnes que ravagèrent les bandes de pillards. Bien des domaines et des villages perdirent une part de leurs travailleurs, dont les trafiquants d'esclaves s'emparèrent. Mais l'économie rurale était beaucoup trop primitive pour souffrir en profondeur du passage des pirates, et l'équipement des exploitations rurales trop fruste pour être durablement endommagé. Dans la plupart des provinces, il est douteux que les incursions des païens aient causé beaucoup plus de dommages matériels que n'en provoquaient annuellement les rivalités entre les grands, avant, pendant et après les grands raids de pillages. Les populations fuyaient devant les envahisseurs, avec leur bétail; elles retournaient d'ordinaire après l'alerte peiner sur une terre qui n'avait en rien souffert. Il ne leur coûtait guère de reconstruire leurs cabanes, et nombre de paysans se réinstallèrent sans doute très vite dans les cadres coutumiers de la seigneurie. Il se peut toutefois que ceux-ci aient été quelque peu dérangés. On devine à travers les sources écrites que, dans certaines contrées, entre la Loire et la mer du Nord, le peuple des campagnes tenta de se défendre lui-même contre les agresseurs, que des troupes armées se levèrent et qu'elles inquiétèrent l'aristocratie. Ces soulèvements, vite réprimés, étaient incapables de rompre l'emprise de l'autorité seigneuriale. Mais les attaques, et la terreur qu'elles inspiraient, déterminèrent souvent d'amples migrations paysannes, qui privèrent les grands domaines de la main-d'œuvre indispensable à leur mise en valeur. Dans le capitulaire qu'il édicta en 864, le roi Charles le Chauve tenta de limiter le préjudice causé de ce fait à ses grands en imposant aux rustres résidant dans les zones soumises aux alertes d'être présents sur le lieu coutumier de leur activité au moment des semailles, au moins, et des moissons. Une telle prescription, d'application incertaine, enregistrait implicitement ce fait lourd de conséquences : le déracinement d'une partie du personnel des seigneuries. De toute évidence, la fuite devant les Vikings, les Sarrasins ou les Hongrois permit à nombre d'esclaves et de dépendants de briser les liens qui les attachaient à leur maître. Ils s'établirent ailleurs, au service de nouveaux seigneurs, mais qui les traitèrent comme des libres et les exploitèrent moins durement. Pour repeupler leur domaine de travailleurs, les grands possesseurs durent peut-être ici et là assouplir le système des redevances et des services. Il n'est pas interdit de penser que le choc des invasions provoqua l'amenuisement des charges de la tenure, dont on voit, dès que des documents explicites reparaissent à la fin du XIᵉ siècle, qu'elles étaient alors infiniment plus légères qu'au temps des premiers polyptyques carolingiens. En tout cas, dans l'Angleterre que les Danois avaient soumise à leur pouvoir, les *sokemen*, dont parlent les documents de l'époque normande, étaient selon toute apparence les survivants d'une classe moyenne de paysans que la conquête scandinave était venue soustraire à l'emprise de l'aristocratie anglo-saxonne. On peut donc avancer l'hypothèse d'un desserrement notable qui ôta de leur excessive rigidité aux cadres de la grande exploitation rurale. Desserrement qui, soulageant les travailleurs des champs, stimula leur activité, favorisa les défrichements et la croissance démographique. Dans les campagnes du pays mosan on découvre les traces, dès l'extrême fin du IXᵉ siècle, d'une colonisation forestière qui fait se multiplier nouvelles tenures et nouveaux domaines; les

corvées ont été remplacées par des redevances en argent;
on voit les églises rurales s'agrandir progressivement au cours
des ixe et xe siècles. Tous ces indices, ainsi, témoignent d'une
détente qui permit à la poussée de vitalité, longtemps répri-
mée par les contraintes coutumières, de poursuivre son développement. Aux assises les plus profondes des mouvements
de l'économie, tout porte à rendre responsable le traumatisme
des dernières invasions d'une impulsion au demeurant
bénéfique. Elle vivifia les tendances expansives que tant de
contraintes comprimaient encore dans le monde rural au temps
de Charlemagne.

Les plus profondes perturbations se situent au niveau de
cette écume superficielle des réalités économiques que constituaient les richesses mobilières et principalement les
métaux précieux. Dans les vitrines des musées de Scandinavie, on peut voir aujourd'hui, fascinante, une part pourtant
infime de l'or et de l'argent que les Vikings ramenèrent de
leurs expéditions. Le pillage des trésors monastiques, puis
la levée des *Danegelds* provoquèrent la mobilisation d'une
portion notable des réserves que la thésaurisation avait
rassemblées dans les sanctuaires et les palais de la chrétienté
latine. On sait par un inventaire dressé après le passage des
Normands que des bijoux qui constituaient le trésor du
monastère de Saint-Bavon de Gand, les trois quarts, sinon
les sept huitièmes, avaient disparu. Mais selon toute vrai-
semblance, ces richesses ne furent pas toutes emportées par
les pirates pour parer, dans leur pays, leur corps ou leur
sépulture. D'abord, en effet, les envahisseurs ne furent pas
seuls à piller : les indigènes profitèrent du trouble pour rafler
ce qu'ils pouvaient prendre. En outre, les Vikings, peu à
peu, prirent l'habitude de séjourner quelque temps sur les
lieux de leurs exploits, et certains d'entre eux s'y fixèrent.
Ils distribuèrent alors autour d'eux une part de leurs rapines.
Ils l'échangèrent contre d'autres biens, notamment contre
les grandes épées que forgeaient les Francs et surtout contre
des terres. Car il est probable que beaucoup d'entre eux
étaient partis poussés par le désir de s'établir sur un domaine.
Dans leur esprit, la seigneurie rurale représentait la valeur
suprême. Pour l'acquérir, ils sacrifièrent allègrement les
métaux précieux dont ils avaient pu s'emparer. De la sorte,
les pays francs et anglo-saxons purent profiter du mouvement
de déthésaurisation qui vivifiait la circulation des métaux
précieux, multipliait sans doute les instruments monétaires
et faisait peu à peu s'insinuer plus de fluidité dans les mécanismes économiques. Autour du butin ramassé par les Vikings

— les Hongrois ont peut-être revendu quelquefois en cours
de route une part de leurs prises, mais il ne semble pas que
les Sarrasins se soient livrés au négoce en terre chrétienne —
se développa tout un jeu d'échanges, de distributions, de
libéralités et de transactions proprement commerciales. On
sait que les camps permanents que les conquérants avaient
établis en Angleterre et dans la Gaule du Nord-Ouest
s'ouvraient aux gens d'alentour, qui venaient y faire du
commerce : les Normands installés sur la Loire reçurent en
873 l'autorisation royale de créer un marché dans l'île où
ils étaient établis; qu'ils aient cru bon de la demander n'est
pas le moins remarquable. Les esclaves constituèrent la
principale matière de ce trafic. Nombre de captifs furent
libérés contre rançon. Les établissements monastiques, par
piété, en rachetèrent beaucoup, puisant encore pour cela dans
leur trésor. Les autres furent vendus aux plus offrants, et
le commerce du bétail humain, que l'ordre carolingien avait
refoulé sur les lisières slaves ou musulmanes de la chrétienté,
reprit son essor : on devait encore pratiquer la traite en Normandie dans le dernier tiers du xie siècle. De la sorte, et de
proche en proche, depuis des foyers situés près de la Manche
et de la mer du Nord, les échanges prirent de l'extension et
s'infiltrèrent dans l'épaisseur du monde rural. La preuve en
est fournie par l'évolution du système monétaire. Alors que
les premiers Carolingiens s'étaient efforcés de renforcer progressivement le poids du denier d'argent, Charles le Chauve
en 864 ordonna de frapper des pièces moins lourdes. Il entendait ainsi, sans doute, multiplier les instruments monétaires et,
en abaissant leur valeur, les adapter à des usages commerciaux qui devenaient de plus en plus courants dans des milieux
sociaux de plus en plus humbles. Ainsi commença, en France,
le lent mouvement qui, réduisant la valeur en métal précieux
de la pièce de monnaie, en vulgarisa plus rapidement l'emploi.
Loin de marquer une rupture en brisant le premier développement que révèle la fondation des *portus* au temps de la
construction carolingienne, les entreprises de pillage, celles
au moins que menèrent les Scandinaves, établissent la continuité entre ce premier départ et l'épanouissement dont les
documents écrits portent, après 1075, les traces manifestes.
Tandis que tous les mouvements, toutes les bousculades,
tous les chocs provoqués par les envahisseurs faisaient cra-
quer les gaines enserrant en Occident l'économie rurale,
tandis que se rejoignaient peu à peu, depuis l'Atlantique
jusqu'aux plaines slaves, les réseaux jusqu'alors discontinus
des trafics de batellerie, tandis que s'élargissait ainsi l'espace

européen dans le prolongement des conquêtes et des missions évangélisatrices des Carolingiens, tandis que se préparait l'incorporation de la Hongrie à la chrétienté, c'est-à-dire l'ouverture de la route du Danube vers Byzance, les troubles et les tumultes consécutifs aux invasions venaient renforcer l'effet des probables mutations climatiques. Ils libéraient des tendances à la croissance qui se discernaient au IXe siècle dans la population rurale, stimulaient des dynamismes qui purent se donner libre cours dès que les incursions cessèrent.

Leur arrêt semble coïncider, au sein des peuples qui les avaient lancées pour s'emparer de tout ce qu'il était possible de prendre, avec certaines transformations de structures qui rendirent ces expéditions peu à peu moins nécessaires ou moins profitables. Ainsi, dès le second tiers du Xe siècle, les Magyars commencèrent à abandonner la vie nomade et à mettre en exploitation la plaine du Danube. Ainsi l'afflux d'esclaves africains vers le monde musulman vint peut être un peu plus tard réduire l'intérêt de la traite en mer Tyrrhénienne. Toutefois, lorsque les invasions prirent fin, ce fut bien parce que l'Occident avait enfin réussi à surmonter son infériorité militaire, en construisant un réseau de forteresses, seule parade efficace, et en s'appropriant certaines techniques de ses agresseurs. Le château ou le pont fortifié, la chevalerie cuirassée, l'accoutumance à la guerre navale ont dégagé l'Europe chrétienne du péril. Au milieu du Xe siècle, les guerriers de Germanie, appuyés sur les fortins de la Saxe, mirent un terme aux raids hongrois. Les repaires sarrasins du Liri et de *Fraxinetum* furent réduits respectivement en 916 et en 972, et les pirates barbaresques cessèrent de courir le pays; seules les côtes de la Provence et de l'Italie restèrent exposées à des coups de main, mais qui peu à peu s'espacèrent. La turbulence normande se prolongea plus longtemps. Une pause se marque entre 930 et les années quatre-vingt du Xe siècle dans les agressions scandinaves, mais elles reprirent ensuite de plus belle : ce fut alors que les Danois soumirent l'Angleterre tout entière à leur exploitation. Les carrefours marchands de la Frise et les côtes atlantiques de la Gaule furent encore dévastées dans les quinze premières années du XIe siècle, et le péril sur les franges côtières ne faiblit pas avant le début du XIIe. Toutefois les grandes entreprises de pillages cessèrent après 1015. Alors s'interrompirent les grandes pulsions qui, depuis presque un millénaire, avaient lancé sur l'Occident de l'Europe des vagues successives de conquérants avides. Cette partie du monde — et c'est son éminent privilège — échappa aux invasions. Une telle immunité rend compte du développement économique et de tous les progrès ininterrompus dont elle fut, depuis lors, le lieu.

LES POLES DE DÉVELOPPEMENT

Les plus graves dommages, ce furent les institutions culturelles qui les subirent, et principalement les monastères. Voici pourquoi l'époque est si pauvre en témoignages écrits et que l'on est si démuni notamment pour connaître l'histoire des campagnes. La vraie coupure entre la renaissance carolingienne et le renouveau du xiᵉ siècle se situe — rappelons-le — au niveau de la documentation. Mais les trouvailles de l'archéologie jettent cependant quelques lueurs sur certains secteurs de la vie économique, en particulier sur ce qui concerne les villes et l'instrument monétaire. Elles permettent en particulier d'entrevoir, dans les régions qui, avant les grands raids scandinaves, se trouvaient à l'écart de l'Europe christianisée et relativement civilisée, certains traits d'un système économique qui n'est pas sans rappeler celui que l'on décèle dans l'Occident chrétien des viiᵉ et viiiᵉ siècles. Sous l'effet conjugué des profits du pillage et d'une lente maturation politique, ce système apparaît, au cours des *dark ages*, en voie de développement manifeste.

L'Europe sauvage

Les progrès les plus évidents se révèlent dans les pays d'où venaient les Vikings. Faiblement peuplés, ils nourrissaient déjà, apparemment, une aristocratie de la terre d'où sortirent les aventuriers. Les exploitations rurales dominantes, fondées pour une bonne part sur l'élevage, mais qui firent une place croissante à la culture des céréales, reposaient sur l'esclavage. Il est probable que la colonisation agraire fut stimulée par les succès des expéditions de pillage, c'est-à-dire par l'afflux des captifs : à partir du ixᵉ siècle, au Danemark, les anciens villages essaiment, et l'on voit se multiplier de nouveaux noyaux de peuplement, les *torps*. Par un lent mouvement qui remplit tout le xᵉ siècle, les linéaments d'un État se mettent en place autour du roi, conducteur de la guerre. Aux approches de l'an mille, l'introduction du christianisme, la formation autour du prince d'une suite armée, la *hirdth*, sur un modèle qui fut expérimenté sans doute dans l'Angleterre du Danelaw, l'instauration enfin d'une fiscalité monarchique dont l'assise fut au Danemark la parcelle habitée, le *bol*, analogue au *mansus* de l'empire carolingien, marquent le terme de cette évolution politique. A ce moment, et en relation directe avec le renforcement de la royauté, naissaient en pays danois les premières villes durables que l'on peut comparer aux cités de Gaule, Roskilde, Lund, Ribe. L'urbanisation, la consolidation de l'autorité monarchique sur les ruines des structures tribales, l'infiltration des croyances chrétiennes et l'expansion de l'économie agricole progressèrent ainsi du même pas.

L'impulsion primordiale était venue de l'activité militaire. La guerre se mêlait étroitement, dans l'existence des plus fortunés des hommes libres, aux expéditions de chasse et à la direction des exploitations rurales. La rafle des esclaves, la levée d'un tribut sur des peuplades subjuguées par les armes constituaient, avec la poursuite des animaux à fourrure, l'élevage et la culture de l'orge, les éléments indissociables d'une économie de subsistance et d'ostentation. Citons le cas du Norvégien Ottar, établi au nord des îles Lofoten, aux lisières du peuplement scandinave; on le connaît par la propre relation de ses voyages qu'il composa en 870-890 et qu'a transmise le roi Alfred le Grand. Chasseur de baleines, éleveur de vaches, de moutons et de porcs, percepteur de fermages, il exploitait lui-même un domaine; les communautés lapones voisines lui achetaient leur sécurité par des livraisons périodiques de peaux et de bois de rennes; de temps à autre, il en chargeait un navire qu'il menait vers les lieux d'échanges du Sud de la Norvège, du Danemark et de l'Angleterre.

De leurs aventures dans les provinces anglo-saxonnes et franques, les Vikings ramenèrent cependant beaucoup plus d'esclaves qu'ils n'en pouvaient employer sur leurs terres. Ils en firent trafic, les exportant par troupeaux vers les marchés anglais. Ils rapportèrent aussi de l'or et de l'argent dont on voit qu'ils abondent au Xe siècle dans les colonies noroises d'Islande. L'accumulation du butin venu du Sud et la nécessité de le liquider firent la fortune de quelques carrefours au croisement de voies batelières, au débouché des courants d'échanges que, du côté de l'est, les Varègues animaient jusqu'au cœur de l'Asie et vers Constantinople. Des spécialistes du négoce, qui pour la plupart n'étaient pas des Scandinaves, mais des étrangers, en particulier des Frisons chrétiens, y prospérèrent, trafiquant surtout d'esclaves et de fourrures. Avec Birka, en Suède, dans une île du lac Mälar, le plus actif de ces *emporia* fut Haithabu au Danemark.

Adam de Brême, qui rédigea à la fin du xiᵉ siècle ses souvenirs de voyage dans la Baltique, évoque encore son activité : à vrai dire, il ne restait plus alors qu'un souvenir de ce lieu dont les Germains et les Danois s'étaient disputé la domination, que les Norvégiens ruinèrent peu après l'an mille, et qui fut encore pillé par les Wendes en 1066. On le connaît surtout par le *Vita Anscharii*, le récit d'une mission carolingienne d'évangélisation conduite dans les pays du Nord vers le milieu du ixᵉ siècle; ce texte montre Haithabu en relation régulière avec Duurstede. Elle est nommée pour la première fois en 804, et sa prospérité culmine aux environs de l'an 900, c'est-à-dire au beau temps des raids vikings. A vrai dire, de tels organismes semblent être restés fort étrangers au milieu environnant. Ce ne furent que des excroissances, suscitées par les fortunes de la guerre, et qui s'évanouirent avec elles. Tel fut le cas également du repaire de pirates (en Baltique comme dans la mer du Nord, entre la piraterie et les échanges paisibles il n'existait pas de frontière) peuplé de Slaves, de Grecs et de « barbares », dominé peut-être par des bannis vikings, dont parlent à la fois Adam de Brême et, vers 968, le marchand juif Ibrahim Ibn Jaqub, et qu'il faut sans doute identifier avec Wollin, aux bouches de l'Oder.

Il existe en effet des relations très étroites entre le développement économique de la Scandinavie et celui des confins slaves et hongrois. Dans une zone chronologique légèrement plus tardive se révèlent ici les mêmes connexions entre la naissance de l'État, l'évangélisation, la formation des villes et les lents progrès de la production rurale. Sur le fond très primitif d'une agriculture itinérante, hasardée au milieu des forêts et des pâtures sur les terres les plus légères par une population très clairsemée, s'opère dans le cours du xᵉ siècle, d'abord en Bohême, puis en Pologne et enfin dans la Hongrie, la dissolution des anciens cadres tribaux et la concentration des pouvoirs aux mains d'un prince. Une telle mutation paraît bien être encore le fruit de l'activité guerrière. Des chefs avaient réuni autour d'eux une équipe de combattants liés à eux par un engagement moral et par l'espoir de participer aux profits du pillage, la *drujina*, homologue du *hirdth* scandinave. Cette bande résolue leur permit de s'imposer par la force, de casser ou d'absorber l'aristocratie des tribus, d'exploiter la paysannerie indigène, de lancer enfin chez les peuples voisins des expéditions déprédatives, pourvoyeuses de butin ou de tributs — ce que furent aussi, mais sur une échelle beaucoup plus large, les entreprises des cavaliers hongrois en Occident. Toutes ces captures assuraient l'entretien de la *trustis dominica*, de la maisonnée de fidèles armés qui vivaient autour du prince. Elles procuraient aussi des denrées, fourrures, miel, cire, esclaves, susceptibles d'être échangés, dans les pays d'économie moins fruste de l'Ouest et du Sud, contre les bijoux dont on ne pouvait pas s'emparer de force. De cette circulation d'objets de luxe profita la petite élite des amis du maître, les auxiliaires de sa puissance. Mais, peu à peu, parce que dans les peuplades avoisinantes se consolidèrent au même rythme les structures d'un pouvoir efficace, les expéditions de pillages devinrent plus difficiles et moins heureuses. Les princes en arrivèrent, vers l'an mille, à dissoudre leur compagnie militaire, à ne plus garder auprès d'eux pour leur garde personnelle qu'un petit nombre de guerriers domestiques. Usant de leur droit absolu d'exploiter les sujets de leur État, de faire, comme dit Cosmes de Prague, « des uns des esclaves, des autres des paysans, des autres des tributaires... des uns des cuisiniers, des autres des boulangers ou des meuniers », ils concédèrent à ceux de leurs compagnons qu'ils licenciaient, ainsi qu'aux survivants de l'aristocratie tribale, le droit de bénéficier à leur place des prélèvements opérés sur le travail du peuple. Ainsi s'établit, en fonction des services exigés des sujets, une hiérarchie sociale, dominée par le groupe restreint des « amis » du prince, possesseurs de *praedia*, de grands domaines, et reposant sur les fortes assises de l'esclavage. On peut penser qu'une telle installation de la seigneurie rurale, conjointe à l'amenuisement des prises de guerre, stimula l'expansion de la production, que soutenait peut-être un lent essor démographique. Elle favorisa la sédentarisation de l'agriculture. Vers l'an mille, c'est-à-dire bien avant que n'arrivent de Germanie les premiers colons, les peuplades slaves obodrites du Nord de l'Elbe pratiquaient déjà la culture stable des terres lourdes et faisaient progresser les champs permanents aux dépens des forêts.

En tout cas, la naissance des villes apparaît intimement liée au renforcement des pouvoirs princiers et à la concentration de bandes de guerriers spécialisés autour des chefs. Dès le temps des tribus, des *gródy*, des enceintes de terre et de bois s'étaient construites autour des résidences aristocratiques; on en a relevé des traces qui datent du VIIe siècle. Ces forteresses furent réédifiées par les princes, avec de plus grands moyens, à la fin du IXe et dès la première moitié du Xe siècle — c'est-à-dire à l'époque où florissaient les grands *emporia* scandinaves. Sur la première enceinte se greffa plus tard un second système de défense englobant le *suburbium*, où furent établis les premiers sanctuaires chrétiens. Les fouilles ont fait apparaître, entourées par ces talus, quelques dizaines d'habitations dont le sol recèle des armes et des parures d'argent, et qui servaient de résidence aux membres de l'équipe militaire. Les cabanes habitées par les paysans se trouvaient hors des enceintes. Dans la Pologne, il existait avant l'an mille plusieurs dizaines de ces agglomérations, véritablement urbaines. Vers elles convergeait le profit des raids à butin et le peu de richesses que pouvait créer la population rurale d'alentour. Dans leurs murs s'accumulait tout le luxe de cette civilisation primitive, et notamment les métaux précieux. Autour de ces villes, dans un rayon d'une dizaine de kilomètres, la toponymie révèle l'existence au Xe siècle d'une auréole de villages dont les habitants, pour le service du prince, étaient astreints à livrer des produits artisanaux, villages d'apiculteurs surtout en Pologne, de forgerons en Hongrie. Cette insertion du travail artisanal dans le milieu rural révèle le poids d'un État créé par la force et fondé sur l'asservissement des peuplades. Comme l'écrit Ibn Rusteh au IXe siècle des chefs hongrois : « Ils dominent tous ceux qui les avoisinent et leur imposent un tribut; les Slaves sont à leur merci comme des prisonniers. » De ses sujets, le maître faisait ce qu'il voulait. Surveillés par des guerriers armés de fouets, les artisans-paysans étaient contraints de venir périodiquement travailler dans les ateliers annexes du *gorod.* Ce fait explique la coexistence des villages de travailleurs spécialisés et d'un centre artisanal situé à l'intérieur du *suburbium;* celui-ci fabriquait les pièces d'armement et les parures que n'avaient pu procurer le pillage ou les échanges à longue distance.

Certains *castra* demeurèrent toujours, en Moravie notamment et plus tard en Hongrie, les simples points d'appui d'une aristocratie militaire et d'une organisation ecclésiastique qui progressivement s'implanta. Mais beaucoup d'autres furent flanqués, à quelque distance, d'une place où, périodiquement, s'opéraient les transactions commerciales. Quelques-uns de ces marchés, parce qu'ils se situaient au centre des principales formations politiques, devinrent les points de concentration des grands courants d'échanges. Ibn Yaqub, qui visita Cracovie vers 966, estime à trois mille les membres de la milice armée qui faisaient ici résidence et qu'il fallait alimenter en objets venus de fort loin. Il décrit Prague comme une ville de pierre, fréquentée par les trafiquants slaves, varègues, juifs et hongrois, et comme le grand marché d'esclaves de l'Europe. Tandis que la maturation des institutions politiques restreignait la part de la guerre dans les

mouvements de l'économie et substituait au profit des razzias
celui de l'exploitation de la paysannerie indigène, le réseau
urbain né de l'établissement du pouvoir princier s'offrait
comme soutien de relations commerciales régulières. L'arrêt
des grandes expéditions scandinaves vers l'Europe occidentale entre 930 et les dernières décennies du xe siècle ainsi
que le déclin simultané de lieux d'échanges comme Haithabu
ne sont peut-être pas sans relation avec la mise en place
d'un tel système mercantile. Il anima la circulation batelière
sur les fleuves polonais. Il accoutuma peu à peu à l'usage de
l'instrument monétaire les populations de l'Europe sauvage.

★

Ce n'est guère que dans cette Europe-ci que les archéologues
ont découvert en abondance des trésors qui datent du ixe,
du xe et de la première moitié du xie siècle. La longue survivance du paganisme dans cette partie de l'Occident explique
en partie le maintien prolongé de la thésaurisation : dans ces
régions, les morts emportèrent plus longtemps avec eux dans
leur sépulture les biens qu'ils avaient amassés et ce n'est
que très progressivement que l'enseignement de l'Église
parvint à détourner ces richesses vers les sacristies des sanctuaires. Mais si l'Europe sauvage demeurait alors l'Europe
des trésors, c'est que son développement économique s'opérait, dans ses phases successives, avec un retard de deux ou
trois siècles par rapport à l'Occident christianisé.

Les cachettes que l'on a mises au jour recèlent une collection d'objets très divers : des lingots de métal — et en Pologne,
jusqu'au début du xe siècle, avant que les progrès de la métallurgie ne lui fissent substituer l'argent, le fer fut jugé matière
assez précieuse pour être ainsi thésaurisé —, des bijoux, parfois
brisés, des monnaies enfin qui permettent de dater approximativement la trouvaille. Au fil des temps, la proportion des
pièces s'accroît peu à peu : dans les provinces polonaises,
c'est à partir de 915 que les espèces monétaires deviennent
plus nombreuses.

Au voisinage de la Baltique, presque toutes les monnaies,
au ixe et jusqu'au milieu du xe siècle, sont d'origine musulmane. Ce sont des dirhems d'argent. Cette région était en
effet le point d'aboutissement d'amples courants qui, par la
piraterie, les soldes des mercenaires, le trafic des esclaves
et des fourrures, véhiculaient de proche en proche des pièces
frappées pour la plupart en Asie musulmane; celles-ci venaient
en fin de course s'accumuler dans le pays d'origine des aven-

turiers scandinaves, au voisinage des grands carrefours où se rencontraient les coureurs de mers. Elles s'y déposaient en alluvions successives, car elles n'y trouvaient pas d'emploi, sinon de parure et de manifestation de puissance. L'étonnant, c'est que, pendant cette période qui voit se déployer à l'Ouest les grands raids danois, les tombes et les trésors de la Scandinavie livrent si peu de monnaies occidentales. Faut-il penser que les pièces raflées au hasard des pillages en Angleterre et en Gaule, que celles qui furent rassemblées pour payer le tribut aux Normands aient été fondues par les orfèvres du Nord? Pourquoi auraient-elles été seules à subir ce traitement, et non point les dirhems? Mieux vaut croire, sans doute — et c'est l'hypothèse que nous avons déjà émise —, que ces pièces furent utilisées sur place pour acquérir des terres, du vin et les divers bonheurs de la vie. Et ceci parce que le négoce, le recours à l'instrument monétaire étaient dès le IXe siècle, en Angleterre, en France, en Gaule, des gestes habituels, qu'ignoraient encore les contrées plus sauvages du Nord et de l'Est. On peut penser que l'accumulation de grosses réserves inemployées d'argent arabe sur les rives de la Baltique incita peu à peu les trafiquants occidentaux à pousser de ce côté leurs entreprises. Ce fut le cas des Frisons que l'auteur de la *Vita Anscharii* rencontrait à Birka. Ils se hasardèrent peu à peu dans ce monde que les agressions des Vikings rendaient moins étranger à la chrétienté latine, achetèrent des dirhems, offrant en échange des denrées tentantes. Ils parvinrent ainsi à soutirer vers l'Europe occidentale un peu de l'argent des trésors — et ceci, dès le IXe siècle, contribua sans doute, sur les rives chrétiennes de la mer du Nord, à l'accélération de l'expansion commerciale. Ils habituèrent aussi peu à peu les peuplades noroises et slaves à ne plus considérer les pièces de monnaie comme des bijoux, à les employer aux échanges. Dès le début du Xe siècle, on découvre dans les trésors de la Baltique des dirhems fractionnés afin de servir plus commodément aux transactions.

En Pologne, les plus anciens trésors monétaires se rencontrent surtout à proximité de la mer; on en trouve de plus en plus à l'intérieur des terres, près des centres fortifiés où se fondaient les assises des jeunes États, aux époques suivantes, c'est-à-dire dans le temps même où s'établissait progressivement, jalonné par les principaux marchés, le réseau d'un trafic continental. A partir du milieu du Xe siècle, les monnaies arabes deviennent ici moins nombreuses. On les voit disparaître dès 960 dans la région des tribus slaves occidentales, pendant les années quatre-vingt en Pologne et en Scandinavie, vers l'an mille enfin dans les pays baltes. D'ailleurs, dans les trésors scandinaves, les derniers dirhems proviennent d'ateliers situés non plus à l'est mais à l'ouest du monde musulman; ils sont vraisemblablement parvenus, non plus comme jadis par les voies de la plaine russe que tenaient les Varègues, mais à travers l'Europe centrale et par le relais de Prague. En compensation s'accrcît le nombre des monnaies frappées en Occident. On n'en trouve pas qui proviennent de la Gaule, sinon quelques-unes des ateliers mosans, Huy, Dinant, Liège, Namur, Maastricht, et fort peu qui soient issues d'Italie. La plupart ont été émises en Angleterre, en Frise, en Bavière, en Rhénanie, et surtout en Saxe, où débutait alors la frappe. Cette intrusion du denier dans les pays scandinaves et au-delà de l'Elbe est riche de signification. Elle marque d'abord une nouvelle étape dans l'accoutumance à l'usage économique de l'instrument monétaire : moins lourd que le dirhem, plus maniable donc, le denier fut reçu comme une mesure stable de la valeur des choses, ce qui fit refluer l'emploi jusqu'ici prépondérant de la monnaie pesée. Sa pénétration dans les années qui précèdent l'an mille atteste aussi le développement des relations entre l'Europe encore sauvage et l'Occident, par l'intermédiaire d'une zone de contact politique qui s'étend de l'Angleterre, où s'établit alors la domination danoise, à Magdebourg et à Ratisbonne. En Saxe, la frappe, à ce moment, répond beaucoup moins aux besoins du marché intérieur qu'elle ne sert une politique de prestige et de magnificence menée par son souverain auprès des princes des confins septentrionaux et orientaux. Enfin, la mutation qui substitue aux monnaies islamiques celles qu'émettent les puissances de l'Ouest manifeste la lente intégration de la Scandinavie, de la Pologne, de la Bohême, de la Hongrie, à l'aire économique de la chrétienté latine, et ceci au moment même où ces pays venaient s'insérer dans son système de croyances et dans son organisation politique.

Non moins significative apparaît, dans une étape ultérieure, la disparition progressive des trésors monétaires. Les premiers indices de ce phénomène datent de la fin du Xe siècle. En Pologne, c'est encore dans les décennies suivantes que furent enfouies les plus grosses réserves de monnaies. Mais, passé 1050, leur masse et leur qualité déclinent rapidement. Les années soixante-dix du XIe siècle — retenons ce jalon chronologique — marquent l'abandon de cette façon d'accumuler des valeurs. Elle s'était accordée à un état économique encore très fruste, celui de sociétés primitives et pillardes qui, dans le courant de la vie, ne trouvaient point à employer comme un instrument des échanges des pièces de monnaie prises à l'extérieur : leur valeur était trop forte pour qu'elles pussent servir utilement à des transactions locales et quotidiennes. Lorsqu'il visita vers 966 le marché de Prague, Ibrahim ben Yaqub fut frappé par l'inadaptation de l'outil monétaire : il rapporte que pour un seul denier on pouvait acheter une dizaine de poules, de quoi nourrir en blé ou en seigle un homme pendant un mois, la ration d'orge d'un cheval de selle pour quarante jours; aussi utilisait-on des unités plus petites, des carrés de toile de lin qui valaient le dixième d'un denier. On peut tenir par conséquent que les trésors de monnaie se mobilisèrent lorsque le développement d'un trafic marchand, que soutenait l'essor de la production locale, fit s'abaisser suffisamment le pouvoir d'achat des pièces pour que leur maniement devînt commode. La raréfaction des trésors témoigne de l'avènement progressif d'une vie économique décloisonnée.

Elle accompagne aussi le mouvement qui pousse les structures de l'État vers leur maturité. A l'époque où se construisaient encore les principautés, les souverains entendaient se montrer au milieu d'un décor éblouissant de métaux précieux : Cosmas de Prague parle de la croix d'or fin que Mesko, le fondateur de la monarchie polonaise, faisait dresser près de lui dans les cérémonies de majesté, et qui pesait trois fois le poids de son corps. Dans ces trésors princiers, l'or, pris sur les dépouilles des ennemis vaincus (en 1019 et en 1068, Boleslas le Vaillant et Boleslas le Hardi s'emparèrent des richesses de Kiev ; en 1059, Bratislav de Bohême pilla Gniezno), l'emportait sur l'argent. Il était le principal appareil de l'ostentation et des rites de la munificence. Le monarque le distribuait en parcelles aux églises et à ses fidèles. Gallus Anonymus rapporte que les grands de la Pologne et leurs femmes, au temps de Boleslas le Vaillant, ployaient sous le faix des grands colliers d'or. On ne trouve point dans les trésors enfouis de tels objets, reçus de la faveur royale. A l'inverse des pièces, en effet, ils étaient utiles. Ils demeuraient pour les orner dans les églises et les demeures aristocratiques, expressions de puissance, celle de Dieu et celle de la noblesse. Ces parures étaient faites pour être exposées, non point cachées ni troquées contre d'autres valeurs. Mais l'attitude des souverains à l'égard des métaux précieux se modifia peu à peu. Le raffermissement de leur pouvoir et l'essor concomitant de la circulation monétaire les incita à battre monnaie, à l'instar des monarques d'Occident, les modèles de leur comportement. La raréfaction des trésors monétaires et le déve-

loppement de la frappe sont, dans l'Europe sauvage, en
exacte synchronie. De premières tentatives avaient eu lieu,
en Pologne, en Suède et au Danemark, dès la fin du xᵉ et
au début du xiᵉ siècle; elles furent éphémères. Dans ces pays,
ainsi que dans les petites principautés slaves de l'Ouest, la
Poméranie et la Polabie, le monnayage ne devint vraiment
actif, au point de refouler les espèces étrangères, qu'après
1070, et ce stade ne fut pas atteint en Bohême avant les premières décennies du xiiᵉ siècle. Le moment où, dans toutes
ces régions, commencèrent les émissions régulières est celui
où les activités commerciales étaient devenues assez vives
pour que les princes pussent espérer tirer de la frappe un
réel profit. Car le monnayage fut aussi, en même temps qu'une
affirmation de prestige politique, le premier instrument de la
fiscalité princière; au profit d'un État qui devenait adulte,
il opérait une ponction sur le métal précieux. La monnaie
demeura longtemps détenue, pour sa plus grande part, par
les souverains; les pièces leur revenaient par le canal des
amendes judiciaires et des taxes levées sur les marchés et
sur les voies de passage. Mais une partie de ces espèces était
aussi vendue, près des ateliers monétaires, ou dans ces lieux
de transactions qu'étaient les tavernes dans la Pologne de
l'époque, contre de la cire et d'autres biens dont le prince
organisait l'exportation. La *renovatio monetae* contribua de
la sorte à promouvoir la croissance économique. Dans le
dernier quart du xiᵉ siècle, cet événement politique situe l'une
des étapes majeures de cette croissance.

Autour de la mer du Nord

Au développement dont les lisières septentrionales et
orientales de la chrétienté latine étaient à ce moment le lieu,
il convient de relier étroitement celui que connaissent, au
même rythme, les régions qui avoisinent immédiatement
cette zone et qui la relient au cœur de l'Europe carolingienne.
Il s'agit des pays riverains de la mer du Nord. L'une des
phases principales de l'histoire économique médiévale est
remplie par l'essor qui vivifia cette aire géographique entre
le ixᵉ et le xiᵉ siècle, et qui la dota d'une activité comparable
à celle dont la Méditerranée était le centre.

Objectif principal des entreprises scandinaves, l'Angleterre offre l'image d'une vitalité qu'atteste d'abord l'ampleur
des tributs que ses agresseurs lui imposèrent. Les Vikings
exigèrent 10 000 livres en 991, 16 000 en 994, 24 000 en 1002,

36 000 en 1007, 48 000 en 1012. A ces levées succédèrent celles que les rois saxons opérèrent pour rétribuer les mercenaires norois qu'ils engageaient à leur service. Puis les bandes conduites par Guillaume le Conquérant se lancèrent à l'assaut des richesses de l'île, qu'elles savaient grandes. L'impression dominante est celle d'une évidente prospérité, longtemps entretenue sans doute par la présence des Danois, par la liquidation de leur butin, par le trafic des esclaves, que l'archevêque Lanfranc suppliait encore le roi Guillaume d'interdire, ainsi que par la poursuite d'une croissance agricole que l'indigence de la documentation ne permet en aucune manière de mesurer. Du moins perçoit-on l'ampleur de la circulation monétaire. On a tenté de l'évaluer en comptant les différents coins dont les pièces qui furent retrouvées portent l'empreinte. On peut dénombrer environ deux mille coins qui servirent à frapper, à la fin du xe siècle, la *long cross* du roi Ethelred. Si l'on considère qu'un coin pouvait battre environ quinze mille pièces avant d'être remplacé, on peut estimer la valeur de ces émissions à quelque 120 000 livres. Puisque l'on refrappait périodiquement les monnaies, ces trois millions de deniers correspondent peut-être à la masse monétaire alors en circulation dans le royaume. Un fait est sûr, en tout cas : à travers l'inventaire des redevances consignées dans le *Domesday Book* et les multiples traces d'achats et de ventes que recèlent les autres textes, se découvre l'image d'un pays animé jusque dans ses profondeurs par l'usage de la monnaie et la pratique des échanges commerciaux.

Ces trafics internes se reliaient à un réseau de relations marchandes d'horizon beaucoup plus lointain, qui se dirigeaient principalement vers la Scandinavie mais aussi vers le continent proche. Le fait que les types anglais servirent de modèle au premier monnayage des pays du Nord en témoigne, ainsi que le souci que prenaient les souverains d'assurer la sauvegarde des négociants : aux termes d'un accord conclu en 991 avec Ethelred, les Vikings s'engageaient à ne pas attaquer les barques marchandes dans les estuaires d'Angleterre et à laisser en paix les trafiquants anglais qui pourraient tomber entre leurs mains en Gaule; en 1027, Cnut obtint de l'empereur et du roi de Bourgogne des privilèges favorisant la circulation des *mercatores* anglo-saxons en Italie. Le *Colloquium* d'Aelfric Grammaticus, composé vers l'an mille, évoque ces aventuriers qui « chargent leurs marchandises sur leur navire, se lancent sur mer, vendent leur cargaison et achètent des denrées que l'on ne trouve pas en Angleterre ». On sait que certains d'entre eux s'enrichirent. Un traité anglo-saxon qui date de la même époque laisse entendre qu'un marchand, après trois voyages outre-mer, devenait aussi riche qu'un *thane*, c'est-à-dire qu'un seigneur de moyenne envergure. Le nœud principal de tous ces trafics se trouvait à Londres, où chaque semaine une assemblée de justice, le *housting*, se réunissait pour régler les conflits entre les indigènes et les trafiquants du dehors. On aperçoit ceux-ci à travers le texte d'un règlement du tonlieu édicté en l'an mille par Ethelred : il énumère les « sujets de l'empereur », c'est-à-dire les marchands rhénans, qui jouissaient des mêmes privilèges que les Londoniens et venaient acheter surtout de la laine, les « hommes de Huy, de Liège et de Nivelles », autorisés à entrer dans la cité avant de payer le tonlieu, les marchands de Rouen, vendeurs de vin, ceux qui venaient de Flandre, de Ponthieu et de « France », enfin les Danois et les Norvégiens qui pouvaient résider un an à Londres.

Une telle ouverture de l'économie favorisa l'urbanisation de l'Angleterre. Avant le IXe siècle, il n'y avait de villes véritables que dans le Sud-Est du pays, Londres, Winchester, Canterbury. C'est là que se situaient toujours en l'an mille les plus actifs ateliers monétaires. Mais, pour des raisons éminemment stratégiques, Alfred le Grand et ses successeurs fondèrent au tournant des IXe et Xe siècles un ensemble de points défensifs, entourés de palissades et de talus, les *burhs*, homologues des *gródy* des pays slaves. Certains d'entre eux furent édifiés dans des sites qui servaient déjà de carrefours aux échanges : des enclos, les *hagae*, enserrés dans leurs murailles, furent concédés par le roi, contre une redevance en monnaie, à des négociants. Les mieux situés de ces lieux fortifiés accueillirent un atelier monétaire; ils furent désignés dans les textes comme des *portus*, des emplacements spécialisés dans les activités marchandes. Dans le *Danelaw* qu'occupaient les Scandinaves, d'autres agglomérations grossirent — tels York, dont le monnayage se développa au Xe siècle et dont la superficie doubla, par la croissance, hors de l'enceinte romaine, d'un quartier de marchands et d'artisans, ou Norwich, gros village qui devint en 920 un lieu de frappe, qui cent ans plus tard était une vraie ville et qui comptait vingt-cinq églises en 1086. Dans l'Angleterre du *Domesday Book*, où selon certaines estimations un douzième de la population aurait résidé dans des agglomérations de type urbain, le réseau des villes était aussi serré, déjà, qu'au XIVe siècle.

*

Dans la Germanie qui, pendant le xe siècle, recueillit le principal de l'héritage politique et culturel carolingien, un mouvement comparable se développa, mais sur un rythme beaucoup moins vif. Le pays, en effet, était plus sauvage, et la conquête franque n'avait fait que jeter ici les fondements élémentaires d'une économie moins primitive. De grands domaines déjà, autour des sièges comtaux, des évêchés et des monastères. Mais point de villes véritables, sinon dans les pays rhénans et danubiens où survivaient quelques traces de l'empreinte romaine. Point d'atelier monétaire. Quelques pistes conduisant les aventuriers de la traite des esclaves vers les confins slaves; on voit ces hommes passer, au début du xe siècle, au péage de Raffelstätten sur le Danube, emportant avec eux du sel, des armes, des ornements, rapportant, outre les esclaves, de la cire et des chevaux. Dans la nuit profonde que ne parvient pas à percer une documentation d'une totale indigence, on soupçonne une lente croissance de l'agriculture, que stimulent la pression des nouvelles exigences seigneuriales et l'infiltration d'habitudes alimentaires venues de l'Ouest; sans doute fait-elle s'élargir peu à peu les plaques de peuplement. La Germanie subit peu de dommages de la part des Vikings, mais elle supporta pendant cinquante ans sur tout son flanc méridional le poids des incursions hongroises. Toutefois, elle confinait vers l'est et vers le nord à des contrées dont on a vu qu'elles furent pendant cette période le lieu d'un développement continu. Après le milieu du xe siècle, décidément délivré du péril hongrois, le royaume germain servit d'assise à la plus solide construction politique de l'Occident. Des princes issus de la Saxe, c'est-à-dire de sa province la plus primitive mais aussi la plus épargnée, reconstruisirent l'empire de Charlemagne et s'attachèrent à poursuivre son action, mais en l'orientant plus délibérément vers la Scandinavie et le monde slave. L'empire restauré voulut étendre son emprise au-delà de l'Elbe sur les principautés slaves en formation. Déjà, conduits par le roi Henri l'Oiseleur, les guerriers saxons avaient pris sous leur contrôle, en 934, l'emporium de Haithabu.

Or, sur l'économie de ce temps, au niveau sinon de la production du moins de la circulation des richesses, on a vu à maintes reprises que les actes de la politique retentissent profondément. C'est bien en effet dans le cadre de l'action politique qu'il faut situer l'intense activité monétaire qui se déploya en Saxe entre 970 et 1030. Elle se fondait sur l'exploitation des minerais du Harz, à Rammelsberg près de Goslar. Célébrant la magnificence d'Otton le Grand, l'historien Witukind de Corvey omet de mentionner son accession à l'empire; mais il le glorifie d'avoir « ouvert les veines argentifères de la terre saxonne ». Il voyait juste. Les deniers saxons envahirent peu à peu l'espace balte et polonais. Ils y manifestaient d'abord la présence de l'empereur dont ils portaient le nom et affirmaient la gloire. Toutefois, ces fragments d'argent étalonnés étaient aussi des instruments d'échange, et la propagation du numéraire allemand ne fut pas sans vivifier les courants de négoce qui, depuis l'Est et le Nord, aboutissaient en Germanie et étendaient peu à peu, dans ce pays même, l'aire des échanges et de la circulation monétaire. Les manifestations de puissance activaient ainsi, accessoirement, le développement économique. La création des marchés procédait des mêmes intentions et eut des effets semblables. Les empereurs ottoniens voulurent, comme Charlemagne, contrôler les opérations de commerce et les introduire pour cela dans des cadres stables. Ils instituèrent donc, dans un pays où ils étaient fort rares, des marchés. On connaît, par les documents subsistants, vingt-neuf de ces fondations, qui se situent entre 936 et 1002. Conformément à la tradition carolingienne, ces lieux furent d'abord des institutions de paix, destinées, sous le couvert de la justice que l'empereur faisait rayonner autour de lui, à faciliter les déplacements et les rencontres de ces individus turbulents, inquiétants et menacés qu'étaient les spécialistes du commerce à distance. Concédant en 946 un *mercatus publicus* au monastère de Corvey, Otton Ier enjoint aux responsables du pouvoir royal de tenir « une paix très ferme à ceux qui viennent et qui s'en vont, et à ceux qui résident ici ». En effet, des trafiquants fixaient en ces lieux leurs entrepôts et, dans l'intervalle de leurs expéditions saisonnières, leur résidence. De ce fait, ils se plaçaient sous la protection du roi — le diplôme par lequel, en 965, le souverain autorise l'évêque de Hambourg à établir un marché à Brême évoque expressément celle-ci — et ce patronage les accompagnait durant leurs déplacements. Ils devenaient des « hommes de l'empereur », privilégiés à ce titre au tonlieu de Londres. Pour le prix de la sauvegarde que leur accordait le ban royal, les *negociatores* étaient tenus, comme à l'époque carolingienne, de livrer à la cour des tributs périodiques. En 1018, les marchands de Tiel réclamèrent au roi d'être mieux défendus : s'ils ne pouvaient continuer à commercer avec l'Angleterre, ils ne seraient plus capables d'apporter les *vectigalia*, c'est-à-dire les présents obligatoires par quoi se traduisait leur attache à la maison royale. Les places de commerce furent donc instituées non point d'abord pour servir au commerce local, mais pour canaliser le trafic au long cours. En 947, le roi créa à la demande de l'abbé de Saint-Gall un marché à Rorschach « pour l'utilité, dit-il, de ceux qui vont en Italie et à Rome »; il confirma la fondation de ses prédécesseurs, pour qu'à Worms « viennent les négociants, les artisans et les Frisons ».

Battre monnaie, et pour cela intensifier l'exploitation des mines, fonder des marchés pour la protection et le contrôle des trafiquants itinérants étaient des actes intimement liés à la rénovation de l'État. Mais ces initiatives vinrent s'insérer dans un mouvement naturel de croissance, qu'elles fortifièrent. Au voisinage de chacun des nouveaux marchés se propagèrent peu à peu dans le milieu rural la pratique des échanges et l'usage des pièces d'argent. « La monnaie et le marché, lit-on dans l'acte impérial qui établit en 993 un marché à Selz, sont nécessaires à la multitude de peuple qui afflue ici, mais aussi aux moines et au peuple qui réside ici. » De fait, la création d'un *mercatus* s'accompagnait de l'installation d'un atelier monétaire, pour que fût régulièrement alimenté en espèces cet emplacement affecté aux transactions marchandes. L'empereur concéda ces lieux d'émission aux puissances locales, aux comtes, aux évêques, aux monétaires. Disséminés dans tout le pays, ils aidèrent le numéraire à pénétrer dans des régions où il était jusqu'alors d'emploi exceptionnel. Si bien que les pièces d'argent qui, dans les premiers temps du monnayage saxon, avaient servi surtout aux relations, essentiellement politiques et de prestige, avec les peuplades des confins, furent de plus en plus utilisées pour le marché intérieur. Celui-ci peu à peu absorba l'essentiel de la frappe, et ce fut aussi le retrait progressif de la monnaie allemande dans les limites de l'empire qui incita les princes scandinaves et slaves, dans le dernier tiers du XIe siècle, à frapper eux-mêmes des pièces. L'apparition du monnayage au-delà des frontières orientales et septentrionales des pays germaniques marque le moment où l'usage de la monnaie s'est décidément établi dans les provinces allemandes.

Comme l'Angleterre enfin, ces régions s'urbanisèrent. En Rhénanie et en Bavière se discerne la croissance continue des bourgades qui s'accrochaient aux ruines des cités romaines. Un voyageur arabe qui traversa Mayence vers 973 note encore qu'une faible part de l'espace urbain antique était alors occupée. Mais le *wik* qui s'était formé à l'extérieur des anciennes murailles poursuivait son extension. A Cologne, c'était déjà au temps d'Otton le Grand une longue rue, bâtie de part et d'autre et qui s'élargissait pour former une place rectangulaire. Fortifié en 917, le *pagus mercatorum* de Ratisbonne couvrait trente-six hectares. Vers l'an mille, l'évêque de Worms engloba dans une seule enceinte la cité, le marché et la monnaie, et le quartier des juifs. Au milieu du xıᵉ siècle, la nébuleuse de petites colonies qui s'était formée à Cologne au voisinage des ruines antiques entourait, outre le siège archiépiscopal, onze communautés de chanoines, deux monastères bénédictins et quatre églises paroissiales. A la croissance des villes dont les racines étaient antiques répond, dans le Nord et le Centre de la Germanie, la naissance d'agglomérations nouvelles. Celle-ci procède directement des initiatives princières. Ainsi, à Magdebourg, en un passage que traversait la plupart des aventuriers du négoce et de la traite qui pénétraient en pays slave, Otton le Grand fonda simultanément le monastère de Saint-Maurice et un *wik* à l'usage « des juifs et des autres négociants »; il les entoura d'un même ensemble de palissades et de levées de terre; s'établit ainsi un relais solide pour des trafics qui, comme le dit un privilège accordé en 975 aux marchands établis en ce lieu, se développaient à la fois vers le Rhin et « dans les provinces des païens » : sous le règne du premier empereur germanique, l'espace occupé par la bourgade passa de sept à trente-cinq hectares. Parmi les vingt-neuf localités où les rois du xᵉ siècle fondèrent des marchés, douze sont devenues des villes. Cependant, la prééminence, dans l'Allemagne de ce temps, revint aux agglomérations que les souverains choisirent pour y installer leur cour. Presque toutes se trouvaient dans les pays romanisés, Cologne, Mayence, Trèves, Spire, Worms, Salzbourg, Augsbourg et Ratisbonne. De fait, quel que fût à l'époque le progrès de la circulation marchande, les villes demeuraient encore avant tout les sièges de la puissance politique et les points d'implantation des institutions religieuses. Leur vitalité économique se trouvait principalement animée par des courants d'échanges qui ne relevaient pas proprement du commerce. Vers elles convergeaient les surplus de la production des domaines ruraux que possédaient alentour le roi et les églises, le produit des réquisitions opérées pour le gîte du prince et de sa suite, et les deniers prélevés par les taxes et les amendes judiciaires. La prospérité urbaine tenait surtout à la concentration, permanente ou périodique, d'un groupe important de consommateurs, laïcs ou ecclésiastiques, et à la présence d'un corps de *ministeriales*, de serviteurs, dont quelques-uns pratiquaient occasionnelle-

ment le négoce, pour les besoins de leur maître et pour leur
propre profit.

★

Par la Rhénanie, le monde germanique prenait contact
avec l'une des régions qui avait subi les plus forts dommages
de la part des pirates scandinaves, mais qui, en fin de compte,
sortait revigorée de ces incursions. La Flandre et les pays de
la Meuse connaissent, au xe siècle et dans la première moitié
du xie, un développement économique qui semble très vif,
comparable à celui que l'on devine en Angleterre, mais que
masque en grande partie, également ici, la pénurie des documents. Les Vikings s'étaient acharnés sur les bourgades et
en avaient détruit quelques-unes. La vieille cité romaine de
Tongres fut alors définitivement délaissée par ses habitants.
Duurstede, pillée systématiquement en 834-837, disparaît
dès le milieu du ixe siècle. Mais la plupart des agglomérations
dévastées se reconstituèrent quelques décennies après la
tourmente; elles renaissent parfois à quelque distance de leur
site primitif, comme à Tournai ou à Valenciennes, ou comme le
portus de Gand qui, deux fois détruit, reprend vie vers 900
sur un autre emplacement, auprès d'un fort château. Les
fonctions marchandes de Duurstede furent bientôt reprises
par Utrecht, par Deventer, dont la monnaie se répandit
largement dans la seconde moitié du xe siècle en Scandinavie,
et par Tiel, sur le Waal. Nombre de villes, d'autre part, résis-
tèrent à tous les assauts et, dans la lutte même qu'elles
durent mener contre les pillards, trouvèrent le ressort d'un
regain d'activité. Dans le réduit fortifié de Saint-Omer, le
butin pris sur les Normands était réparti entre « les nobles, les
gens de situation moyenne et les pauvres »; cette part de
dépouilles ne fournit-elle pas un premier capital aux négociants que l'on voit au xe siècle partir pour Rome en compagnie
d'Anglais? En tout cas, le cours de la Meuse connaît alors
l'essor d'une navigation dont les étapes sont à Huy et à Namur,
à Dinant où se tiennent des foires, à Maastricht où le roi de
Germanie, puis l'évêque lèvent des taxes « sur les navires, sur
le port et sur le marché ». Ce trafic était certainement le fait
de marchands indigènes, ceux dont on sait qu'ils bénéficiaient
en l'an mille d'un traitement de faveur dans la cité de Londres.
A Arras, près de l'enceinte romaine qui couvrait huit hectares,
une agglomération nouvelle ne cessa de s'étendre : au ixe siècle
s'était formé un *vicus*, le « vieux bourg », à la porte du monastère de Saint-Vaast; un « bourg neuf » apparaît au xe siècle

près de Saint-Géry; les sources du xie siècle révèlent l'existence d'un grand et d'un petit marché; ces extensions successives occupent une quinzaine d'hectares. Un tarif de tonlieu établi pour Saint-Vaast en 1036 montre que l'on vendait là des denrées alimentaires apportées par charrettes de la campagne voisine et les produits d'un artisanat local, mais aussi des « draps et des grosses marchandises » ainsi que de l'or. La superficie de Tournai tripla pendant cette période. L'existence de foires annuelles, à l'aller et au retour des caravanes marchandes, est attestée à Toul en 927, à Metz en 948, deux cités qui n'avaient pas souffert des agressions normandes, et à Douai en 987-988.

On discerne d'autres manifestations de la vivacité des échanges et de la prospérité qu'ils introduisirent dans certaines couches de la société. Des hommes trouvèrent dans la pratique du négoce de quoi s'enrichir assez pour, à Gand ou à Saint-Omer, fonder des églises. La population urbaine prit suffisamment de puissance pour tenir tête aux maîtres du pouvoir. Entre 951 et 971, les habitants de Liège se rebellèrent contre la puissance épiscopale; en 958, les *cives* de Cambrai — s'agit-il de tous les habitants ou seulement de la garnison militaire? — se lièrent par serment pour interdire à l'évêque l'entrée de la ville. En 1066, la communauté de Huy obtint de son seigneur des privilèges qui la libéraient de certaines taxes. Dans les agglomérations urbaines on voit naître, entre les hommes qui tiennent le trafic et s'y enrichissent, des associations de défense mutuelle, comme la « charité » de Valenciennes, dont les statuts furent rédigés au milieu du xie siècle. L'évêque de Metz, Alpert, décrit, en 1021-1024, et pour les condamner sans d'ailleurs les comprendre, les mœurs des marchands de Tiel. A ses yeux, elles « diffèrent de celles des autres hommes ». « Ce sont des gens au cœur dur, de mauvaise foi, et pour qui l'adultère n'est point un péché; ils règlent entre eux leurs conflits, non selon la loi, mais selon leur liberté (ce qui signifie que, par un privilège reçu de l'empereur, ils ont acquis l'autonomie judiciaire). » A certaines dates, ils se réunissent pour boire ensemble et s'enivrer. De telles beuveries constituaient en réalité l'un des rites majeurs de ces fraternités au sein desquelles on se sentait former comme une seule famille, de ces conjurations, de ces guildes semblables à celles que les capitulaires carolingiens avaient tenté d'interdire et dont l'archevêque de Reims Hincmar, en 852, avait dénoncé les banquets collectifs.

La plupart des indices de croissance concernent le négoce et les villes. Mais, depuis les agglomérations urbaines, les impulsions de vitalité se propagèrent dans le monde rural. Ainsi aux alentours de la Meuse : un recueil des *Miracles* de saint Hubert, rédigé au milieu du xe siècle, révèle que, près du monastère où l'on conservait des reliques du thaumaturge, se tenait en novembre une foire qui durait au moins deux jours et que fréquentaient des étrangers; d'autres rencontres périodiques apparaissent à Bastogne, à Fosses, à Visé, de petits centres paysans où les gens de la campagne vendaient du bétail, de la laine, du métal — comme ce rustre dont parle les *Miracles* et qui fit don à l'abbaye de deux barres de fer fondues par lui — et où par charrois parvenaient certaines des marchandises que transportaient les trafiquants du fleuve. A l'animation des *portus*, où font étape les bateliers, répond l'essor de bourgades intérieures, comme Nivelles, et celui de la production rurale dont l'extension des défrichements porte alors témoignage.

*

Il faut peut-être placer en Normandie le lieu le plus intensément vivifié par le dynamisme que les incursions des Vikings avaient suscité. Tout comme York, la cité de Rouen devint la capitale d'une domination fondée par les envahisseurs, qui remplacèrent à la tête des seigneuries l'aristocratie indigène, mais qui n'abandonnèrent pas les aventures et continuèrent de participer étroitement à tous les transferts de richesses que provoquait la poursuite des expéditions de pillages. En intime liaison avec l'Angleterre et les mers nordiques, le marché de Rouen fut un point privilégié pour écouler le butin, vendre les esclaves et pour acheter des denrées que les barques descendaient sur la Seine, notamment du vin. Des côtes anglaises où ils poussaient des raids au xe siècle, puis de l'Italie du Sud où ils s'aventurèrent ensuite, enfin de tout le royaume d'Angleterre dont leur chef s'empara en 1066, les guerriers établis en Normandie ramenèrent d'énormes masses de biens meubles. Depuis la fin du xe siècle, il n'est peut-être pas en Europe une province où les métaux précieux circulent en plus grande abondance que dans les pays de la basse Seine. En témoignent la constitution du trésor du monastère de Fécamp, la politique d'achat de terres que mena son abbé Jean en 1050, la générosité des laïcs qui offrirent à la petite collégiale d'Aumale nouvellement fondée un calice d'or, deux d'argent, une croix, des chandeliers dorés. En témoigne plus nettement encore l'ouverture des grands chantiers où se construisirent tant d'églises neuves. Les chefs de bande qui avaient tenté fortune en Campanie et dans les Pouilles financèrent l'édification des cathédrales de Sées et de Coutances; le duc Guillaume, avec le butin de la conquête anglaise, celle des deux grands monastères de Caen. Ces entreprises de construction firent se répandre, par tous les gages payés aux carriers, aux charroyeurs, aux maçons, de grosses quantités de numéraire dans les strates les plus profondes de la société locale. De même, la préparation des aventures lointaines provoquait un mouvement de numéraire qui gagnait de proche en proche; elle accoutumait à manier les deniers et à mobiliser toutes les formes de richesses par emprunts sur gage foncier. Ainsi se forma, dans l'entourage des ducs et des grands seigneurs de l'Église, une aristocratie d'argent, très intéressée au négoce. La vivacité de la circulation des biens, accélérée par la conquête de l'Angleterre, se reflète dans la hausse des revenus que procurait le tonlieu de Saint-Lô : ils étaient estimés à 15 livres en 1049, à 220 en 1093. Elle se marque aussi dans l'essor urbain. Dieppe, Caen, Falaise, Valogne deviennent des villes à cette époque, tandis que commencent à se multiplier dans les campagnes des agglomérations dont les activités ne sont pas purement agricoles et que l'on nomme pour cela des « bourgs ».

La prospérité normande revigora les pays d'alentour et son influx le plus vigoureux remonta la Seine. Il vint exciter l'extension du vignoble parisien : une nouvelle foire fut fondée à Saint-Denis au milieu du XIe siècle. Le cas de la Picardie, située entre les deux pôles de développement que constituaient la Normandie et les pays flamands, illustre bien les modalités de cette reviviscence. L'infiltration de l'instrument monétaire en représente la manifestation la plus précoce. Selon les prescriptions du roi Charles le Chauve, un seul atelier, celui de Quentovic, aurait dû suffire à alimenter cette province en numéraire. Or, on repère dix-huit lieux de frappe dans la seconde moitié du IXe siècle, et quatre nouveaux au siècle suivant; ils se situent le long de la mer et sur les cours de l'Escaut, de la Scarpe et de la Somme. Dans les campagnes, il apparaît que se multiplient après 950 les redevances en argent : par la vente peut-être des tissus de laine, en tout cas des excédents de la production domestique, la paysannerie était dès lors à même de se procurer de la monnaie.

Ces espèces, si rares encore aux temps carolingiens, des mouvements dont l'origine doit être cherchée dans la conduite de la guerre d'agression et dans la politique en ont provoqué la diffusion pendant les temps obscurs depuis quelques points où se concentraient les prises de guerre et le produit des tributs. En Picardie, aussi bien qu'en Angleterre, dans le pays mosan,

en Germanie, et que dans les confins sauvages où pénétrait
le christianisme — aussi bien sans doute que dans l'intérieur
de la Gaule dont on connaît très mal à cette époque l'histoire
profonde.

Le versant méridional

Une autre aire de développement manifeste s'établit dans
le Sud, le long de la « frontière », de la frange continue d'hostilité et de méfiance où se situait l'affrontement entre la chrétienté latine et les domaines islamiques et byzantins. De ce
côté — et c'est là que réside le principal contraste entre cette
zone et le versant septentrional — les pays d'où venaient les
attaques ou les brimades étaient évolués, vigoureux, prospères. Face à eux, le monde latin demeura longtemps en position de proie, exposé sur la mer à la piraterie et, dans les
profondeurs de ses rivages, aux coups de main des trafiquants
d'esclaves. En certains points cette situation se prolongea
très longtemps, et jusqu'à la fin du xie siècle aucun signe n'y
manifeste une reprise décisive des activités économiques.
Ainsi en Provence où, de longues décennies après que l'aristocratie du pays eut chassé les Sarrasins des montagnes et de
leurs repaires de la côte, les campagnes littorales restaient
peu peuplées, apparemment peu productives, et les cités
recroquevillées derrière les murailles où le danger les avait
renfermées : ce n'est guère qu'à Marseille que se révèlent
quelques indices d'une première extension urbaine. L'animation progressive des chemins qui conduisaient vers l'Espagne
suscita peut-être un réveil plus précoce des villes de Narbonnaise, où se concentrait le commerce du sel, récolté dans les
lagunes du rivage, et dont les quartiers juifs servaient de
relais au trafic des denrées exotiques. Mais pendant le xie
et une bonne part du xiie siècle, les régions situées de part
et d'autre du Rhône apparaissent — mais cette impression
tient peut-être en réalité à la particulière déficience des
sources — situées dans un angle mort que contournent les
grands flux de dynamisme, générateurs d'une croissance
rapide. Ceux-ci prennent leurs sources plus à l'ouest et plus à
l'est, sur les lisières espagnoles et italiennes où, dès le xe siècle,
la situation militaire s'était renversée. Sur terre dans la péninsule ibérique, sur mer le long des côtes d'Italie, les chrétiens
de rite latin avaient pris à ce moment l'initiative des opérations
de combat. Les moyens techniques qu'ils avaient forgés dans
les nécessités de la défensive se révélèrent dès lors assez

puissants pour permettre la contre-attaque — c'est-à-dire des expéditions où les raids de pillage lancés contre les infidèles ne se disjoignaient point des aventures marchandes. Sur ces deux points, tandis que le corps de l'Europe occidentale voyait peu à peu s'éloigner le péril des agressions extérieures, se développèrent des activités complexes mais où, comme en Normandie — dont les guerriers, notons-le, vinrent bientôt d'ailleurs, à la pointe la plus avancée, aux extrémités de la péninsule italienne, participer aux entreprises et aux profits de l'action militaire —, la guerre, violente ou couverte, restait le principal ressort de la croissance économique.

*

Sur les flancs de l'Espagne musulmane se situent deux pôles de vitalité distincts l'un de l'autre. Dans les montagnes du Nord des réfugiés chrétiens s'étaient retranchés après la conquête arabe. Ils restèrent longtemps bloqués dans leur résistance et coupés du monde carolingien par l'écran qu'interposaient aux passages occidentaux des Pyrénées les peuplades basques, celles qui défirent à Roncevaux, à la fin du viiie siècle, l'armée franque. Le lent apprivoisement des tribus sauvages, qui peu à peu se civilisèrent en même temps qu'elles se christianisaient, établit entre la Gaule, d'une part, et le Léon, la Galice, les Asturies, les montagnes de Navarre et d'Aragon, d'autre part, des liaisons dont on peut voir le symbole dans l'ouverture, et le rapide succès pendant le dernier tiers du xe siècle, du pèlerinage à Saint-Jacques-de-Compostelle. Par les chemins qui conduisaient vers l'extrémité de la Galice, vinrent de plus en plus nombreux des prélats, les maîtres des principautés d'Aquitaine, avec leur suite d'ecclésiastiques et d'hommes de guerre, et aussi de plus petites gens. Le passage des troupes de pèlerins, dont la plupart n'étaient pas partis sans se munir de monnaie, remettant pour cela leur terre en gage à des créanciers ou prélevant une part de leur trésor pour le consacrer à Dieu, agit comme un ferment de réanimation aux multiples étapes de ces itinéraires de la piété. Parmi les voyageurs de Saint-Jacques, les membres de l'aristocratie laïque, dont la vocation était de combattre, et leurs frères qui, pour être entrés dans le clergé, n'avaient point désappris la pratique des armes, apportèrent aussi le renfort de leur puissance militaire aux chefs locaux. Ceux-ci, depuis des décennies, conduisaient contre les infidèles une lutte dont les phases alternées de succès et de revers les amenaient parfois, par-delà la zone déserte qui formait la frontière, jusque dans les régions prospères, pleines de choses à prendre, que dominait l'Islam. Aidés par les guerriers d'outre-Pyrénées, ils purent pousser plus avant ces algarades. Ils en revinrent chargés de butin. Ils parvinrent bientôt à imposer aux princes musulmans, que la décadence du califat de Cordoue avait rendus indépendants, mais en même temps isolés les uns des autres, des tributs, les *parias*, dont les profits réguliers en monnaie d'or enrichirent au xi⁰ siècle tous les souverains chrétiens d'Espagne. Une guerre de plus en plus heureuse, dont les échos retentissent dans les légendes épiques d'Occident et qui entretinrent la fascination ou la nostalgie de merveilleux pillages, draina de la sorte, vers les petits États des montagnes, des captifs — tels les esclaves musulmans, qui « aboyaient comme des chiens », dont s'amusèrent les populations du Limousin quand des chevaliers pèlerins ramenèrent ces curiosités au-delà des Pyrénées — et les objets raffinés de l'artisanat mozarabe, dont quelques-uns existent encore aujourd'hui dans le trésor des églises de France. Pour la chrétienté, cette guerre fut une source de métaux précieux, plus abondante peut-être que n'étaient alors les mines de la Saxe. Elle procura de l'argent — celui, par exemple, qu'une bande de guerriers, après la victoire, récolta sur les cadavres d'un champ de bataille et offrit à l'abbaye de Cluny et dont l'abbé Odilon, dans la première moitié du xi⁰ siècle, se servit pour décorer les autels du sanctuaire. Elle procura de l'or et en telle abondance que le roi de Castille put, cinquante ans plus tard, instituer en faveur de la communauté clunisienne une énorme rente annuelle, estimée en monnaie musulmane; elle permit à l'abbé Hugues de concevoir puis d'entreprendre, sur un plan grandiose, la reconstruction de l'église abbatiale. Une bonne part de ces prises finit, on le voit, par être conduite jusqu'au cœur de l'Occident. Nombre des combattants, en effet, en étaient originaires. Mais le reste demeura dans le milieu local et le stimula. Celui-ci s'accoutuma lentement à l'économie monétaire. La frappe indigène débuta vers 1030 en Navarre, à la fin du xi⁰ siècle en Aragon, un peu plus tard dans le Léon et les Asturies, où couraient en plus grande abondance les espèces issues des ateliers islamiques. En même temps, le pays se peuplait : le danger s'espaça des razzias sarrasines. Sur le revers méridional des montagnes, que les succès militaires avaient rendu plus sûr, put se développer la transhumance des troupeaux. Elle s'étendit toujours plus loin vers le sud. Des pionniers, dont certains venaient de Gaule, s'établirent dans les zones libérées. Tandis que la frontière reculait sans cesse, prit forme une société originale de paysanssoldats, libres possesseurs de leur terre et qui rassemblaient leur résidence dans de grosses agglomérations de type urbain. Dans ce pays de tradition romaine, toutes les activités matérielles s'ordonnaient en effet en fonction de la ville, point d'appui défensif pour des hommes vivant constamment sur le qui-vive, marché fixe où s'échangeaient les excédents de la production agricole et pastorale. A Léon, la capitale d'un de ces royaumes, un marché se tenait le mercredi hors les murs; on y vendait les surplus des exploitations rurales, apportés régulièrement des localités avoisinantes, et les produits courants d'un artisanat du cuir, du bois, de la terre et du métal; tandis que le trafic des denrées plus luxueuses s'abritait à l'intérieur de la cité, dans une sorte de souk fermé, et dont l'autorité royale protégeait plus jalousement les richesses.

A l'autre extrémité des Pyrénées, les entreprises carolingiennes étaient parvenues à implanter et à étendre jusqu'à l'Elne un glacis de protection militaire, la marche de Catalogne. Ce poste avancé de la chrétienté accueillait depuis le IXe siècle, avec la Septimanie voisine, les réfugiés qui fuyaient les provinces soumises à l'Islam. Les souverains francs protégèrent ces immigrants; ils leur concédèrent à des conditions privilégiées les terres que les précédentes incursions musulmanes et les avatars de la reconquête avaient dépeuplées. Cette fonction d'accueil rend compte d'une exceptionnelle densité de peuplement, qui se décèle en particulier dans les vallées de la montagne au début du Xe siècle. Une telle richesse en hommes, que ne parvinrent pas à affaiblir les attaques menées jusqu'après l'an mille par les armées musulmanes, fut l'un des fondements d'un dynamisme économique qu'atteste de manière fort évidente la vitalité culturelle : cinquante ans avant l'ouverture en Normandie des grands chantiers de construction d'églises, des expériences architecturales, d'où devait sortir l'art roman, étaient menées en ce pays. Mais ce fut également ici la proximité d'un front de guerre qui soutint vigoureusement tous les mouvements de croissance.

Une remarquable étude[1], fondée sur l'exceptionnelle abondance des documents barcelonais jusqu'ici mal exploités, permet d'observer de très près les aspects d'un tel développement dans un village proche de la cité maîtresse, pendant les années qui environnent l'an mille. C'était le moment d'un

---

1. P. Bonassie, *Annales du Midi*, 1965.

violent affrontement militaire, dont les razzias d'Al-Mansur
et les rachats de captifs qu'elles suscitèrent marquent le point
culminant. Le village était peuplé de pêcheurs et de maraîchers,
pratiquant une agriculture déjà savante (un forgeron,
établi là, fabriquait des outils certainement moins frustes
que ceux dont se servaient alors la plupart des paysans
d'Europe) fondée sur l'horticulture, l'irrigation et la production viticole. Beaucoup des ruraux qui habitaient ici savaient
lire, autre signe d'un niveau de civilisation plus élevé que dans
bien des provinces et qui rend compte d'un large usage de
l'acte écrit, donc de l'abondance des sources documentaires.
Les exploitants ravitaillaient la ville voisine : s'y trouvaient
en effet d'importants groupes de consommateurs, et notamment le clergé de la cathédrale, qui possédait de larges
domaines, mais lointains, et voyait avantage à acheter sur
place, et à payer en monnaie, son approvisionnement. Par ce
moyen, le numéraire affluait dans le village. Il était rapidement employé à des achats de terres, que les conditions
juridiques, l'omniprésence de l'alleu, de la propriété foncière
libre de toute dépendance, facilitaient. Parmi les soixante-
treize transactions dont l'examen est à la base de ces observations, cinq seulement firent l'objet d'un paiement en nature.
Très généralement donc, les acquisitions étaient soldées en
espèces, et l'on faisait l'appoint en céréales. Jusqu'en 990,
la monnaie est d'argent et de provenance locale; ensuite
intervient le *mancus,* la monnaie d'or, lorsque se répandent
les dinars émis à Cordoue, puis leurs imitations que frappèrent
les comtes de Barcelone après 1018. Cet afflux de numéraire,
alimenté à tous les mouvements monétaires qu'engendraient
les opérations de guerre et leurs séquelles, fit rapidement
baisser le prix de la terre. L'usage quotidien de la monnaie,
la fluidité qu'il établit dans le marché foncier avivèrent la
mobilité sociale. On voit s'élever des enrichis que les moins
heureux jalousent. Dans tel groupe familial, les étapes de
l'ascension sont les suivantes : l'ancêtre, en 987, était un gros
paysan, possesseur de deux paires de bœufs et de soixante-
dix brebis; mais il détenait déjà un équipement militaire :
l'élite au moins de la population rurale collaborait en ce pays
aux activités de combat et participait donc directement
aux profits de la guerre. Cet homme avait inauguré une
politique d'acquisitions immobilières. Ses successeurs la poursuivirent. Dans les années vingt du xie siècle, la promotion sociale de sa descendance apparaît à de multiples indices :
la possession d'une maison de pierre, la participation au pèlerinage de Compostelle, de beaux mariages dans les strates

supérieures de l'aristocratie, le luxe des femmes enfin, témoignage « le plus visible des progrès économiques » : en 1053, la dot d'une fille de la lignée valait vingt-cinq onces d'or, celle d'une autre quarante, « tant en vêtements qu'en autres biens meubles », c'est-à-dire autant que quatre chevaux de guerre. Des parvenus, sortis du milieu paysan, réussissent de cette manière à s'introduire dans le groupe des « juges », ces riches qui résident en ville et doivent à leur fortune de gérer les intérêts de la communauté citadine. Gros manieurs d'or, ceux-ci tirent de grands profits du mouvement de fonds entretenu à cette époque, de part et d'autre de la frontière, par le paiement des rançons et le rachat des captifs. Des liaisons étroites sont ici mises en évidence : à la prospérité des campagnes, qui tient à la fois à la densité du peuplement, à des techniques moins primitives importées des proches confins islamisés et aux besoins de cités qui jamais ne sont lointaines, contribue directement la vivacité d'une circulation monétaire, elle-même entretenue vigoureusement par tous les transferts de richesses que suscite une guerre quasi permanente.

*

C'était surtout par l'Italie, et principalement par les ouvertures de la plaine padane sur l'Adriatique, que parvenaient jadis dans le monde carolingien quelques-unes des superbes parures que l'on fabriquait à Byzance. Pendant longtemps Ravenne, puis les cités du rivage, ne rompirent pas leur attache politique avec l'empire oriental et servirent d'intermédiaires essentiels. Parmi ces villes, Venise, qui conclut un pacte en 840 avec l'empereur Lothaire, prit peu à peu le pas, éclipsant progressivement Ferrare et Comacchio. Mais dans la première moitié du IXe siècle, la puissance navale byzantine fléchit et laissa le champ libre à la marine musulmane. Ce retrait aiguillonna les cités maritimes d'Italie, les obligea à renforcer leur flotte pour défendre seules les liaisons qu'elles entretenaient avec l'Orient. Les risques nouveaux, et le raidissement qu'ils déterminèrent, la pratique nécessaire de la course et le butin qu'elle pouvait procurer au hasard des rencontres, l'obligation de conclure des accords avec les princes de l'Islam excitèrent ainsi les initiatives des hommes de mer sur les rivages italiens. Pendant la seconde moitié du IXe siècle et les premières années du Xe, lorsque les entreprises des Sarrasins rendirent impraticables le cœur de la mer Tyrrhénienne, s'affirma la prépondérance de deux ports, par qui se maintenaient les contacts entre la chrétienté latine et l'Est de la Méditerranée, Venise et Amalfi.

Les gens de la lagune vénitienne produisaient du sel qu'ils vendaient dans l'intérieur des terres. Mais ils couraient aussi la mer et, malgré les interdictions des empereurs de Constantinople, ils poussaient jusqu'aux entrepôts de l'Égypte musulmane. C'est de là qu'en 829 ils rapportèrent les reliques de saint Marc. Ils offraient des armes et du bois de construction, provenant des forêts d'Istrie et de Dalmatie, dont manquaient les arsenaux de l'Islam. Ils vendaient aussi des esclaves raflés parmi les Slaves du Sud, sur les confins incertains des dominations franques et byzantines, d'autres aussi qui venaient par convois depuis l'Europe centrale à travers les Alpes : au XIe siècle, l'évêque de Coire prélevait sur ceux-ci, au passage des trafiquants, une taxe de deux deniers par tête. Peut-être les gens des lagunes conduisaient-ils vers Byzance du blé de Lombardie : au milieu du Xe siècle, les douaniers de Constantinople rapportèrent à l'évêque Liutprand de Crémone, envoyé d'Otton le Grand, que les négociants vénitiens troquaient du ravitaillement contre des tissus de soie. Tous ces trafics furent facilités par les exemptions de taxes douanières que leur accorda l'empereur d'Orient en 922. Vers la même époque, on sait que leurs barques remontaient le Pô chargées de marchandises. De toutes ces activités une aristocratie s'enrichit peu à peu. Elle employa une part de ses gains à l'acquisition de domaines dans les îlots de la lagune et sur la terre ferme. Mais elle ne cessa jamais de risquer de gros capitaux en numéraire dans les aventures de mer.

Amalfi, comme Venise, était protégée des périls qui venaient de la terre. Non par des lagunes, mais par des abrupts infranchissables. Elle échappa donc à tous les troubles politiques, entretenus par les rivalités entre chefs barbares et grecs et qui finalement ruinèrent Naples. Ce repaire bénéficiait aussi du lointain protectorat de Byzance; il valut à ses marins de trafiquer dans Constantinople avec autant de facilité que les Vénitiens. Ils en ramenaient eux aussi des étoffes précieuses, celles qui servaient à l'apparat des cortèges et des liturgies et que l'on tendait aux murs des églises et des palais. C'est à Rome surtout sans doute qu'ils les proposaient aux acheteurs, à meilleur prix que les négociants de l'Adriatique : le biographe de saint Géraud d'Aurillac rapporte que son héros, qui était comte et vivait au seuil du Xe siècle, revenait un jour de Rome et rapportait des étoffes orientales; à Pavie, des marchands vénitiens les estimèrent plus cher qu'il ne les avait payées. Lorsque l'empereur d'Orient accorda des privilèges aux Vénitiens, il prit soin de ne point porter atteinte aux Amalfitains qui trafiquaient à Constantinople. A ce moment, ceux-ci avaient déjà largement développé leurs relations avec les ports de l'Islam. Relations si étroites que, malgré les liens politiques qui attachaient Amalfi à Byzance, c'était une monnaie d'or de frappe arabe, le tarin, et ses imitations locales qui couraient dans cette ville, comme dans sa proche voisine Salerne. En aucun autre lieu de la chrétienté latine la spécialisation dans les activités marchandes ne fut sans doute poussée aussi loin que sur cette grève étroite resserrée entre la mer et les rochers. Fructueuses, elles firent la prodigieuse fortune de certains aventuriers, comme ce Pantaleoni qui, au dernier quart du XIe siècle, légua d'énormes richesses à diverses fondations religieuses dans les sanctuaires de Rome, de Saint-Michel du Monte Gargano, d'Antioche et de Jérusalem. A la répartition de telles aumônes se mesure l'ampleur de l'horizon d'Amalfi. Il était jalonné par les colonies marchandes que la ville de la Tyrrhénienne avait implantées sur tous les rivages. Ces colonies étaient nombreuses et certainement peuplées : on sait par hasard qu'au Caire, qui n'était pourtant pas alors une place commerciale de première grandeur, plus de cent Amalfitains périrent dans une bagarre en 996. On peut se demander s'il restait alors beaucoup d'hommes valides dans la cité, si celle-ci, isolée par son site, était plus qu'un point de relâche, un refuge, une retraite, pour tant de trafiquants disséminés depuis le Bosphore et Durazzo jusqu'au Maghreb, et le lieu de repos des morts. Dès qu'ils en avaient l'âge, les enfants mâles se lançaient à leur tour dans les risques et les profits de la navigation et du trafic. Comme les rivages de la Frise au VIIIe siècle, comme la haute Engadine au XVe, comme, de tout temps, les échelles levantines, la côte amalfitaine n'était-elle pas alors l'un de ces points du monde où les conditions naturelles et une position privilégiée à l'égard des grands itinéraires poussent irrésistiblement à l'aventure lointaine? Les plus audacieux s'en éloignent, ne revenant que de loin en loin, au hasard du voyage. Ils appliquent ailleurs l'essentiel de leur dynamisme et ce sont d'autres aires économiques qui en bénéficient. La ville où ils sont nés profite à peine — les donations pieuses de Pantaleoni en portent témoignage — des capitaux accumulés par leur entreprise. Ce qui expliquerait le rapide et définitif déclin d'Amalfi.

Le port ne put finalement résister à l'extension de la puissance normande qui s'était construite à ses portes et qui le soumit en 1077. Toute sa prospérité s'était fondée sur une situation politique exceptionnelle, qui l'autorisait à trafiquer librement avec les infidèles. Intégré dans un État dont les intérêts étaient ailleurs, il périclita. Son rôle fut partiellement repris par Bari, où s'embarquaient au xe siècle la plupart des voyageurs qui gagnaient Constantinople ou la Terre sainte, et dont les trafiquants « juifs et lombards » sont placés, dans l'accord commercial conclu en 992 entre Venise et Byzance, sur le même pied que les négociants amalfitains. L'histoire d'Amalfi se clôt en 1138, lorsque les embarcations pisanes vinrent saccager la ville.

Le développement commercial de Pise et de Gênes s'insère de manière plus étroite, et aussi plus violente, dans les courants d'agression qui lancèrent les chrétiens d'Occident à la contre-attaque dès qu'ils possédèrent les moyens d'affronter efficacement les pirates sarrasins. De l'esprit de guerre sainte, qui poursuivait alors sa lente maturation sur les « frontières » de la péninsule Ibérique, les incidences sur la croissance économique sont ici très évidentes. Les Vénitiens, les Amalfitains surtout, avaient fondé sur des accords de bonne entente les bases de leurs activités dans les entrepôts dominés par l'Islam, où, protégés comme les juifs, ils avaient des comptoirs. Les marins du Nord de la Tyrrhénienne construisirent, eux, leurs navires d'abord pour la guerre de course : des galères, équipées pour l'attaque et l'esquive. Ils partirent à l'assaut, les Pisans les premiers, pillards et combattants du Christ — tout comme les guerriers d'Espagne, tout comme les cadets des grandes familles de Normandie qui venaient à l'époque même chercher fortune dans l'Italie du Sud —, bien avant que de s'appliquer au négoce. Ce fut par le butin ramené des expéditions militaires que s'accumulèrent, au fil des années, des capitaux destinés à fructifier plus tard dans les affaires.

Sous la domination lombarde, l'existence d'une petite colonie de « romains », c'est-à-dire de sujets de l'empereur grec, s'était prolongée quelque temps dans Pise sous la protection des rois. Cependant, comme à Venise, ce fut sans doute l'exploitation des salines qui, pendant les temps obscurs, maintint une petite activité dans la bourgade déchue. L'orientation vers Lucques du principal chemin qui conduisait à Rome commença de la ranimer. Dès 975, on voit des barques pisanes, mêlées à celles des Byzantins, menacer Messine. Mais les grandes entreprises de rapine commencèrent au début du xie siècle. Menées d'abord sur les rivages de la Corse, puis de la Sardaigne que tenaient les Sarrasins, elles se développèrent peu à peu vers les Baléares, les côtes d'Espagne, la

Sicile et le Maghreb. En 1072, les pirates pisans soutinrent les Normands qui prenaient pied en Sicile. A ce moment, les opérations de pillage avaient entassé déjà dans le port de l'Arno des richesses énormes : la construction d'une grandiose cathédrale en atteste alors l'ampleur. Gênes suivit, avec quelque retard. La conquête lombarde lui avait porté un coup plus rude. Cette cité avait durablement souffert du déplacement des itinéraires à travers l'Apennin ligure. Depuis leurs repaires de la « rivière », ses nobles accompagnèrent les pirates pisans dans leurs incursions contre les Sarrasins des îles, et l'activité de la marine génoise se développa très rapidement après le milieu du xie siècle. Lorsque s'ébranla la première croisade, les marins guerriers des deux villes venaient de piller Mahdiya; ils dominaient déjà les ports du bas Rhône et de la Narbonnaise; ils étaient prêts, pour leur plus grand profit, à pousser leurs déprédations jusque vers les rives fortunées de la Méditerranée orientale. Ils allaient bientôt transporter, dans les pratiques d'un commerce à peu près pacifique, l'avidité, le goût de rapine, le sentiment que les principales richesses sont mobiles et se comptent en argent. Des traits de mentalité très étrangers à la civilisation rurale qui dominait alors l'ensemble de l'Europe occidentale, mais qui caractériseront désormais les attitudes de ses marchands. On voit nettement ici que ces attitudes mentales s'étaient formées dans un milieu tout orienté vers les risques et les profits de la guerre, comme l'était celui des Vikings, de leurs descendants et de toutes les peuplades dont leurs incursions avaient réveillé l'agressivité.

★

Dans l'intérieur de l'Italie, les survivances tenaces de la culture antique faisaient encore de la cité le point de convergence de tout ce qui comptait. Alors qu'au-delà des monts les villes n'étaient plus que des débris ou bien naissaient à peine, dans la plupart des régions d'Italie elles demeuraient le foyer des relations sociales. Non point des sortes d'excroissances, aux fonctions presque exclusivement religieuses et militaires, isolées au sein d'une économie toute paysanne : les campagnes gravitaient autour de la cité italienne. Après le fléchissement qui suivit les conquêtes des Lombards, puis celles des Carolingiens, les excédents des domaines convergèrent de nouveau au cours du xe siècle vers son marché dont l'animation progressive fit peu à peu s'étioler celle des marchés ruraux.

Certes, comme partout ailleurs, les ressorts les plus puissants du dynamisme économique, et les sources de toute richesse, se trouvaient dans les champs, les jardins, les vignobles, les pâtures. Mais pour la plus grande part, les maîtres de la terre étaient des citadins. Ils exploitaient de loin leurs possessions. Cette position entretenait la vivacité exceptionnelle des trafics; elle invitait à recourir constamment à l'instrument monétaire.

Fabriquer de la monnaie était ici une fonction si nécessaire que les plus éclatantes réussites familiales se sont alors appuyées sur elle. A la fin du xe et jusqu'au milieu du xie siècle, les hommes qui dirigeaient les ateliers de frappe se situaient au premier rang des habitants de la cité. Ils siégeaient dans les tribunaux parmi les représentants de l'empereur, prêtaient de l'argent aux monastères, soutenaient les réformateurs de l'Église. L'un de ces monétaires en 1036 dépensa cent quatre-vingts livres en deniers pour acquérir le quart d'un château. En Lombardie, à partir de 970 environ, la circulation de plus en plus intense des espèces provoqua la hausse des prix, et la pénurie croissante de moyens de paiement fit émettre, au milieu du xie siècle, par les ateliers monétaires de Pavie, de Lucques et de Milan, des pièces plus faibles, donc de maniement plus souple.

Progressivement, tout au long du xe siècle, les mouvements dont la ville était le centre désagrégèrent les cadres économiques du grand domaine, ceux dont on discerne l'armature à travers les polyptyques carolingiens. Les équipes d'esclaves domestiques se disloquèrent les premières; les services en travail imposés aux tenanciers disparurent presque complètement. Après l'an mille, le transfert des surplus de la production paysanne vers le marché urbain par l'intermédiaire de négociants professionnels venus de la ville, l'assouplissement de l'instrument monétaire et sa constante diffusion conduisirent à remplacer par des redevances en argent la livraison directe des fruits de la terre par les fermiers. Aux anciens liens coutumiers qui attachaient les travailleurs des campagnes au possesseur du fonds se substituèrent des accords contractuels, de durée limitée, les *livelli*. Ils se fondaient sur des écrits. Leur rédaction rendit plus nécessaire et plus prospère un groupe de scribes professionnels, les notaires, des hommes bien pourvus de deniers, qui étaient aussi des prêteurs. Par des contrats de nature semblable, la grande fortune foncière de l'Église fut concédée par fragments, pour un loyer annuel dérisoire, à des gens de la ville, clercs ou laïcs, qui la firent valoir plus activement. Cette dissolution du patrimoine ecclésiastique au profit d'entrepreneurs établis dans la cité fut poussée si loin que toute la propriété du monastère de Bobbio, par exemple, se trouvait de la sorte aliénée à la fin du xᵉ siècle, et que son abbé implora l'empereur d'intervenir. Elle étendit encore l'emprise urbaine sur l'économie des campagnes avoisinantes et favorisa leur exploitation plus intensive. Mais elle accéléra aussi l'insertion dans le milieu rural des richesses en métaux précieux qui s'étaient rassemblées dans la ville. Ces capitaux stimulèrent l'extension du vignoble et des plantations d'oliviers, ainsi que les premières conquêtes aux dépens des friches. L'Italie offre ainsi l'image d'un processus de développement tout à fait original : la croissance de la production paysanne s'y trouva vivifiée très précocement, dès que cessèrent les dernières incursions sarrasines et hongroises, par l'investissement massif des réserves d'argent accumulées par les citadins. Les influx de vitalité économique venus sous cette forme de la fortune urbaine furent sans doute le soutien le plus efficace d'une croissance démographique qui semble bien prolonger sans interruption notable un premier élan issu des temps carolingiens. Dans le Latium, c'est au début du ixᵉ siècle, sinon plus tôt, que prend son départ l'essor du peuplement. Il se traduit d'abord par une dissémination de nouvelles entreprises agricoles, puis, pendant le xᵉ et la première moitié du xiᵉ siècle, par la fondation de nouveaux habitats concentrés et fortifiés, les *castra*.

Chez les gens de la ville, qui pour une bonne part appartenaient à la noblesse et portaient les armes, l'accoutumance à manier de l'argent introduisit des comportements très différents de ceux dont on trouve alors l'expression dans les documents rédigés au-delà des Alpes. Ils savaient compter, mesurer la valeur des choses et la traduire en unités monétaires; ils avaient acquis le sens du profit que l'on peut tirer d'une somme d'argent, en la plaçant dans des entreprises de production rurales, ou en la faisant fructifier par des transactions habiles. Se soucier d'un gain qui ne fût pas seulement le fruit d'une conquête, de la pratique des armes ou des libéralités d'un chef de guerre n'était pas tenu chez eux pour une inclination anormale. De telles attitudes mentales ne furent pas étrangères à la propagation précoce, parmi les laïcs établis dans les villes italiennes, d'aspirations religieuses qui plaçaient au rang des vertus majeures la pauvreté et les pratiques de l'ascétisme. Alors que nul encore, dans le reste de la chrétienté latine, ne déniait à l'Église le droit d'étaler sa puissance dans le monde, ni d'amonceler les métaux précieux dans ses sanctuaires pour magnifier la gloire divine, les citadins d'Italie, les premiers, la voulurent dépouillée. Parce que pour ces hommes l'argent était devenu un instrument, et parce que la fortune n'était plus pour eux la seule récompense d'actes héroïques, mais procédait d'un accroissement naturel, terre à terre, et qui souvent ne réclamait pas de courage, ils plaçaient la perfection dans le dénuement. Par l'originalité de ses structures économiques, ce milieu fut donc le point de départ de toutes les tentatives qui voulurent ramener les ecclésiastiques d'Occident à cette vie de pauvreté, dont l'Église byzantine, au sud de la péninsule, offrait par ailleurs les modèles. Mais ces comportements et le succès partiel des mouvements de réforme retentirent immédiatement sur l'économie. Parce que, dans le genre de vie de l'aristocratie, la propension au faste et au gaspillage s'atténua, parce que, d'autre part, dans le souci, qui ne faiblit point, de consacrer à Dieu une part de sa fortune il apparut peu à peu moins salutaire d'utiliser l'or et l'argent pour décorer des autels que de les répandre parmi les pauvres ou d'en alimenter des institutions de charité, c'est-à-dire de redistribuer les biens mobiliers et de les laisser circuler. La part des richesses qui vint s'immobiliser dans les trésors des nobles ou des établissements religieux fut donc ici sans doute moindre que partout ailleurs. La plus grande part des réserves monétaires que la décontraction de l'économie rurale accumulait en ville resta donc disponible pour des opérations commerciales.

Depuis les rivages, et d'abord ceux de l'Adriatique, et par le réseau fluvial dont le Pô forme l'axe, les courants du négoce à longue distance s'infiltraient en effet vers les villes de l'intérieur. Elles n'avaient jamais cessé de compter parmi leurs habitants des *negociantes*, c'est-à-dire des détenteurs de monnaie qui pratiquaient le crédit et s'occupaient occasionnellement de trafic. La « tonte » des pèlerins les enrichit. Aux étapes de tous les chemins de terre qui conduisaient à Rome, et plus loin, vers la Terre sainte, elle était plus profitable encore qu'en Espagne. Les pénitents qui s'en retournaient sanctifiés se laissaient en effet tenter par les objets beaux et étranges qui leur étaient montrés. J'ai dit plus haut que le comte Géraud d'Aurillac, ce héros de la sainteté laïque qui distribuait à pleines mains les deniers aux pauvres et professait le mépris du luxe, avait tout de même acheté de belles étoffes à Rome. Dès que la caravane d'un pèlerin aussi riche s'approcha des cités de la plaine lombarde, les marchands se précipitèrent, offrant des manteaux de soie, des épices à ce haut seigneur et aux importants de sa suite qui bientôt seraient de nouveau plongés dans la sauvagerie d'outre-monts. Tout au long du xᵉ siècle, l'activité de ces négociants se développe, dans le prolongement d'une animation déjà très perceptible au temps de Charlemagne. C'est à Pavie qu'elle fut alors de loin la plus intense, parce que cette ville — et l'on mesure une fois de plus l'incidence des structures politiques — était le siège principal de l'autorité royale.

Cette cité construisit une nouvelle enceinte. Son atelier monétaire était dans le royaume plus actif que tous les autres. Il le demeura longtemps. Les deniers qu'il émit concurren-cèrent dans le cours du xiᵉ siècle ceux que l'on frappait à Rome. Après l'an mille, dans tout le Nord de l'Italie, ces pièces soutinrent l'expansion continue de l'économie moné-taire. Les marchands de Pavie, « pleins d'honneur et très riches », continuèrent, après la décadence carolingienne, d'être attachés à la maison du souverain dont ils formaient l'un des *ministeria*, l'un des offices spécialisés. Ceci leur valait un privilège essentiel : sur tous les marchés, les négociants des autres cités ne pouvaient leur faire concurrence. L'auto-rité publique entendait que l'échange des matières les plus précieuses fût concentré dans Pavie sous son contrôle. Un diplôme royal daté de 1009-1026 interdit aux Vénitiens de vendre les étoffes de soie ailleurs que dans ses deux foires de quinze jours, celle de la Semaine sainte, et celle de la Saint-Martin de novembre. Toutefois l'affaiblissement prolongé de la puissance monarchique vint, au début du xiᵉ siècle, retirer à Pavie sa prééminence commerciale. Elle céda le pas à Milan, où des lignées de négociants, dont on peut remonter la filiation jusqu'en plein ixᵉ siècle, s'enrichissaient sans cesse, achetant des maisons à l'intérieur des murs et des terres au-dehors. Avec Crémone, dont les marchands bateliers se soulevèrent en 924 contre l'autorité de l'évêque et que l'empereur, par un privilège spécial, prit sous sa protection en 991, Plaisance était un autre carrefour de première impor-tance, à la croisée du Pô et de trois chemins terrestres, la voie Émilienne, celle qui menait de Milan à Gênes, celle, enfin, qui à travers l'Apennin conduisait vers Lucques. Cette dernière cité demeurait le centre majeur de la Toscane intérieure. A Florence et à Sienne, la seconde moitié du xᵉ siècle voit l'enracinement des grandes familles qui devaient dominer longtemps l'économie de la cité et de son environnement rural.

Dès que l'expulsion des Sarrasins permit de restaurer les monastères qui servaient de relais au long des itinéraires de

montagne, c'est-à-dire aux alentours de l'an mille, des relations que le brigandage n'avait jamais interrompues s'inten-
sifièrent entre les carrefours lombards et les pays d'au-delà
des Alpes. Tandis que s'avivait l'attrait des grands lieux de
pèlerinage de la chrétienté, les sanctuaires de Rome et ceux,
plus lointains, de l'Orient, ces voies de passage devenaient
plus animées. Des liaisons qu'elles ménageaient, quelque chose
apparaît dans un texte qui date de 1010-1027, mais qui
évoque en réalité une situation antérieure, celle des années
vingt du xe siècle, les *Honoranciae civitatis Papiae*. Il révèle
la diversité et l'ampleur des courants de circulation qui se
croisaient à ce moment dans Pavie et dont la cour du roi
d'Italie entendait tirer avantage. Les plus animés venaient
certes de l'Adriatique et du Sud : « Le doge de Venise et ses
Vénitiens doivent chaque année porter au palais cinquante
livres en deniers de Venise, et au maître du trésor une très
belle écharpe de soie. Cette nation ne laboure, ne sème ni ne
vendange; elle appelle ceci " pacte ", et la raison en est que
la nation vénitienne peut acheter du froment et du vin dans
tous les centres commerciaux et faire ses dépenses à Pavie,
sans qu'elle ait à subir pour cela aucun désagrément ». Beaucoup de riches marchands vénitiens venaient traditionnelle-
ment à Pavie avec leurs cargaisons. Au monastère de Saint-
Martin dit hors-les-murs, ils donnaient du profit de leur négoce
le quarantième sou. « Au maître du trésor, les Vénitiens doivent
chacun — du moins les riches — donner tous les ans, quand ils
arrivent dans Pavie, une livre grosse de poivre, une de cinna-
mome, une livre aussi de gingembre; à l'épouse du maître du
trésor, un peigne d'ivoire, un miroir et une trousse de toilette,
ou bien vingt sous de la bonne monnaie de Pavie. De même,
les gens de Salerne, de Gaète et les Amalfitains avaient tradition d'apporter à Pavie des marchandises en abondance; au
trésor du palais royal, ils donnaient le quarantième sou, et à
l'épouse du trésorier, comme les Vénitiens, des épices et une
trousse de toilette. » Mais dans la cité royale arrivaient aussi
des marchands d'outre-monts. « A leur entrée dans le royaume,
ils payaient aux douanes et sur les pistes appartenant au roi
le dixième de toutes marchandises. Voici la liste de ces postes
douaniers : le premier est à Suse (au débouché du col du
Montgenèvre, qui, par la Durance, s'ouvre vers la Provence,
l'Aquitaine et l'Espagne); le second à Bard (au pied du
Grand-Saint-Bernard); le troisième à Bellinzona (qui commande le passage de Lukmariaker); le quatrième à Chiavenna;
le cinquième à Bolzano (que l'on atteint en descendant du
Brenner); le sixième à Velarno (sur l'Adige en direction de

Vérone); le septième à Trévise; le huitième à Zuglio, sur la route du Monte-Croce; le neuvième près d'Aquilée et le dixième à Cividale du Frioul. Toute personne venant en Lombardie d'au-delà des monts doit payer la dîme sur les chevaux, les esclaves mâles et femelles, les draps de laine et de lin, les toiles de chanvre, l'étain, les épices... Tout ce que les pèlerins de Rome et de Saint-Pierre portent avec eux pour leurs dépenses leur sera laissé sans subir de prélèvements. Les Anglais et les Saxons, et les gens de ces nations, doivent envoyer tous les trois ans, au palais de Pavie et au trésor royal, cinquante livres d'argent fondu, deux lévriers, deux bons boucliers, deux bonnes lames, deux bonnes épées éprouvées; ils doivent offrir au maître du trésor deux grandes cottes de fourrure et deux livres d'argent; ils reçoivent alors de lui le signe qui leur évitera tout désagrément à l'aller et au retour [1]. » A travers ces lignes se discernent à la fois la présence de nombreux trafiquants professionnels et les principales orientations du négoce. Point de mention de Byzantins, ni de juifs. Le contraste est manifeste entre ce qui vient du domaine méditerranéen — des épices, les produits d'un artisanat de haut luxe, de la monnaie — et ce qui franchit les Alpes — des esclaves, des tissus communs, l'étain des îles Britanniques, des armes franques, de l'argent non monnayé : le marché de Pavie est bien à la rencontre de deux mondes. L'accent est mis sur les relations avec l'Angleterre : les liens originels entre la chrétienté de ce pays et Rome les avaient maintenues effectivement fort étroites; elles apparaissaient déjà très intimes au temps d'Alcuin et de Charlemagne. Mais les Anglo-Saxons n'étaient pas les seuls à franchir les Alpes, et c'est seulement en raison de l'exemption dont ils étaient bénéficiaires au début du xie siècle que le texte en parle spécialement. De fait, l'extension pendant la première moitié du xie siècle dans tout le Sud-Est de la Gaule du patrimoine du monastère de Saint-Michel de la Cluse, près de Suse, manifeste clairement que les flux de circulation s'amplifièrent largement, à cette époque, dans cette direction également. D'autre part, des gens d'Italie commençaient alors en sens inverse à se risquer par-delà les Alpes. Ils emportaient avec eux ces pièces d'argent dont ils étaient mieux pourvus que tous autres. On sait qu'en 1017 certains d'entre eux furent détroussés sur les chemins de France. A propos de la propagation des doctrines hérétiques — c'est-à-dire en fait d'une exigence de pauvreté qui s'était, on l'a vu, manifestée d'abord

---

1. *Monumenta Germaniae historica, Scriptores*, 30, p. 1451-1453.

dans les milieux enrichis des cités italiennes —, on apprend que des Italiens venaient à Arras vers 1025 : à vrai dire, il s'agissait sans doute de clercs. Mais, en 1034, le passage des trafiquants d'Asti est signalé au Mont-Cenis.

Ils formaient l'avant-garde de ces bandes d'aventuriers qui, de plus en plus nombreux au fil du xie siècle, quittèrent le pôle de développement lombard pour joindre celui qui ne cessait de prendre vigueur autour de la mer du Nord. Ces gens s'enfonçaient dans l'épaisseur de l'espace gaulois. Ils s'éloignaient des « frontières », de ces lisières où les pillages, les hostilités et tous les trafics dont elles étaient la source stimulaient l'économie marchande, et parfois de façon si vigoureuse que l'économie rurale en était elle-même tout entière vivifiée. Cette vivacité qui, sur les marges de la chrétienté, naissait encore de la guerre, ne touchait guère les campagnes que ces hommes allaient traverser. Celles-ci toutefois, à la faveur du nouvel ordre politique qui commençait à s'établir, trouvaient déjà en elles-mêmes le ressort de leur propre croissance.

Troisième partie

LES CONQUÊTES PAYSANNES

MILIEU DU XIᵉ-FIN DU XIIᵉ SIÈCLE

I

Les temps féodaux

Tandis que sur les frontières de la chrétienté latine, et de plus en plus avant en direction de l'est et du sud, la poursuite et le renforcement des entreprises d'agression exaltent la vigueur d'un système économique fondé sur la capture violente et le pillage, accélèrent les transferts de richesses et aménagent de la sorte certaines conditions favorables à la croissance, on voit dans le corps de l'Europe, pendant les décennies qui encadrent l'an mille, se dessiner les traits d'un nouvel aménagement des relations humaines : ce que les historiens ont coutume d'appeler la féodalité. Simple révélation d'un mouvement de très grande amplitude dont les invasions du IXe et du Xe siècle ont précipité le cours, mais qui, longtemps dissimulé, avait pris lui aussi son départ dès l'époque carolingienne. Dans les régions les plus évoluées, c'est-à-dire la Gaule, il parvient à son terme pendant les dernières décennies du XIe siècle; il ne touche la Germanie, ce pays neuf, qu'avec un retard d'une centaine d'années; sur le revers méditerranéen de la chrétienté, notamment en Italie, il s'amortit au contact de structures rétives dont les piliers sont la vitalité urbaine et l'animation plus précoce des courants monétaires. Une telle mutation des assises politiques et sociales s'ajustait sans conteste aux dispositions d'une économie agraire dominée par une aristocratie dont les entreprises militaires avaient renforcé l'emprise. Mais elle retentit à son tour, et de manière très directe, sur l'évolution économique. Elle vint encadrer celle-ci dans un nouvel ordre, dont les bienfaits agirent sans doute de manière déterminante sur le développement interne de l'économie européenne.

LES PREMIERS SIGNES DE L'EXPANSION

A vrai dire, les signes de ce développement tardent à se manifester. Il est très remarquable que les narrateurs qui ont écrit en Gaule pendant la période centrale de cette mutation, c'est-à-dire dans la première moitié du XIᵉ siècle, tels Adémar de Chabannes ou Raoul Glaber, ne montrent pas qu'ils aient perçu autour d'eux un progrès quelconque au niveau de la civilisation matérielle. Ces hommes, bien sûr, avaient tous été formés dans des monastères et beaucoup n'en étaient point sortis; pour ces moines, le monde charnel ne méritait pas attention, et l'histoire qu'ils se souciaient d'écrire était celle du destin moral de l'humanité, la marche du peuple de Dieu vers la fin des temps et vers la Jérusalem céleste. A leurs yeux, ne l'oublions pas, les vraies structures du monde étaient spirituelles et ils tenaient proprement pour des épiphénomènes les aspects de la réalité économique. De celle-ci, n'attendons pas d'eux par conséquent qu'ils soient de bons témoins. Il n'empêche que leur silence prouve au moins que les transformations de l'économie s'opéraient dans leur temps avec lenteur et n'avaient pas un caractère bouleversant. Toutefois, elles étaient présentes. Certains de leurs aspects ont été relevés en effet par les écrivains d'Église parce qu'ils voyaient en eux les signes des desseins de Dieu.

Ils ont été spécialement sensibles à deux sortes de phénomènes. D'abord aux calamités qu'ils interprétaient comme l'expression soit de la colère divine, soit du mal qui retient l'homme prisonnier et retarde sa progression vers la lumière. Ils ont donc décrit les grandes vagues épidémiques qui parcouraient alors les campagnes d'Occident et que seules pouvaient, à leurs yeux, enrayer les prières, les actes de pénitence collective et le recours à la puissance tutélaire des reliques. Le développement des maladies — et notamment du « mal des ardents » — était de toute évidence favorisé par des carences alimentaires. Tel narrateur, d'ailleurs, établit nettement le lien entre l'épidémie qui ravagea la France du Nord en 1045 et la pénurie des subsistances : « Un feu mortel se mit à dévorer force victimes...; en même temps, la population du monde presque entier endura une disette résultant de la rareté du vin et du blé [1]. » Le peuple que décrivent ces textes apparaît en effet établi sous la menace constante de la famine. Chronique, la malnutrition s'aggrave de loin en loin et détermine

1. Raoul Glaber, *Histoires*, V, 1.

des mortalités catastrophiques; ainsi, lors du « fléau de pénitence » qui, si l'on en croit Raoul Glaber, sévit dans toute l'Europe pendant trois ans aux alentours de 1033. Or, il n'est pas interdit de voir dans cette faim permanente, et dans ces crises périodiques qui accumulaient aux carrefours des cadavres sans sépulture et qui poussaient à manger n'importe quoi, de la terre, sinon de la chair humaine, le signe même d'une expansion. Ne traduit-elle pas, en effet, le déséquilibre temporaire entre le niveau de la production, entre les déficiences techniques d'une agriculture vivrière demeurée très vulnérable aux intempéries — « des pluies continuelles avaient imbibé la terre entière au point que pendant trois ans on ne put ouvrir de sillons capables de recevoir la semence » — et le nombre des consommateurs que multipliait alors l'élan démographique? En tout cas, la description tragique que livre de la famine de 1033 le récit de Raoul Glaber montre que le phénomène se développait dans un milieu économique déjà singulièrement décontracté : les actes de cannibalisme qu'il dénonce se produisirent dans un pays où des voyageurs circulaient sur les pistes et faisaient étape dans des auberges, où l'on avait coutume de vendre de la viande au marché, où l'argent servait normalement à se procurer de la nourriture (« on enleva alors les ornements des églises pour les vendre au profit des indigents »), où des spéculateurs tiraient profit de la misère commune[1]. Ce monde est en mouvement, et les calamités qui l'assaillent sont à vrai dire la rançon d'une expansion démographique peut-être trop vigoureuse, désordonnée en tout cas, mais que l'on peut tenir pour l'une des prémices de la croissance.

Les chroniqueurs, d'autre part, ont été frappés par certaines nouveautés. Ils les interprètent toutes dans les perspectives d'une histoire orientée vers le salut de l'humanité, mais ils les considèrent elles-mêmes comme les indices incontestables d'un progrès. Passé le millénaire de la passion du Christ, Raoul Glaber enregistre les manifestations de ce qui lui apparaît comme une nouvelle alliance, comme un nouveau printemps du monde, dont l'éclosion est l'effet de la clémence divine. Parmi les signes qui l'ont frappé, il en est trois qui, de toute évidence, mettent en cause le jeu des forces économiques. Il insiste en premier lieu sur l'animation inaccoutumée des routes. Les seuls voyageurs dont parle expressément cet homme d'Église sont des pèlerins, mais ils lui paraissent alors avoir été plus nombreux que jamais (« Personne

---

1. Raoul Glaber, *Histoires*, IV, 4, 5.

auparavant n'aurait pu prévoir une telle affluence; ce furent d'abord les gens des classes inférieures, puis ceux du moyen peuple, puis tous les plus grands, rois, comtes, marquis, prélats; enfin, ce qui n'était jadis jamais arrivé, beaucoup de femmes, les plus nobles avec les plus pauvres, se rendirent à Jérusalem [1] »). Et s'il faut bien, comme le font les historiens de l'époque, expliquer par un changement profond dans les attitudes religieuses l'amplification de ces pieux déplacements, on ne peut mettre en doute qu'elle fut facilitée par la mobilité croissante des richesses et qu'elle contribua de manière décisive à accentuer cette même mobilité. Pour partir, pour poursuivre leur marche, les pèlerins devaient se procurer des instruments monétaires, en user, les répandre autour d'eux. Ces gens de toutes conditions profitaient bien sûr de l'hospitalité gratuite des établissements religieux. Mais ils ne pouvaient pas en bénéficier à toutes les étapes. En outre, dans leur pérégrination, normalement, ils ne tiraient pas leur ravitaillement du pillage tant qu'ils restaient en terre chrétienne. De temps à autre donc, ils devaient acheter de la nourriture et de l'équipement. Ils laissaient ainsi une traînée de deniers sur leur passage, que recueillaient producteurs et revendeurs et qui, depuis tous les carrefours, stimulaient l'activité jusqu'au fond des campagnes. Ces voyages, enfin, les conduisaient souvent jusqu'aux lisières turbulentes de la chrétienté, où ne manquait pas l'occasion de fructueuses rapines aux dépens des infidèles, et beaucoup ne revenaient pas les mains vides.

Second signe que les historiens de l'époque inscrivent lui aussi dans le cadre d'un progrès spirituel : la reconstruction des églises. « Comme approchait la troisième année qui suivit l'an mille, on vit dans presque toute la terre, mais surtout en Italie et en Gaule, rénover les basiliques des églises; bien que la plupart, fort bien construites, n'en eussent nul besoin, une émulation poussait chaque communauté chrétienne à en avoir une plus somptueuse que celle des autres. C'était comme si le monde lui-même se fût secoué et, dépouillant sa vétusté, ait revêtu de toutes parts une blanche robe d'église. Alors presque toutes les églises des sièges épiscopaux, les sanctuaires monastiques dédiés aux divers saints et même les petits oratoires de villages furent reconstruits plus beaux par les fidèles [2]. » De toute évidence, ces entreprises de construction ôtèrent

---

1. Raoul Glaber, *Histoires*, IV, 6.
2. Id., *ibid.*, III, 4.

quelque peu des forces productives au milieu rural pour les appliquer à l'extraction, au transport et au traitement d'une masse considérable de matériaux. Il se peut que, parmi les tâcherons, certains aient été des dépendants des seigneuries ecclésiastiques, astreints à fournir un travail gratuit; mais il est sûr que beaucoup étaient des travailleurs libres. Il fallait les nourrir sur les chantiers et, les excédents normaux de la production domaniale ne pouvant supporter cette surcharge de consommateurs, acheter à l'extérieur un complément de provende. Il fallait aussi distribuer des salaires en deniers. La rénovation des bâtiments ecclésiastiques fut donc favorisée, elle aussi, par l'aisance progressive de la circulation monétaire. Elle accéléra la mobilisation des métaux précieux qui s'étaient lentement accumulés dans le trésor des sanctuaires et dans celui des grands, car ceux-ci contribuèrent par leurs aumônes en or et en argent à l'édification d'un décor plus somptueux où pût se dérouler l'office divin. Des indices épars dans les textes de l'époque apportent la preuve d'un tel mouvement de déthésaurisation. Fréquemment, dans le récit qu'ils fournissent de l'embellissement des édifices religieux, les chroniqueurs évoquent, en le présentant comme un miracle, la découverte et la dispersion immédiate d'un trésor caché. Ainsi, Raoul Glaber, à propos de la reconstruction de la cathédrale d'Orléans : « Alors que l'évêque et tous les siens poussaient activement l'ouvrage commencé afin de l'achever plus vite de façon magnifique, il bénéficia d'un encouragement divin manifeste. Un jour que les maçons, pour choisir l'emplacement des fondations de la basilique, sondaient la solidité du sol, ils découvrirent une grosse masse d'or. Ils la jugèrent certainement suffisante pour rénover toute l'œuvre de la basilique, bien qu'elle fût grande. Ils prirent cet or découvert par hasard et le portèrent tout entier à l'évêque. Celui-ci rendit grâce à Dieu tout-puissant pour le présent qu'il lui faisait, le prit et le confia aux gardiens de l'œuvre, leur ordonnant de le dépenser intégralement à la construction de l'église... C'est ainsi que non seulement les bâtiments de la cathédrale, mais encore, sur le conseil de l'évêque, les autres églises qui se détérioraient dans cette même cité, les basiliques édifiées à la mémoire des différents saints furent réédifiés plus beaux que les anciens... La ville elle-même se garnit de maisons... » Quant à Helgaud de Saint-Benoît-sur-Loire, biographe du roi de France Robert le Pieux, il note, entre autres choses, que la reine Constance, après la mort de son époux, « fit retirer de la parure d'or dont le souverain avait fait revêtir l'autel de saint Pierre dans la cathédrale d'Orléans » sept livres, et qu'elle les offrit pour « permettre d'embellir la couverture de l'église[1] ».

Enfin, les narrateurs du début du xie siècle ont encore noté des indices de renouvellement d'une troisième sorte. Ceux-ci révèlent l'instauration d'un ordre nouveau, c'est-à-dire l'établissement des structures féodales.

L'ORDRE FÉODAL

L'emploi que firent les historiens marxistes du mot féodalisme pour définir l'une des phases principales de l'évolution économique et sociale se justifie par le rôle que la féodalité — dans son sens très large, c'est-à-dire les formes que revêtit l'exercice du pouvoir en Europe occidentale à partir des alentours de l'an mille — a joué dans l'aménagement des relations nouvelles entre les forces productives et ceux qui en tiraient profit. De ce fait, il importe d'examiner avec quelque soin cette mutation majeure des cadres politiques.

La féodalité se caractérise en premier lieu par la décomposition de l'autorité monarchique, et l'on a vu que l'impuissance des rois carolingiens à contenir les agressions extérieures avait hâté, au cours du ixe siècle, la dispersion de leur pouvoir. La défense du pays, fonction primordiale de la royauté, passa de manière irréversible, mais très rapide, entre les mains de princes régionaux. Ceux-ci s'approprièrent les prérogatives royales qui leur avaient été déléguées, les incorporèrent au patrimoine d'une dynastie dont ils établirent du même coup les fondements. Ensuite, peu à peu, la plupart des grandes principautés se désagrégèrent elles-mêmes comme s'étaient désagrégés les royaumes. Des chefs de moindre envergure, les comtes d'abord, puis, aux approches de l'an mille, les hommes qui commandaient dans chaque forteresse, gagnèrent leur autonomie à l'égard des princes. Ce mouvement remplit en Gaule tout le xe siècle; il gagne la monarchie anglaise, pénètre l'Italie, mais en déviant ici quelque peu du fait de la vigueur des villes. Il tarde à s'introduire en Germanie où les structures politiques carolingiennes demeurent vivaces jusqu'au seuil du xiie siècle. Un tel morcellement du droit de commander et de punir, d'assurer la paix et la justice parmi le peuple, son inscription dans des cadres territoriaux de plus en plus étroits

---

1. Raoul Glaber, *Histoires*, III, 5; Helgaud, *Epitoma vitae regis Roberti Pii*, 22.

et qui finalement s'ajustèrent aux possibilités concrètes
d'exercer une autorité effective et de manifester en permanence
aux yeux de tous la réalité d'un pouvoir dans un monde rural
et barbare où il était malaisé de communiquer à distance
réalisaient en fait l'adaptation de l'organisation politique aux
structures de la vie matérielle. Mais il est important de souligner que cette mutation s'accomplit au moment même où,
dans l'épaisseur de ce milieu paysan, se perdait peu à peu le
souvenir des guerres de pillage, saisonnières et fructueuses,
jadis menées par l'ensemble des hommes libres contre des
ethnies étrangères. Elle coïncide avec l'instauration d'un
nouvel usage de la guerre et l'établissement d'une nouvelle
conception de la paix.

Le développement de l'idéologie de la « paix de Dieu »
accompagne en effet pas à pas les premières phases de la féoda-
lisation. Elle s'exprime pour la première fois peu avant
l'an mille dans le sud de la Gaule, dans la région où la dissolution de l'autorité royale avait été la plus précoce; puis elle
prend peu à peu de la consistance, tandis qu'elle se répand
sous des formes diverses dans l'ensemble de la chrétienté
latine. Les principes en sont fort simples : Dieu avait délégué
aux rois sacrés la mission de maintenir la paix et la justice;
les rois n'en sont plus capables; Dieu reprend donc en main
son pouvoir d'ordre et le fait assumer par ses serviteurs, les
évêques, avec l'appui des princes locaux. Ainsi, dans chaque
province, des conciles se réunissent-ils à l'appel des prélats.
Les grands et leurs guerriers y participent. Ces assemblées
entendent discipliner la violence et imposer des règles de conduite à ceux qui portent les armes. Les conciles recourent pour
cela à des contraintes de nature morale et spirituelle; tous les
combattants du pays doivent s'engager par un serment collectif à respecter certains interdits, sous peine de l'excommunica-
tion, c'est-à-dire de la vengeance divine. Un tel système se
montra d'une efficacité toute relative. Les campagnes de
l'Occident ne cessèrent pas, pendant tout le xie et le xiie siècle,
d'être parcourues par des tumultes militaires et leur cortège
de déprédations. Mais l'institution de la paix de Dieu fut
cependant d'un très grand retentissement sur le comportement
des hommes et sur les structures les plus profondes de la vie
économique. Elle édifia tout d'abord, pour la première fois,
une morale cohérente de la guerre. Celle-ci, dans les sociétés
du haut Moyen Age, était considérée comme une activité
normale, en quoi s'exprimait le plus pleinement la liberté
juridique. Aucun profit n'apparaissait plus juste que ceux
qu'elle pouvait procurer. Désormais, selon les préceptes des

conciles de paix, il ne fut plus licite de combattre — pas plus que de manier l'argent ou de se livrer à l'acte sexuel —, sinon dans des limites très précises. Des secteurs furent circonscrits, où l'action des armes était dénoncée comme perverse, contraire aux desseins de Dieu et à l'ordre du monde. Toute violence militaire fut interdite dans certaines aires voisines des sanctuaires et dont des croix dressées sur les chemins bornaient les frontières, pendant certaines périodes correspondant aux temps les plus sacrés du calendrier liturgique, et contre certaines catégories sociales réputées vulnérables, le groupe des gens d'Église et celui des « pauvres », c'est-à-dire la masse populaire. Tous ces principes moraux étaient en germe dans les règles de justice et de paix que les rois des temps carolingiens s'étaient efforcés de faire admettre. Mais parce que l'Église latine les prit à son compte et les intégra dans un code cohérent, valable pour tous les fidèles du Christ, ils s'imposèrent de manière plus efficace à l'ensemble du peuple chrétien, et ceci au moment même où les grands États qui s'étaient naguère forgés par la conquête se fractionnaient en une multitude de petites puissances concurrentes. Le morcellement de l'Europe en d'innombrables cellules politiques eût pu multiplier les affrontements militaires, donner une vigueur nouvelle aux guerres tribales et restaurer dans le corps de l'Europe des structures économiques fondées pour une bonne part sur le pillage permanent. De fait, les prescriptions de la « paix de Dieu » ont au contraire contribué à détourner les puissances d'agression que recelait la société féodale vers l'extérieur du monde chrétien. Contre les ennemis de Dieu, les « infidèles », il était non seulement permis mais éminemment salutaire de porter les armes. Les hommes de guerre furent donc invités à déployer hors de la chrétienté leur activité spécifique. L'esprit de croisade, qui procède directement de la nouvelle idéologie de la paix, les dirigea vers les fronts d'agression extérieurs, vers les franges florissantes où la conduite des combats animait vigoureusement la circulation des richesses. En revanche, s'emparer au sein du peuple de Dieu par la violence militaire du bien des églises et des pauvres apparut de plus en plus nettement, à ceux qui avaient vocation de combattre, comme un danger pour le salut de leur âme. Toutefois, si les prises désordonnées que procurait autrefois l'agression leur furent désormais en principe interdites, ils purent en opérer d'autres, à condition qu'elles fussent inscrites dans des cadres pacifiques, ceux de la seigneurie. Condamnant les profits de la violence, la morale de la paix de Dieu légitima en compensation l'exploitation seigneuriale. Elle présenta celle-ci comme le prix de la sécurité offerte, dans les nouvelles structures, au peuple des travailleurs.

Elle débouchait en effet sur une représentation sociologique, qui vint s'ajuster étroitement à la réalité des rapports économiques et qui, du même coup, donna à ceux-ci plus de fermeté. Au tournant de l'an mille, les interdits édictés dans les conciles de paix conduisirent à sa maturité la théorie des trois ordres qui lentement s'élaborait dans le petit monde des intellectuels : Dieu, dès la création, a distribué parmi les hommes des tâches spécifiques; les uns ont mission de prier pour le salut de tous, les autres sont voués à combattre pour protéger l'ensemble du peuple; il appartient aux membres du troisième ordre, de beaucoup les plus nombreux, d'entretenir par leur travail les gens d'Église et les gens de guerre. Ce schéma, qui s'imposa très vite à la conscience collective, proposait une image simple, conforme au plan divin, et par là justifiait les inégalités sociales et toutes les formes d'exploitation économique. Dans ce cadre mental, rigide et clair, prirent aisément place toutes les relations de subordination qui s'étaient établies de très longue date entre les travailleurs paysans et les maîtres de la terre, et qui commandent les mécanismes d'un système économique que l'on peut, en simplifiant, appeler féodal.

Les trois ordres

Dans ce modèle idéologique qui fut construit par les intellectuels, lesquels en ce temps appartenaient tous à l'Église, les spécialistes de la prière se situaient évidemment au sommet de la hiérarchie des ordres. De ce fait, non seulement ils devaient être exempts de toutes les ponctions que le pouvoir aurait pu opérer sur leurs biens par le pillage ou par le jeu de la fiscalité, mais il apparaissait nécessaire qu'une part éminente de la production parvînt entre leurs mains pour être, par leur entremise, offerte à Dieu, afin de gagner ses faveurs. Une telle conception invitait donc à privilégier, parmi les actes économiques, ceux de consécration et de sacrifice. Effectivement, son installation dans la conscience collective coïncide avec le moment où le flot des donations pieuses en faveur des établissements religieux atteignit son ampleur la plus grande : jamais sans doute, dans l'histoire de l'Église chrétienne d'Occident, les aumônes des laïcs ne furent plus abondantes que pendant les cinq ou six décennies qui encadrent l'an mille. Les fidèles donnaient alors à toute occasion, pour racheter telle faute qu'ils venaient de com-

mettre et dont ils savaient qu'elle mettait leur âme en péril;
ils donnaient plus généreusement encore, au risque de dépouiller dangereusement leurs héritiers, sur leur lit de mort, pour
leur sépulture et pour gagner l'appui des saints tutélaires
devant le tribunal de Dieu; ils donnaient ce qu'ils pouvaient,
c'est-à-dire avant tout de la terre, considérée alors comme la
richesse la plus précieuse, surtout, comme c'était généralement
le cas, si elle était garnie de travailleurs paysans susceptibles
de la mettre en valeur. Sans doute les documents écrits dont
disposent les historiens pour connaître cette époque pro-
viennent-ils tous des archives ecclésiastiques; ce sont pour la
plupart des actes qui garantissent les acquisitions des églises;
ils mettent donc en particulière évidence ce phénomène et
risquent de conduire à en exagérer la portée. On peut cependant considérer cet énorme transfert de biens-fonds dont
bénéficièrent en premier lieu les abbayes bénédictines et,
secondairement, les églises épiscopales, comme le mouvement
le plus vif qui ait alors animé l'économie européenne. Il établit
l'Église d'Occident dans une position temporelle prééminente.
De la part de ceux qui s'efforçaient de mieux comprendre le
message évangélique, il suscita bientôt, dès le milieu du
XIe siècle, des critiques, la volonté de dégager les serviteurs de
Dieu de préoccupations trop matérielles, de les extraire d'une
prospérité trop charnelle. Il entretint une inquiétude où
s'alimenta la vigueur de toutes les propagandes hérétiques
et où prirent naissance les tentatives successives de réforme.
Il fit enfin croître sans cesse, pendant le XIe et le XIIe siècle,
le nombre des moines et des clercs.

Ces hommes n'étaient pas tous entièrement écartés de la
production. Le clergé rural demeura, pour sa plus grande
part, au niveau de la paysannerie, dont il sortait et dont il
partageait les mœurs. Les églises et les chapelles de campagne
étaient desservies par des prêtres qui poussaient eux-mêmes la
charrue et qui exploitaient avec leur famille — beaucoup en
effet étaient mariés — le lopin de terre que le maître du sanctuaire leur avait concédé en rétribution de leurs services et
dont ils tiraient l'essentiel de leur subsistance. D'autre part,
les communautés de moines et de chanoines réformés qui se
répandirent, à partir de la fin du XIe siècle, imposaient, par
une exigence de rigueur ascétique, le travail manuel à leurs
membres, et notamment à ceux qui, recrutés parmi les
rustres, ne pouvaient participer pleinement à l'office liturgique.
Le labeur et la condition matérielle de ces « convers » étaient
semblables en fait à ceux des paysans. Un grand nombre
des hommes d'Église cependant, et les plus riches, ceux qui

recueillaient les offrandes les plus considérables, étaient de purs consommateurs. Ils vivaient dans un confort seigneurial, qui pour certains d'entre eux, ceux qui vivaient aux alentours des églises cathédrales, confinait à celui des laïcs les plus puissants. Enfin et surtout, ils ne concevaient pas que leur fonction, le service de Dieu, pût être remplie sans somptuosité. Des richesses qu'il leur apparaissait normal de recueillir en abondance, ils consacraient sans doute une part au secours des pauvres. Ils pratiquaient très largement l'hospitalité. A la porte des sanctuaires, les indigents recevaient de la nourriture ou des pièces de monnaie, et ces aumônes rituelles prenaient plus d'ampleur en temps de calamité. Cet office de redistribution, que circonscrivent avec soin les règlements économiques des grands établissements monastiques, n'était certes pas négligeable, et l'on peut considérer que, dans une société qui restait fort démunie et qui entretenait dans ses soubassements une masse vivace et grossissante d'indigents et de déclassés, il contribua très efficacement à restreindre l'extension de la misère. Il demeurait cependant secondaire en regard d'une exigence primordiale, celle de célébrer dans le luxe le plus éclatant l'office divin. Le meilleur usage que les dirigeants des monastères et des églises cathédrales pensaient devoir faire de leur fortune, c'était d'embellir le lieu de la prière, de le reconstruire, de l'orner, d'accumuler autour de l'autel et des reliques des saints les splendeurs les plus éclatantes. Assurés de ressources que la générosité des fidèles ne cessait d'accroître, ils n'avaient qu'une attitude économique : dépenser, pour la gloire de Dieu.

Cette attitude était celle aussi des membres du second ordre de la société, les spécialistes de la guerre. Ils dépensaient, mais pour leur propre gloire et pour les plaisirs de la vie. Cette catégorie sociale, qui fournissait à l'Église toutes ses équipes dirigeantes, qui détenait la force et qui, en dépit des interdits dressés par la morale de la paix de Dieu, en usait durement, doit être tenue, malgré la valeur prééminente attribuée aux missions des gens d'Église, malgré leur richesse et sans doute leur supériorité numérique, pour la classe dominante de ce temps. De fait, c'est bien en fonction de sa puissance et de sa conduite que fut construite la théorie des trois ordres et que furent forgées tant bien que mal les institutions de paix. Ce sont bien sa situation et ses comportements qui régissent au XIe et au XIIe siècle toute l'économie féodale. Elle détient la terre, hormis cette part que l'angoisse de la mauvaise mort lui fait abandonner à Dieu, à ses saints et à ceux qui le servent. Elle vit dans l'oisiveté et tient les tâches productives pour indignes de son rang et de cette liberté éminente dont elle prétend se réserver le privilège. Parce que la dissolution de l'autorité monarchique a fini par établir tous ses membres dans une position d'indépendance et dans des attitudes mentales qui jadis avaient été celles des rois, elle n'accepte aucune contrainte, aucun service, sinon ceux qu'elle a librement choisi de rendre et qui, parce qu'ils ne prennent pas la forme de redevances matérielles, ne lui paraissent pas déshonorants. Elle refuse donc toute prestation qu'elle n'a pas consentie et n'accepte de se dépouiller de ses biens que par des dons gratuits et par des générosités mutuelles. Sa vocation est la guerre, et le premier emploi qu'elle fait de sa richesse est de se procurer les moyens les plus efficaces de combattre, par l'entraînement physique auquel elle consacre tout son temps et, d'autre part, par des investissements dont elle attend un seul bénéfice : l'accroissement de sa puissance militaire. Dans l'économie domestique des hommes de ce groupe, une part notable des revenus, et qui, semble-t-il, se gonfle tout au long des xɪe et xɪɪe siècles, est affectée au perfectionnement de l'équipement des guerriers, à l'amélioration des qualités du cheval, qui devient alors le principal instrument du combattant et le symbole même de sa supériorité (c'est à ce moment que ces guerriers s'accoutument à se définir comme des « chevaliers »), à se procurer de meilleures armes offensives et défensives. Dès la fin du xɪe siècle, la cuirasse est déjà devenue si complexe qu'elle vaut le prix d'une bonne exploitation agricole, et les perfectionnements de l'armement sont à la source du développement constant de la métallurgie du fer. Tandis que le progrès rapide de l'architecture militaire dans le cours du xɪɪe siècle fait s'ouvrir, auprès des chantiers des églises, d'autres chantiers, ceux des châteaux qu'il est nécessaire de rénover. Mais il est une autre occasion de dépenser, dans ce groupe social que gouverne l'esprit de compétition et où la valeur individuelle ne se mesure pas seulement à la bravoure et à la virtuosité dans l'exercice des armes, mais à la parure, au faste et à la prodigalité. Dans la morale que cette aristocratie s'est peu à peu donnée, l'une des vertus primordiales est la largesse, c'est-à-dire le plaisir de gaspiller. Comme les rois de jadis, le chevalier doit avoir les mains toujours ouvertes et répandre autour de lui la richesse. La fête, les réunions où les biens de la terre sont collectivement et joyeusement détruits dans les ripailles et dans les rivalités de l'ostentation constituent, avec la guerre, le point fort de l'existence aristocratique. Le milieu économique que représente, dans la société de ce temps, le groupe des chevaliers est, par vocation professionnelle, celui de la rapine. Il est par ses usages celui de la consommation.

Reste le troisième ordre, celui des travailleurs, la couche mère formée de l'épaisse masse du peuple et dont chacun est persuadé qu'elle doit fournir aux deux élites des *oratores* et des *bellatores*, de ceux qui prient et de ceux qui combattent, les moyens de leur oisiveté et l'aliment de leurs dépenses. Sa fonction même, cette situation spécifique qui, selon les décrets de la Providence, la voue, sans espoir de s'en distraire, au labeur manuel réputé dégradant, la prive de la liberté pleine. Tandis que se diluent les dernières formes de l'esclavage, tandis que dans la plupart des provinces de France se perd au début du xiie siècle l'usage du mot *servus*, la paysannerie dans son ensemble, sur qui s'appesantit, renforcé, ce qui subsiste des contraintes du pouvoir, apparaît soumise, par sa situation même, à l'exploitation d'autrui. D'autres gagnent pour elle son salut par des prières, d'autres sont chargés, en principe, de la défendre contre les agressions. Pour le prix de ces faveurs, ses capacités de production sont totalement prisonnières des cadres de la seigneurie.

La seigneurie

Au plan de l'économie, la féodalité n'est pas seulement la hiérarchie des conditions sociales qu'entend représenter le schéma des trois ordres, c'est aussi — et d'abord sans doute — l'institution seigneuriale. Celle-ci n'est pas neuve, mais l'évolution du pouvoir politique l'a insensiblement remodelée.

De toute évidence, la frontière qui, dans l'abstraction des représentations sociologiques dont la simplicité s'impose après l'an mille, sépare des travailleurs les gens d'Église et les gens de guerre ne coïncide pas exactement avec celle qui place d'un côté les seigneurs, de l'autre les sujets de l'exploitation seigneuriale. Beaucoup de prêtres, on l'a vu, faisaient partie du personnel d'un domaine; ils y remplissaient, sous la contrainte d'un maître qui tirait profit de leur spécialisation professionnelle, des services analogues à ceux d'un meunier ou du tenancier d'un four. Un grand nombre de chevaliers, particulièrement en Germanie et dans les contrées voisines de la mer du Nord, demeurèrent jusqu'à la fin du xiie siècle en état de dépendance domestique, dans la maison du patron qui les employait et les entretenait: ne possédant aucune terre, ils participaient aux profits d'une seigneurie, mais sans en être les détenteurs. Inversement, il était des paysans qui parvenaient à rassembler plus de terres qu'ils n'en pouvaient exploiter eux-mêmes, qui concédaient le surplus à des voisins plus démunis et percevaient de ce fait une rente de type seigneurial. Parmi ces serviteurs d'humble extraction que les chefs avaient chargés d'administrer leur domaine, beaucoup s'élevaient et rapidement; ils s'appropriaient en partie les pouvoirs qui leur étaient délégués; ils les utilisaient pour exploiter leurs subordonnés, pour créer aux dépens de la seigneurie de leur maître un réseau de perceptions dont ils se réservaient intégralement le profit et qui constituait véritablement leur seigneurie personnelle. Il n'empêche que la société féodale s'ordonne en deux classes, dont l'une, celle des seigneurs, englobe la catégorie des ecclésiastiques et celle des chevaliers. Et la conscience que cette classe prend d'elle-même fait tenir pour un scandale, sinon pour un péché, qu'un travailleur puisse se hisser au-dessus de sa condition au point de partager le privilège des prêtres et des guerriers, de vivre dans l'oisiveté grâce au travail d'autrui. Or, toute une tension de l'intérieur du corps social conduisit, à l'époque où les structures féodales achevèrent de s'installer, c'est-à-dire dans les années qui ont suivi l'an mille, à consolider la situation seigneuriale de l'Église et de la chevalerie, et à approfondir le fossé qui, au niveau des rapports économiques, les séparait du peuple. Ce mouvement de consolidation se développa sur deux plans distincts.

En premier lieu, la cohérence des fortunes aristocratiques se renforça. Celles qui appartenaient aux laïcs étaient menacées de dissolution par le jeu de deux mouvements, celui des donations pieuses et celui des partages successoraux. Leur effet conjugué prenait toute sa vigueur au moment où le patrimoine passait d'une génération à l'autre : une portion, que la générosité du défunt souhaitait considérable, passait aux mains de l'Église; le reste, selon des coutumes léguées par les civilisations germaniques, se divisait en parts égales entre les fils et les filles qui recueillaient l'héritage de leur père. Par des réactions instinctives de défense, que favorisait, en l'absence de tout code écrit, la ductilité des règles coutumières, l'aristocratie laïque tenta de conjurer le double danger que représentaient l'abrègement progressif et la pulvérisation de ses assises foncières. Elle usa d'abord de sa fortune, et de tous les liens de parenté et d'assistance qui l'attachaient aux dirigeants des grands établissements religieux pour obtenir des concessions compensatrices prélevées sur la fortune ecclésiastique. Celle-ci, aux alentours de l'an mille, dans le grand élan de piété qui lui adjoignait constamment de nouvelles aumônes, excédait souvent très notablement les besoins des communautés monastiques ou canoniales. Les abbés, les évêques, les doyens des chapitres n'hésitèrent pas alors, pour s'acquérir parmi les puissants du siècle des bienveillances profitables, à remettre à leurs parents ou à leurs amis la jouissance de quelques-unes des terres offertes aux saints patrons de leur église. Pour un temps, en principe — mais il était difficile de retirer aux héritiers du premier bénéficiaire une concession qui, pendant de longues années, s'était incorporée pratiquement au patrimoine familial. Celle-ci finissait peu à peu par ne plus se distinguer des alleux, d'autant plus aisément qu'elle n'impliquait pratiquement aucune obligation matérielle, qu'il s'agit d'un fief obligeant seulement à la prestation de l'hommage et à des services d'assistance mutuelle, qu'il s'agît d'un contrat de précaire ou, en Italie, de *livello*, stipulant une redevance en argent purement symbolique. En vérité, l'usage de telles concessions tendit à se restreindre à la fin du XIᵉ siècle. Il fit place à l'effort soutenu, mais le plus souvent vain, des administrateurs du temporel ecclésiastique pour récupérer les droits qui jadis avaient été distraits de cette manière. Toutefois, cette pratique avait eu assez longtemps duré pour réduire en partie le déséquilibre que le jeu des donations pieuses tendait à introduire entre la richesse foncière de l'Église et celle de l'aristocratie laïque. Ce qui, d'ailleurs, la fit abandonner, ce fut, autant que l'esprit de la réforme grégorienne qui condamnait la dépendance du spirituel à l'égard des forces temporelles, le fait que le flot des aumônes allait peu à peu s'amenuisant. Dans les fonds d'archives ecclésiastiques se montre en effet clairement, à partir du milieu du XIᵉ siècle, la raréfaction progressive des actes de donation et leur remplacement par des titres d'acquisitions onéreuses ou par des pièces de procédure. Ce phénomène épousait la lente évolution du sentiment religieux, le recul du formalisme, la conscience de plus en plus nette que l'on pouvait sauver son âme autrement qu'en achetant le pardon divin. Mais il semble gouverné plus directement encore par la pénétration de l'instrument monétaire qui permettait d'offrir des valeurs moins précieuses que la terre, et par le souci des familles de mieux protéger leurs possessions : les cartulaires des établissements religieux communiquent l'impression que les membres de l'aristocratie donnent parfois moins au XIIᵉ siècle qu'ils ne revendiquent, opiniâtrement, les vieilles aumônes de leurs ancêtres. Commence le temps des procès, des tractations complexes où l'argent joue un rôle de plus en plus déterminant et que dicte une politique, plus consciente peut-être, de regroupement du patrimoine foncier.

La consolidation des fortunes aristocratiques fut également favorisée par une lente modification des structures de parenté, encore mal étudiée mais qui paraît accompagner dans un grand nombre de régions européennes l'implantation de la féodalité. Dans les strates supérieures de la société, et d'abord dans les plus élevées, les liens de famille tendirent alors à s'ordonner dans un cadre plus rigide, propre à mieux sauvegarder la cohésion de l'héritage, le cadre du lignage. Une dynastie, une lignée d'hommes : succédant au père, le fils aîné exerçait le contrôle du bien collectif légué par les ancêtres, qui devait garantir à la famille la continuité de sa prééminence. Dans cet encadrement plus strict, le souci de contrarier les effets des divisions successorales conduisit à limiter la prolifération de la descendance : la famille n'autorisait qu'un seul des fils, l'aîné, deux tout au plus, à contracter mariage légitime; elle établissait les autres, autant que possible, dans les dignités du haut clergé ou dans les monastères; c'est-à-dire qu'elle s'appuyait sur les biens de l'Église. Pour ne pas déchoir de son rang, ce même souci fit adopter l'usage de donner aux filles qui se mariaient une dot en biens meubles, ce qui leur ôtait tout droit sur l'héritage foncier. Il fit lentement admettre que l'aîné des garçons pouvait jouir d'un privilège, recevoir une portion plus considérable, sinon la totalité de la succession paternelle. De telles pratiques, qui s'insinuèrent insensiblement dans la coutume, semblent avoir efficacement freiné, dans un climat de large expansion démographique, les forces diverses qui inclinaient les fortunes laïques à se disloquer et à s'amenuiser. Si l'on ajoute que l'irrésistible pression des contraintes sociales obligea les grands à « caser » peu à peu la plupart des chevaliers qu'ils entretenaient encore dans leur maison, à les marier, en leur concédant un fief dont la vigueur des liens familiaux fit admettre très vite le caractère héréditaire, à les installer ainsi dans une seigneurie personnelle, il faut reconnaître que l'aristocratie, pendant cette période, poussa plus profondément ses racines dans ses assises foncières. La plus grande part du xiie siècle apparaît comme une période de relative stabilisation des patrimoines respectifs de l'Église et de la chevalerie. Celle-ci, jusque dans ses strates les plus basses, se maintient dans une position économique nettement supérieure à la condition paysanne.

Cette supériorité fut, sur un second plan, renforcée par l'établissement d'un système fiscal dont les « pauvres », les « travailleurs » furent seuls à supporter le poids. Cette fiscalité n'était pas nouvelle; elle s'aménagea différemment. Elle procédait en effet très directement du pouvoir, du « ban », que détenaient les anciens rois. Mais deux modifications majeures se discernent.

1. Alors que tous les hommes libres étaient jadis soumis au ban royal, la division du corps social en trois ordres introduisit au sein du peuple un clivage fondamental. Une notion nouvelle de la liberté, conçue désormais comme un privilège, celui d'échapper aux contraintes déshonorantes et notamment aux fonctions fiscales, vint soustraire entièrement les gens d'Église et les chevaliers à la pression économique exercée par le pouvoir. Elle lui soumit en revanche tous ceux qui n'appartenaient pas aux deux ordres privilégiés. Elle confondit dans une même exploitation ceux d'entre eux dont les ancêtres étaient de naissance libre et les descendants des esclaves. Elle rassembla les uns et les autres en une classe homogène, dont tous les participants étaient astreints à des services identiques, et où les critères de l'ancienne servitude s'estompèrent rapidement.

2. L'exercice du ban et la perception des profits qu'il autorisait se trouvèrent désormais circonscrits dans un espace restreint, dans un « district » (le terme vient d'un mot qui précisément signifie contraindre) dont les limites extérieures étaient rarement à plus d'une demi-journée de chevauchée d'un point central, qui était un lieu fortifié. L'homme qui commandait la garnison de ce château entendait assumer sur l'ensemble de ce territoire les fonctions de paix et de justice, c'est-à-dire les missions mêmes de la royauté. Dans une part de l'Europe chrétienne, en Angleterre et dans le Nord-Ouest du continent, où les assises des royaumes et des principautés avaient conservé plus de vitalité, le châtelain dépendait encore d'un maître; il agissait en son nom et lui transmettait une partie des revenus que procurait le pouvoir. Ailleurs, il était indépendant et se conduisait en souverain. Partout, il prétendait juger tous ceux qui résidaient dans les environs de la forteresse et qui n'étaient ni clercs, ni moines, ni chevaliers. Il levait sur eux des amendes et, en cas d'infraction grave, confisquait leurs biens. Son action de justice et de police se montrait d'autant plus vive et pénétrante qu'elle était en effet profitable. Il obligeait les rustres à travailler à l'entretien des ouvrages fortifiés, à ravitailler les guerriers et la cavalerie du château. Il faisait payer aux étrangers qui traversaient la châtellenie, marchands ou pèlerins, et à tous ceux qui fréquentaient les marchés, la protection temporaire qu'il leur procurait. Comme les rois naguère, il était le garant des mesures. Il arrivait qu'il frappât monnaie. Par tous les

biais, il exploitait l'autorité dont il était détenteur, et le ban finalement se traduisait par un réseau de prélèvements opérés de différentes manières sur les surplus de la production paysanne ou sur les profits du négoce.

Le chef de la forteresse était le premier à puiser dans l'épargne des travailleurs, parce qu'il possédait la puissance militaire. Il s'en appropriait aussi la plus grande part. Cependant, parmi les habitants de la châtellenie, presque tous se trouvaient en état de dépendance économique à l'égard d'autres seigneurs dont ils cultivaient la terre ou de qui dépendait leur corps, parce qu'ils s'étaient eux-mêmes donnés à eux ou parce que leurs ancêtres étaient leurs esclaves. Ces maîtres privés s'efforcèrent de soustraire leurs tenanciers et leurs dépendants à l'exploitation du détenteur du ban. Les taxes, les « exactions », les «coutumes», comme disent les textes du temps, perçues par ce dernier touchaient à des réserves de richesses et de travail dont ils souhaitaient se réserver l'entière disposition. Le plus souvent, ils échouèrent et durent partager avec le maître de la paix et de la justice le pouvoir économique sur les paysans de leur domaine et de leur « famille » servile. Certains cependant réussirent à faire respecter leur monopole, et le territoire de la châtellenie se trouva généralement parsemé d'enclaves, parfois minuscules, réduites à la maisonnée d'un chevalier, parfois plus vastes, aux dimensions d'un village, notamment lorsque tel établissement religieux était parvenu à faire respecter le vieux privilège d'immunité qu'il tenait des Carolingiens. Mais les habitants de ces enclaves n'échappaient point pour autant aux exactions. Ils furent exposés à des exigences semblables de la part du maître de leur terre ou de leur personne qui prétendit lui-même les juger et leur extorquer le prix de la paix, comme le faisait ailleurs le seigneur du ban.

En définitive, compacte ou morcelée, mais uniformément établie, la puissance banale intervint comme un facteur déterminant dans les mécanismes économiques, et particulièrement de deux manières. En premier lieu, l'exercice de cette puissance nécessita le recours à de nombreux auxiliaires, à des « sergents » qui faisaient la police des champs, à des « prévôts » qui présidaient les tribunaux de village, à des « forestiers » qui pourchassaient dans les bois et les friches les contrevenants aux droits d'usage, à des percepteurs postés sur les marchés et aux principaux passages. Tous ces *ministeriales*, comme les textes, spécialement en Germanie, les nomment, les chefs les recrutaient parmi ceux de leurs serviteurs qui leur étaient le plus étroitement attachés. Il s'agissait en effet de les tenir solidement bridés. Mais comme ils participaient directement aux profits des « coutumes », parce qu'ils prélevaient une part des taxes et des amendes qu'ils percevaient, ils se montraient les agents les plus virulents de l'exploitation du droit de ban. Ils l'appesantissaient autant qu'ils pouvaient, construisant sournoisement leur propre fortune sur les revenus qu'elle procurait. En second lieu et surtout, cette exploitation, ainsi poussée au plus profond, fut fort profitable. Sans doute n'était-elle pas sans limites. Leur nom l'indique, ces taxes levées sous prétexte de maintenir la paix et la justice étaient des « coutumes », c'est-à-dire que la mémoire collective en limitait le taux. Il fallait aussi compter, et beaucoup, sur la résistance des ménages paysans. sur les fraudes, les évasions, toutes les manœuvres dilatoires. Cependant, la coutume était malléable. Elle résistait mal à la pression des maîtres du pouvoir. Les agents de la fiscalité banale étaient partout présents, avides, et ils avaient pour eux la force. De leurs malversations, à qui ceux qui les subissaient auraient-ils pu se plaindre ? Voici pourquoi cette machine fiscale fonctionna bien. Elle put enlever à la paysannerie la plus grande part de ce qu'elle produisait et qu'elle ne consommait pas elle-même pour survivre. Elle freina donc considérablement tout mouvement d'ascension économique parmi les humbles. Elle réduisit l'écart entre les tenanciers et les agriculteurs indépendants. Elle nivela la condition paysanne. Elle la rabaissa et, de la sorte, approfondit irrémédiablement le fossé qui séparait la classe des travailleurs de celle des seigneurs.

*

Cette dernière, en vérité, était loin d'être homogène : tous les seigneurs ne se situaient pas au même niveau et ne tiraient pas de la même manière profit du labeur d'autrui. Enchevêtrées, inextricablement mêlées les unes aux autres, confondues dans l'esprit des hommes de l'époque, il existe en réalité trois formes distinctes d'exploitation seigneuriale. Parce qu'elle se confondait avec ce qu'on désigne alors par le mot *familia*, avec la maisonnée qui environnait tout personnage de quelque puissance, on pourrait qualifier l'une de domestique. Entendons par là cette sorte d'aliénation qui mettait le corps d'un être au pouvoir d'un autre. C'était le résidu tenace de l'esclavage. Sous la pression du pouvoir banal, la servitude de type ancien s'était atténuée. Elle s'était diluée. Elle s'était ici et là résorbée. Ailleurs, elle avait largement gagné du terrain aux dépens de l'ancienne population libre, par la « commendise », par les nécessités qui poussèrent tant de faibles, tant de pauvres, pour échapper à la faim, à l'oppression des sergents du châtelain, voire à la crainte de l'au-delà, à se placer sous le patronage d'un protecteur. Mais ses liens ne s'étaient pas dénoués. Ils étaient devenus ceux de ce que l'on appelle communément le servage. Dans la plupart des villages d'Europe, il existait donc des paysans (en proportion variable : il arrivait que la communauté villageoise fût tout entière dans ce cas) qu'un maître nommait « ses hommes ». En fait, ils étaient bien à lui, depuis leur naissance, et leurs descendants lui appartiendraient; il pouvait les vendre, les donner; il les châtiait; en principe, ils lui devaient tout. C'était avant tout de leur travail qu'il tirait profit, dans sa maison et sur ses champs, et le « service » qu'il attendait d'eux n'avait pas de limites. Ils plaçaient à la disposition de l'économie domestique une main-d'œuvre permanente et dont le coût était uniquement celui de son entretien. Mais cette forme de dépendance pouvait être aussi une source de perceptions. En effet, tous les êtres qui la subissaient ne vivaient pas dans la demeure de leur patron. Loin de sa main, établis en ménage sur sa terre ou sur celle d'autrui, ils lui demeuraient bien sûr attachés, et ce lien se traduisit non seulement par des services en travail dont les usages coutumiers aussi bien que l'éloignement tendaient à limiter l'étendue, mais par trois catégories de prestations : le versement d'un cens annuel en argent, l'obligation d'acheter le droit d'épouser un conjoint qui n'appartenait pas à la « famille » du maître, les prélèvements divers qu'opérait ce dernier sur l'héritage de son homme. Sur cette forme de seigneurie, très largement répandue et très communément partagée parmi tous les membres de l'aristocratie, sinon parmi quelques paysans riches, reposa jusqu'à la fin du XIIe siècle l'exploitation de tout capital foncier de quelque importance. Elle réduisit notablement le recours au salariat. Par les réserves de travail qu'elle permettait de mobiliser, elle constituait l'une des deux assises fondamentales de la puissance économique.

L'autre était la seigneurie que l'on peut appeler foncière, parce qu'elle découle de la possession non point des êtres mais du sol. Ses structures prolongent en fait celles des domaines que font connaître les polyptyques carolingiens. Il était extrêmement rare en effet que les riches missent en valeur, par le seul travail de leurs dépendants personnels, toute la terre qu'ils possédaient. Ils en concédaient une bonne part à

des tenanciers, qui parfois étaient « leurs hommes », parfois
les « hommes » d'autrui, ou bien qui vivaient indépendants
de toute sujétion corporelle. Concéder de la terre, c'était
acquérir un pouvoir, celui d'opérer des prises sur les ressources
des ménages tenanciers. A vrai dire, ces prises n'étaient pas
illimitées comme celles qu'autorisait le servage. Elles étaient
strictement bornées, soit par les termes d'un contrat dans les
pays où, comme en Italie, s'était mieux conservé l'usage de
l'écriture, soit par des règles coutumières tout aussi impéra-
tives. Il s'agissait toujours, ou presque, d'un prélèvement
sur la production de la tenure, de livraisons exigées soit
directement en denrées agricoles, soit en espèces monétaires.
Il s'agissait souvent aussi d'un prélèvement sur les capacités
de travail de la famille paysanne requise d'accomplir un
certain nombre de corvées.

Le troisième type d'exploitation seigneurial relève de
l'exercice du droit de ban. Nous venons de caractériser celui-ci.
Répétons seulement qu'à la limite il permettait à ceux qui
le détenaient de prendre tout ce qui pouvait être enlevé dans
les maisons paysannes, monnaie, récolte, bétail, travail
même, par le biais des réquisitions pour la réfection du château
ou pour le charroi des approvisionnements. C'était en vérité
une sorte de pillage, légitimé, organisé, tempéré seulement par
la nouvelle morale de la paix et par la résistance des solidarités
villageoises. Ajoutons que cette dernière forme d'exploitation
économique surplombait les deux premières et fréquemment
les concurrençait. Elle était en fait beaucoup plus concentrée
que les autres. Un petit nombre de seigneurs profitait seul
de ses avantages, qui se trouvaient être de loin les plus considérables.

Aussi est-ce l'inégale répartition de l'autorité banale qui
établit au sein de la classe seigneuriale la principale distinction économique. D'un côté se plaçaient ceux que les documents appellent au xie siècle les « grands » *(optimates, principes)* et, au xiie, les « riches hommes ». Individuellement,
le titre de « seigneur » *(dominus)* accompagne leur nom dans
les actes écrits. Ce sont effectivement des maîtres, et c'est
pour cela qu'ils sont les plus riches. Qu'ils soient hauts dignitaires de l'Église, évêques, abbés des monastères, ou maîtres
de la puissance militaire, princes régionaux, comtes, « barons »,
ceux qui tiennent les forteresses et exploitent les prérogatives
attachées à ces assises de l'ordre public peuvent être plus ou
moins bien nantis. Toujours cependant leur seigneurie domestique et foncière s'étend très largement sur le territoire qu'ils
contrôlent; elle l'emporte sur toutes les autres. Héritiers des

droits régaliens, ils ont en effet pu mettre la main sur les vastes espaces incultes qui relevaient autrefois du domaine éminent des souverains. Toutefois, leur richesse même et les fonctions qu'ils remplissent les tiennent éloignés de la terre et des paysans qui la cultivent. Ils les dominent de trop haut. Entre eux et le peuple des travailleurs s'interposent des intermédiaires qui sont les interprètes de leurs exigences; ce sont ces auxiliaires qui tiennent les véritables leviers du pouvoir économique. Quant aux « grands » eux-mêmes, ce sont généralement des rentiers. Soucieux seulement d'être régulièrement pourvus de ce qui est nécessaire à leur faste et à la gloire de leur maison, ils abandonnent une part notable de leur puissance aux mains de ceux qu'ils ont chargés de l'exercer en leur nom.

De l'autre part, se situent tous les autres seigneurs, les simples chevaliers, les chanoines qui tiennent en « prébende » une portion du patrimoine de l'église cathédrale, les moines placés à la tête d'un prieuré rural, ainsi que les mandataires des « grands ». Eux aussi plus ou moins riches, ils ont en commun d'assumer directement la gestion quotidienne d'un domaine rassemblé et dont les dimensions n'excèdent pas leurs capacités de contrôle. Ils sont les voisins des paysans; ils les connaissent par leur nom; ils partagent leurs soucis; ils sont avertis de ce qu'ils produisent et de ce qu'il est possible de leur extorquer. Pour pouvoir modeler leur comportement sur celui des « riches hommes » dont ils fréquentent la cour, ils s'efforcent d'accroître autant qu'il est possible les profits de la seigneurie. Et comme ils vivent en contact immédiat du capital foncier et de la masse des travailleurs, on peut les tenir pour les agents les plus actifs du dynamisme économique et d'une croissance dont les documents du xiie siècle révèlent les manifestations éclatantes.

LES RESSORTS DE LA CROISSANCE

En effet, l'impulsion de la croissance interne dont l'économie européenne est alors le lieu doit être située en dernière analyse dans la pression qu'exerça le pouvoir seigneurial sur les forces productives. Cette pression toujours plus intense résultait du désir que partageaient les gens d'Église et les gens de guerre de réaliser plus pleinement un idéal de consommation, pour le service de Dieu ou pour leur gloire personnelle. Au xie et au xiie siècle, les limites de ce désir reculèrent sans cesse, à mesure que se prolongeaient les entreprises de la chrétienté latine en direction des pays méditerranéens. A la fascination qu'avaient exercée les modèles de l'Antiquité romaine sur les aristocrates du haut Moyen Age, s'était substituée celle des souvenirs que rapportaient, après avoir conquis Barbastro ou Tolède, Palerme ou Bari, les aventuriers d'Espagne et de l'Italie méridionale, ou, de leur passage par Constantinople ou Antioche, les pèlerins de la Terre sainte. Ces souvenirs installaient dans la mentalité seigneuriale l'appétit sans cesse aiguisé de se dégager de la rusticité, d'atteindre au genre de vie que menaient les citadins du Sud. Et cette aspiration gagnait de proche en proche, tandis que les seigneurs sortaient de leur isolement, tandis que se multipliaient les occasions de rencontre et que se renforçait l'attraction des cours princières. C'était en effet dans ces réunions mondaines que se diffusaient les modèles exemplaires du comportement nobiliaire et que s'étalaient les richesses ramenées de l'Orient. Jusqu'au fond de l'Europe sauvage, les princes slaves rêvaient de calquer leurs manières sur celles des princes de Germanie, lesquels recevaient constamment, depuis la Gaule et l'Italie, des appels à plus de raffinement. Ainsi s'avivait de toutes parts la propension au luxe.

Pour satisfaire à des goûts de plus en plus exigeants, il importait de ravir toujours davantage. Il était possible encore, sur les lisières belliqueuses de la chrétienté, de le faire par la violence. Mais une espèce de paix et d'ordre s'était installée dans l'Europe féodale, et qui restreignait de plus en plus, à mesure que s'affermissaient les structures du pouvoir, l'aire de la turbulence militaire. Ce qui importa, dès lors, ce fut d'accroître les revenus de l'exploitation seigneuriale. Mais il existait deux limites à cet accroissement. Celle que d'abord établissait la coutume. A ses hommes de corps, le seigneur pouvait en principe tout demander, et aux manants établis dans la châtellenie, le maître du ban, en pourchassant leurs moindres délits ou en usant de son droit de gîte, était en état de prendre presque tout. Le pouvoir économique que conféraient les différentes formes de seigneurie était d'autant plus fort qu'il s'alliait au pouvoir judiciaire. Les simples seigneurs fonciers eux-mêmes présidaient un tribunal qui tranchait tous les désaccords à propos des charges de la tenure et qui sanctionnait les défaillances des tenanciers, et les décisions de ces cours étaient le plus souvent sans appel. Tous les seigneurs jugeaient donc des procès où leurs propres intérêts se trouvaient en cause. Toutefois toutes les assemblées judiciaires de la seigneurie étaient formées par les travailleurs eux-

mêmes, c'était sur leur avis que le juge rendait sa sentence.
Face à lui, les hommes du peuple se sentaient solidaires et se
faisaient un rempart des usages. Nul ne pouvait en effet
transgresser la coutume. Ils en étaient en commun les déposi-
taires, il fallait recourir par enquête à leur témoignage, et si
la pression de la puissance seigneuriale parvenait à introduire
dans les règles coutumières des innovations favorables aux
maîtres, elle se heurtait à la conscience populaire, rétive,
opiniâtre, et dont la mémoire sélective savait rejeter dans
l'oubli toutes les nouveautés mal supportables. Quant à
l'autre limite, elle était proprement économique. Nul ne
pouvait dépouiller les travailleurs sans mesure, sous peine de
voir leur productivité défaillir ou de les contraindre à la fuite,
dans un monde encore large, où les possibilités d'accueil
s'offraient nombreuses aux émigrants. C'est pourquoi le désir
d'augmenter le rapport de l'exploitation seigneuriale suscita
peu à peu dans l'esprit des seigneurs et de leurs agents l'intention d' « améliorer » (*meliorare*, ce mot latin revient fréquemment dans les documents économiques de ce temps) le rendement des paysans qui leur étaient soumis, soit en favorisant
l'accroissement de la population rurale, soit en mettant les
travailleurs en état d'étendre leurs capacités de production.
Plus ou moins consciente, plus ou moins contrariée par
d'autres impulsions et par les faiblesses mêmes d'attitudes
mentales encore très frustes, cette intention stimula, dans les
cadres de la féodalité, la poursuite d'un mouvement de
progrès.

De ce mouvement, quelques signes indirects se discernaient
dès l'an mille. Mais ces indices deviennent beaucoup plus
évidents dans les textes à partir de 1075, et le faisceau qu'ils
constituent incite, dans une chronologie que le laconisme,
l'extrême dispersion et le caractère toujours latéral de la
documentation maintiennent encore fort imprécise, à placer
à ce moment — celui, rappelons-le, où, dans l'Est de l'Europe,
les trésors se liquéfient tandis que se répand la monnaie
divisionnaire — un jalon très important : ce fut alors que cet
élan, dont la vigueur se renforçait dans l'ombre depuis des
décennies, prit suffisamment de puissance pour se traduire par
des phénomènes très manifestes de décontraction. Ainsi, dans
les trois dernières décennies du xıe siècle, voit-on s'ouvrir
des chantiers d'églises neuves beaucoup plus nombreux et
beaucoup plus amples. Ainsi voit-on la chevalerie d'Occident
se lancer de toutes parts dans des opérations agressives plus
profondes, dont le point culminant est, en 1095, le lancement
de la première croisade. Ainsi voit-on fleurir de nouvelles

congrégations monastiques qui recrutent d'innombrables
adeptes dans les diverses classes de la société; un souci d'ascétisme les anime, une condamnation de la richesse; de ces
exigences plus rigoureuses seule peut rendre compte, dans un
milieu économique moins stagnant, la prise de conscience
d'un désir — jugé pervers — d'ascension économique, et par
conséquent des possibilités de celle-ci; par là de la découverte
des premières contagions de l'esprit de profit. Ainsi voit-on,
pendant cette période, les échanges se diffuser dans les campagnes. C'est alors, par exemple, que les chartes rédigées dans
la région mâconnaise commencent à préciser la valeur respec-
tive des différentes pièces de monnaie, ce qui prouve à la fois
une pénétration plus profonde de l'instrument monétaire
dans le monde rural, la diversification de la frappe, enfin la
perception d'une notion nouvelle, celle du change. Au même
moment, les maîtres du pouvoir banal s'avisent de profiter
des passages plus fréquents de trafiquants qui transportent
des marchandises plus précieuses; se multiplient dès lors les
allusions à cette forme d'exaction, alors en pleine expansion,
qu'est le péage : le pape cherche à soustraire des marchands
d'Asti, qui traversaient l'Ile-de-France, aux taxes qu'entendait leur imposer le roi Philippe Ier; l'abbé de Cluny s'en
prend à un châtelain du voisinage qui retenait une caravane
commerciale venue de Langres et voulait l'obliger à lui payer
le prix de sa protection. Le règlement de péage établi par les
moines de Saint-Aubin d'Angers en 1080-1082, et qui s'applique
aux hommes d'un village, montre bien d'ailleurs que le trafic
alors n'était plus seulement le fait de professionnels. Des
paysans participaient aux échanges; ils vendaient, ils achetaient du bétail; ils concluaient des contrats d'élevage avec
des étrangers; ils conduisaient, pour les écouler sur les marchés
d'alentour, les « portant au col », de la cire, du miel, de la
viande de porc, des peaux, de la laine; il leur arrivait même
de s'associer à quelques-uns pour une expédition de commerce
à plus longue distance, de partir au loin charger leurs bêtes
de somme de denrées alimentaires, et même de « marchandises
étrangères et de grand prix ». De même, c'est vers 1075 que
l'abbé de Reichenau concède à tous les « paysans » de l'un
de ses villages « le droit de commercer... afin qu'eux-mêmes
et leurs descendants soient des marchands ». Dans ces années
se fait pour la première fois sentir une animation qui s'infiltre
partout. Elle repose sur la lente accoutumance à utiliser de
façon moins exceptionnelle des espèces monétaires dont la
frappe devient plus abondante. Elle acclimate jusqu'au cœur
rural du continent occidental des activités dont l'amplifi-

cation n'était guère perceptible, au siècle précédent, que sur les lisières de la chrétienté, où la présence de la guerre entretenait la mobilité des richesses. L'effervescence commerciale et monétaire qui se laisse dès lors percevoir émane ici de la vitalité de structures économiques plus profondes. Elle en est la révélation. Mais elle concourt elle-même à la stimuler. C'est bien dans les trois dernières décennies du XIe siècle qu'il faut situer l'ouverture d'une phase nouvelle dans l'histoire économique européenne, celle d'un développement général, continu, accéléré, dont il convient d'analyser les modalités.

Les paysans

À la base de cette animation se situe incontestablement
le renforcement de l'effort agricole. Celui-ci résulte pour une
large part de la pression des seigneurs, soucieux de voir se
gonfler, pour s'en emparer, le surproduit du labeur de leurs
hommes de corps, de leurs tenanciers et de leurs sujets.
Mais il était préparé de longue date par deux facteurs
conjoints. En premier lieu peut-être par une amélioration
des conditions écologiques, s'il est vrai que, depuis quelques
siècles, les campagnes de l'Europe bénéficiaient d'un climat
plus doux et moins humide, favorable au succès des entreprises agraires. D'autre part, et sans nul doute, par l'expansion démographique.

LE NOMBRE DES TRAVAILLEURS

Il s'agit là d'un mouvement de profondeur, dont l'observation est presque impossible. Du moins devine-t-on qu'il
était au XIᵉ siècle en marche depuis longtemps déjà en
Allemagne comme en Angleterre, en Catalogne comme en Italie
centrale, qu'il avait été en Gaule un moment réprimé par
la rigidité des cadres domaniaux carolingiens, mais qu'il
était parvenu peu à peu à la rompre.

Ce qui est indubitable, c'est que la tendance au progrès
démographique ne cesse de s'affirmer à partir du moment où
commencent à s'installer les structures féodales, et tout au
long du XIᵉ et du XIIᵉ siècle. L'état de la documentation
interdit absolument de mesurer l'ampleur de ce mouvement.
Certes, pour la plus grande part de l'Angleterre et pour le

dernier tiers du XIᵉ siècle, la grande enquête ordonnée par Guillaume le Conquérant qui aboutit à la rédaction du *Domesday Book* fournit des données statistiques d'une valeur exceptionnelle, bien que d'interprétation malaisée. Mais cette source est entièrement isolée. Pour pouvoir comparer à d'autres les chiffres qu'elle procure, il faut attendre l'époque où les techniques de la fiscalité se furent suffisamment perfectionnées pour recourir à des dénombrements systématiques, c'est-à-dire, dans la même Angleterre, les approches de l'an 1200 pour quelques villages relevant de seigneuries ecclésiastiques gérées avec un soin particulier, et, pour l'ensemble du royaume, le XIVᵉ siècle. Tout ce que l'on peut établir avec quelque certitude, c'est que la population anglaise a plus que triplé entre 1086 et 1346, sans que l'on parvienne à suivre de près le rythme de cette croissance. Force est donc de s'appuyer sur des indices épars qui pour le plus grand nombre concernent les niveaux supérieurs de la hiérarchie sociale. L'ampleur, en ce temps, des entreprises militaires aussi bien que le pullulement des nouvelles fondations religieuses ne sauraient s'expliquer sans faire état d'un gonflement continu des effectifs de la chevalerie. De ce gonflement la preuve existe dans les généalogies que l'on peut établir avec quelque précision pour un petit nombre de lignages aristocratiques. Dans ces familles, la volonté d'éviter la dispersion du patrimoine incitait, à chaque génération, à restreindre le mariage des enfants mâles; mais, à chaque génération, les ménages qui n'étaient pas stériles procréaient de nombreux garçons, dont beaucoup parvenaient à l'âge adulte. On a tenté, pour la Picardie, de calculer sur de tels indices le taux de la croissance : le nombre des garçons adultes par ménage fécond s'établit à 2,53 entre 1075-1100, 2,26 entre 1100-1125, 2,35 entre 1125-1150, 2,46 entre 1150-1175, 2,70 entre 1175-1200. Ce qui conduit à l'hypothèse d'un taux d'accroissement annuel de 0,28 % pendant le troisième quart du XIIᵉ siècle, et de 0,72 % pendant le quatrième quart. Tout permet de penser qu'un tel dynamisme, favorisé par une longévité moyenne de quarante à cinquante ans et animé par une forte natalité, que la vigueur de la mortalité infantile et la large proportion — le tiers peut-être — d'unions stériles étaient bien loin d'amortir, n'était pas le privilège des milieux aristocratiques, mieux nourris sans doute, mais plus exposés aux périls du métier militaire. Les grandes poussées qui, à la fin du XIᵉ siècle, entraînent des foules de pauvres sur les chemins de Jérusalem ou dans le sillage des prédicateurs itinérants et l'afflux des convers de naissance paysanne dans les nouveaux monastères du xiie siècle dénotent, dans la masse du peuple, une vitalité semblable à celle qui lance au même moment tant de fils de la noblesse dans les expéditions lointaines et dans l'état monastique ou canonial. Dans les quelques familles de condition servile, dont des pièces de procès relatifs à la dépendance personnelle font connaître la composition, les garçons n'apparaissent pas moins nombreux que dans les lignages de l'aristocratie. De la fragmentation et de la prolifération des exploitations agricoles, de la mobilité extrême de la population rurale, perceptible à tant de signes et qui s'intensifie peu à peu au cours du xiie siècle, le flux de la croissance démographique était incontestablement le ressort.

Mais de ce flux même, il faut bien chercher l'origine et mettre alors en cause un faisceau de conditions favorables, plus ou moins déterminantes. On ne saurait éliminer l'incidence du recul des incursions sauvages, de l'instauration de l'ordre féodal et des institutions de paix. Il ne faut pas cependant sans doute en exagérer l'effet, car la guerre saisonnière, attisée par les discordes constantes entre les possesseurs de châteaux rivaux, ne cessa de sévir dans toutes les provinces de la chrétienté. En dépit de tous les interdits, le groupe des combattants professionnels, dont les généalogies montrent tant de fils tués dans les rencontres ou dans les accidents de l'entraînement militaire, ne fut pas seul à en pâtir physiquement. Les paysans moururent aussi, malgré les croix de sauvegarde où venaient s'accrocher, poursuivis par des ravisseurs, des grappes de malheureux sans défense. Plus décisive incontestablement fut la hausse continue de la production des subsistances, elle-même d'ailleurs directement déterminée par l'accroissement continu du nombre des hommes. La permanence des disettes, l'implantation durable dans les soubassements du corps social des maladies de la malnutrition, toute une misère biologique qui, dans le cours du xiie siècle, tandis que s'infléchissaient lentement les attitudes et les gestes de la piété chrétienne, suscita partout la multiplication des maisons-Dieu et des institutions charitables incite à croire que les surplus offerts à la consommation populaire n'introduisirent guère plus d'aisance alimentaire dans la plupart des ménages paysans. Ce qui signifie que, dans le peuple, le principal effet de la croissance agricole fut d'affaiblir les obstacles à la prolifération des groupes familiaux : le gâteau devenait plus gros; si les parts restaient les mêmes, c'est qu'elles étaient plus nombreuses. Il semble enfin, en dernière analyse, qu'aient également joué un rôle, et des plus déterminants, les modifications qui intervinrent dans le statut juridique des travailleurs.

Parmi ces transformations, celle dont on peut penser que les répercussions sur le mouvement de la population et sur la hausse de la productivité furent les plus profondes est l'évolution de la condition servile. Tant que des hommes et des femmes jeunes demeurèrent, dans la maison d'un maître, englobés dans une équipe d'esclaves domestiques, sans rien posséder qui leur appartînt, ni foyer, ni même leur propre corps — et de telles équipes apparaissaient encore fort vigoureuses, on l'a vu, sur les grands domaines gaulois du VIIe siècle —, toute une part de la population rurale fut maintenue dans les conditions les plus défavorables à sa reproduction. On peut sans hésitation supposer que les enfants qui naissaient et qui traversaient les dangers de la première enfance étaient, dans les chiourmes d'esclaves, moins nombreux que partout ailleurs. Lorsque les maîtres laissèrent peu à peu se dissoudre de telles équipes, lorsqu'ils décidèrent de caser leurs esclaves par ménages sur une exploitation agricole autonome, non seulement ils stimulèrent les capacités de production de ces travailleurs, désormais directement intéressés au profit de leur labeur, mais ils les mirent en bien meilleur état de procréer des enfants et de les élever jusqu'à l'âge adulte. Dans cette progéniture, ils continuèrent de recruter les domestiques qu'ils jugeaient nécessaire d'entretenir dans leur demeure mais, parmi les garçons et les filles des esclaves ainsi casés, beaucoup restèrent disponibles pour fonder de nouveaux foyers. Et lorsque l'installation de l'autorité banale, nivelant la condition paysanne, vint estomper progressivement les distinctions entre les paysans libres et les non libres, on vit se multiplier encore ces mariages mixtes unissant, avec l'assentiment des maîtres, les enfants des esclaves à ceux des autres manants, que régissait maintenant la même coutume. Déjà de tels mariages étaient nombreux au début du IXe siècle parmi les tenanciers de l'abbaye de Saint-Germain-des-Prés. Bientôt disparut toute ségrégation matrimoniale entre les deux groupes que séparaient naguère, au sein de la paysannerie, les critères juridiques de l'antique servitude, et la mobilité de la population rurale, favorisée par la croissance démographique, précipita cette fusion : un document provenant de l'abbaye de Cluny met en scène, au XIe siècle, un immigrant de naissance libre qui vint s'installer dans un village des bords de la Saône; il prit pour épouse, dans une localité proche, une femme de condition servile; de la famille qu'il fonda, les rameaux se propagèrent rapidement dans les

terroirs du voisinage. De toute évidence, le passage de l'esclavage au servage, dans la mesure où il fit se disperser les équipes
d'esclaves domestiques et se multiplier les cellules autonomes
de production, fut, dans le peuple des campagnes, le stimulant
le plus vigoureux de la fécondité. Je verrais pour ma part
dans cette mutation, qui provoqua peut-être aussi une prolon-
gation de la longévité, le ressort principal d'un accroissement
continu du nombre des hommes. Dès le haut Moyen Age,
il semble bien que le dynamisme démographique était déjà
plus vif en Germanie et en Angleterre, c'est-à-dire dans les
provinces de l'Occident où les liens de l'esclavage étaient
moins étendus et moins stricts. Il est certain en tout cas que
les premiers indices apparents d'un essor du peuplement se
manifestent au moment même où les tumultes consécutifs aux
dernières invasions déterminent en Gaule un rapide desserrement de ces liens et où la commune soumission des rustres au
pouvoir des maîtres des châteaux fait abandonner l'un après
l'autre le mot *mancipium* et le mot *servus* (en Dauphiné
respectivement après 957 et après 1117), c'est-à-dire la dernière
expression consciente de l'antique notion de servitude.

Des modifications conjointes, qui affectèrent d'autres usages
juridiques, vinrent renforcer l'action de ce bouleversement
fondamental. Tout ce que l'on discerne, ou presque, à cette
époque, des coutumes familiales, concerne l'aristocratie :
avant la fin du xiie siècle, l'intervention directe des paysans
dans les transactions foncières est bien trop rare pour que se
laissent entrevoir les règles de dévolution de leur patrimoine.
On soupçonne cependant que, parmi les tenanciers, la cohésion
du groupe familial était devenue assez puissante pour que
se fût imposé tacitement le principe de l'hérédité de la tenure,
— l'Italie mise à part peut-être, où le recours normal à des
actes écrits, passés devant notaire, maintint très vivace la
pratique des contrats de concession temporaire. Il est possible
cependant — l'hypothèse vient d'être avancée à propos des
campagnes de Picardie — que, par une évolution inverse des
liens de parenté, la famille paysanne se soit distendue au
moment où le lignage chevaleresque devenait plus cohérent.
Un tel desserrement, la lente progression des droits du couple
aux dépens de ceux d'un groupe familial plus ample, favorisait
évidemment l'établissement des jeunes ménages, et par
conséquent la multiplication des noyaux de peuplement,
ainsi que la progression démographique. Cette tendance était,
bien sûr, contrariée par la volonté des seigneurs de ne pas
laisser se dissocier les unités agraires sur quoi reposait la
perception des redevances et des services. Dans bien des

seigneuries, les tenures demeurèrent indivisibles. Mais les
rigueurs de la coutume domaniale ne réussirent certainement
pas à freiner le désir des jeunes en surnombre au foyer paternel
de trouver une installation. Elles les poussèrent seulement à
s'expatrier. Elles maintinrent donc certains villages en état
de stagnation démographique, mais elles ravitaillèrent en
main-d'œuvre les franges pionnières où s'avançait la conquête
agraire. D'une manière générale d'ailleurs, les tendances à
l'expansion de la famille et à sa dissémination vinrent à bout,
semble-t-il, des réticences seigneuriales. Les maîtres du sol
durent admettre que la tenure, avec leur autorisation et
moyennant un dédommagement, pût être partagée entre les
héritiers. Un mouvement de pulvérisation des cadres anciens
de l'exploitation paysanne se mit ainsi lentement en marche,
puis s'accéléra pendant le xiie siècle. Il suffit, pour en mesurer
l'ampleur, de comparer en France les censiers, c'est-à-dire les
listes des tenures et de leurs charges, établis aux approches
de l'an 1200 aux inventaires qu'avaient dressés les administrateurs des ixe et xe siècles. Dans les premiers, la description
des redevances se dilue parmi d'innombrables parcelles, qui
forment des groupements très instables, distribués entre les
divers ménages de travailleurs. L'assouplissement qui s'introduisit ainsi dans la répartition de la terre paysanne compliqua
la tâche des régisseurs de seigneurie. Mais il favorisa dans le
peuple la ramification des lignées familiales et par conséquent
la multiplication des cellules de production. Il rejoignait
ainsi l'effet de la pénétration de l'économie monétaire.
L'intervention plus décisive de l'argent, en même temps
qu'elle animait, au niveau de la paysannerie, le marché de la
terre — les seigneurs fonciers durent consentir, non seulement
que des tenures fussent dissociées par les partages successoraux, mais qu'elles fussent démembrées par des aliénations
de parcelles, moyennant le paiement de taxes de mutation—,
autorisait des gains individuels, stimulait les initiatives économiques, permettait la formation du capital. Elle fournissait
aux paysans les plus entreprenants le moyen de mieux établir
leur descendance et de propager au loin leur lignée. L'extension
surprenante de l'exogamie paysanne se révèle, à travers les
textes, à maintes indications fugitives. Elle traduit encore
l'intensité d'une validité biologique dont les ressorts les plus
actifs résident apparemment dans la détente d'une emprise
juridique, celle qui, pendant tout le haut Moyen Age, dans
le cadre de la servitude et de l'institution domaniale, avait
longtemps comprimé les puissances d'expansion de la population rurale.

Des trois facteurs de la production paysanne, l'un, au viie et au viiie siècle, était surabondant : partout, même dans des provinces, comme le Sud de la Bourgogne, où le réseau d'occupation agraire implanté par Rome s'était pour la plus grande part conservé, la terre s'offrait à qui voulait la prendre; dans bien des contrées, elle constituait une réserve immense, ouverte, aux lisières de chaque plaque de peuplement, à toutes les entreprises agricoles. Le développement n'était donc freiné que par la déficience des deux autres facteurs, la main-d'œuvre et l'outillage. Ces entraves cédèrent pendant la période très obscure qui sépare les temps carolingiens du xie siècle. La croissance économique qui prend à ce moment son départ s'établit dans le lent prolongement de la dissolution du grand domaine esclavagiste. Elle s'appuie sur l'essor de la population des campagnes, lui-même étroitement associé au perfectionnement des techniques agraires.

LE FACTEUR TECHNIQUE

L'histoire des techniques, je l'ai déjà dit, est la plus difficile qui soit, faute de documents explicites. En effet, le travail, ses instruments, la manière de les employer s'établissent dans le domaine le plus quotidien de l'existence, celui dont on ne parle guère et à propos duquel on écrit moins encore. Qui se souciait alors d'observer les procédés mis en œuvre pour exploiter la terre, sinon les enquêteurs chargés par les seigneurs d'enregistrer les obligations des rustres et d'évaluer les profits retirés du domaine? Encore ne les décrivent-ils jamais. On peut très indirectement entrevoir certaines des pratiques agraires, lorsque les régisseurs notent, dans telle seigneurie, la nature des services en travail exigés des tenures et la saison où ils étaient accomplis; on peut se risquer aussi à mesurer le rendement de l'effort agricole à travers l'estimation, toujours grossière, des semailles et des récoltes. Mais on ne connaît les outils du xiie siècle, comme ceux du ixe, que par des mots — c'est-à-dire qu'on ne sait rien d'eux. C'est donc ici le domaine des hypothèses. La plupart d'entre elles demeureront à jamais invérifiables.

La première touche au problème, fort obscur, des habitudes alimentaires. On peut penser que le modèle romain, propagé notamment par la règle bénédictine, a continué, pendant cette phase de l'histoire européenne, d'étendre sa domination et que, par conséquent, la part du pain dans la nourriture des hommes ne cessa de croître. Cette part sans doute fut plus large que jamais à la fin du xiie siècle, avant que la poursuite du progrès matériel et la vulgarisation progressive des comportements aristocratiques ne vinssent, dans les décennies suivantes, élargir peu à peu à ses dépens celle du *companagium*, c'est-à-dire des aliments de fantaisie que l'on mange pour «accompagner» le pain. L'indice le plus sûr d'une extension de la consommation du pain pendant les xie et xiie siècles est le rôle croissant que joue le moulin dans l'économie rurale. Dès l'époque carolingienne, les moulins étaient d'un très grand rapport pour les seigneuries : ils fournissaient une large part de ses approvisionnements au grènetier du monastère de Corbie. Mais ces instruments demeuraient encore fort rares. Dans la trentaine de villages qui formaient le temporel de l'abbaye de Saint-Riquier, on n'en comptait pas plus de douze. Or le *Domesday Book* en dénombre environ six mille : dans l'Angleterre de 1086, il existait donc déjà en moyenne un moulin pour quarante-six ménages paysans. Par la suite, leur nombre s'accrut régulièrement dans ce pays, notamment dans les régions qui en étaient mal pourvues, comme le Devon. Des investigations précises permettent de saisir en Picardie le rythme de cette progression : quarante nouveaux moulins y sont mentionnés entre le milieu du ixe siècle et 1080; quarante autres apparaissent dans une phase nettement plus courte, entre 1080 et 1125; puis le mouvement s'accélère encore : en cinquante ans, le nombre des moulins connus par les textes s'élève à deux cent quarante-cinq. Cependant, l'opération — acquérir, en particulier, des meules et les pièces de fer nécessaire à la bonne marche de l'appareil — nécessitait de gros moyens. On peut penser par conséquent que, la plupart du temps, les seigneurs en prirent l'initiative. Ils pensaient s'assurer par là de nouveaux profits. Dictée par l'intérêt des maîtres, l'érection de certains moulins ne répondait peut-être pas toujours aux vrais besoins de la paysannerie. Elle représente l'une des formes de l'oppression économique exercée par la seigneurie, et les témoignages ne manquent pas qui montrent les paysans contraints par la force d'utiliser ces instruments : vers 1015, un chevalier du château de Dreux obligeait les tenanciers de l'abbaye de Bourgueil à porter leur grain à ses moulins, situés pourtant à trois heures de marche. Parmi les impulsions qui firent s'étendre l'usage de la farine dans l'alimentation populaire, l'intervention des contraintes seigneuriales ne fut certainement pas négligeable. Mais si les seigneurs se lancèrent à l'envi dans des entreprises coûteuses, c'était aussi que l'accroissement de la consommation du pain laissait

prévoir que leur investissement serait largement profitable.
Leur espoir ne fut pas déçu. Beaucoup plus nombreux que
jadis, les moulins demeurèrent, au xiie siècle, parmi les sources
les plus abondantes des revenus seigneuriaux. La multiplication des fariniers sur tous les cours d'eau et jusqu'au cœur
de l'Europe sauvage, la multiplication parallèle des fours (en
Picardie, c'est aussi vers le premier quart du xiie siècle que
l'on voit leur nombre s'accroître) reflètent le progrès continu
des céréales panifiables dans le système de production des
campagnes européennes et l'expansion du champ permanent
aux dépens des aires de la cueillette, de la chasse et des formes
primitives de l'élevage.

Ce progrès s'accompagna d'une sélection parmi les espèces
cultivées. Certaines d'entre elles, qui occupaient encore une
large place dans les greniers carolingiens, sont, dans les provinces les plus évoluées, en voie de disparition après l'an mille.
Ce fut, en Picardie, le cas de l'épeautre, qui n'est plus mentionné après le xie siècle. Dans ce choix intervinrent encore
très directement les exigences des maîtres du sol. Ils obligèrent
les travailleurs de la terre à leur livrer les grains qu'ils souhaitaient eux-mêmes recevoir. C'est-à-dire l'avoine pour l'approvisionnement de leurs écuries : dans cette civilisation cavalière,
qui faisait de l'équitation l'un des signes distinctifs de la supériorité sociale, le développement de la culture de l'avoine
accompagna pas à pas l'établissement de la chevalerie et les
progrès de son équipement militaire. Mais les riches entendaient manger du pain blanc. Ils encouragèrent à produire du
froment. On peut supposer que les paysans continuèrent à
se nourrir de céréales moins nobles. Mais les textes qui nous
renseignent sur la nature des cultures, c'est-à-dire ceux qui
décrivent la production des terres domaniales et les redevances
portées par les tenanciers dans la maison des seigneurs,
attestent le triomphe du froment, partout où les conditions
naturelles n'interdisaient pas expressément de le semer.
En Picardie, l'orge et le seigle représentaient encore, entre
1125 et 1150, 17 % des grains mentionnés dans les documents
seigneuriaux, l'avoine mise à part; cette proportion s'abaissa
ensuite, pour s'y maintenir durablement, jusqu'à 8 %. Et
tout porte à penser que les habitudes alimentaires des riches
pénétrèrent insensiblement dans les masses populaires. Pour
les hommes du xiie siècle, la base de la nourriture est le pain,
et le meilleur possible. La croissance agraire qui se développe
après l'an mille est, en vérité, proprement agricole, en ce sens
qu'elle repose sur une extension continue des cultures de
céréales panifiables.

*

On peut douter que cette extension se soit accompagnée
d'une amélioration notable des pratiques agraires. Celles qu'il
est permis de reconstituer d'après les textes du XIIᵉ siècle
diffèrent peu des méthodes employées au temps de Charlemagne dans les grands domaines monastiques de la région
parisienne. Sans doute est-il probable que ces dernières étaient
de loin les plus avancées, que dans bien des exploitations
aristocratiques et sur la terre de la plupart des ménages
paysans on en appliquait de plus primitives. Le progrès réside
sans doute dans la diffusion de ces procédés, mais il ne paraît
pas s'appuyer sur leur perfectionnement. On ne voit pas en
effet que le sol ait été enrichi par de plus considérables apports
de fumier. De cet engrais, chacun reconnaissait les avantages
primordiaux, mais il était rare et se vendait très cher, car le
bétail séjournait encore en trop petit nombre dans les étables.
De celles-ci, le peu de fumier que l'on tirait était utilisé presque
entièrement sur les parcelles vouées à des cultures continues
et exigeantes, dans les enclos du jardinage et dans les vignobles. Au XIIIᵉ siècle encore, les baux conclus dans les environs
de Paris, c'est-à-dire dans l'espace agricole sans doute le plus
prospère de l'époque et techniquement le plus évolué, imposaient au fermier de fumer des champs de blé « une seule fois
en neuf ans, la cinquième année ». Le seul amendement dont
l'usage paraît s'être répandu dans certaines régions est le
marnage : au XIIᵉ siècle, dans les campagnes de Picardie, les
contrats de concession de quelque durée comportaient normalement une clause obligeant le preneur à relever la teneur du
sol en chaux et en phosphate par l'appoint régulier de la
marne. Mais, d'une manière générale, rien ne permet de dire
que les agriculteurs de ce temps aient cru possible de fonder
délibérément sur un recours plus intense à l'engrais l'accroissement de la production des céréales.

Quant à la rotation des cultures, ses rythmes non plus ne
semblent pas s'être profondément modifiés. La pratique d'une
semaille en deux temps, froment et seigle après les labours
d'automne, orge et avoine après les labours de mars, s'imposait dans toutes les campagnes soumises aux caprices de
pluviosité de l'Europe atlantique; elle avait l'avantage d'étaler
plus largement les principaux travaux agricoles au cours de
l'année, de mieux utiliser, en répartissant leur labeur sur
deux saisons, la main-d'œuvre domestique et les attelages.
Cette méthode de culture s'appliquait dès le IXᵉ siècle aux

champs que les grands monastères de la Gaule du Nord
faisaient exploiter par leurs domestiques et par les corvées
de leurs tenanciers. Mais ces derniers traitaient-ils de la même
façon la terre arable attachée à leur tenure? Rien ne le prouve,
et il se peut que la lente pénétration de l'ensemencement en
deux « saisons » parmi les terres paysannes ait été l'une des
formes du progrès agricole entre le ixe et le xiie siècle. Pénétration incomplète en vérité, car les capacités des sols et les
conditions climatiques, aussi bien que la volonté de produire
surtout des grains propres à la confection du pain, dressaient
des obstacles très solides à l'extension des emblavures de
printemps. Celles-ci se trouvaient encore fort limitées au
xiie siècle, même sur les terres des seigneurs et malgré les
progrès de la cavalerie. Utilisons les données d'un document
d'intérêt exceptionnel, un inventaire que l'abbé de Cluny
fit dresser vers 1150 et qui décrit quelques-uns des domaines
proches du monastère bourguignon. Dans dix d'entre eux il
est possible de discerner la place respectivement occupée
dans les champs seigneuriaux par les blés de printemps et
par les blés d'hiver. Cette place est égale dans deux seulement
de ces exploitations. En sept autres, la récolte d'avoine représente les deux tiers, la moitié, le tiers, le quart même de celle
du froment et du seigle. Ceux-ci font toute la production du
dernier domaine. Système fort souple en vérité, entièrement
commandé par les besoins du maître et par les aptitudes
locales du sol. Se place ici le problème des légumineuses,
base de tous les « potages » qui accompagnaient le pain, aux
termes des règlements d'hôpitaux et de léproseries de la fin
du xiie siècle. Il est incontestable que les pois, les vesces, les
fèves jouaient un rôle non négligeable dans la production
paysanne et dans l'alimentation, celle au moins des pauvres.
Mais étaient-ils cultivés dans les champs — et cette culture
s'introduisait-elle en alternance avec celle des grains? N'est-ce
pas une mesure d'exception, dictée par la pénurie alimentaire,
que prit le comte de Flandre Charles le Bon au début du
xiie siècle, lorsqu'il prescrivit que « chaque fois que l'on
ensemencerait deux mesures de terre, la seconde serait ensemencée... en fèves et en pois »? Galbert de Bruges explique
de la sorte cette décision : «Ces espèces de légumes fructifient
en effet plus vite et plus tôt, et les pauvres pourraient s'en
nourrir plus vite, si disette, famine et misère ne cessaient pas
de l'année[1]. » Rien ne prouve que l'avantage agronomique
de ces cultures, qui aident des sols épuisés par les céréales à

---

1. Galbert de Bruges, dans Migne, *Patrologie latine*, CLXVI, col. 946.

se reconstituer, ait été déjà saisi par les agriculteurs de l'époque.

Il serait beaucoup plus important de découvrir si la jachère s'est alors restreinte et si, à la faveur d'un perfectionnement des moyens de culture, les cultivateurs sont parvenus à raccourcir les périodes où les champs devaient être laissés en repos pour reconstituer naturellement leur fertilité, et à étendre, par conséquent, l'espace productif. A cette question capitale posant le problème du degré d'intensité de l'effort agraire — elle met en cause la réalité du progrès technique—, il est de fait impossible de donner réponse : les textes de ce temps ne parlent que des parcelles mises en culture et ne disent jamais rien des autres. Quelques indices donnent à penser toutefois que, dans des provinces aussi fertiles que la Picardie, sur certaines exploitations au moins, un rythme triennal de rotation, qui ne laissait chaque année en jachère que le tiers des champs, était en usage à la fin du XIIe siècle : un accord conclu en 1199 entre deux seigneurs spécifie en effet que tous les trois ans la terre doit être ensemencée en blé de printemps, que tel tenancier devra livrer un an du froment, l'autre année de l'avoine, et rien du tout la troisième année [1]. Mais en vérité, même dans des campagnes peuplées et fécondes, de telles pratiques étaient sans doute fort loin encore d'être devenues assez générales pour que fussent imposées à l'ensemble d'un terroir des contraintes collectives d'assolement. Celles-ci ne sont nulle part formellement attestées avant le milieu du XIIIe siècle. Auparavant, la terre arable était presque partout suffisamment vaste pour que chaque exploitant conservât la liberté de choisir en fonction de ses besoins et de ses moyens techniques le système des rotations qu'il appliquait à ses cultures. La plupart des cultivateurs sans doute hésitaient encore à imposer à leurs champs des rythmes trop précipités dont l'effet immédiat était d'abaisser notablement le rendement de chaque parcelle. Mieux valait laisser au sol tout le temps nécessaire pour qu'il se fortifiât, et solliciter en attendant d'autres portions d'un espace agraire qui demeurait largement extensible. Tout laisse supposer que jusqu'à la fin de la période qui nous occupe, l'essor démographique et les progrès de l'occupation du sol ne furent point assez poussés pour dépouiller l'agriculture, dans la plupart des provinces d'Europe, de son caractère itinérant. Voici deux témoignages qui concernent l'Ile-de-France, c'est-à-dire, répétons-le, l'une des régions les plus pénétrées par le dynamisme agricole.

1. Archives nationales, Paris, S. 1412.

En 1116, le roi de France permet à des villageois de cultiver d'anciens défrichements dans des bois qui lui appartiennent; à condition « qu'ils les cultivent et en récoltent les fruits pendant deux moissons seulement; qu'ils aillent ensuite en d'autres parties de la forêt [1] ». La pratique dont on encourage ici l'emploi est celle, fort primitive, d'un écobuage périodique, et qui laisse à la jachère une place considérable; c'est que cette méthode paraît seule capable, sur un sol sans doute médiocre, de procurer des récoltes convenables et dont le maître de la terre puisse tirer un profit appréciable. Le second document est d'un siècle plus tardif. Il rend compte d'un progrès certain puisque le seigneur impose en principe à des paysans qu'il autorise à défricher ses bois un rythme triennal de culture. Mais il prévoit des dérogations nécessaires, autorisant en fait les cultivateurs à laisser les labours en friche plusieurs années de suite, soit « pour raison de pauvreté » (c'est-à-dire s'ils se trouvent momentanément démunis de l'important train d'attelage que l'intensification de la culture rendait indispensable), soit « pour l'amélioration de la terre [2] ». Point de contrainte donc. Ceci d'une part parce que le sol est fragile et qu'il ne faut pas l'épuiser en exigeant trop de lui, et d'autre part parce que la réduction du temps de jachère requiert un équipement de qualité qui n'est point à la portée des « pauvres». Nous touchons là au point capital : si, dans l'Europe des XIe et XIIe siècles, l'agriculture céréalière se développa, ce fut principalement par la peine et la sueur des hommes. Ceux-ci s'appliquèrent plus nombreux à travailler la terre, à retourner le sol pour l'aider ainsi, en l'absence d'engrais, à se refaire plus rapidement. Ils utilisèrent pour cela des instruments aratoires plus efficaces. La réussite agricole de ce temps s'appuie avant toute chose sur un perfectionnement du labourage.

*

Au milieu du XIIe siècle, les tenanciers d'un domaine dépendant de l'abbaye de Cluny devaient tous les ans quatre corvées de labour; l'une en mars, avant la semaille de l'orge et de l'avoine; les trois autres à l'automne, sur la jachère, pour préparer, par trois retournements successifs du sol, la semaille des blés d'hiver. C'était un progrès par rapport aux pratiques en usage dans les exploitations les mieux gérées de l'époque carolingienne, où la terre n'était labourée chaque année que

1. *Cartulaire de Notre-Dame de Paris*, I, p. 259.
2. Archives nationales, Paris, LL-1599, B.

trois fois. Et un progrès décisif : le rendement de la semence de froment était dans ce domaine deux ou trois fois plus élevé que dans les exploitations voisines. Preuve encore de l'incidence primordiale du labour sur la productivité. Mais cette amélioration demeurait encore très circonscrite : dans les neuf autres domaines clunisiens que décrit le même inventaire, on en était resté à l'usage carolingien des trois saisons de labourage. À la lumière des textes, il n'apparaît pas en effet que la multiplication des labours se soit généralisée avant la fin du XIIe siècle. S'il y eut perfectionnement, il concerne donc l'outil lui-même, l'arme principale dont disposait le paysan pour travailler la terre, ce que les rédacteurs des textes de cette époque désignent encore, indifféremment sans doute, par les deux mots latins *aratrum* et *carruca*. Le perfectionnement de la charrue est bien l'hypothèse fondamentale qu'il faut émettre, pour cette période obscure de l'histoire agraire, à propos de l'évolution des techniques.

Supposer d'abord que la puissance de l'attelage qui tirait la charrue se développa. Il n'est pas possible évidemment de connaître la constitution physique des bœufs de labour, ni au temps de Charlemagne, ni à l'époque de la troisième croisade, et par conséquent de comparer leur vigueur. D'ailleurs, il existe à tout moment des bœufs de toute sorte, et ceux que nourrissaient les paysans n'avaient probablement pas la même force que d'autres nourris dans les étables des seigneurs, avec le foin des meilleurs prés. Du moins peut-on penser que le nombre des bêtes de trait s'éleva dans les exploitations agricoles. On ne connaît bien que celles des maîtres, mais dans celles-ci des indications précises prouvent que les régisseurs se préoccupaient alors de renforcer le cheptel de travail. Dans neuf des domaines dépendants de l'abbaye anglaise de Ramsey, le nombre des animaux de labour s'accrut de 20 à 30 % entre la fin du XIe et le milieu du XIIe siècle. A ce moment, les enquêteurs chargés par l'abbé de Cluny de préparer les éléments d'un plan de développement de la production domaniale proposèrent, comme l'investissement le plus capable de promouvoir un progrès économique, d'acquérir des bœufs afin que les charrues des domaines fussent mieux équipées. De telles préoccupations sont significatives de la valeur que les hommes de ce temps attribuaient à l'instrument aratoire : ils le tenaient pour le facteur principal de l'essor agricole. A la base de celui-ci, il faut donc certainement placer un aménagement plus rationnel du système agro-pastoral, le développement de l'élevage des bêtes bovines et le choix décisif qui consista, pour préparer des moissons plus riches et pour ainsi mieux nourrir les hommes, à mieux nourrir les animaux de trait, donc à soigner plus attentivement les prairies de fauche et à leur consacrer plus de place dans l'espace cultivé. L'extension, mal discernable, des prés et une organisation moins fruste de la dépaissance ont incontestablement soutenu tous les progrès de la culture céréalière. Ajoutons que furent sans doute adoptés, au cours du XIᵉ siècle, de meilleurs procédés d'attelage qui, tel le joug frontal pour les bœufs, permettaient d'utiliser plus pleinement la puissance de traction du bétail. Enfin, dans certaines provinces, les cultivateurs choisirent de substituer le cheval au bœuf pour les travaux agricoles. Cette mutation s'est produite sans doute dans les contrées les plus fertiles de l'Occident pendant la seconde moitié du XIIᵉ siècle. En Picardie, les mentions de corvées à chevaux se multiplient à partir de 1160, et les allusions à des bœufs de labour disparaissent presque totalement des actes au début du XIIIᵉ siècle. Entre 1125 et 1160, dans un manoir dépendant de l'abbaye de Ramsey, le nombre des bœufs diminua de moitié, et celui des chevaux de trait quadrupla. L'avantage du cheval est sa rapidité. L'atteler à la charrue, c'était accélérer sensiblement les façons de la terre, c'était par conséquent se donner le moyen à la fois de multiplier les labours et de pratiquer le hersage : déjà, la « tapisserie » de Bayeux, à la fin du XIᵉ siècle, montre une herse tirée par un cheval. Toutefois cette amélioration de l'équipement aratoire ne peut se répandre que dans les campagnes les plus riches. En effet, « le cheval coûte plus que le bœuf », comme le rappelle au XIIIᵉ siècle aux exploitants d'Angleterre Walter de Henley dans son traité d'agronomie pratique : il faut le ferrer et le nourrir d'avoine. Seules peuvent l'employer délibérément les sociétés rurales bien pourvues en numéraire et qui, pratiquant régulièrement la rotation triennale, produisent en suffisance les céréales de printemps. L'adoption du cheval de trait apparaît donc comme le signe évident d'un progrès de l'économie rurale. Elle indique qu'un seuil est franchi. Elle situe, à la fois dans le temps et dans l'espace, l'avènement d'un système agricole plus hautement productif et le terme d'une longue période d'insensible croissance.

Durant cette phase, il est probable que, dans les campagnes, au moins les plus prospères, la charrue s'est elle-même aussi perfectionnée. Au bois, dont elle était tout entière construite à l'époque carolingienne, s'adjoignirent des éléments de fer qui renforcèrent l'action de ses pointes d'attaque, le coutre, le soc et le versoir. Après l'an mille les progrès de la métallurgie sont incontestables dans toute l'Europe, et ce fut d'abord le désir de l'aristocratie d'améliorer son équipement de combat qui les stimula. Mais depuis les demeures des chevaliers, l'usage du métal se diffusa dans la paysannerie. Tout comme l'usage du cheval : le progrès des techniques rurales procède — et c'est un autre aspect du passage d'une économie de la guerre à une économie fondée sur l'agriculture — de l'application, retardée, au travail des champs des outils de l'agression militaire. Ce phénomène se produisit pendant le xiie siècle. Il se peut que déjà des améliorations techniques décisives aient été antérieurement apportées à la métallurgie du fer, l'utilisation de fours à aération forcée, l'application des mécanismes du moulin à l'affinement du métal : dès 1086, on voit des redevances en fer peser sur des moulins. En tout cas, au début du xiie siècle, dans les Pyrénées, les Alpes et le Massif central, les allusions à des martinets deviennent fréquentes. Et c'est alors qu'apparaissent les mentions de mines de fer — dans son livre *Des merveilles*, Pierre le Vénérable parle des mineurs de la région de Grenoble, des dangers qu'ils courent dans les galeries, des profits qu'ils tirent d'un produit vendu aux forgerons des environs. Plus nombreuses sont les allusions à des ateliers forestiers où se traitait le minerai, comme ceux que le comte de Champagne offrit en aumône entre 1156 et 1171 à diverses abbayes cisterciennes de la région. Le métal devient dès ce moment beaucoup plus commun : c'est vers 1160 que les navigateurs vénitiens cessent de louer des ancres de fer pour chaque traversée; désormais, tout vaisseau possède la sienne. Le fer produit au milieu des bois, à proximité du combustible nécessaire à la fonte, fut d'abord, semble-t-il, façonné dans les centres urbains. A Arras, vers 1100, il servait encore essentiellement à fabriquer des instruments tranchants, des couteaux, des faucilles, des bêches. Mais on l'utilisa bientôt à confectionner des socs de charrues. C'était le cas au xiie siècle dans la cité de Metz où les sept « sochiers » constituaient l'association de métier la plus puissante. Et rapidement des forgerons s'établirent au milieu des campagnes, à proximité d'une clientèle paysanne. Dès 1100, en Beauvaisis, on vendait du charbon de forge dans les villages. On peut suivre en Picardie la diffusion de cet artisanat rural : il ne s'en trouve aucune trace avant le début du xiie siècle, mais trente *fabri* apparaissent, au hasard de la documentation, entre 1125 et 1180; à ce moment il existe un forgeron au travail dans dix des trente villages qui avoisinent le prieuré de Hesdin. Proportion étonnante. Sans doute fut-elle bien moindre en beaucoup de provinces attardées qui restèrent fidèles aux vieux outils de bois, comme aux bœufs de labour. Elle atteste cependant l'ampleur de la mutation technologique qui se produisit avant la fin du xiie siècle au niveau le plus humble de l'activité rurale. Comme celle du moulin, l'apparition de la forge villageoise — plus tardive, mais provoquant, elle aussi, l'installation au sein de la société paysanne d'un travailleur spécialisé très dépendant sans doute du seigneur local, son principal client, sinon le maître de son corps, et toutefois situé, par sa fonction même, dans une situation privilégiée — est l'un des signes de la croissance économique. Elle en est l'effet direct, puisqu'elle n'eût été possible sans une élévation du niveau de vie des rustres. Mais en même temps, elle la soutient et l'amplifie. S'il est plus coûteux, et si pour l'acquérir il faut épargner, l'outil que fabrique le forgeron s'avère beaucoup plus efficace. Il promet à qui n'est pas trop pauvre pour l'employer et pour le munir d'un bon attelage des récoltes moins médiocres, des profits par conséquent, le moyen d'affermir sa prise sur la terre et de mieux établir ses enfants.

Tout un faisceau d'indices autorise ainsi à situer en Europe occidentale entre l'an mille et les dernières années du xiie siècle un moment capital de l'histoire des moyens de production. Au cœur d'un large mouvement de progrès économique et d'essor démographique vient, selon toute probabilité, s'insérer le perfectionnement de l'instrument aratoire et de son attelage. La charrue — entendons l'équipe constituée par l'outil, par les bêtes de trait et par l'homme qui les mène — prend de ce fait plus d'importance au sein de l'économie rurale. Elle tend à devenir la cellule économique de base, ce qu'avait été le manse au haut Moyen Age. C'est en « charruées » que l'on commence à la fin du xie siècle à évaluer les terres en Picardie; c'est par charrues que sont dénombrées les corvées dans les inventaires seigneuriaux du xiie siècle, ceux de l'abbaye de Cluny comme ceux des monastères d'Angleterre, au moment même où le « bouvier », c'est-à-dire le conducteur d'attelage, apparaît dans l'exploitation agricole comme le premier des travailleurs domestiques. De toute façon, le progrès technique détermine un changement capital : l'accroissement de la valeur de l'équipement par rapport à celle de la terre. Les éléments du progrès technique, le fer, le bétail, coûtaient en effet très cher. Un tarif de péage à la fin du xie siècle pour un village de la région d'Angers révèle le prix de ces adjonctions : un animal, s'il n'était pas ferré, était taxé un denier; s'il était ferré, le double. Et ce déplacement de la valeur des choses retentit immédiatement sur la condition paysanne. De deux manières.

1. Parce que la charrue et son attelage sont des biens meubles, parce qu'ils sont moins protégés que la terre par les solidarités familiales, parce que leur possession est plus étroitement liée au mouvement de l'argent, et surtout parce qu'on peut plus aisément les saisir, la classe des travailleurs devient ainsi plus vulnérable à l'égard des riches. Plus soumise à la pression des seigneurs, qui peuvent mieux tenir leurs hommes en leur prêtant du bétail ou en menaçant de confisquer les bêtes qu'ils possèdent. Plus soumise à la pression de ceux qui détiennent le numéraire, et à qui l'on peut emprunter. On a toute raison de penser que le perfectionnement technique a singulièrement stimulé le recours au crédit dans le monde rural.

2. Tous les paysans n'ont pu améliorer leur équipement. Soit que le capital nécessaire leur manquât, soit qu'un instrument trop pesant risquât de détériorer le sol qu'ils cultivaient. Ainsi le léger araire continua d'être employé dans toutes les campagnes aux terres légères et fragiles; ainsi la houe et les outils de bois formèrent partout le seul équipement des ménages pauvres. La distance s'accrut de la sorte pendant le xiie siècle entre les régions comme l'Ile-de-France ou la Picardie qui purent accueillir toutes les innovations techniques et dont la vitalité fut revigorée, et les autres, notamment les contrées du Sud, qui demeurèrent stagnantes. Tandis que le fossé, déjà visible au xe siècle, se creusait davantage dans chaque terroir entre « ceux qui font leur ouvrage avec des bœufs ou avec d'autres bestiaux [1] » et ceux qui n'ont que leurs bras pour travailler, entre les « laboureurs » (et le terme implique peut-être le respect dû à des hommes qui coopéraient plus efficacement à la croissance générale) et les «manouvriers». Les uns et les autres furent traités différemment par le seigneur. Il se peut que, dans certaines provinces, les premiers seuls aient pleinement participé à la communauté villageoise. Au sein de la paysannerie que nivelaient les exigences seigneuriales et où n'étaient plus guère discernables les clivages fondés sur la dépendance personnelle, ce fut en fonction du perfectionnement de l'outillage que s'introduisirent au xiie siècle, entre les habitants d'un même village ou entre des provinces voisines, de nouvelles disparités économiques.

---

1. *Cartulaire de Saint-Vincent de Mâcon*, n° 476.

*

On voit tout l'intérêt qu'il y aurait à mesurer l'incidence du progrès technique sur les rapports de l'entreprise agricole. Il faut pourtant renoncer à le faire. Avant la fin du XIIe siècle, les méthodes de l'administration domaniale demeurent en effet très frustes encore; elles font peu de place à l'écriture et moins encore aux chiffres; les documents sont plus décevants que ceux de l'époque carolingienne. Dans une si profonde pénurie, on est tenté de tirer parti de toutes les indications, et notamment de celles, assez précises, mais très localisées, fournies par la description, au milieu du XIIe siècle, des domaines de l'abbaye de Cluny. Les enquêteurs qui les visitèrent ont, dans six d'entre eux, pour les blés d'hiver, évalué à la fois les récoltes et les semailles. Ces données, semblables à celles que fournit au IXe siècle la description de la seigneurie royale d'Annappes, permettent de hasarder une évaluation du rendement de la semence. Celui-ci varie beaucoup d'un domaine à l'autre. Dans l'une des exploitations, la moisson vaut six fois la semaille; dans une autre, le rapport s'établit à cinq contre un pour le seigle, à quatre contre un pour le froment; dans les quatre derniers domaines, il se tient entre deux et deux et demi contre un. Ce qui frappe dès l'abord, c'est la médiocrité de la productivité. Dans la plupart de ces grandes entreprises agricoles, dont on sent la nécessité de renforcer l'équipement — c'est le but même de l'enquête — mais qui pourtant disposaient sans doute déjà de moyens exceptionnels, au plein du large mouvement d'expansion qui se développe dans les campagnes européennes depuis deux siècles au moins, la terre vers 1150 reste très ingrate; pour nourrir les hommes, il faut encore beaucoup de peine et beaucoup d'espace. Toutefois, deux faits se dégagent : si les rendements varient du simple au triple entre les différentes exploitations, cela tient sans doute à la qualité des sols, mais c'est aussi, en partie au moins, l'effet d'un inégal niveau d'équipement; le domaine où les moissons sont de loin les plus belles est bien celui où les étables sont les mieux garnies, les charrues les plus nombreuses; la hausse des rendements apparaît donc, à travers ce document, très directement liée à l'intensification du labour. Il faut considérer, d'autre part, que la faiblesse de la productivité se trouve accentuée dans l'enquête clunisienne par des circonstances climatiques défavorables : les visiteurs ont noté que l'année avait été mauvaise et que les régisseurs estimaient le déficit au cin·

quième d'une récolte normale. Si l'on opère les corrections
nécessaires, on découvre aussitôt que, sur les terres les moins
fertiles et les moins assidûment travaillées, les rendements
de la semence étaient cependant supérieurs à ceux que l'on
peut à grand-peine établir à partir des documents carolingiens.
Sans doute est-il fort téméraire de comparer entre elles des
indications numériques aussi isolées et privées de ce fait de
la plus grande part de leur valeur. Du moins peut-on supposer
qu'entre le IXe et le XIIIe siècle (avant que Walter de Henley
n'estime dans son traité qu'une terre ne rapporte rien si elle
ne rend pas plus de trois fois la semence) la productivité du
sol s'était élevée tandis que se diffusaient insensiblement les
améliorations techniques, et alors que l'espace demeurait
suffisamment vaste pour que l'on pût ne pas forcer le sol et
lui laisser suffisamment de repos. De rythme très lent, mais
qui devient nettement plus vif dès que les maîtres du sol
s'appliquent à munir l'entreprise agricole de moyens plus
efficaces, ce progrès n'est point négligeable : lorsque le rendement passe de deux à trois pour un, c'est en effet la part de la
récolte disponible pour la consommation qui double.

D'une telle hausse de productivité, les effets retentirent sur
toute l'économie des campagnes. Lorsque la terre dont ils
s'étaient réservé la mise en valeur porta des moissons plus
abondantes, les seigneurs, et les serviteurs qui géraient leur
domaine, ou bien songèrent à vendre le surplus — dans l'une
de leurs seigneuries rurales, les moines de Cluny, vers 1150,
avaient fait porter au marché le huitième de la récolte de
céréales — ou bien, pour se libérer des soucis, réduisirent
l'étendue de leur exploitation. De toute manière, et notamment parce que les perfectionnements de l'outillage faisaient
perdre le plus gros de leur prix aux corvées manuelles, les
maîtres des grands domaines devinrent moins exigeants à
l'égard de leurs tenanciers. Ils furent tentés de les libérer peu
à peu de leurs obligations de travail, de ne plus les retenir sur
la terre domaniale, sinon pendant les périodes de plus grande
presse. Pour les exploitations paysannes dépendantes, il
s'ensuivit un soulagement décisif : elles se trouvèrent en
voie d'acquérir le plein-emploi de leur outillage et de leur
main-d'œuvre. Cet apport de travail fit aussitôt s'accroître
sur les tenures, plus vite peut-être que sur le domaine, le
rapport de la terre; et dans de telles proportions que la
superficie des anciennes unités agraires se révéla beaucoup
trop vaste pour les besoins d'un seul ménage. Dans les anciens
manses purent s'établir à l'aise plusieurs foyers. Le lotissement
partiel de la réserve seigneuriale et le fractionnement des

tenures permirent ainsi à la densité de peuplement de se renforcer dans chaque terroir. Tandis que dans chaque cellule familiale l'amenuisement des corvées et la meilleure productivité de l'effort humain libéraient des capacités de travail désormais disponibles pour la conquête agraire. L'attaque des friches, l'extension de l'espace cultivé se trouvèrent étroitement liées à la hausse des rendements, et doublement ; elles la favorisèrent, en élargissant la zone où pouvait se déployer la rotation des cultures, en laissant toute la place nécessaire, malgré l'intensification de l'occupation humaine, à la jachère, au temps de repos sans lequel la terre se fût épuisée. Mais elles en bénéficièrent, puisque l'afflux de main-d'œuvre sur les chantiers du défrichement vint des villages où des moissons plus florissantes faisaient proliférer les familles et se multiplier les bras disponibles.

LE DÉFRICHEMENT

Défricher était une opération normale et régulière dans le système agraire du haut Moyen Age. Tous les ans, il fallait abandonner d'anciens champs que la culture avait épuisés et en ouvrir de neufs aux dépens des étendues incultes. La lente rotation des terres labourées au sein d'un terroir dont une très large portion était temporairement abandonnée à la végétation naturelle faisait en permanence du paysan un pionnier. Il le resta aussi longtemps que l'insuffisance des engrais maintint l'usage de la jachère. En effet, dans l'espace agraire régulièrement organisé qui commence à se mettre en place à la fin de la période qui nous occupe, le premier labour de la jachère représente l'ultime forme résiduelle de l'essartage saisonnier. Le défrichement s'intègre donc à l'ensemble des pratiques de l'agriculture céréalière. Il était d'abord un palliatif à la détérioration des sols, une mesure indispensable pour maintenir le niveau des rendements.

Toutefois cet acte prit une tout autre signification économique lorsqu'il cessa de se dérouler à l'intérieur d'une aire de culture aux limites stables, lorsqu'il déborda ces dernières. Il prit alors l'allure d'une véritable conquête, aboutissant à l'extension durable de l'espace nourricier. Un tel recul de la friche devant le champ permanent fut incontestablement, en Europe occidentale, la grande aventure économique du XIIe siècle. L'élan démographique et les perfectionnements techniques la mirent en marche. Pour tirer parti des étendues laissées incultes, pour les débarrasser de la végétation sauvage, pour y domestiquer les ruisseaux et les mares, il fallait de meilleurs outils : ainsi les terres lourdes du Schleswig, gorgées d'eau, ne purent-elles être utilement ensemencées avant qu'il ne fût possible de les labourer avec des charrues assez fortes pour, en longues raies, creuser de profonds sillons et réaliser ainsi une sorte de drainage. Il fallait aussi que des travailleurs toujours plus nombreux fussent incités à se lancer dans des entreprises pénibles et incertaines, surmontant les craintes instinctives que les espaces déserts inspiraient à leurs ancêtres. Autrement dit que, dans les terroirs anciens, l'occupation humaine devînt trop dense. La disette fut le vrai ressort de l'expansion agraire, et ses vrais artisans, les pauvres, les enfants en surnombre dans les familles dont les progrès techniques avaient certes accru les capacités de production, mais plus lentement que ne se développait l'essor démographique. Il fallait enfin que les maîtres des sols vierges, c'est-à-dire les seigneurs, ne missent point obstacle à l'initiative des défricheurs. Si ceux-ci parfois purent mener clandestinement leur besogne et, trompant la surveillance des forestiers, aménager, en lisière des solitudes boisées ou des marécages, des parcelles dont ils revendiquèrent la pleine propriété — les alleux paysans ne sont nulle part plus denses au xiie siècle que sur les franges des vastes solitudes mal gardées —, la conquête agricole fut aussi l'affaire des riches, puisque la terre inculte leur appartenait tout entière. A un certain moment, les seigneurs d'Église et, plus nombreux très certainement, les seigneurs laïcs cédèrent à la pression des pauvres en quête d'établissement. Ils autorisèrent les entreprises de colonisation. Ils accueillirent, « hébergèrent » comme on dit alors, des « hôtes ». A un autre moment, ils firent mieux : ils encouragèrent les pionniers, ils se mirent en frais pour les attirer, ils se les disputèrent. Autrement dit, il fallut que dans l'aristocratie terrienne se modifiât par étapes le comportement économique ancestral. Les possesseurs des friches choisirent en effet de sacrifier certains des plaisirs que l'espace forestier, le marais et la garenne procuraient aux chasseurs passionnés qu'ils étaient. Ils perçurent que le peuplement des étendues encore désertes, même s'ils devaient dépenser des deniers pour le hâter, serait finalement la source de revenus supplémentaires. Ils sentirent la nécessité d'accroître leurs ressources et comprirent qu'une modification du paysage pouvait en être l'occasion. Disons tout simplement qu'ils devinrent plus sensibles à l'esprit de profit. Au sein d'une mentalité économique tout entière dominée par le goût de la dépense, par l'intention de sacrifice ou de « largesse », commune alors à tous les seigneurs, qu'ils fussent d'Église ou du siècle, ce furent sans doute les opérations de défrichement, les efforts pour pousser plus avant la culture et pour donner plus de valeur à la terre qui, les premiers, donnèrent un sens au mot gagner. Le vocabulaire le prouve : dans la Lorraine du xiie siècle, les exploitations nouvelles créées de toutes pièces au milieu de bois ne s'appellent-elles pas des « gagnages »? Ce n'est pas le moindre intérêt de l'histoire des grands défrichements médiévaux que de mettre en évidence cette modification capitale des attitudes psychologiques. Malheureusement, la chronologie de cette histoire demeure fort imprécise.

Cette imprécision tient d'abord à la pénurie des sources explicites. Mais ce qui l'aggrave encore c'est qu'il existe en fait plusieurs formes de défrichement qui ne se développèrent pas au même rythme.

1. La plus simple fut l'extension progressive de la clairière villageoise. Ce fut aussi de beaucoup la plus commune. Elle est à peu près la seule dont on puisse repérer les traces dans bien des provinces, comme le Mâconnais ou le Périgord, où toutes les cellules agraires étaient en place à l'époque romaine. On estime, en Picardie, qu'on lui doit les cinq sixièmes des gains de terre. Mais elle fut le fait de très nombreuses entreprises individuelles, menées de saison en saison, avec de faibles moyens et dont les documents écrits ne parlent généralement pas. Il faut donc des circonstances très exceptionnelles pour en saisir l'image précise : la ténacité d'une abbaye cistercienne, celle de La Ferté-sur-Grosne, pour étendre son patrimoine à coups de patients achats, et qui montre, à travers les pièces d'un cartulaire, des champs et des prés nouveaux, dont beaucoup portent le nom du paysan qui l'aménagea, s'infiltrant sur tous les pourtours d'une forêt bourguignonne au cours du xiie siècle; le soin que mirent les moines de Ramsey à recenser leurs droits et qui fait apparaître dès la seconde moitié du xiie siècle et dans tel manoir cent quarante hectares d'essarts tenus par trente paysans; le désir de Suger, l'abbé de Saint-Denis, de justifier ses actes d'administration, qui le fit décrire par le menu les améliorations qu'il apporta à la gestion des domaines et dénombrer, en particulier, les hôtes qu'il accueillit dans certaines « cours » pour en intensifier la mise en valeur. Mais la plupart du temps on doit se fier à d'autres indices moins sûrs, généralement difficiles à dater, aux traces qu'ont laissées dans les structures des terroirs actuels et dans la toponymie rurale les besognes

des paysans médiévaux, — aux mentions de redevances qui, comme en France le « champart » ou la « tâche », furent spécifiques des tenures créées par défrichement, — aux conflits que suscita la perception des dîmes dites « novales » dans les espaces naguère improductifs et où venaient maintenant les moissons. On peut aussi se fonder sur ce qu'apprennent les vestiges botaniques, et notamment les pollens des tourbières; la courbe que l'on peut établir en certains points privilégiés d'Allemagne atteste une brusque extension des céréales aux alentours de l'an 1100.

En effet, la poussée qui fit reculer peu à peu les limites des terroirs semble bien se mettre en branle très tôt. S'est-elle même interrompue en Germanie depuis le viie siècle? On la devine en Normandie, dans la forêt du Cinglais, dès le xe siècle, et les premiers essarts visibles dans les documents du Mâconnais sont antérieurs à l'an mille. Il s'agit alors souvent de reconquête, d'un simple effort de reprise de zones abandonnées, comme dans la Gâtine poitevine où pendant tout le xie siècle l'expansion agraire ne touche guère que d'anciens sites longtemps délaissés. Il s'agit aussi parfois d'avances temporaires, un moment hasardées sur des sols décevants : un acte de donation des environs de 1075 fait entrevoir, en Berry, « une terre où croissent les broussailles dans laquelle autrefois étaient les essarts de quelques paysans ». Ce qui est certain, c'est que le mouvement s'accéléra dans les dernières décennies du xie siècle, qu'il se manifesta dès lors un peu partout, et que, comme le prouvent les relevés statistiques établis pour la Picardie, il garda sa vigueur pendant le xiie siècle tout entier. Dans la période comprise approximativement entre 1075 et 1180 paraît bien se situer le moment de pleine intensité du phénomène. Il est bien difficile de préciser ses relations avec l'essor démographique, dont la chronologie est tout aussi floue. On a tenté de le faire à propos des campagnes picardes et émis l'hypothèse que l'extension des zones de culture était sensiblement antérieure au grand élan qui, après 1125, fit s'accroître plus vite le nombre des hommes. En tout cas, de ce mouvement spontané, lent, insidieux et qui par là ne heurta pas de front les résistances seigneuriales, ont profité, les premiers, les ménages paysans. Presque partout, la terre défrichée était pendant les premières années vouée à la production de l'herbe, c'est-à-dire que l'essart permit, dans un premier temps, de développer l'élevage des bêtes de trait et de renforcer l'équipement aratoire. Ensuite, il était à son tour ensemencé et, sur son sol tout neuf où les blés venaient bien, il prenait alors le relais, pour fournir aux hommes leur provende, des anciens champs de l'*in-field*. Mais en profitèrent aussi tous les seigneurs fonciers et spécialement les petits, ceux qui vivaient au village et dirigeaient de près leur exploitation. Eux aussi engagèrent leur équipe domestique à défricher, à enrichir la réserve domaniale de terres neuves. Mais surtout ils laissèrent se poursuivre le lent grignotement des friches, et insensiblement, sans l'avoir cherché, ils en tirèrent profit. Comme ils avaient l'œil sur les paysans, ils surent obtenir d'eux des redevances profitables pour les parcelles que ces derniers avaient aménagées sur les lisières incultes. Ce fut généralement une part de la récolte. Enfin, comme ils tenaient très souvent les dîmes de la paroisse, ils opérèrent sans effort une ponction nouvelle sur les moissons des essarts.

2. Le défrichement prend une autre allure, lorsqu'il fait surgir un nouvel habitat, lorsque l'action pionnière s'établit au cœur de l'espace inculte pour l'attaquer de l'intérieur et le dissocier peu à peu. Dans nombre de régions, les étendues de terrains forestiers ou humides étaient étroites entre les clairières. L'extension des labours les rongea jusqu'à parfois les détruire tout à fait, jusqu'à faire se rejoindre sur un vaste espace nu les limites des terroirs voisins. Mais il existait aussi de vastes épaisseurs de solitude qui commencèrent de se peupler après l'an mille. Elles furent d'abord pénétrées par des hommes qui ne se fixaient guère. Certains parcouraient la forêt pour en exploiter les produits dont les lents perfectionnements de la civilisation matérielle faisaient s'accroître la demande : les fabricants de fer ou de charbon de bois apparaissent de plus en plus fréquemment dans les textes du XIIe siècle. Il s'agissait aussi de religieux qui fuyaient le monde. Les ermites, nombreux dans les pays de l'Ouest de la France à partir du XIe siècle, furent peut-être les premiers à ouvrir, pour se nourrir, des clairières nouvelles au milieu des étendues désertes. Puis vinrent s'implanter les filiales des ordres religieux, cisterciens, chartreux, chanoines réformés, dont la règle prescrivait un isolement rigoureux. Mais dès la fin du XIe siècle, semble-t-il, dans certaines provinces de Gaule, comme l'Anjou, le Maine, le Poitou, et peut-être l'Ile-de-France, des ménages paysans vinrent aussi s'établir dans des « bordes » ou des « bordages » dispersés parmi les bois et les landes. Enfin, vers 1175, on commence à découvrir les traces, dans les documents français, d'exploitations de grande taille que des riches ont aménagées à l'écart des terroirs cultivés. Ainsi se créa, dans les espaces qui séparaient les villages anciens, un habitat intercalaire. Il se caractérise par la dissé-

mination des unités de peuplement, dont chacune s'installe au centre d'un ensemble compact de jardins, de champs et de prés; ces parcelles sont encloses pour être protégées des dégâts des bêtes de la forêt; le paysage est coupé de haies; c'est, comme on dit dans la France de l'Ouest, un bocage.

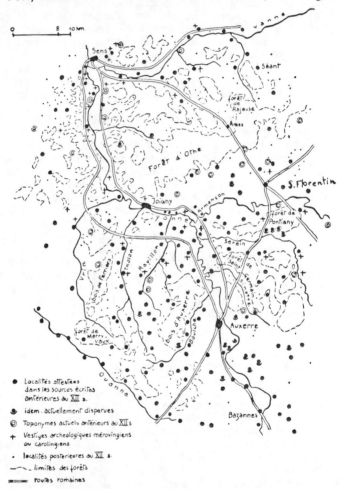

Carte du peuplement de la vallée moyenne de l'Yonne au xie siècle, d'après de La Roncière-Cortamine-Delort-Rouche, *L'Europe au Moyen Age*, 1969, Colin, collection « U », t. 2.

Cette forme de conquête agricole sensiblement plus tardive
que la précédente semble s'être plus largement développée
dans des régions comme le Maine où la *villa* du haut Moyen Âge
avait été moins cohérente et l'occupation du sol toujours
très lâche. Mais elle tendait à se répandre partout à la fin du
XIIe siècle et, semble-t-il, pour deux raisons. Parce que les
progrès de l'équipement paysan permettaient désormais aux
agriculteurs de se dégager plus aisément des solidarités collectives et de se passer de l'entraide villageoise, de s'aventurer
seul et de fonder une exploitation moins dépendante des
contraintes de voisinage. Les améliorations techniques ont
ainsi donné libre cours à l'individualisme agraire, bridé dans
les anciens terroirs par des entraves que l'intensification de
la culture rendait alors de plus en plus strictes. D'autre part,
les exploitations qui vinrent s'insérer dans le milieu forestier
et pastoral s'orientèrent moins délibérément vers l'agriculture
céréalière. Le maintien de l'arbre et de l'herbage y réduisit
la part des champs de blé. Leur système de production répondait aux tendances nouvelles d'une économie de consomma-
tion moins fruste : dans les dernières décennies du XIIe siècle,
un secteur de plus en plus large de la société européenne
réclamait moins de pain, plus de viande, de laine, de bois,
de cuir. Le temps s'ouvrait d'une mise en valeur systéma-
tique de la forêt, qui fit la prospérité des bûcherons et des
éleveurs. Les progrès du peuplement bocager accompagnèrent
cette mutation.

3. Enfin l'attaque des solitudes incultes s'est manifestée
sous une dernière forme, la fondation de nouveaux terroirs.
Cet aspect est, de loin, celui que la documentation éclaire
le mieux, car fréquemment de telles créations ont été pré-
parées par des accords, dont beaucoup furent écrits. La
chronologie du mouvement devient ici moins imprécise. Ce fut
encore vers la fin du XIe siècle qu'il prit, semble-t-il, son
départ, en Flandre, en Italie du Nord — où de grands travaux furent entrepris pour contenir les inondations du Pô,
dans la région de Mantoue comme en Polésine et en Véronais,
où les *latifundia* presque entièrement incultes se morcelèrent
en terroirs nouveaux —, dans l'Angleterre du Sud-Ouest,
en Normandie, en Toulousain quelques années plus tard peut-
être, en Germanie ou en Brabant. Il battit son plein au milieu
du XIIe siècle. Il arriva — et plus souvent sans doute qu'il
n'apparaît, car, dans ce cas, la documentation manque et
pour cause — que les villages neufs naquirent d'une immigration spontanée venue des terroirs proches : en moins de quarante années, autour de 1100, se forma ainsi dans le Weald

une agglomération qui rassemblait cent quinze maisonnées paysannes. Mais la plupart des entreprises pionnières de cette sorte furent suscitées par l'initiative des seigneurs. Précisons bien : celle des plus grands, des maîtres du ban qui avaient hérité des souverains la possession des grandes étendues incultes. Ils résolurent de les arracher à la sauvagerie et d'en faire des campagnes. Ils payèrent le prix qu'il fallait pour multiplier ainsi le nombre de leurs sujets. Ce faisant, ils se souciaient moins de réaliser des profits proprement agricoles que d'accroître le revenu des exactions et de la justice, et d'implanter, pour mieux tenir leur territoire, des communautés qui pourraient éventuellement coopérer à la défense du pays. C'était dans leur esprit une opération avant tout fiscale et politique.

Cette dernière forme du défrichement diffère donc, par ses incidences économiques, sensiblement de la seconde, et très fortement de la première. Elle implique d'abord une décision formelle de la part du seigneur, qui ouvre aux pionniers la forêt, le marécage, les étendues d'où la mer se retire — donc un choix et une réflexion consciente sur les profits de l'entreprise et sur les sacrifices qu'elle mérite. D'autre part, elle s'insère plus étroitement dans une économie monétaire, car ce sont surtout des prélèvements en deniers que le maître escompte opérer sur les nouveaux habitants de sa terre, et d'autre part, pour faire venir ceux-ci, pour les installer, il est le plus souvent nécessaire d'avancer des fonds. Transformer un désert en terroir nécessitait en effet un transfert de population parfois sur de très longues distances. Ce furent des paysans venus de Flandre qui, à l'appel des seigneurs évêques, vinrent occuper les marécages de l'Allemagne du Nord-Ouest, y aménagèrent des pâtures, puis des champs de blé, et leur déplacement dans les premières années du XIIe siècle ne fut que la première vague d'une ample migration. Celle-ci transporta au cours du siècle quelque deux cent mille colons allemands au-delà de l'Elbe et de la Saale, sur des sols fertiles mais dont les peuplades slaves n'exploitaient que les plus légers, et que les colons pouvaient mettre en valeur grâce à leurs meilleurs outils. Pour attirer les hommes, il fallait leur promettre des avantages, créer une « sauveté » entourée de croix où ils échapperaient aux violences, établir, par un accord verbal ou mieux par une charte écrite, qu'ils seraient libérés des exactions les plus lourdes et que l'exploitation seigneuriale y serait moins oppressive que dans leur village d'origine : « Les habitants seront exempts et francs de tolte, de taille et de toute exaction injuste; ils n'iront pas à l'armée, à moins de revenir chez eux le même jour, sauf en cas de guerre...; en cas de méfait, les amendes seront de cinq sous pour les méfaits passibles de soixante sous, de douze deniers pour ceux de cinq sous, et celui qui voudra se disculper par serment pourra le faire et ne paiera rien[1] » : tels furent les avantages proposés en 1182 par le roi de France aux paysans qui viendraient fonder un village dans l'une de ses forêts.

Encore fallait-il que ces faveurs fussent rendues publiques, qu'on les diffusât dans les cantons propices, ceux où le surpeuplement se montrait plus pénible, les charges seigneuriales plus astreignantes, et qu'on mit à la disposition des émigrants les biens meubles nécessaires à leur déplacement et à leur première installation. L'organisation d'une publicité, des mises de fonds s'avéraient indispensables. Soit que les possesseurs des aires à coloniser fussent de trop grands princes pour s'intéresser eux-mêmes à l'opération, soit qu'ils fussent trop démunis de numéraire pour financer seuls l'entreprise, la fondation de nouveaux terroirs s'opéra très souvent par association. Parfois, par un de ces contrats que l'on appelle en France des « pariages », un seigneur laïc, maître du sol à aménager, s'entendait avec un établissement religieux, dont les relations lointaines pouvaient favoriser le recrutement des colons et qui trouvait aisément dans son trésor les liquidités qu'il était nécessaire d'engager. Les deux associés promettaient de partager également les profits attendus. Parfois, et ce fut généralement le cas en Germanie, le sire s'accordait avec un *locator*, un véritable entrepreneur, homme d'Église ou cadet de famille aristocratique, qui prenait l'affaire en main et recevait pour sa récompense un établissement dans le nouveau village et une participation aux revenus seigneuriaux : « J'ai donné à Héribert un village nommé Pechau, avec toutes ses dépendances en champs, prés, bois et étangs, pour le cultiver et le faire fructifier, après accord conclu entre lui et moi; pour les habitants qu'il installera lui-même sur ces biens, j'ai institué cette juridiction qu'on appelle le droit bourgeois pour toutes les causes et procès; j'ai concédé en fief à Héribert six manses...; c'est ce même Héribert, et après lui son héritier, qui rendra justice de tous les procès qu'ils auront à trancher entre eux...; de tous les profits de justice, les deux tiers seront versés à moi ou à mon successeur, l'autre abandonné à l'usage de Héribert

1. *Recueil des Actes de Philippe Auguste,* I, n° 51.

ou de son héritier[1] » : voici, par exemple, les stipulations du
traité que l'archevêque de Magdebourg conclut en 1159 avec
l'un de ces animateurs de la conquête agraire. A l'avant-
garde de celle-ci, et de tout le dynamisme qui entraîne
l'économie du XIIe siècle, ne manquons pas en effet de placer
ce petit groupe d'entrepreneurs, restés proches de la terre,
mais pleins de moyens et d'ambition, et qui surent faire
partager aux grands seigneurs, dont ils servaient les intérêts,
l'esprit de profit dont nul, dans la campagne de ce temps,
n'était plus qu'eux animé.

★

Dans l'état actuel de la recherche, il apparaît donc que le
mouvement de défrichement s'est d'abord lentement, insensiblement mis en branle ici et là, sans doute dès le Xe siècle,
sinon plus tôt, au moment même où la population commençait
de croître. Puis peu à peu, en même temps que s'infiltraient
les innovations techniques et que se tendait la pression
démographique, il s'amplifia. Bientôt intervinrent directement pour le stimuler les décisions des seigneurs et de leurs
auxiliaires. On peut, dans la période qui fait l'objet de cette
étude, situer son moment de plus grande intensité au XIIe siècle
et, peut-être, plus précisément entre 1140 et 1170. Quant à
ses effets, ils furent multiples et complexes. Il provoqua
d'abord de profonds changements dans l'aspect du paysage
rural. Non seulement parce qu'il dissocia les grandes épaisseurs de solitude qui cloisonnaient l'espace européen du haut
Moyen Age et faisaient obstacle aux communications. Mais
parce qu'il commença de modifier radicalement la conforma-
tion des terroirs. Cette transformation interne des structures
agraires se laisse difficilement suivre. Elle fut sans doute
plus ou moins précoce selon les régions; mais le XIIe siècle,
d'une manière générale, marque seulement le début d'un processus qui devait se développer sur de longues décennies.
C'est en tout cas un fait capital dans l'histoire de l'économie
rurale. L'œuvre des défricheurs étendit en effet l'aire d'occupation très lâche d'où chaque agglomération paysanne tirait
sa subsistance; mais, en même temps, la croissance démographique tendait à concentrer l'habitat au centre de ce terroir
en expansion. Et tandis que les limites de celui-ci reculaient
peu à peu, que se créaient sur ses lisières des prés nouveaux

---

1. R. Kötzschke, *Quellen zur Geschichte der ostdeutschen Kolonisation
im 12. bis 14. Jahrhundert*, p. 33-34.

susceptibles de nourrir plus de bœufs à l'étable, donc de produire plus de fumier, les parcelles centrales de l'espace agricole, les plus anciennement aménagées, quelque peu séniles donc, mais aussi plus proches des maisons, des écuries, des basses-cours, donc mieux pourvues d'engrais vert et de fumure, devinrent peu à peu le lieu d'une culture moins extensive, soumise à des rythmes de rotation plus serrés, où la jachère tenait moins de place. Ce noyau d'agriculture plus exigeante s'élargit peu à peu à mesure que s'étendait à la périphérie l'aire des essarts, c'est-à-dire d'une organisation plus méthodique de l'élevage bovin. A la fin du XIIe siècle, il demeurait encore presque partout de la place pour que l'auréole du défrichement pût encore s'étendre, et pour que persistât alors pour quelque temps encore la nécessaire souplesse entre les « royes », les « soles », les « Gewannen », d'une part sises au cœur du terroir et que l'intensification des méthodes culturales menaçait d'épuisement, et d'autre part les franges pionnières moins comprimées par les contraintes collectives et qui bénéficiaient de la jeunesse d'un sol encore vierge. De même que de vastes espaces s'offraient encore pour accueillir les hommes en surnombre et détendre partout la pression du peuplement. Cette situation explique que les rendements agricoles aient pu s'élever, et les famines, sinon disparaître, du moins perdre au XIIe siècle de leur caractère tragique. Elle a favorisé une croissance équilibrée de la production et du nombre des hommes.

Un semblable assouplissement semble également s'être introduit dans la condition paysanne à la faveur de défrichements. Ceux-ci en premier lieu hâtèrent sans doute la dissociation des anciens cadres où s'inscrivait l'exploitation seigneuriale. Le manse acheva de disparaître au XIIe siècle dans la région parisienne, tandis que, sur les quartiers nouvellement mis en culture aux lisières des terroirs, proliféraient deux nouveaux types de tenures, la censive et la tenure à champart. Dans la première, la redevance annuelle était fixe, dans la [seconde elle était proportionnelle à la récolte et convenait mieux pour cela à des terres dont on ne savait pas, avant de les dégager de la broussaille, ce qu'elles rapporteraient. Mais, dans l'une et dans l'autre, les charges pesaient sur une parcelle qui pouvait passer aisément de main en main, s'intégrer à telle exploitation, en être distraite, et elles excluaient généralement les services en travail. D'autre part, la fondation par les entrepreneurs de la conquête agraire de lieux francs et de sauvetés, où les immigrants avaient l'assurance de jouir de privilèges évidents, d'être traités comme des « bourgeois », c'est-à-dire — tel est le sens de ce mot dans le vocabulaire de l'époque — de bénéficier du fait de leur résidence d'un allègement des exactions, obligea les maîtres des vieux terroirs à desserrer quelque peu leur étreinte et à réduire leurs exigences. Une sorte de liberté se diffusa peu à peu de la sorte dans l'ensemble du monde rural, à partir des fronts pionniers où il fallait beaucoup promettre aux artisans de l'expansion agricole. Sans doute peut-on penser que l'immigrant sans ressources que la faim et le désir de fonder un foyer poussaient à s'aventurer les mains vides sur les chantiers de défrichement se trouvait à la merci du seigneur de la terre et des entrepreneurs, ses mandataires. Il ne manque pas d'exemples, dans les aires où l'essart avançait alors avec rapidité, d'un resserrement de la dépendance personnelle. Il semble bien cependant que l'attaque des friches ait fait croître parmi les travailleurs des champs des catégories sociales moins durement exploitées, celle des *Königsfreien* que les rois de Germanie aidèrent à s'établir au xiie siècle dans les forêts de leurs domaines, celle des « hôtes » qui pullulaient à la même époque dans la plupart des campagnes françaises. Ces derniers, dès le milieu du xie siècle, alors que l'extension des terroirs en était encore à ses débuts timides, formaient à l'écart du groupe villageois indigène un corps de main-d'œuvre dont le seigneur favorisait l'établissement. Il les traitait moins durement. Ils échappaient aux charges collectives qui pesaient sur les tenures anciennes. Ils étaient plus libres. De leur rang sortirent peut-être les meuniers et les forgerons. Leur nombre crût à mesure que les progrès techniques faisaient s'élargir les capacités d'accueil des seigneuries. Et le moment vint où la coutume étendit les privilèges dont ils jouissaient à l'ensemble de la communauté du village. Il semble bien que la poussée démographique, l'amélioration de l'équipement et l'extension de l'espace agraire aient assuré à l'aristocratie un tel surcroît d'aisance qu'elle supporta finalement à la fin du xiie siècle, sans en ressentir immédiatement les dommages, de relâcher un peu, et pour un temps, sa pression économique sur le peuple des travailleurs.

III

Les seigneurs

Le XIIᵉ siècle fut en Europe l'époque du paysan conquérant. Les exigences de ses maîtres le poussaient en avant : pour y répondre, il semait du froment, plantait des vignes, cherchait, en vendant son travail ou, sur les marchés, les produits de sa terre, à recueillir quelques deniers pour le paiement des redevances ou des amendes judiciaires. Mais, en sens inverse et cependant de manière complémentaire, l'indépendance qu'il prenait peu à peu le stimulait aussi. En effet, délibérément ou non, les seigneurs réduisirent quelque peu leurs prélèvements sur les ressources de leurs hommes. Ce fut leur manière d'investir : laisser aux travailleurs de quoi développer les forces de production de leur ménage, élever plus d'enfants, nourrir plus de bêtes de trait, adjoindre à la charrue les pièces nécessaires, gagner de la terre aux dépens des zones incultes. Entre 1075 et 1180, la voie principale de l'investissement et de l'épargne fut le relâchement des charges seigneuriales. Ce desserrement, qui fut sans doute l'agent le plus actif de la croissance, s'est manifesté plus particulièrement à trois niveaux.

1. Le petit alleu, la terre paysanne indépendante, était dans presque toutes les campagnes d'Occident très vigoureux. Dans les environs de Cluny, les moines firent, en 1090, l'acquisition, pièce à pièce, de tout un terroir; parmi les vendeurs, quinze paysans; six d'entre eux étaient en partie des tenanciers, mais en partie seulement; la terre que cédèrent les autres était libre de toute sujétion. Sans doute la propriété des pauvres se trouvait-elle menacée, comme celle des riches, par les divisions successorales et la pratique des donations pieuses. En outre, par la pression des grands domaines voisins

qui cherchaient à l'absorber. Mais elle se reconstituait sans cesse. Soit à la faveur de ces contrats, très nombreux, qui laissaient au travailleur, en pleine propriété, la moitié de la terre seigneuriale qu'il avait reçu mission de planter en vigne. Soit par les défrichements clandestins. Soit, très souvent, par la fraude, lorsque le tenancier parvenait à se dérober à ses obligations assez longtemps pour que, dans la coutume, le bien qu'il exploitait apparût libre de toutes redevances. A vrai dire, on peut remarquer, dans certaines régions, que progressivement, au cours du XIIe siècle, les allusions aux petits alleux deviennent moins fréquentes : leur proportion, parmi les biens fonciers que font connaître les documents de la Picardie, passe de 17 % dans le premier quart du siècle à 4 % dans le second, à 2 % dans le troisième. Ajoutons qu'il existe des contrées où la possession allodiale reste inconnue : c'est le cas de l'Angleterre. Mais lorsque l'alleu est absent ou perd du terrain, ce qui se produit, c'est l'accroissement du nombre des tenures qui ne doivent presque rien au maître du sol, si peu que leur situation économique ne diffère guère de celle des alleux. De fait, les seigneurs laissèrent se renforcer la mainmise des paysans sur le sol. Ils leur abandonnèrent presque totalement les profits de leur exploitation. Mais s'ils leur donnaient ainsi plus de moyens de s'enrichir, c'est qu'ils se savaient en mesure de puiser largement, par d'autres voies, dans leur épargne.

2. La tenure subit une autre modification qui détendit elle aussi les relations entre les travailleurs de la terre et leurs maîtres. Le manse, on l'a vu, s'était désagrégé. Il maintint sa cohésion dans les campagnes du Sud de la Gaule, moins profondément remuées par l'élan du progrès technique, et aussi dans certaines régions, comme le Nord-Ouest de la Germanie, où la coutume interdisait strictement le partage de la tenure entre les héritiers. Mais partout ailleurs il disparut. A la fin du XIe siècle, on n'en trouvait plus trace en Normandie. En Picardie, il était remplacé par ce que les textes nomment le « courtil », une parcelle plus restreinte née de son démembrement. Vers 1150, dans tel terroir de Bourgogne, des dix-neuf manses que font connaître les textes, trois seulement n'étaient pas encore tout à fait décomposés. Cette évolution fut précipitée par la croissance démographique, par la hausse des rendements de la terre, enfin par l'extension de la surface cultivée qui permit de constituer des exploitations nouvelles en rattachant les parcelles défrichées à la périphérie du terroir à des fragments des anciens manses. Mais si les cadres où s'était d'abord inscrite l'exploitation

par les seigneurs du travail paysan se sont dissous, c'est bien d'abord parce qu'ils ne répondaient plus aux conditions nouvelles de l'économie villageoise. Dans le mouvement d'ensemble qui entraînait celle-ci, la famille paysanne avait avantage à se dégager de ce carcan qui l'enserrait et l'empêchait de s'épanouir librement; les maîtres du sol avaient avantage à ne plus percevoir les droits dans les foyers, mais sur chacune des multiples parcelles dont la mobilité même les autorisait à ajuster souplement leurs exigences seigneuriales aux capacités réelles des dépendants.

3. Enfin, soit à la faveur d'un accord entre des seigneurs concurrents qui se disputaient sur eux la puissance, soit par l'octroi d'une charte de franchises ou de ces chartes de peuplement, préliminaires à la fondation d'un nouveau village, ou bien encore par le seul jeu de ces « rapports de droits », de ces *Weistümer*, par quoi les sujets des seigneuries allemandes ou lotharingiennes procédaient périodiquement à la récitation de la coutume, les paysans gagnèrent peu à peu ce qu'on nommait alors la liberté, c'est-à-dire des privilèges. Un terme fut mis à l'arbitraire du seigneur, les usages furent codifiés et rédigés, et les liens les plus puissants de la servitude furent dénoués à l'occasion d'une telle rédaction. A tout ceci les maîtres consentirent encore. Car ces concessions aidèrent à multiplier les familles rurales soumises à leur pouvoir et permirent à tous les rustres d'amasser plus de deniers (dans les chartes de franchises qui se répandirent dans les campagnes françaises pendant la seconde moitié du xiie siècle, les clauses destinées à stimuler les échanges commerciaux au village occupent une place, par leur nouveauté même, très significative). Enfin, tous ces abandons n'abolissaient pas la puissance fiscale des seigneurs. Elle était régularisée. Elle devenait par là même plus efficace.

En effet, les travailleurs obtinrent, dans l'élan de la croissance, que la bride se desserrât. Mais ils n'en furent point libérés et leurs seigneurs ne cessèrent pas de s'emparer de la plupart des biens qu'ils créaient. Ils les prirent d'une autre manière, avec une aisance que favorisait, et certainement de manière déterminante, la vivacité croissante de la circulation monétaire. Et de cette prise ils usèrent, comme les maîtres avaient toujours fait, pour dépenser davantage.

L'EXEMPLE MONASTIQUE

Rien ne permet mieux de percevoir les attitudes économiques seigneuriales que d'observer les grands monastères bénédictins. Ils sont placés dans la meilleure lumière. Les efforts menés depuis la fin du xie siècle pour y réformer la vie religieuse conduisirent à mieux défendre et à mieux gérer leur patrimoine, donc à lutter contre les empiétements des laïcs, à prendre soin des pièces d'archives qui établissaient les droits de la maison, à reprendre les traditions carolingiennes de l'écriture, à édicter des règlements intérieurs comme l'avait fait au ixe siècle l'abbé Adalard à Corbie, à rédiger soigneusement des inventaires seigneuriaux, des « censiers » enregistrant les charges foncières, des « coutumiers » établissant la liste des exactions banales. Tous ces documents permettent d'aller aussi loin qu'il est possible dans l'analyse économique de l'organisme seigneurial.

Cette économie demeure toujours, fondamentalement, une économie de la dépense. Tous ceux qui se sont souciés alors de la régler l'ont fait en fonction de besoins à satisfaire. *Constitutio expensae:* le titre donné au projet de planification établi par l'abbé de Cluny vers 1150 est fort éclairant. Il s'agit avant tout de fournir à la communauté ce qui lui est nécessaire pour mener la vie qui lui convient. Les moines ne sont pas des travailleurs, ni des entrepreneurs; ils sont au service de Dieu et ils accomplissent d'autant mieux leur office qu'ils sont dégagés de toute préoccupation temporelle. Ce qui importe d'abord, par conséquent, c'est d'assurer l'approvisionnement régulier de la maison en victuailles et en deniers. Pour que l'existence de la famille monastique ne soit pas modifiée, il faut gérer la fortune collective de telle sorte que le cellérier, chargé du *victus*, et le chambrier, chargé du *vestitus*, soient pourvus en suffisance.

De ce souci majeur découlent les méthodes appliquées à la gestion du patrimoine. Celui-ci se trouve généralement divisé en unités d'exploitation placées sous la responsabilité d'un moine délégué. La seigneurie de Saint-Emmeram de Ratisbonne était ainsi partagée, vers 1030, en trente-trois centres domaniaux; celle de l'abbaye de Cluny, à la fin du xie siècle, en une vingtaine. Il incombait à chacun de ces centres d'assumer pendant une certaine période l'approvisionnement du monastère. Un système de roulement s'établissait entre eux, que le langage d'alors appelle *mesaticum :* pour ravitailler la communauté attachée à la cathédrale d'Ély, la répartition du service se faisait par semaine entre les trente-trois manoirs; l' « ordre selon lequel les manoirs devaient faire la ferme » (c'est-à-dire l'apport de nourriture) dans la seigneurie de Rochester décomposait l'année en tranches de vingt-huit jours. Pour que la méthode fût efficace, il importait évidemment que les obligations imposées à chaque domaine correspondissent à ses ressources. Ce qui nécessitait un réajustement périodique de la répartition. D'ordinaire, cependant, les charges de chaque domaine étaient inférieures à son produit. Le régisseur disposait à son gré de la différence. Par la vente des récoltes excédentaires, il s'efforçait de recueillir les espèces monétaires qu'il faisait parvenir au chambrier. De tels principes de gestion laissaient une large initiative aux intermédiaires. Leur autonomie s'élargissait encore lorsque de la pratique du *mesaticum* on passait insensiblement à celle du fermage. Ce fut le cas dans l'Angleterre du xiie siècle : pour se libérer davantage des soucis, les monastères confièrent leurs domaines à des *firmarii* qui n'étaient pas des délégués de la communauté, mais de véritables entrepreneurs, investis de tous les pouvoirs seigneuriaux par un contrat viager. Le montant de la « ferme » qu'ils devaient livrer chaque année pouvait être augmenté si la production du domaine s'accroissait sensiblement; ainsi le produit des fermages que percevait l'abbaye de Ramsey doubla-t-il entre 1086 et 1140. Il semble que ce procédé fut utilisé aussi sur le continent, en Rhénanie notamment et en Ile-de-France : l'abbé de Saint-Denis Suger jugea avantageux d'affermer tel domaine par des contrats renouvelables annuellement.

Pour assurer les transferts des biens entre des terres parfois très éloignées et le centre unique de consommation qu'était le monastère, il pouvait être utile d'employer la monnaie. Et c'est l'insertion plus profonde des pièces d'argent dans les mécanismes de l'économie domestique qui paraît bien provoquer au cours du xiie siècle les modifications les plus accentuées et soulever les problèmes d'adaptation les plus ardus. Dans la mesure où s'assouplissait le marché des produits agricoles, mieux valait vendre sur place les excédents et expédier un sac de deniers que d'entreprendre les longs charrois qui grevaient si lourdement, à l'époque carolingienne, l'économie des grands domaines. De fait, il apparaît bien que le maniement des deniers prit peu à peu de plus en plus d'ampleur dans l'administration des fortunes monastiques. Le rôle du chambrier s'étendit, alors que régressait celui du cellérier. En vérité, on constate que, dans les monastères d'Angleterre, ce furent au contraire les recettes en nature qui gagnèrent du terrain pendant la première moitié du xii⁰ siècle ; à ce moment, en effet, l'effectif des moines grossissait ; le plus urgent était de nourrir la communauté, donc de ravitailler les réfectoires. Mais, après 1150, les revenus en argent tendirent à l'emporter pour diverses raisons. A Canterbury, ce fut sans doute la réduction du nombre des consommateurs qui incita à convertir en numéraire des redevances en nature qui n'avaient plus d'emploi. Au contraire, à Ramsey, la même incitation vint de l'accroissement des achats et du poids des dettes, de la nécessité urgente, donc, de se procurer de la monnaie. Face à des difficultés budgétaires analogues, les administrations du temporel clunisien en cherchaient au contraire le remède dans une limitation des dépenses, donc dans l'extension des ressources en grain et en vin. Les solutions furent, on le voit, multiples, mais le problème était le même : c'était la fonction nouvelle de l'argent qui le posait. A vrai dire, Cluny représente un cas typique et fort bien éclairé par la documentation. Il vaut d'être examiné de près pour ce qu'il révèle des réactions seigneuriales face à l'évolution économique.

★

L'interprétation que Cluny donnait de la règle de saint Benoît poussait à la dépense. Il importait d'abord d'exalter la gloire de Dieu, de donner donc plus d'éclat à la liturgie, de rebâtir les sanctuaires et de les décorer à profusion, d'établir les moines dans un confort qui les rendît parfaitement disponibles pour l'office divin et qui manifestât clairement leur prééminence parmi les divers « États » du monde. On leur donnait une nourriture abondante et choisie. On renouvelait tous les ans leur garde-robe. Le travail manuel imposé par la règle était réduit à des tâches de cuisine toutes symboliques. Ils vivaient en seigneurs. Lorsqu'il se déplaçait, l'abbé, comme un souverain, se montrait aux peuples escorté d'une ample suite cavalière. Or, le succès même de Cluny fit s'accroître considérablement, pendant le dernier tiers du xi⁰ siècle, ses ressources en métaux précieux. L'abbaye dominait une très large congrégation dont les filiales envoyaient à la maison mère un cens en numéraire (les quinze prieurés de Provence procuraient ainsi chaque année au chambrier la valeur d'une cinquantaine de livres). Elle recevait les aumônes des plus grands princes de la chrétienté ; comme son influence s'était étendue d'abord dans le Sud, spécialement en Espagne, c'est-à-dire sur les confins belliqueux de l'Islam où les opérations militaires activaient la circulation des métaux précieux, ces bienfaits ne consistaient pas seulement en terre; ils fournissaient de l'or et de l'argent. Ainsi, en 1077, le roi de Castille constitua en faveur de l'abbaye bourguignonne une rente annuelle en or qui valait à elle seule quatre cents livres en deniers de Cluny, c'est-à-dire beaucoup plus que tous les apports en numéraire reçus de la seigneurie. Une part de ces richesses fut employée par les orfèvres à l'embellissement du sanctuaire. Une autre à l'acquisition de terres, notamment en prêtant sur gage de l'argent aux chevaliers du voisinage qui partaient en Terre sainte. Mais presque tout fut dépensé. En 1088 s'ouvrit l'immense chantier d'une nouvelle basilique, la plus vaste de toute la chrétienté latine. Dans l'aisance dont jouissait l'office du chambrier, les administrateurs du monastère en vinrent très facilement à négliger le domaine : moins bien surveillés, les ministériaux établis dans les villages étendirent démesurément, dans les dernières années du xie siècle, leurs profits personnels au détriment de ceux du seigneur. Mais le numéraire abondait. Pour ravitailler les réfectoires, on acheta de plus en plus. C'était commode. En 1122, Cluny ne tirait plus de ses terres que le quart de ses subsistances. Pour se procurer le pain et le vin, elle dépensait des sommes énormes. Chaque année, près de mille livres, soit 240 000 pièces de monnaie, étaient ainsi répandues alentour, parmi les producteurs des environs et les intermédiaires qui aidaient à la vente des récoltes. Les gros besoins de l'abbaye, l'orientation qu'elle avait délibérément imprimée à son économie alimentaient ainsi très abondamment, au seuil du xiie siècle, les courants de la circulation monétaire. Ils les faisaient s'infiltrer peu à peu, en filets de plus en plus minces, jusque dans les profondeurs du milieu paysan, par tous les salaires distribués aux transporteurs, aux carriers, aux équipes de tâcherons employées à la construction de l'église, et par les achats de provende. On ne s'étonne point que sur les domaines du monastère des redevances en argent aient pu facilement se substituer aux corvées : le seigneur se détachait de sa terre, les paysans gagnaient aisément les deniers.

Mais en fondant délibérément sur l'emploi de la monnaie toute son économie de dépense, l'abbaye s'engageait sans y prendre garde dans des difficultés qui commencèrent à devenir pénibles au premier quart du xiie siècle. Tandis que certaines des ressources en numéraire tarissaient, l'animation même des circuits monétaires faisait s'élever le prix des denrées. Il fallut puiser dans les réserves. Le trésor s'amenuisa. L'abbé Pierre le Vénérable, qui supporta tout le poids de la crise,

accusa son prédécesseur Pons de Melgueil d'avoir dilapidé
le trésor. En fait, le chambrier ne pouvait plus, avec le produit
des cens, couvrir les dépenses auxquelles on s'était accoutumé
dans l'euphorie de la fin du XIe siècle. Pendant vingt-cinq ans,
l'abbé de Cluny tenta d'assainir cette situation économique. Il
s'efforça d'abord de réduire les sorties d'argent, en imposant
aux frères, malgré les récriminations, de restreindre quelque
peu leur consommation; mais il n'était pas possible d'aller
très loin dans la voie de l'austérité : c'eût été retirer à la
profession monastique l'allure seigneuriale que toute la
tradition clunisienne lui avait conférée. Restaient deux ressources. Revenir d'abord à l'exploitation rationnelle du
domaine, afin d'en tirer de nouveau le ravitaillement des
réfectoires en pain et en vin. Il fallait pour cela mettre de
l'ordre dans la gestion, poursuivre l'action entreprise aux
alentours de l'an 1100 contre les régisseurs laïcs qui avaient
construit leur propre seigneurie parasite au détriment des
droits de l'abbaye, mesurer par des enquêtes minutieuses les
profits de chaque domaine, répartir plus équitablement les
services du *mesaticum*, veiller à la perception des redevances.
Il fallait surtout développer le faire-valoir direct, augmenter
dans chaque seigneurie le nombre des charrues afin de récolter
plus de grain, planter des vignes nouvelles et pour cela investir
de l'argent, affecter à l'embauche des vignerons une part des
revenus en numéraire. Les difficultés contraignirent ainsi les
administrateurs de l'abbaye à tourner leur attention vers
l'économie domestique, à compter, à manier les chiffres, à
supputer les gains et les pertes, à réfléchir sur les moyens du
développement, bref à se transformer, au risque de trahir leur
mission spécifique, en exploitants. On ne sait pas si le plan de
réorganisation élaboré par Pierre le Vénérable porta des fruits.
Les sources montrent seulement que, sans attendre, l'abbé fut
contraint par les nécessités à s'engager dans la seconde voie,
l'emprunt. Il reçut l'aide d'un de ses hôtes, l'évêque de
Winchester, frère du roi d'Angleterre Étienne, qui s'était
réfugié à Cluny, emportant avec lui le trésor de son église.
Ce prélat initia sans doute les Clunisiens aux méthodes
anglaises, plus évoluées, d'administration seigneuriale; il mit
à leur disposition, non sans précautions et garanties, d'importantes quantités de métaux précieux. Cet appoint fut insuffi-
sant. Pierre le Vénérable dut mettre en gage des objets
précieux de la sacristie : les prêteurs étaient des juifs (ce qui
aiguisa peut-être l'antisémitisme dont l'abbé fait preuve dans
certains de ses écrits), mais aussi des marchands chrétiens qui
s'étaient installés aux portes de l'abbaye au temps où celle-ci

achetait la plus grosse part de son approvisionnement, et qui y avaient alors fait fortune. Peu à peu, au cours du XIIᵉ siècle, le poids de cette dette s'alourdit, et il apparut de plus en plus normal de fonder sur le crédit l'économie du monastère, qui ne pouvait se passer d'argent.

Les options que révèle la riche documentation laissée par Cluny ne paraissent pas particulières à cette maison. Le souci majeur d'accroître la splendeur de l'office liturgique et le choix de dépenser à cette fin sans compter, l'application à développer les revenus de la seigneurie foncière, l'insouciance qui fit se dissiper rapidement les réserves de métaux précieux amoncelées par les aumônes au XIᵉ siècle, pendant la relative atonie des échanges, le recours délibéré à l'emprunt : toutes ces attitudes caractérisent en fait un comportement économique qui fut très répandu à la même époque parmi les dirigeants des monastères bénédictins d'ancienne observance. Si les abbayes normandes cessèrent peu à peu aux approches de l'an 1200 d'avancer de l'argent aux laïcs, était-ce bien par respect des interdits récemment lancés par le pape contre le prêt sur gage foncier? N'était-ce pas plutôt que les trésors s'étaient vidés? Quant à l'attention toute nouvelle portée à la rentabilité de l'exploitation domaniale, elle est éclatante chez Suger, contemporain de Pierre le Vénérable. On sait qu'il n'épargna rien pour faire de la basilique de Saint-Denis le plus splendide sanctuaire de son temps; il engagea pour l'orner d'énormes dépenses; il entendait — c'était son premier souci — servir ainsi la gloire de Dieu. Toutefois, au livre qu'il composa pour relater, non sans complaisance, ses entreprises de construction et de décoration, il adjoignit un traité *De son administration*. C'en était à ses yeux le complément nécessaire. Toute l'œuvre menée sur le chantier de l'église s'appuyait en effet sur une saine gestion du patrimoine. Son exposé révèle des intentions en tout point semblables à celles de l'abbé de Cluny : développer le faire-valoir direct pour réduire strictement les achats de subsistances. A Saint-Lucien, il investit vingt livres dans la création d'un vignoble afin de ne plus acheter autant de vin, de n'être plus contraint à mettre en gage aux foires de Lagny les ornements du culte. A Guillerval, toute la terre était concédée à des tenanciers; Suger jugea que ce système fondé sur la perception d'une rente fixe n'était pas le plus profitable pour que l'abbaye pût tirer parti de l'accroissement des ressources paysannes; il commença par substituer au cens un champart, une redevance proportionnelle aux récoltes; en outre, il acquit — fort cher — trois « charruées » de terre; sur l'une d'elles il installa un ministérial, chargé

d' « apaiser les murmures des paysans et les oppositions contre
le changement de coutumes »; avec les deux autres pièces de
labour, il créa un « domaine »; par là le revenu put monter de
quatre à cinquante muids de grain. A Vaucresson, il « fonda un
village, bâtit une église et une maison et fit défricher à la
charrue la terre inculte »; il y eut bientôt soixante « hôtes »,
et beaucoup d'autres demandaient à venir. A Rouvray, il
refusa le contrat de pariage que lui offrait le seigneur du
château voisin, reprit lui-même en main la seigneurie, éleva
son rapport de vingt à cent livres; les quatre-vingts livres de
surcroît furent affectées, chaque année, jusqu'à son achève-
ment, à la construction de la basilique.

*

Cependant, contre l'ancien style de vie monastique que
Cluny avait porté à sa perfection, des critiques s'étaient élevées dès la fin du XIᵉ siècle. La contestation fut portée au nom
de l'ascétisme nécessaire et d'un retour aux sources, c'est-à-
dire au texte des règles primitives. Elle condamna l'excès de
dépense, mais non point la possession de la terre ni l'usage de
l'argent. De tels choix déterminèrent des positions économiques fort différentes de celles des anciennes abbayes bénédictines. Il convient de les observer dans l'ordre cistercien —
celle des congrégations nouvelles qui connut le plus ample
succès.

Les Cisterciens rejetèrent les attitudes seigneuriales de
Cluny. Ils refusèrent de vivre en rentiers, du travail des autres.
Ils ne posséderaient que la terre — mais ni dépendants personnels, ni tenanciers, ni moulins, ni dîmes — et la mettraient
eux-mêmes en valeur. Plus radicalement que les Clunisiens ou
Suger, ils fondèrent donc l'économie de leur maison sur le
faire-valoir direct. Mais cette option conduisait à modifier
totalement la situation des moines à l'égard de la production,
à les soustraire au moins partiellement à l'oisiveté liturgique,
à en faire des travailleurs véritables. Révolution boulever-
sante? En vérité, le labeur rural demeura pour les moines de
chœur une occupation marginale qui ne prenait de réelle
ampleur qu'à l'époque des gros travaux de la terre. Et le
travail ne cessa pas d'être tenu, conformément à l'esprit de
saint Benoît, pour un instrument de mortification. Toutefois
les communautés cisterciennes firent place à une seconde
catégorie de religieux, recrutés ceux-ci dans l'ordre des
travailleurs, les « convers ». Pour eux, la participation aux
prières fut très réduite : un rôle décisif leur revenait dans la

création des biens. Ce fut sur leur effort que reposa principalement l'exploitation du patrimoine foncier — des terres pour la plupart incultes, car les usages cisterciens imposaient de fonder les monastères au « désert », au milieu des friches. Ainsi, par la manière dont étaient recrutés les moines et les convers, et dont les tâches étaient entre eux réparties, la division profonde qui séparait dans la société laïque les spécialistes du travail et les autres s'introduisait au sein de la famille monastique.

Les relations établies de la sorte entre la terre et les forces productives, l'emploi d'une main-d'œuvre enthousiaste, toute domestique, dont l'entretien coûtait peu puisque la communauté vivait dans l'ascétisme, et seulement aidée de loin en loin par quelques salariés, dont dès 1134 le chapitre général de Cîteaux autorisait l'embauche, préparaient une remarquable réussite économique. Les abbayes cisterciennes s'étaient établies en effet sur des terres neuves, donc fécondes. Elles récoltèrent rapidement plus de grain et de vin qu'il ne leur en fallait pour vivre. Sur la part de leur fortune foncière qui ne fut pas défrichée, elles pratiquèrent largement l'élevage, l'exploitation du bois et du fer. Or la communauté ne mangeait pas de viande, ne se chauffait pas, usait fort peu de cuir et de laine. Disposant de tant d'excédents, les moines s'employèrent bien vite à les vendre : les moines de Longpont s'étaient mis à planter des vignes en 1145, treize ans après la fondation de leur abbaye; deux ans plus tard, ils commençaient à solliciter des exemptions de péage sur les routes menant vers les pays importateurs de vin; ils établirent un cellier dans la ville de Noyon; ils mirent en place tout ce qui pouvait faciliter la vente de leur vendange. Et l'on sait la part que prirent dès la fin du xiie siècle les abbayes cisterciennes d'Angleterre au commerce des laines. Parce que la règle de saint Benoît, dont ils suivaient les prescriptions à la lettre, autorisait l'usage du numéraire, les moines de Cîteaux recueillirent sans hésiter les deniers. Qu'en firent-ils? Ils n'achetaient rien pour leur propre consommation. Leurs usages interdisaient de thésauriser et d'orner le sanctuaire : Suger raconte la bonne affaire qu'il fit en achetant à des Cisterciens qui ne savaient qu'en faire un lot de pierres précieuses. La tendance ascétique favorisait, de cette façon encore, le progrès économique : de leur argent, les moines bénédictins de nouvelle observance usèrent essentiellement pour accroître leur capital. Ils poussèrent plus loin que quiconque les perfectionnements techniques. On peut penser que les meilleurs attelages, les meilleurs outils se trouvaient dans leurs exploitations. Ils achetèrent aussi de la terre, et leurs « granges », ces centres domaniaux satellites de leurs abbayes, se multiplièrent de toutes parts. Point de déficit ici, point de malaise, point d'emprunt. Une large aisance collective au contraire, contrastant brutalement avec le dénuement individuel des membres de la communauté. Un sens très vif des affaires aussi — et des disponibilités monétaires si larges que les Cisterciens finirent par susciter à la fin du XIIe siècle la méfiance des laïcs : ceux-ci ne les voyaient sortir de leur solitude que pour acheter les terres qu'eux-mêmes convoitaient ou pour discuter d'argent sur les marchés. De fait, les documents qui émanent des archives monastiques mettent en évidence deux attitudes économiques majeures. En premier lieu le profond enracinement de l'économie domestique dans l'exploitation directe du patrimoine foncier. D'autre part, et ceci paraît bien caractériser le XIIe siècle, l'accoutumance à acheter, à vendre, à prêter, à s'endetter, l'insertion plus ou moins rapide, plus ou moins poussée d'une économie dont la possession de la terre est le principal soutien, dans le mouvement de la monnaie, un mouvement qui devient assez vif pour perturber notablement les circuits traditionnels d'échanges de biens et de services. Il apparaît que ces deux attitudes furent communes à tous les seigneurs du XIIe siècle. C'est ce que montre en effet l'analyse des revenus qu'ils tiraient, d'une part de leurs droits fonciers, d'autre part de leur pouvoir sur les hommes.

EXPLOITER

La rente foncière

Parmi les profits que procure la seigneurie foncière, ceux qui viennent des tenures comptent alors de moins en moins. Fixé par la commune, et donc en principe immuable, le taux des redevances n'apparaît pas avoir beaucoup varié depuis l'époque carolingienne. « Dans ce mans réside Guichard... qui doit en service : à Pâques, un agneau; à la fenaison, six pièces de monnaie; à la moisson, un repas (avec plusieurs associés) et une mesure d'avoine; aux vendanges, douze deniers; à Noël, douze deniers, trois pains, une demi-mesure de vin; à Carême-entrant, un chapon; à la mi-carême, six pièces de monnaie [1]. » Telles sont les livraisons attendues aux

---

1. *Cartulaire de Saint-Vincent de Mâcon*, p. 197.

alentours de 1100 dans le Sud de la Bourgogne d'une ancienne
tenure paysanne, encore non démembrée, c'est-à-dire capable
d'occuper et de faire vivre plusieurs ménages de travailleurs.
Charge légère pour ceux-ci; faible profit pour le seigneur
de la terre. Le seul trait nouveau dans ce texte, par rapport
aux prototypes carolingiens, c'est peut-être la place élargie
des prestations en numéraire, dont certaines, perçues lors
de la fenaison ou des vendanges, remplaçaient sans doute
d'anciens services en travail. Dans certaines provinces,
l'extension des redevances en deniers parmi les charges
foncières est très apparente. Ainsi, en Picardie, où, dès le
xɪᵉ siècle, les livraisons de produits en nature avaient à peu
près totalement disparu et ou, vers 1100; dix tenanciers du
prieuré de Hesdin versaient à eux seuls chaque année la valeur
de six livres en argent non monnayé. De même, en Angleterre,
la proportion des cens en numéraire apparaît forte. Mais le
mouvement fut loin d'être général. Ainsi, en Italie du Nord
au xɪɪᵉ siècle, les maîtres du sol s'efforçaient au contraire de
substituer des redevances en nature aux cens en argent :
ces hommes qui vivaient en ville et qui s'intéressaient aux
affaires entendaient ici se réserver la commercialisation
des surplus des exploitations dépendantes. En définitive, il
semble bien que, dans presque toutes les campagnes d'Europe,
le rapport d'une tenure de type ancien soit, au xɪɪᵉ siècle,
devenu relativement faible : le maître en tire surtout des
denrées agricoles et en petite quantité.

L'emprise légère de la seigneurie sur la terre paysanne
s'explique. Les défrichements ont détendu la pression démographique. Il y a beaucoup de place pour les travailleurs des
champs. La valeur du sol est faible. Toutefois, le mouvement
même qui, tandis que reculent les friches, fait se modifier
lentement la structure des tenures profite à la rente seigneuriale. Les « champarts », les « tâches », toutes les redevances
proportionnelles à la récolte, établies sur les champs et sur
les vignes nouvellement créées, apportent aux celliers des
maîtres, dès que les parcelles neuves sont en plein rapport,
et bien que le taux du prélèvement soit faible, beaucoup plus
que les redevances anciennes. D'ailleurs, au milieu du xɪɪᵉ siècle, ce genre de prestation commence à se raréfier rapidement,
seigneurs et paysans s'entendent pour établir à leur place
des cens en deniers, et plus l'accord est tardif, plus s'alourdit
le poids des prestations en numéraire. De la terre essartée,
le seigneur reçoit de plus en plus d'argent. Il s'en procure d'une
autre manière. La dislocation des anciens manses, l'émiet-
tement des redevances parmi d'innombrables parcelles, la

latitude laissée aux tenanciers d'aliéner la terre et de la répartir entre leurs héritiers fournissent des occasions multiples de percevoir en numéraire des droits de mutation. L'animation croissante du marché de la terre rend ceux-ci de plus en plus lucratifs.

Cependant, parmi les rentes dont jouissent les seigneurs fonciers, les plus substantielles proviennent incontestablement — tous les inventaires de profits qui nous ont été laissés en font foi — de l'exploitation des fours, des moulins et des dîmes. Celles-ci demeurent encore pour la plupart aux mains des laïcs; ils ont presque tous, au cours du xie siècle, remis aux monastères et aux chapitres cathédraux la possession des églises qu'avaient fondées leurs ancêtres, mais ils n'ont pas lâché les dîmes; elles étaient trop profitables. Leur rapport, comme celui des moulins et des fours, ne cesse de s'élever tandis que s'étend la superficie mise en culture, que progresse l'usage du pain, qu'augmente le nombre des hommes. Ceux qui les possèdent en tirent de quoi nourrir abondamment toute leur maisonnée — et parfois de l'argent, lorsqu'ils les ont affermées. Ils y tiennent, comme à l'une des sources les plus sûres de leurs revenus. Ces biens forment au xiie siècle l'objet principal des procès entre seigneurs et le cœur véritable de la seigneurie foncière : dans celles que possédaient les églises de Picardie, la grosse part des revenus provenait jusque vers 1080 des redevances foncières traditionnelles; ensuite la prépondérance passa aux taxes perçues sur les usagers des bois, des moulins, des fours et aux dîmes.

Le progrès technique, les défrichements, l'essor aussi de la viticulture n'ont par conséquent cessé au xiie siècle d'élever la valeur de la rente foncière. Ce qui explique l'aisance que conservent les chevaliers et les gens d'Église, bien que la concession de fiefs, la prolifération des lignages, la fondation de tant d'établissements religieux aient considérablement augmenté leur nombre. Trois remarques, cependant, s'imposent : *a*) la vitalité de l'expansion agraire paraît alors assez forte pour que cette hausse des revenus ait pu s'accompagner d'un allègement du poids de la seigneurie foncière sur la paysannerie; *b*) avant 1180, la part de l'argent dans cette rente reste étroite : des soixante-douze tenures qu'elle possédait dans un village, la cathédrale de Mâcon tirait chaque année, outre de quoi ravitailler en pain et en vin une seule famille de serviteurs, tout juste quarante sous, c'est-à-dire le prix d'un mauvais cheval; *c*) enfin, les plus profitables de ces revenus, constitués par des prélèvements sur les récoltes ou par la perception de droits d'usage, ne rapportaient vraiment que si le seigneur était tout proche et très vigilant; dans les seigneuries vastes et dispersées, il fallait, pour ne pas voir s'évaporer ce rapport, recourir à des mandataires, qui en gardaient pour eux une large portion.

Le faire-valoir direct

C'est pourquoi, pour tous les seigneurs fonciers de cette époque, mis à part peut-être les plus grands, la rente compte moins que l'exploitation directe. De leur « domaine », de la terre qu'il font cultiver par leurs domestiques et dont ils recueillent tous les fruits, vient la plus grosse part de leurs ressources. Il est possible de découvrir parmi les textes des allusions au démembrement et à la dissolution de la réserve domaniale : les donations pieuses, les partages successoraux, les constitutions de fiefs ont fréquemment disloqué les grandes exploitations, et souvent, le meilleur usage qu'on pouvait faire de ces morceaux épars était de les lotir, d'en confier la mise en valeur à des tenanciers. L'intensification du travail agricole et la productivité accrue de la terre autorisaient d'ailleurs à réduire sans dommage l'étendue de la réserve. Toutefois, comme Suger, comme Pierre le Vénérable, les chefs des maisons aristocratiques se sont employés pour la plupart au xiie siècle à maintenir celle-ci en état, à la reconstituer, à la fortifier par le défrichement ou par la plantation de vignes. Partout les meilleurs clos, les plus beaux essarts relèvent en effet du domaine seigneurial. En Picardie, on découvre des seigneurs laïcs dont la réserve s'étend, comme aux temps carolingiens, sur des centaines d'hectares. Dans le *Domesday Book*, il n'est pas de manoir sans un domaine dont la superficie l'emporte généralement sur celle des tenures, et qui toujours englobe les terres les plus fertiles et les mieux travaillées.

En effet, les maisons des seigneurs paraissent largement fournies en main-d'œuvre. Les tâches permanentes incombent toujours à une équipe domestique, un groupe d'une vingtaine, une trentaine de personnes, que dominent les « bouviers », les conducteurs de charrue. Ces gens « vivent du pain de leur maître », comme disent les textes de l'époque. Mais l'usage est souvent de leur laisser consommer cette « prébende » dans la cabane, entourée d'un jardin, qui leur est concédée à proximité de la « cour » domaniale. Cette petite tenure leur permet de vivre en ménage, d'élever des enfants. Elle les attache plus solidement à l'exploitation, en un temps où les hommes sont encore bien plus rares que la terre et où la mobilité paysanne est grande. Les paysans que les documents anglais nomment « bordiers » ou « cottiers » se trouvent dans une situation peu différente. Eux aussi sont casés sur un petit lopin; ils doivent, en compensation, travailler gratuitement un ou deux jours par semaine dans le manoir; pour le reste, ils reçoivent un salaire. Toutefois, l'inégale répartition du travail rural au long de l'année, l'alternance de temps morts et de périodes de forte presse obligeaient d'apporter des renforts temporaires à ces employés à plein temps. Une aide était d'abord requise des corvéables. Toute l'Europe connaissait encore, en effet, le travail forcé et gratuit. Mais son importance économique n'était pas partout la même :

a) Au sud de la Loire et des Alpes, les corvées ne valaient presque rien. La plupart des tenures en étaient déchargées. Le service des autres se limitait à quelques journées par an : de trente-cinq tenures la cathédrale de Mâcon tirait chaque année deux cent vingt jours de travail, pas davantage, c'est-à-dire moins que n'en devait un seul manse dans les domaines carolingiens du Bassin parisien. Enfin, c'était surtout un appoint de « charrues », c'est-à-dire d'attelages, qu'attendaient les seigneurs de cette région. Ils renonçaient volontiers au service des manouvriers. En revanche, les innovations techniques, le rôle majeur du travail aratoire les incitèrent peut-être à imposer, lorsqu'ils en avaient le pouvoir, de nouvelles corvées aux laboureurs. Dans cette partie de la chrétienté, en effet, la légèreté des services en travail était vraisemblablement chose ancienne. Il se peut qu'au xiiᵉ siècle ils se soient, ici et là, quelque peu alourdis.

b) Au nord du continent le système carolingien associant étroitement les tenures à la mise en valeur de la réserve demeurait solidement implanté à cette époque. Toutes les descriptions des seigneuries foncières font état de lots-corvées, de fournitures d'objets façonnés à la maison, de services nombreux et réguliers. Cependant, ce système paraît dès 1100 en voie de lente désintégration. Au début du xiiᵉ siècle, l'abbé de Marmoutier en Alsace décide ainsi d'abolir le *servitium triduanum*, le service de trois jours par semaine auquel étaient astreintes en Germanie, depuis l'époque carolingienne, les tenures serviles. Au même moment, la plupart des lots-corvées se transforment en tenures chargées de redevances. En France, vers le milieu du xiiᵉ siècle, les seigneurs ont définitivement renoncé à exiger de leurs dépendants la livraison de tissus ou de bois façonné. De fait, l'amélioration de la productivité rendait moins nécessaire l'emploi des corvéables que l'essor démographique avait multipliés, tandis que la pénétration de l'instrument monétaire permettait de se procurer aisément des produits artisanaux de meilleure qualité, aussi bien que d'embaucher à la journée des travailleurs plus efficaces.

c) C'est dans la troisième zone, l'Angleterre — du moins dans ce que l'on entrevoit des campagnes anglaises, c'est-à-dire les grands domaines monastiques —, que le poids de la corvée paraît au xiie siècle le plus lourd. Il ne pèse pas également sur tous les tenanciers. Certains, considérés comme libres, sont astreints seulement aux *boon-works*, c'est-à-dire à des tâches définies, spécialement de labour, réparties entre les saisons comme sur les domaines de la France du Nord ou de la Germanie. Mais les autres, les « vilains » du *Domesday Book* et des docu, ents postérieurs, doivent, outre de semblables services périodiques et parfois la mise en valeur d'un lot-corvée, ce que l'on appelle les *week-works :* chaque semaine, la tenure qu'ils possèdent met pendant trois jours un homme à la disposition du maître, qui lui commande ce qu'il veut. De fait le vilain est un domestique à mi-temps, comme l'était le *servus* carolingien. Comme celui-ci, il se joint, un jour sur deux, à l'équipe des serviteurs de la maison, travaille et mange avec eux. Comme l'esclave du ixe siècle, il tire de la terre qui lui est concédée la nourriture de son épouse, de ses enfants et le complément de la sienne. Ces droits très stricts sur le travail d'autrui, les seigneurs anglais les conservèrent intégralement au xiie siècle, mais sans les utiliser tous. Beaucoup choisirent de les « vendre » pour l'année à leurs dépendants; ceux-ci, pour quelques deniers, achetèrent la libre disposition de leur force et de leur attelage. En quarante ans, les vilains d'un manoir dépendant de l'abbaye de Shaftesbury s'étaient ainsi libérés des *week-works;* chacun payait pour cela un cens de trois ou quatre sous.

Des forces semblables, en Angleterre comme sur le continent, incitaient donc les maîtres à exploiter d'une manière nouvelle les capacités de production de leurs tenanciers. Mieux valait renoncer à un travail qui, par « l'incurie, l'inutilité, la mollesse, la paresse » des corvéables, rendait fort peu et coûtait finalement cher : il fallait en effet nourrir les hommes de peine, et la coutume, évoluant souplement en faveur des humbles, imposait de les alimenter de mieux en mieux. Mieux valait échanger un tel travail contre cet argent qui parvenait beaucoup plus facilement qu'autrefois entre les mains paysannes. Ainsi, sans que se réduisît notablement l'étendue du domaine, le rôle de la corvée se rétrécit, devint très faible partout au cours du XIIe siècle, même en Angleterre. Inversement celui du salariat s'étendit : avec l'argent des taxes qui compensaient la suppression de certaines corvées, les moines de Cluny payaient les ouvriers de leurs vignes. On en vint de cette façon à confier à des journaliers mercenaires la plupart des travaux manuels que ne pouvaient accomplir les domestiques. Quant au renfort qu'apportaient encore les corvées, c'était beaucoup moins celui des hommes que celui des bêtes de trait et des outils. A l'exploitation du domaine, le village ne coopérait plus guère que par trois apports, dont la valeur économique était à vrai dire devenue prépondérante. Il fournissait des charrues d'abord, ensuite des journaliers cherchant dans un emploi temporaire un complément de ressources, enfin l'argent pour solder ces tâcherons.

Grâce à cet appoint, d'autant plus efficace que la campagne se peuplait, améliorait son équipement technique et s'ouvrait aux circuits monétaires, la grande exploitation fut en ce temps florissante. Elle nourrissait les maîtres, leurs serviteurs et tous les hôtes qu'ils accueillaient. Restaient de forts excédents que l'on pouvait vendre. De cette façon, le domaine approvisionnait aussi les seigneurs en deniers.

L'exploitation des hommes

Toutefois, les grosses rentrées d'argent, ça n'était point alors la seigneurie foncière qui les procurait, mais bien le pouvoir sur les hommes. En premier lieu, la domination de la *familia*. Les seigneurs du XIIe siècle commencèrent à percevoir que l'exploitation de leurs « hommes de corps » serait d'autant plus profitable qu'ils laisseraient à ces derniers une plus grande autonomie économique. Sans doute recrutaient-ils comme jadis la plupart de leurs domestiques dans les foyers de leurs dépendants. Mais ils préféraient laisser ceux-ci s'établir, s'enrichir : les organes d'une fiscalité dont l'efficacité paraît alors se renforcer sans cesse leur permettaient en effet de participer largement à cet enrichissement. Ils pouvaient d'abord « vendre » la liberté, comme on vendait les corvées, ce qui rapportait gros : vers 1185, l'abbé de Ferrières en Gâtinais décida d'accorder à ses hommes des franchises, le droit d'aller, de venir et de disposer de leurs biens librement; « en grâce de cet affranchissement, chaque chef de maison dut donner à l'église tous les ans cinq sous de cens ». Affranchir la *familia* en échange d'une rente en numéraire était la solu-

tion confortable. Ça n'était point sans doute la plus lucrative.
Mieux valait conserver le moyen de puiser dans l'épargne du
dépendant. Soit lorsqu'il mourait : en Germanie, le *Buteil*
laissait alors au seigneur le tiers ou la moitié des biens meubles;
dans le Nord de la France, il choisissait le « meilleur catel »,
la plus belle tête de bétail ou, s'il s'agissait de la succession
d'une femme, la plus riche pièce de vêtement. Soit lorsqu'il
enfreignait la coutume ou commettait un délit. De tous les
droits sur les hommes, la justice était celle qui permettait
d'enlever le plus facilement aux travailleurs la monnaie qu'ils
avaient pu gagner.

Mais la justice, en tout cas la plus lucrative, appartenait
le plus souvent aux quelques seigneurs qui possédaient le ban.
Les documents français, qui, sur cet aspect de l'histoire économique, sont peut-être les plus riches, permettent de suivre
les progrès de la fiscalité banale. Pendant la première moitié
du xıe siècle, tandis que les attributs royaux de la justice
passent aux mains des puissances locales, apparaissent dans
les textes les premières allusions à des «coutumes» diverses;
alors se multiplient notamment les mentions d'un droit de
gîte en faveur du seigneur du territoire et de ses agents, ainsi
que de réquisition de foin et d'avoine pour la cavalerie du
château. C'est plus tard, dans les quarante années qui entourent l'an 1100, que se révèle l'existence des corvées publiques,
de charroi ou de labour, que le sire affecte à l'exploitation
de ses domaines, ainsi que des droits divers qu'il s'arroge
sur la circulation commerciale : péages, taxes sur les transactions levées dans les marchés de village, monopole de la vente
du vin à certaines époques. Les premières traces de la « taille »
— c'est-à-dire d'un prélèvement que le seigneur opère sur
l'épargne de ses sujets aussi souvent qu'il en ressent le besoin —
datent des environs de 1090. Vers 1150, cette exaction, la
plus pesante, du fait de son caractère arbitraire, subit deux
modifications conjointes : on commence à la percevoir en
numéraire; elle est « abonnée », c'est-à-dire qu'elle prend
la forme d'une redevance annuelle de montant fixe. Telles
sont les principales étapes d'une évolution dont le rythme
épouse celui de la croissance agricole et de l'ouverture des
campagnes aux échanges. Au fil des temps, les maîtres du ban
prennent peu à peu davantage à des paysans plus nombreux
et moins misérables. Aucun document ne permet de mesurer
cette prise, ni de la comparer aux revenus de la seigneurie
foncière. Elle apparaît pourtant beaucoup plus ample. Par
la seule taille, tel seigneur du Sud de la Bourgogne put enlever
en une seule fois, au début du xııe siècle, quarante sous à un

rustre, cent à un autre — ce qui révèle, quelle qu'ait été le rôle, à l'occasion de cette perception, de la solidarité familiale ou villageoise, l'importance de l'épargne accumulée, sous forme de monnaie ou de bétail, dans les foyers des travailleurs. Tel autre, vers 1200, put lever la valeur de trois cents marcs d'argent sur une faible partie seulement des habitants de sa châtellenie. Juger, c'était soutirer les deniers en plus grand nombre encore : aux assises de Lincoln en 1202, la justice du roi d'Angleterre infligea des amendes d'un montant total de six cent trente-trois livres — en moyenne trente sous par coupable — en un temps où la valeur du cheptel dans les maisons rurales de moyenne aisance ne dépassait pas six sous, et où l'on payait un denier le travail d'une journée. Lorsque, en 1187, les agents du comte de Flandre entreprirent, dans le compte que l'on appelle le « Gros Brief », d'évaluer les revenus de leur maître, ils classèrent à part les recettes de justice : elles étaient devenues trop importantes.

Certes, une très large part des profits du ban servait à enrichir les ministériaux, dont beaucoup au XIIe siècle appartenaient à l'aristocratie : en Picardie, toutes les mairies des seigneuries ecclésiastiques étaient tenues par un puissant local. L'intérêt porté par les chevaliers à ces fonctions atteste qu'elles procuraient de substantiels avantages. Ceux-ci permirent aux ministériaux qui n'étaient pas nobles de s'élever rapidement dans la hiérarchie des fortunes, malgré tout ce que tentaient leurs maîtres pour retarder leur ascension. Au service des seigneurs qui détenaient le pouvoir de commander, de juger et qui en percevaient les abondants profits, se situe ainsi le plus dynamique des milieux sociaux, le seul où, pour un homme né dans la classe des travailleurs, essayer de s'introduire dans la classe des seigneurs ne fût pas une aventure insolite. Ce dynamisme, l'espoir d'un progrès social qui pouvait se poursuivre fort loin pour peu que l'on fût doué d'esprit d'entreprise, fut pour beaucoup sans doute dans l'appesantissement progressif de la seigneurie banale : les ministériaux des princes et des grands seigneurs mirent eux-mêmes en place le système fiscal dont ils étaient les premiers à bénéficier. Par là même, en stimulant par leur croissante exigence la production rurale, ils se montrèrent les agents les plus actifs non seulement de leur propre réussite, mais de l'ensemble du développement économique.

De fait, je serai pour ma part incliné à voir dans la seigneurie banale, qu'elle fût presque tout entière concentrée, comme en Angleterre, dans les mains royales, ou qu'elle se dispersât comme en France entre de nombreux seigneurs, le principal moteur de la croissance interne de l'économie européenne. Les maîtres du ban, en effet, avaient recueilli les prérogatives des anciens souverains, mais aussi leurs devoirs. La fonction économique que remplissait la cour de Charlemagne, point de concentration et de redistribution des richesses, il fallut que la remplit la cour de chaque « maître », celle d'un duc de Normandie aussi bien que celle, minuscule, que réunissaient autour d'eux les chefs des petites forteresses indépendantes de l'Ile-de-France ou du Mâconnais. Elle dut être le foyer d'où jaillissait la générosité, envers les églises pour le bien commun du peuple, envers les vassaux chevaliers, auxquels allaient, en parures, en réjouissances, en armes, en chevaux, tous les cadeaux de leur seigneur, envers les pauvres. Or ces cours étaient nombreuses. L'un des résultats de l'installation de la féodalité fut qu'il exista désormais en Europe des centaines de Carolingiens et des centaines de foyers vers lesquels convergeait le jeu complexe des dons et des contre-dons. Cette démultiplication fut en elle-même un puissant facteur d'animation. D'autre part, les grands seigneurs, à l'inverse des rois du haut Moyen Age, tiraient peu de revenus de la conduite de la guerre, à moins qu'ils n'aillent s'engager — ce que firent d'ailleurs dans le courant du xiie siècle presque tous les maîtres du ban dans la chrétienté — dans des expéditions lointaines contre les infidèles. Ils combattaient sans cesse; leurs fils, dans les tournois, jouaient à combattre, et cette activité coûtait beaucoup plus qu'elle ne rapportait. Elle faisait couler très abondamment les deniers des mains des princes, les répandant parmi les petits chevaliers, parmi les éleveurs de chevaux, les fabricants d'armures, parmi tous les trafiquants et les amuseurs attirés par la foire très animée qui environnait chaque tournoi. C'était maintenant, par un complet retournement, la principale fonction économique de la guerre : non plus ajouter aux ressources de l'aristocratie, mais la pousser à dépenser davantage. Force était donc aux seigneurs, pour alimenter leur munificence, d'exploiter plus rigoureusement leurs droits et de prendre au peuple soumis tout ce qu'il pouvait donner. Ce qui les conduisait à accroître la production au niveau du travail rural, à pousser en avant, consciemment ou non, le défrichement, l'équipement, le peuplement. A s'emparer autant que possible du numéraire. Donc à encourager, consciemment ou non, le développement des échanges dans le milieu paysan. Les pouvoirs et les besoins des multiples héritiers des anciens rois forment bien le pivot de tous les mécanismes économiques de l'époque.

Mais si les seigneurs du ban recueillaient beaucoup plus de

monnaie que les autres, ils furent aussi les premiers à en manquer. Comme l'abbé de Cluny, ils firent des dettes. Tandis que parmi les petits seigneurs fonciers les prêts allaient et venaient entre parents, entre amis, en un jeu souple qui ne témoigne en rien d'un manque de numéraire chronique, commun à tout ce groupe social, les dettes des grands seigneurs ne cessaient de s'alourdir. Le déséquilibre entre les ressources et les dépenses vint donc d'abord s'établir aux niveaux supérieurs de l'aristocratie. C'est encore à partir de 1075 — ce moment où il faut décidément situer un jalon majeur dans la chronologie de l'histoire économique européenne — que se manifeste dans toute son ampleur le phénomène.

Pour se procurer les métaux précieux ou les deniers, les grands laïcs s'étaient d'abord tournés vers l'Église. Immenses étaient ses trésors accumulés pendant des générations, et les aumônes venaient alors les enrichir constamment, car le souci de protéger le patrimoine familial, l'animation des circuits monétaires, la mobilisation progressive des biens incitaient les riches, depuis la seconde moitié du XIᵉ siècle, à donner moins de terre aux serviteurs de Dieu et à leur offrir plus d'argent : dans le monastère de Saint-Trond, l'un des moines passait tout son temps à recueillir les pièces de monnaie et les fils d'argent que les pèlerins, jour et nuit, venaient déposer près de la châsse du saint patron. Les entreprises de secours aux indigents pendant les famines, l'esprit de pauvreté qui poussait les Cisterciens à vendre au plus vite les bijoux qu'on leur offrait, les difficultés enfin de l'économie monastique ne furent pas seuls à provoquer la liquéfaction de ces réserves. Les dignitaires ecclésiastiques utilisèrent largement celles-ci pour pratiquer le prêt sur gage. En échange d'une avance de monnaie, la communauté religieuse recevait la jouissance d'un fonds qu'elle exploitait jusqu'au remboursement; les profits de ce bien constituaient l'intérêt de la dette; et comme souvent le propriétaire était incapable de rendre l'argent, le gage venait au bout de quelque temps s'intégrer à la seigneurie. Il s'agissait d'opérations fort avantageuses. Certaines, après 1075, prirent de l'envergure : Godefroy de Bouillon offrit de remettre son alleu à l'évêque Otbert de Liège en garantie d'une avance énorme; l'offre était tentante, car le gage était gros; on se mit donc, dans la cathédrale, à retirer l'or qui décorait la châsse de saint Lambert; et la masse de métal précieux n'étant pas suffisante, l'évêque, malgré les récriminations des moines, n'hésita pas à puiser encore dans les trésors des abbayes de son diocèse.

Cette source de crédit devint toutefois peu à peu moins

abondante au cours du xiie siècle. Pour des raisons morales
d'abord : les exigences spirituelles que la réforme ecclésiastique répandait peu à peu parmi les religieux aiguisaient les
réticences à l'égard du prêt à intérêt, dont le pape en 1163
condamna officiellement la pratique. Mais on sait aussi que
les grands établissements religieux se trouvaient eux-mêmes
aux prises avec des soucis financiers. On connaît ceux des
dirigeants de Cluny. Ils étaient partagés dans la seconde
moitié du xiie siècle par un grand nombre d'abbés et par
presque tous les évêques, qui eux aussi vivaient au-dessus
de leurs moyens. L'archevêque de Mayence était si tourmenté
par les besoins d'argent qu'il aggrava démesurément ses
exigences fiscales, au point que ses sujets se soulevèrent en
1160 et l'assassinèrent. Les grands seigneurs ecclésiastiques
étaient enclins, autant que ceux du siècle, à dépenser. Cependant, comme la part des métaux précieux et des deniers
était de plus en plus large dans les donations pieuses dont ils
étaient bénéficiaires, ils tardèrent plus longtemps à s'endetter.
Du moins leur fallut-il renoncer à prêter eux-mêmes. Les
laïcs durent s'adresser ailleurs.

Pendant le haut Moyen Age, les juifs avaient à peu près
seuls accumulé les métaux précieux et le numéraire : ils les
prêtaient aux chrétiens; la condamnation portée par l'Église
contre l'usure ne les concernait pas; le succès de la morale
économique chrétienne favorisa donc leur spécialisation dans
le crédit : ce furent des juifs qui tirèrent d'embarras la comtesse
de Carcassonne en 957-970, l'archevêque de Cologne dans le
troisième quart du xie siècle, l'abbé Pierre de Cluny cinquante
ans plus tard. Après le milieu du xiie siècle, la prospérité
des communautés israélites est évidente en France et en
Angleterre; quantité de seigneurs, parmi lesquels le roi
d'Angleterre Henri II, sont leurs débiteurs. Toutefois, à
ce moment deux faits nouveaux se manifestent. La présence
d'abord, parmi ceux qui prêtent et qui en tirent profit, de
chrétiens qui ne sont ni des seigneurs ni des hommes d'Église,
mais des gens de la ville, enrichis dans les affaires. Ensuite,
un changement dans la position de l'emprunt au sein de
l'économie des grandes maisons aristocratiques : il n'apparaît
plus comme un expédient occasionnel, mais comme un procédé
de gestion tout à fait normal. En moins d'un siècle, le petit
monde des maîtres de la puissance banale s'est donc accoutumé
tout à fait à l'usage du crédit. Ceci souligne le rôle majeur
joué par ce milieu dans le progrès économique. Si ces seigneurs
empruntaient, c'est qu'ils dépensaient encore plus qu'ils ne
prenaient et que — comme les abbés de Cluny dès le dernier

tiers du xiᵉ siècle — ils répandaient autour d'eux abondamment la monnaie. Mais c'est aussi qu'il existait à leur portée des détenteurs de numéraire qui trouvaient intérêt à mettre celui-ci à leur disposition. Pour une large part, l'argent qui leur était prêté était celui-là même que leur largesse et leurs achats avaient mis naguère en circulation, et celui que leurs achats et leur largesse allaient de nouveau faire circuler.

DÉPENSER

Les dépenses des princes et des maîtres des forteresses étaient au xiiᵉ siècle du même type que celles de Cluny. Les moines clunisiens sacrifiaient l'argent à la gloire de Dieu, en usaient pour accueillir les hôtes et les traiter selon leur rang; leur train de vie seigneurial, leur souci de se vêtir autrement que le vulgaire les obligeaient aussi à traiter avec les marchands. Tous les grands seigneurs, depuis les rois jusqu'aux simples châtelains, utilisaient également la monnaie qu'ils percevaient ou qu'ils empruntaient à deux fins : le sacrifice et la parure. Tous, d'abord, devaient servir Dieu, pour leur propre salut et pour celui du peuple qu'ils protégeaient. Ils donnaient donc beaucoup aux églises, comme faisaient les rois de jadis. Louis VII, aidant à construire Notre-Dame de Paris et les autres cathédrales d'Ile-de-France, reprenait les gestes de Charlemagne; et il n'est pas un seigneur haut justicier de quelque envergure qui n'ait alors fondé une collégiale, entretenu de ses largesses un monastère, pour que l'on y priât pour lui et pour ses ancêtres, et pour que les membres de son lignage y fussent ensevelis. Au premier rang des dépenses se situaient comme autrefois les donations pieuses. Cependant, répétons-le, celles-ci tendaient au xiiᵉ siècle à changer de nature, à devenir des offrandes en monnaie ou des constitutions de rentes en numéraire. Dans les actes de sacrifice qu'imposaient les croyances et la crainte de la mauvaise mort, des innovations se dessinaient; elles épousaient le mouvement général de l'évolution économique; la vivacité croissante de la circulation monétaire les suscitait. Naguère encore, le don fait à Dieu et à ses serviteurs avait d'ordinaire pour effet le simple transfert d'un capital immobile, figé, inerte, qui passait d'un patrimoine foncier ou d'un trésor dans un autre. Désormais, la nature du don fut telle qu'il déterminait aussitôt tout un enchaînement de dépenses spécifiées, qu'il servait à bâtir tel monument, à nourrir telle communauté religieuse. En outre, de nouvelles manières de consacrer les richesses au service de Dieu se répandaient. Le pèlerinage lointain d'abord, occasion lui aussi d'une mobilisation des fortunes, et qui anima, tout au long de ses itinéraires, la circulation des monnaies. Le soin des pauvres ensuite. Au sein d'une commune indigence et dans une société bloquée, la pauvreté n'avait guère, dans l'ancien monde, de signification économique : dans le vocabulaire carolingien, le mot *pauper* marquait avant tout la soumission à la puissance; il ne s'opposait pas à *dives*, mais à *potens*. Et le secours aux malheureux, ritualisé, n'était guère qu'un geste symbolique parmi les déroulements d'une liturgie. Au début du xıᵉ siècle encore, lorsque le roi de France Robert le Pieux fait l'aumône aux indigents, il joue le personnage du Christ; un nombre fixé de pauvres l'accompagne; ce sont des pensionnés, des figurants, et lorsqu'il en meurt un, on se hâte de lui trouver un successeur. Au xııᵉ siècle, le dégel de l'économie dérange quelque peu ce cérémonial. Le pauvre, celui dont se préoccupe le comte Thibaud de Champagne par les temps de famine, apparaît de plus en plus clairement comme une victime des mouvements économiques et qu'il faut aider pour l'amour de Dieu. Cette lente conversion du sentiment religieux fut certainement l'effet de l'attention nouvelle que porta cette époque à l'évangile, mais les progrès de la circulation des biens la hâtèrent incontestablement. Pendant le haut Moyen Age, aucun grand ne fermait ses greniers aux miséreux, et cette générosité nécessaire provoquait certainement alors dans la société rurale une redistribution des biens de très considérable ampleur. La nouveauté du xııᵉ siècle fut que la charité s'institutionnalisa, que la pauvreté devint une valeur, proposée à tous les riches comme un modèle de comportement salutaire, que peu à peu se firent plus nombreux ceux qui pensaient que l'usage le meilleur que l'on pût faire de l'argent, ce n'était point d'entretenir des spécialistes du chant choral dans un monastère ou dans un chapitre, ce n'était point de construire une cathédrale, c'était de le partager avec les indigents. Une portion croissante des dépenses dictées par la piété introduisit ainsi plus directement la monnaie jusque dans les couches les plus profondes du milieu populaire.

Être riche, au xııᵉ siècle comme jadis, n'obligeait pas seulement à donner à Dieu, mais encore à ses amis, à les accueillir nombreux, à étendre aussi largement qu'il était possible la maisonnée, à la parer. Les cours, au centre de la seigneurie banale, furent donc, comme les grands monastères, des lieux d'accueil largement ouverts à tout venant; la plus grande gloire du maître était d'y distribuer les plaisirs, et ses largesses répandaient les plaisirs de la vie parmi ses hôtes, permanents et temporaires, comme parmi ses serviteurs. La cour constitue bien la pointe extrême de l'économie de consommation, qu'elle anime et qu'elle pousse toujours plus avant. Car l'éclat d'une cour tient avant tout à son luxe, c'est-à-dire à l'abondance des parures insolites de la table, du corps et de l'esprit. Il appartient au seigneur de se montrer dans tous les raffinements que les voyages d'Orient ont révélés à la chevalerie latine, et de les faire partager à ceux qui l'entourent. La cour se trouve ainsi au départ d'un mouvement très vif de vulgarisation qui fait se propager dans un groupe toujours plus large de consommateurs des besoins nouveaux. Elle est aussi le lieu d'une émulation où chacun rivalise dans le gaspillage. La croissance économique rend la société mondaine du xiie siècle de plus en plus sensible à la mode et à sa constante recherche d'un dépassement. Mais la matière de ce luxe est à proprement parler « extérieure », pour emprunter au vocabulaire monastique le terme qui justement désigne ce que l'on ne produit pas dans la maison et qu'il faut acheter. Mener cette fête permanente qui se tient au cœur du comportement aristocratique, c'est donc recourir nécessairement à des spécialistes de l'approvisionnement en denrées inconnues, merveilleuses et lointaines — à des marchands.

★

A l'intérieur de l'Europe du xiie siècle, le développement des activités commerciales ne fut donc pas stimulé tout à fait par les mêmes ressorts que cent ou cent cinquante ans plus tôt, sur les lisières de la chrétienté où des aventuriers, sans même déposer leurs armes, liquidaient le butin des expéditions agressives. Dans l'espèce de paix qu'instaura l'établissement de la féodalité et que raffermit progressivement le renforcement des grandes principautés régionales, ce développement répondit désormais à l'extension des besoins des grandes maisons seigneuriales, à l'élévation progressive du niveau de la vie qu'on y menait, à l'aisance que procurait, à ceux qui exploitaient le droit de ban, l'accroissement constant des revenus, fondé lui-même sur l'expansion de la production rurale. Mais ce développement même, dont les racines profondes sont campagnardes, suscita l'épanouissement du phénomène urbain. L'essor des villes se trouve étroitement relié à la vitalité des plus grandes cours seigneuriales, c'est-

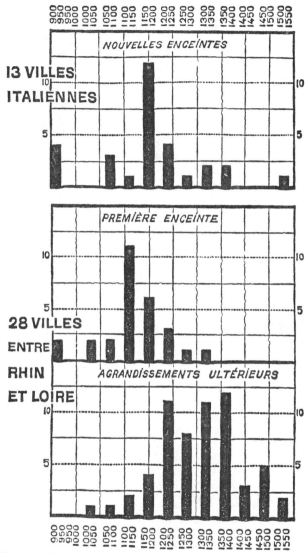

« L'extension des villes européennes », d'après R. Lopez : *Naissance de l'Europe*, 1963, A. Colin, collection « Destins du Monde ».

à-dire qu'il dépend directement de l'efficacité croissante d'une fiscalité fondée sur le droit de ban.

Mis à part quelques carrefours où les négociants se rencontraient et entreposaient leurs marchandises, mais qui n'étaient pas vraiment des villes, les agglomérations du haut Moyen Age remplissaient deux fonctions majeures, religieuse et militaire. Pour cela elles abritaient le centre de seigneuries importantes, celles de l'évêque, du chapitre cathédrale, des monastères, celle du comte, lorsqu'il résidait dans la cité, ce qui était le cas dans toute la moitié méridionale de la chrétienté, celles des familles de guerriers qui gardaient les remparts. Les souverains y possédaient fréquemment un palais, et c'est là qu'ils faisaient le plus volontiers résidence. De tous les grands domaines ruraux venaient vers la ville d'importants convois de denrées agricoles; bien avant l'an mille, c'était sur le marché urbain que s'opérait principalement le trafic des produits de la terre. Lorsque les progrès de la féodalité fractionnèrent les pouvoirs régaliens, certains des seigneurs établis dans la ville : les abbés, le comte ou son délégué, souvent l'évêque par la faveur royale, s'emparèrent du droit de ban. La ville devint de la sorte le point de convergence d'un réseau de perception largement étalé sur le territoire environnant, qui détourna vers elle une part plus importante que jadis des excédents de la production rurale, et de plus en plus sous forme de monnaie. Ces apports, les maîtres du ban les utilisaient comme il leur convenait de le faire. A bâtir — les plus importants chantiers de construction, religieux et civils, se concentrèrent peu à peu dans les cités. A distribuer autour d'eux le plaisir. Cette dépense fit se développer dans la ville une fonction jusqu'ici marginale, la fonction marchande et artisanale. Un tel développement détermina lui-même l'expansion d'un ou de plusieurs quartiers, adjoints à la citadelle et aux agglomérations accrochées aux établissements religieux, et que l'on appela le plus souvent des « bourgs ». Ils s'étendirent le long des voies les plus fréquentées, en direction du marché, du port, des instruments de communication qui se perfectionnèrent à cette époque : dans les villes françaises, les fondations d'un grand nombre de ponts de pierre datent de la fin du XIe siècle. La croissance fut d'autant plus vive que les seigneurs qui résidaient en ville étaient plus puissants et plus riches. Les cités les plus prospères furent celles, Toulouse, Arles ou Angers, Orléans ou Paris, Winchester ou Mayence, où de très grands princes faisaient de longs séjours, et l'essor de Vienne commença dans la seconde moitié du XIIe siècle, dès que le duc Henri

Jasomirgot choisit d'y établir sa demeure. Entre la puissance seigneuriale et la vitalité urbaine, le lien est très évident. Et lorsqu'une cour active avait son siège en pleine campagne, elle provoquait très vite la naissance d'une agglomération urbaine : à la porte de l'abbaye de Cluny un bourg se forma dès l'an mille; à la fin du xiie siècle, il rassemblait sans doute deux mille habitants, étroitement associés pour la plupart à l'économie de la grande maison très dépensière qu'était le monastère; et Haguenau, en Alsace, après que Frédéric Barberousse en 1164 y eut fondé un palais, ne tarda pas à devenir une petite ville.

Le rôle premier des bourgs était d'approvisionner la cour seigneuriale par l'artisanat et le commerce. La fonction artisanale apparaît à l'origine toute domestique. Lorsqu'elle se développa, ce fut sous la forme d'une excroissance des ateliers du domaine, du four, de la forge, de la tannerie, des chambres où tissaient les femmes. Peu à peu, ces ateliers produisirent plus que ne consommait la maisonnée du maître et offrirent le supplément à une clientèle extérieure. L'homme qui tenait un four à la fin du xie siècle à l'entrée du pont de Mâcon avait pour charge première d'approvisionner la table de l'évêque; mais il vendait aussi du pain aux voyageurs; en même temps que s'animait la route, ses affaires s'amplifièrent ainsi que sa part d'indépendance économique. Au début du xie siècle, le dégagement de l'artisanat urbain, hors de son cadre primitif seigneurial et servile, était déjà fort net, les tarifs de tonlieux le prouvent. Celui d'Arras montre que la plupart des objets vendus par les artisans de la ville étaient des aliments préparés. De fait, ce furent bien, semble-t-il, les métiers de l'alimentation, la boulangerie et la boucherie, qui frayèrent les voies de l'expansion. Mais ce texte mentionne aussi des tissus de laine, des objets de métal que le forgeron vendait à l'étal sur le marché. Toutefois, c'est un peu plus tard, dans le cours du xiie siècle, que l'on doit placer, dans l'histoire de l'artisanat urbain, la phase de rapide essor, le moment où les travailleurs se dégagèrent tout à fait de la domesticité seigneuriale. En 1109, l'abbé de Fritzlar autorise les hommes de sa *familia* à vendre au marché ce qu'ils fabriquent, les règlements édictés à Strasbourg en 1170 stipulent que «quiconque, de la *familia* de l'église, vend dans la cité des choses qu'il a faites de ses mains ne doit pas la taxe ». A ce moment les métiers du pain, de la viande, du fer, du cuir travaillaient dans chaque bourgade pour un marché local que les progrès de la civilisation matérielle faisaient s'étendre peu à peu dans le milieu rural environnant. Alors que, pour les besoins des plus riches, se développaient simultanément des artisanats dont la clientèle était beaucoup plus lointaine, car ils étaient spécialisés dans la fabrication de produits de luxe, et notamment de ces deux parures majeures de la vie noble : le vin et les étoffes précieuses. Depuis le très haut Moyen Age, les grands, établis dans les cités, et notamment les évêques, avaient aménagé une ceinture de vignobles tout autour des villes dont la situation climatique n'était pas trop défavorable à la viticulture. La hausse des revenus seigneuriaux et la vulgarisation des habitudes princières répandirent largement l'usage du vin dans toute l'aristocratie, ainsi que dans les fraternités de marchands qui procédaient à des libations périodiques. La demande ne cessa donc de croître en quantité, mais aussi en qualité. Les grands seigneurs mettaient en effet leur point d'honneur à servir à leurs hôtes le meilleur breuvage : l'office de bouteiller était à la cour du roi capétien l'une des charges les plus importantes. Pour satisfaire ces besoins, des vignobles ne cessèrent de s'étendre dans les régions les plus aptes à produire un vin de qualité que l'on pût facilement exporter en abondance, c'est-à-dire le long de la Seine moyenne et de l'Oise, sur la Loire, le Rhin, puis sur les côtes atlantiques autour de La Rochelle. L'essor viticole représente un aspect fort important de la croissance rurale du XIIe siècle. L'un des investissements les plus spectaculaires que se permirent les seigneurs fut la création et l'amélioration des vignobles. Ils pensaient d'abord au lustre de leur table, mais aussi au profit que promettait à leurs sujets la vente des excédents de production. Ils n'hésitèrent pas à sacrifier de l'argent, et aussi de la terre, abandonnant aux pionniers de la viticulture la moitié des vignes qu'ils édifiaient, favorisant ainsi l'extension d'une petite propriété paysanne. Il importe cependant de souligner que le travail de la vigne, par le soin constant qu'il demande, par sa technicité, purement manuelle et de plus en plus poussée, par sa permanence sur une parcelle dont la qualité croît à mesure que s'y applique le labeur des hommes, est fort différent du travail des champs : il s'agit d'un artisanat véritable, qui de surcroît reste intimement associé à la ville. Partout, autour de Laon, de Mayence, de Paris, d'Orléans, plus tard d'Auxerre, et de quantité de petites bourgades monastiques comme Ferrières-en-Gâtinais, ce fut dans la banlieue même que le vignoble s'élargit peu à peu en auréole, si près des maisons du bourg que l'extension de celui-ci obligeait à arracher des ceps, à en planter d'autres à quelque distance. Le vigneron était un homme du bourg, un « bour-

geois », comme on disait depuis les environs de l'an mille.
Il y faisait résidence, et les tâches minutieuses de la vini-
fication, les transactions qu'il lui fallait mener pour écouler
sa récolte, les pièces de monnaie qu'il en tirait l'éloignaient
des producteurs de blé, le rapprochaient des marchands de
drap ou des tisserands.

Paraître vêtu d'étoffes de laine teintes de couleurs peu
communes, et presque aussi belles que les tissus ramenés
d'Orient, distinguait, comme boire du vin, l'homme bien né
du commun peuple. Il existait au XIᵉ siècle des ateliers de
tissage dans toutes les bourgades, mais ce que fabriquaient
la plupart d'entre eux — pas plus que le produit de la plupart des vignes — ne pouvait satisfaire les grands seigneurs
et leur entourage. Il fallait à ceux-ci du meilleur. Leur désir
d'une parure qui surpassât celle d'autrui provoqua la spécialisation progressive de certains ateliers. Un traité composé
vers 1070 dans le Nord de la France, le *Conflit du mouton
et du lin*, permet de les localiser. De Rhénanie et de Souabe,
dit ce texte, il vient des draps teints en noir et en rouge, mais
ils ne sont pas de la meilleure qualité : « Les vêtements qui
conviennent aux seigneurs [c'est bien le mot *dominus* qui
est employé, c'est-à-dire le titre spécifique que portent les
détenteurs de la puissance banale], c'est toi, Flandre, qui
les envoie », et ceux-ci sont de couleur verte, grise et bleu
foncé. Effectivement, ce fut dans le comté de Flandre et
à ses abords, dans des agglomérations qui, elles, presque toutes,
n'étaient pas associées à une cour, dont la fonction dès l'origine, autour du vieux *portus* qui en constituait le cœur,
était presque purement économique, que s'établirent les
foyers d'une activité artisanale, orientée tout entière, comme
les grands vignobles du Bassin parisien et de l'Atlantique,
vers l'exportation. Exportation rapidement très lointaine :
vers 1100, pour entrer dans l'association des marchands de
Novgorod, au fond de la Baltique, il fallait offrir une pièce
de drap d'Ypres. Cette ville, à ce moment, n'avait pas alors
plus de cinquante ans d'existence.

En effet, vers le milieu du XIᵉ siècle, un perfectionnement
capital avait affecté la fabrication des tissus de laine en Flandre
(mais aussi en Champagne, si l'on en croit certain commentaire
du Talmud par un rabbin de Troyes, qui est sur ce point la
source écrite la plus explicite). Comme toute l'histoire des
techniques, cette transformation est masquée sous des épaisseurs d'obscurité que la sagacité des chercheurs ne parviendra
jamais à dissiper. Du moins devine-t-on sur quoi elle repose.
Au métier à tisser vertical — un outil de femme, l'instrument

en usage dans tous les « gynécées » dont parlaient au xie siècle les inventaires de domaine, et dans les masures des esclaves tenanciers, celui qui fournissait des tissus larges et courts comme ces *pallia*, ces « chapes » dites frisonnes qui firent l'objet d'un accord entre Charlemagne et le roi de Mercie — se substitua le métier horizontal à pédale. De celui-ci, depuis longtemps employé, sortaient des bandes tissées beaucoup plus longues (la longueur normale des *panni* était de quinze à vingt mètres, alors que celle des *pallia* n'en dépassait pas trois), mais étroites. L'innovation consista à modifier l'outil pour qu'il pût, actionné par deux personnes, produire des étoffes aussi larges que les *pallia*. Il devint alors un outil d'homme, comme la charrue, un outil de professionnel et, comme la charrue, un outil conquérant. Car il avait pour premier avantage de tripler, de quintupler la productivité du travail; son produit pouvait en outre se prêter beaucoup mieux à tous les usages de la parure et de la tenture; enfin ce produit était homogène — tout comme celui des ateliers monétaires. Abondance, régularité : la production du nouveau tissage répondait parfaitement aux besoins du commerce, à cette demande croissante qui surgissait de l'aisance seigneuriale. Encore fallait-il que cette production fût de très haute qualité. Pour cette raison, à l'amélioration du tissage s'associa intimement celle d'autres façons : le foulage, dont le but est de rendre l'étoffe plus épaisse, plus douce, plus pesante — et dont les nécessités firent au même moment et au même rythme se diffuser le moulin à foulon —, la teinture, qui dégage le tissu de la grisaille des fabrications quotidiennes. Mais ces préparations complémentaires, qui réclamaient du soin, furent confiées à d'autres spécialistes. Ce fut donc au cours de la seconde moitié du xie siècle, dans le Nord-Ouest du royaume de France et pour la confection des draps de luxe, que, pour la première fois en Europe, une opération artisanale prit la forme d'un ensemble complexe où le travail se divisait entre plusieurs « métiers ». Adaptation essentielle : de cette répartition dépendait la valeur du produit, c'est-à-dire le succès qu'il pouvait rencontrer, et qu'il rencontra effectivement d'un bout à l'autre de la chrétienté, parmi les consommateurs les plus riches et les plus exigeants. Mais une telle division des tâches réclamait une organisation minutieuse, des pratiques d'association, une discipline collective, le rassemblement de tous les tisserands, les foulons, les teinturiers au sein d'une véritable « commune », où chacun s'engageait à respecter un règlement, garantie du renom de la production et de son homogénéité. Un tel cadre nécessaire, seules des villes pouvaient l'offrir. Des villes sur quoi le pouvoir d'un seigneur ne s'appesantissait pas trop. C'était le cas des agglomérations qui s'étaient formées, en Flandre, en Artois, aux carrefours de la batellerie. Des villes également — les *portus* flamands étaient de cette sorte — que fréquentaient déjà des entrepreneurs du commerce au long cours. Car les clés de la réussite étaient entre les mains des marchands. Et les marchands furent en fait les vrais responsables de l'organisation de la draperie nouvelle.

★

En effet, si la plupart des artisans pouvaient vendre sur place, dans leur atelier même ou sur le marché proche, à des clients venus de près, les fabricants de tissus de luxe, comme les producteurs de vin de qualité, ne pouvaient atteindre leur clientèle sans recourir à des intermédiaires, à des spécialistes du négoce, aux *mercatores*. Ceux-ci, comme les artisans, sortaient de la domesticité des grands. Leur fonction avait été d'abord d'approvisionner les cours en marchandises extérieures, dont certaines, comme les épices, autre parure des maisons nobles, venaient de fort loin, de partir à leur recherche, de proposer en échange de la monnaie ou les excédents de production du domaine seigneurial. Comme le métier artisanal, la fonction commerciale se dépouilla peu à peu de son caractère domestique, à mesure que l'élargissement du milieu consommateur permit aux marchands de présenter à d'autres qu'à leur propre maître les produits qu'ils rapportaient des contrées lointaines. Mais elle demeura une aventure, dangereuse et profitable comme l'était autrefois la guerre. Au xiie siècle, le commerce était encore une expédition saisonnière que l'on montait à plusieurs; les marchands établis dans une même ville formaient alors une bande, aussi solidement unie que l'avaient été jadis les groupes de guerriers partant au pillage des tribus voisines, et que l'étaient encore, autour du châtelain, les compagnies des chevaliers vassaux. Ils constituaient entre eux, pour la durée de l'expédition, une fraternité, une « frairie ». Les statuts de celle de Valenciennes, dont les traits principaux datent du xie siècle, parlent d'un péril permanent sur mer, sur l'eau et sur la terre; ils font mention d'armes, interdisent de quitter la caravane dès qu'elle est sortie de la ville, obligent à l'entraide pendant le voyage et à ramener le cadavre du confrère s'il est mort en route à moins de trois jours

de marche. Une telle activité exigeait vigueur et audace. Elle
permettait d'amasser très vite les deniers. Ceux qui s'y
livraient, plus résolus et plus riches, prenaient le pas sur tous
les autres dans les bourgs. Dans la première moitié du XIIᵉ
siècle, ils apparaissent former un corps social assez considérable pour que les intellectuels d'Église, tels Geroh de Reichers-
berg ou Pierre le Vénérable, n'hésitent pas à les classer dans
un *ordo* particulier, ajouté aux trois ordres de la sociologie
traditionnelle.

De même que l'activité artisanale et commerciale émanait
dans les villes des cours seigneuriales qu'elles abritaient,
de même la population du bourg, la « bourgeoisie », sortait de
la *familia*, de ce groupe d'hommes et de femmes que le maître
protégeait, utilisait à son gré et dont le corps lui appartenait.
Les juifs étaient dans ce cas; leur communauté, autrefois
placée sous le patronage du roi, le fut désormais sous celui du
seigneur du ban; celui-ci leur imposa des taxes spéciales, très
souvent des redevances en épices car ils trafiquaient encore des
produits orientaux, et par tous les moyens leur soutira l'argent
qu'ils gagnaient par l'usure. La situation économique des
artisans et des négociants chrétiens n'était guère différente :
tous, au XIᵉ siècle, étaient des ministériaux. La ministérialité
forma le cœur de la communauté urbaine, et ceux qui de
l'extérieur venaient s'y intégrer devaient alors d'abord se
« commander » au seigneur de la ville, c'est-à-dire entrer dans
sa clientèle. Par le statut des habitants qui peuplaient ses
nouveaux quartiers, la ville se montrait, plus nettement encore
peut-être que par les fonctions qu'elle remplissait, comme une
annexe de la cour, de la maisonnée seigneuriale. Toutefois, la
vigueur de ses activités économiques, le rôle croissant que
jouaient l'artisanat et les échanges dans une société où le
niveau de vie s'élevait à tous les degrés de la hiérarchie des
fortunes et qui consommait sans cesse davantage firent que
les agglomérations urbaines s'étendirent. Elles attirèrent des
immigrants, qui savaient y trouver de l'emploi et y gagner leur
vie plus aisément qu'ailleurs. Certains venaient de loin, tels
« ces aubains que l'on appelle vulgairement des poudreux »
qui, sortis on ne sait d'où, couverts encore de la poussière du
voyage, venaient à la fin du XIᵉ siècle s'établir dans la cité
de Mâcon, devaient y prendre un protecteur, libres seulement
de choisir entre l'évêque et le comte. Mais ces hommes d'aventures, ces déracinés sans attaches étaient infiniment moins
nombreux parmi les nouveaux venus que les campagnards du
voisinage. Ce fut dans un rayon d'une vingtaine de kilomètres
autour de leurs murs que les villes recrutèrent alors la plus

grande partie de leurs nouveaux habitants ; ceux-ci demeuraient donc attachés par les liens de famille, par les droits fonciers qu'ils conservaient, voire par l'autorité qu'exerçait sur eux un seigneur rural, à leur village d'origine. La campagne en pleine croissance du xiie siècle a nourri l'essor urbain de deux manières, en dirigeant vers la ville le surplus de sa production par le canal de la fiscalité seigneuriale, en l'alimentant du trop-plein de sa population que ne pouvait entièrement résor ber la conquête agraire. La ville devint également plus riche : la ferme du bourg de Lincoln, dont le rapport était proportionnel à celui des taxes que payaient les habitants donc à la fortune de ces derniers, passa de trente livres en 1060 à cent en 1086, cent quarante en 1130, cent quatre-vingts à la fin du xiie siècle. La construction d'une muraille nouvelle, qui englobait l'extension récente et protégeait les richesses bourgeoises, marque dans cette croissance une étape décisive et que l'on peut souvent dater sans trop d'incertitude. Cette étape est, au nord des Alpes, nettement plus tardive qu'en Italie. Mais le moment de plus grande intensité des entreprises de fortification convie bien à situer dans le troisième tiers du xiie siècle, en Germanie comme en France, la phase la plus intense du développement urbain.

L'afflux des immigrants, l'enrichissement, la vitalité des bourgs favorisèrent l'assouplissement des liens qui enserraient la population urbaine dans une dépendance domestique. La ministérialité établie dans la ville ne différait de celle des campagnes ni par son statut juridique, ni par sa situation économique. Comme les prévôts de villages, certains des hommes qui avaient pour métier de ravitailler les cours s'élevèrent dans la hiérarchie des fortunes, et plus rapidement sans doute, car nul milieu n'était plus souple et plus favorable à la capillarité sociale que la ville où la monnaie circulait plus activement que partout. Quelques-uns même, tout comme les principaux officiers des grands seigneurs, purent forcer l'entrée de la chevalerie. Dès le début du xie siècle, les documents distinguent du commun de la population urbaine les *optimi civitatis*, les *primores*, les *meliores* : ces « meilleurs » sont tous des marchands. Fortune faite, ces gens s'efforcèrent de se dégager de la « famille » du seigneur. Pour des hommes dont la réussite dépendait étroitement de leur liberté d'agir, la dépendance était en effet fort gênante par les obligations judiciaires qu'elle imposait et par tous les services, arbitraires et indéfinis, que le maître pouvait exiger de ses hommes. Les négociants souhaitaient pouvoir disposer de leur capital, de leur temps et de leurs instruments de transport sans craindre les réquisitions imprévues du seigneur. Toutefois, lorsque celui-ci était puissant, appartenir à sa domesticité conférait aussi de sérieux avantages. Une protection efficace d'abord : lorsque la caravane marchande rencontrait sur son chemin un péager trop exigeant, il appartenait au maître des négociants de défendre contre lui ses hommes. Autre privilège, celui d'échapper aux taxes : au XIᵉ siècle, les hommes libres qui pratiquaient le négoce à Arras se pressaient pour pénétrer dans la *familia* de l'abbaye de Saint-Vaast dont les membres ne payaient pas le tonlieu; c'était le comte qui levait cette exaction; et pour ne pas perdre ses profits, il dut s'appliquer à contenir cette ruée vers la servitude. Ce que souhaitèrent donc les gros marchands, ce fut d'obtenir leur liberté sans perdre les avantages de la dépendance. Pour cela ils se groupèrent. En premier lieu, dans le cadre du lignage, ce groupe naturel de protection dont l'efficacité dans la société chevaleresque était manifeste : le patriciat urbain apparaît au début du XIIᵉ siècle comme la réunion de quelques grandes familles, chacune rassemblée autour d'une maison, d'une fortune et d'un surnom collectif. La guilde, l'association jurée, la fraternité artificielle qui cimentait la cohésion des caravanes lancées dans les aventures du négoce, proposait un autre refuge. Soudée par le vieux rite de la beuverie — celle-ci réunissait chaque année deux jours de suite les membres de la guilde de Saint-Omer —, une solidarité s'établissait, aussi stricte, aussi rassurante que dans le groupe de parenté ou dans la *familia* du patron le plus puissant. « Tous ceux qui sont compris dans l'amitié de la ville », dit une charte d'association rédigée à Aire-sur-la-Lys en 1188, reproduisant un accord oral de quelques décennies plus ancien, « ont confirmé par la foi et le serment que chacun porterait aide à chacun comme un frère;... si quelqu'un a eu sa maison brûlée ou si, tombé en captivité, il doit payer une rançon réduisant ses moyens, chacun des amis donnera une pièce pour secourir l'ami appauvri [1]. » Cette solidarité, fondée sur une conjuration, s'étendait au domaine des affaires : à Saint-Omer, un marché conclu, l'acheteur s'apprêtait-il à emporter la marchandise au prix convenu, tout membre de la guilde pouvait, au même prix, enlever une partie du lot traité. Une telle « amitié » était un gang, et ce fut sur lui, principalement, que s'appuya la lutte menée par l'élite de la société bourgeoise pour arracher au seigneur de la ville des privilèges, analogues à ceux dont jouissaient les membres de la ministérialité.

---

1. *Ordonnances des rois de France*, t. XII, p. 563-564.

Ce contre quoi les bourgeois les plus riches combattirent, rassemblés dans leurs fraternités de sang ou d'élection, ce fut d'abord la seigneurie personnelle. Ils voulaient la liberté, et l'origine des troubles de Cologne en 1074 montre bien la puissance de cette revendication primordiale : l'archevêque avait fait décharger le bateau d'un riche négociant, pour qu'il fût utilisé *in ministerium archiepiscopi*, c'est-à-dire pour un service domestique, pour les besoins de la maison seigneuriale; le marchand et son fils dirent qu'ils étaient « libres », c'est-à-dire qu'ils n'acceptaient plus d'être tenus pour des membres de la ministérialité; ils appartenaient à la guilde; ils réclamèrent l'aide de leurs confrères, et six cents marchands partirent à la cour royale réclamer main-forte contre les abus de l'arbitraire seigneurial. Comme les terroirs créés par le défrichement, l'espace urbain tendit ainsi à devenir une aire privilégiée où, après un stage que la coutume faisait généralement durer une année, se dénouaient tous les liens de servitude.

Mais la lutte fut aussi conduite contre la seigneurie foncière. Le sol du bourg n'était pas sans maître; on l'avait naguère cultivé en vignes, en jardins ou en céréales, et sur les parcelles maintenant bâties pesaient encore des redevances, dont beaucoup obligeaient à des livraisons en nature, voire à des corvées. Beaucoup de bourgeois, toujours tenanciers, n'étaient plus exploitants; ils perdaient leur temps à chicaner avec les seigneurs de la terre qui leur réclamaient du vin, du blé ou des services. Tous unis derrière les « meilleurs », c'est-à-dire les plus riches, ils obtinrent des accommodements. Parfois, comme à Arras, tous les cens furent rachetés par la communauté urbaine. Plus souvent, ce furent les riches qui s'entendirent avec les anciens seigneurs; plaçant dans la terre les deniers gagnés dans les affaires commerciales, ils acquirent la propriété des parcelles bâties sur le sol urbain, ils les débarrassèrent des anciennes charges de type agraire qui pesaient sur elle; mais ils demandèrent à ceux qui les occupaient un loyer en argent. Ce qui se fit à Gand, par exemple, entre 1038 et 1120.

Enfin les bourgeois tentèrent d'atténuer la pression de la seigneurie banale, d'obtenir des « franchises », c'est-à-dire des exemptions analogues à celles dont bénéficiaient les marchands lorsqu'ils étaient encore les ministériaux du maître. Ils réclamèrent l'abolition des exactions les plus préjudiciables aux affaires, un assouplissement du tarif des péages, la suppression des monopoles commerciaux que s'arrogeait le seigneur. Celui-ci, plus ou moins réticent, traita avec la « commune », c'est-à-dire la conjuration qui, à l'image des guildes marchandes, réunissait dans une solidarité de combat tout le peuple de la ville. La plupart de ces tractations nous échappent. Du mouvement communal qui se développa peu à peu dans toute l'Europe, en partant des avant-gardes de l'animation urbaine qu'étaient depuis le xe siècle, en Italie et sur les rivages de la mer du Nord, les aires d'une économie monétaire plus précocement active, l'histoire a retenu surtout les manifestations exceptionnelles et tragiques. Le plus souvent sans heurt violent, et par des négociations lentes, par l'aménagement progressif de la coutume, peu à peu, au cours du xiie siècle, dans toutes les villes d'Occident, l'exploitation du droit de ban s'adapta aux convenances de l'économie urbaine.

Mais cette exploitation ne prit pas fin. Les travailleurs établis sur le territoire urbain, et ceux qui venaient de plus en plus nombreux s'y installer, demeurèrent assujettis à une double domination économique. Ils subirent en premier lieu celle, nouvelle, qui émanait de l'autorité municipale. Que la « commune » ait été reconnue ou non par le seigneur, celui-ci dut céder à la communauté des habitants certaines de ses prérogatives, lui accorder quelque autonomie judiciaire, admettre que la ville pût avoir ses propres ressources, notamment pour construire ou refaire ses remparts, et lui abandonner par conséquent la levée de certaines exactions. Les pouvoirs ainsi cédés à la collectivité urbaine furent exercés par une magistrature. Très généralement, celle-ci fut entièrement tenue par les « meilleurs », ceux qui avaient conduit la lutte pour la liberté et dont les solidarités lignagères ou professionnelles amplifiaient la puissance. Les dirigeants de la commune, les échevins, les *nobiliores civium* dont on parle à Bâle en 1118 sortaient tous de la plus haute ministérialité. C'étaient soit des négociants enrichis, soit des chevaliers de la suite du seigneur. La participation de l'aristocratie militaire à la gestion urbaine ne fut pas, en effet, particulière aux villes du Midi : dans le soulèvement de Laon, comme dans l'échevinat d'Arras, des hommes de guerre jouèrent un rôle éminent au début du xiie siècle, et des relations multiples, de parenté, d'alliance et d'intérêt, les reliaient aux lignages proprement bourgeois. Ces riches possédaient, au moins en partie, le sol de la ville; les habitants de celle-ci étaient pour beaucoup leurs tenanciers; ils géraient les pouvoirs plus ou moins étendus, judiciaires, administratifs ou fiscaux, dont le seigneur s'était dessaisi en faveur de la ville. Le produit des amendes qu'ils infligeaient, des taxes perçues au nom de la communauté, était certes utilisé pour le bien commun. Mais ils avaient insensiblement tendance à confondre la caisse qu'ils contrôlaient avec leur propre coffre, à infléchir dans le sens de leur avantage les règlements économiques qu'ils avaient le pouvoir d'édicter. Des conquêtes politiques, fruits de la vitalité urbaine, ils furent les vrais bénéficiaires. Ainsi, la société bourgeoise commença à se diviser en deux classes, dont l'une, dominante, par ses racines les plus profondes, par ses origines ministérielles, se rattachait plus étroitement à la cour du seigneur. Ce patriciat, toujours très engagé dans le négoce, mais stabilisé, assis sur un patrimoine, sur des traditions familiales, sur des usages copiés sur les comportements nobiliaires, ce groupe « sous l'autorité duquel la ville est régie et dans la main de qui réside le meilleur du droit et des choses », comme il est dit des *meliores* de Soest en 1165, s'était en fait insidieusement approprié les attributs inférieurs de la seigneurie banale. Il les exploitait, moins ouvertement que ne faisaient jadis le seigneur ou ses ministériaux, mais de manière cependant très profitable, et qui lui permit dans la seconde moitié du xiie siècle de resserrer son emprise sur l'économie urbaine.

Toutefois, la plus grande part du ban et de ses profits demeurait entre les mains du seigneur. De même que les maîtres des espaces incultes avaient choisi, dans les chartes de peuplement, de renoncer à quelques-unes de leurs prérogatives afin d'attirer les immigrants et d'accroître ainsi le rapport de leur pouvoir fiscal, assoupli mais régularisé, de même les maîtres des bourgs sacrifièrent certains de leurs droits dans l'espoir, rarement déçu, d'une hausse notable de leurs revenus. Ils gardèrent le contrôle des métiers artisanaux, celui des guildes marchandes par les monopoles qu'ils leur accordaient et par les avantages qu'ils pouvaient obtenir pour elles des seigneurs des villes voisines, leurs amis. Ils étaient si utiles aux trafiquants les plus riches que ceux-ci accédaient sans rechigner à leurs demandes d'emprunt. Par les tailles ou les gîtes, abonnés mais plus régulièrement perçus, et d'autant plus profitables que l'immigration faisait sans cesse croître le nombre des foyers, par des ponctions opérées sur le mouvement des marchandises et de l'argent au passage des ponts ou sur le marché, par la haute justice qu'ils étaient le plus souvent parvenus à conserver, par la protection qu'ils assuraient à la communauté juive et à tous les « aubains », ces gens venus d'ailleurs qui payaient cher leur patronage, la ville leur procurait beaucoup plus de deniers que n'importe quelle seigneurie rurale. Quelle qu'ait été l'ampleur des privilèges et des dégrèvements consentis aux communautés urbaines, les seigneuries les plus puissantes du xiie siècle étaient celles qui dominaient les villes, et les plus prospères. Ce qui explique l'ardeur de certains princes à en fonder de nouvelles, les comtes en Flandre, Henri de Lion en Saxe, les Zähringen en Souabe. Ils poursuivaient le même but que les entrepreneurs de défrichement : orienter à leur profit le mouvement général de croissance, créer des points d'appui défensifs dans leur domaine, y rassembler de nouveaux sujets, les laisser s'enrichir dans l'espoir de leur prendre davantage. Et si les bourgeois supportèrent cette exploitation, si les patriciats ne poussèrent pas leur revendication d'autonomie au-delà de certaines limites, c'est que le seigneur de la ville était le garant de la

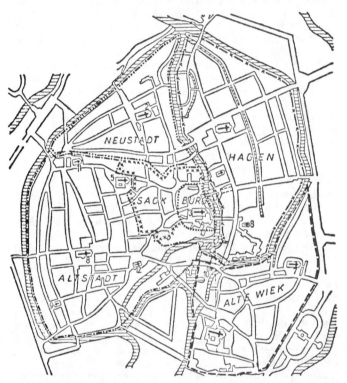

BRUNSWICK : **1.** Saint-Gilles, 1115. **2.** Saint-André, vers 1150. **3.** Cathédrale Saint-Blaise, vers 1030. **4.** Saint-Magnus, 1031. **5.** Saint-Martin, 1180-1190. **6.** Saint-Michel, vers 1150. **7.** Saint-Nicolas, XIᵉ siècle au plus tard. **8.** Saint-Pierre après 1150. **9.** Saint-Ulrich avant 1038.
Burg Dankwarderode, Xᵉ siècle .... ; Alte Wiek avant 1031 ——— ——— ; Altstadt, après 1100 .—..—..—.; Hagen, vers 1160 x—x—x ; Neustadt, fin XIIᵉ siècle ...——... ; Sack, 1300 xxxxxx ; Réunion en cité, 1269.
(D'après Planitz, *Die deutsche Stadt im Mittelalter*, Graz, Köln, 1954, p. 215.)

paix et que la paix était indispensable à la prospérité des affaires.

★

Les serments que prêtaient les confrères de la guilde ou de l'amitié étaient des serments de paix. Ils imposaient, comme à Aire-sur-la-Lys, de « venir au tumulte et de porter aide de plein cœur » — c'est-à-dire de courir, tous ensemble, contre les fauteurs de troubles et de maintenir solidement l'ordre sur le marché urbain et à ses abords, en ces lieux plus exposés que tous les autres aux rixes et aux bagarres. Ils reprenaient en fait les formes et les intentions des engagements collectifs de la paix de Dieu. Mais les conjurations n'étaient qu'un expédient. La sécurité, nul ne pouvait mieux l'assurer dans la ville et dans le territoire environnant que le maître du ban, celui qui avait hérité des rois le pouvoir de punir et de poursuivre les malfaiteurs, le devoir d'établir la justice, c'est-à-dire une équitable distribution des richesses, celui qui certainement était encore tenu au xiie siècle, comme jadis les rois, pour le maître de toutes les magies de la fécondité. En fait, la mission qu'avaient voulu remplir jadis les souverains carolingiens, de protéger les voyageurs, d'assurer la paix des marchés, de maintenir des conditions propices aux échanges et cet ordre voulu par Dieu, qui était en même temps l'assise nécessaire de leur mission fertilisante, fut reprise par tous ceux, grands et petits, qui tenaient par fragments les pouvoirs régaliens. Les maîtres de la puissance banale contribuèrent donc à l'essor de la circulation commerciale et monétaire, non seulement par les dépenses de leur cour, mais en assurant cette fonction de protection et de contrôle. Ici se révèle une fois de plus l'incidence décisive des structures politiques sur l'histoire de l'économie.

Comme les Carolingiens, les hauts seigneurs du xiie siècle furent enclins pour des raisons morales à se soucier du commerce. Ils se sentaient responsables du salut de leur peuple; ils étaient les garants de la paix et de la justice. Ce fut pour maintenir l'ordre qu'ils intervinrent. Ainsi le comte de Flandre Charles le Bon agit-il en 1123 : la famine avait introduit dans les échanges un désordre dont les victimes étaient les « pauvres », ceux dont le prince, selon les décrets divins, devait avoir principalement souci; comme l'eût fait Charlemagne dans les mêmes circonstances, le comte lança des interdictions susceptibles de rétablir une juste répartition des fruits de la terre : on ne fabriquerait plus de bière, mais des pains d'avoine pour les indigents; il tenta de stabiliser les valeurs; il fixa une limite au prix des vins « afin d'amener les marchands à abandonner les achats et le stockage du vin, et, en tenant compte des urgences de la famine, à choisir pour leur trafic des denrées différentes dont les pauvres pussent être plus facilement nourris [1] ». Enfin, il veilla sur la mesure des choses, et en particulier sur la monnaie.

Attribut royal par excellence, le droit de monnayage s'était de très bonne heure dispersé. Il tendit à le faire davantage parce qu'il était particulièrement lucratif. Car le seigneur qui détenait la frappe gardait une partie de l'argent porté à son atelier pour y être transformé en pièces. Par le « seigneuriage » — c'est ainsi que l'on nomme ce prélèvement — s'opérait une ponction fiscale, qui devint d'autant plus profitable que se répandait l'usage de l'instrument monétaire. N'oublions pas que la monnaie, à l'époque féodale, est d'abord un outil que le maître met, comme un moulin ou comme un four, à la disposition des usagers moyennant redevance, et la multiplication des entreprises de monnayage répondit aux mêmes besoins et aux mêmes appétits que celle des entreprises de meunerie. La dispersion du droit de frappe fut inégale dans les différentes provinces de l'Europe. Moindre dans le Nord, où les pouvoirs politiques se trouvaient moins désagrégés qu'ailleurs et où les princes territoriaux, comme le duc de Normandie, conservèrent le monopole de la frappe, moindre aussi dans le Sud, parce que sans doute la vivacité de la circulation des espèces était plus grande et parce que les émissions se répandaient aisément sur un large espace (avant la fin du XIIe siècle, on n'utilisa dans toute la Provence que des monnaies étrangères), elle ne fut nulle part plus poussée que dans le royaume de France. Dans le Berry, il n'existait pas moins de douze ateliers, exploités par un abbé, un comte, un vicomte et différents seigneurs de châteaux. Ce fut dans les pays français que la sensibilité au cours et au change des diverses espèces s'éveilla le plus tôt.

Mais plus que la dissémination des centres d'émission, c'est la dépréciation continue des deniers qui caractérise l'histoire monétaire de l'époque féodale. Elle s'explique sans doute par la stagnation du stock de métaux précieux : l'épuisement des mines d'argent, notamment à Ramelsberg, fit diminuer la production, qui ne parvenait plus sans doute, au début du XIIe siècle, à compenser l'usure des pièces, très minces à cette époque, et par conséquent fragiles. Mais la

1. Galbert de Bruges, *Patrologie latine*, éd. Migne, CLXVI, col. 947.

raison profonde de cette dépréciation fut bien le besoin croissant de numéraire. Pour le satisfaire autant que pour accroître les profits de leur droit de seigneuriage — plus ils frappaient de pièces, plus leur bénéfice était grand; plus elles étaient légères, plus ils en frappaient —, les seigneurs monnayeurs abaissèrent progressivement le poids et l'aloi des deniers qu'ils mettaient en circulation. Ceux de Lucques et de Pise pesaient, dans la seconde moitié du xiie siècle, trois fois moins que ceux de Charlemagne. En Allemagne l'épaisseur des pièces se réduisit à tel point qu'on dut ne les frapper que d'un seul côté. Celles qu'émettait le roi de France ne cessèrent de s'alléger — 1,53 g à la fin du xie siècle, 1,25 g trente ans plus tard, 1,22 g vers 1200 — en même temps que s'abaissait la teneur en argent de l'alliage. Mais, de plus en plus noires et de plus en plus minces, ces pièces devenaient ainsi des instruments d'échanges de plus en plus souples, d'autant que l'accélération de leur circulation faisait baisser sans cesse leur valeur libératoire. La monnaie dès lors pouvait être utilisée par les plus pauvres et pour les plus humbles besoins. Lorsqu'ils étaient vraiment soucieux de remplir la mission que Dieu leur avait confiée, les seigneurs s'employaient consciemment à favoriser un tel assouplissement : pendant la famine de 1123, Charles le Bon fit émettre en Flandre des pièces d'un demi-denier « pour les pauvres ». Poussés quelquefois par le souci du bien commun, plus souvent par la cupidité — car la frappe était entre leurs mains le monopole artisanal le plus profitable—, les détenteurs de la puissance publique ajustèrent après 1075 l'instrument monétaire aux fonctions qu'il pouvait remplir dans ce monde rural en pleine croissance. L'avilissement des pièces fut, en son temps, un puissant ferment de vitalité économique.

Toutefois, après le milieu du xiie siècle, l'élargissement de l'horizon commercial, l'amplification des affaires que traitaient les négociants des grosses villes firent sentir la nécessité de moyens de paiement qui fussent à la fois moins fluctuants et moins dérisoires. Plutôt que d'utiliser des masses de deniers, de valeur très variable parce qu'ils étaient plus ou moins usés et parce qu'ils ne sortaient pas tous du même atelier, les gros marchands dont les activités dépassaient les limites d'un canton eurent recours, dans leurs tractations, à d'autres mesures; ils se référaient pour évaluer les marchandises au poids de certaines denrées rares, le poivre parfois, plus souvent l'argent non monnayé : le marc devint ainsi l'unité de valeur d'usage courant pour l'estimation des gros paiements. A mesure, en effet, que la monnaie se trouvait

mieux adaptée aux nécessités de l'économie rurale, elle cessait
de convenir dans les secteurs d'avant-garde de l'économie
urbaine : ici, toute une part, et de plus en plus ample, du
mouvement commercial se développait sans qu'elle intervînt.
Cette évolution allait contre l'intérêt des seigneurs monnayeurs. Les plus puissants d'entre eux réagirent. Ils s'appliquèrent à émettre une monnaie stable et de bon aloi, dont le
cours s'imposât sur un large espace et qui pût être utile
aux trafiquants au long cours. Ce que fit le roi d'Angleterre
Henri II lorsqu'il décida de frapper ce qui fut, dans le dernier
quart du xiie siècle, la monnaie forte de l'Occident de l'Europe :
l'esterlin.

En effet, après 1150, il ne s'agissait plus seulement, pour les
plus avisés des seigneurs, de maintenir un État, mais de promouvoir un progrès. A propos d'un prince comme Philippe
d'Alsace qui tint le comté de Flandre de 1168 à 1191, on
peut véritablement parler d'une politique de développement
économique. A condition, bien sûr, de ne point perdre de vue
que cette action était excitée moins vivement par l'espoir de
gagner que par le souci de remplir pleinement un office, de
nature fondamentalement religieuse et quelque peu magique.
Ce fut dans un esprit semblable à celui qui le conduisait à
distribuer les aumônes et à fonder des églises que le comte
Philippe soutint par les armes les marchands du comté contre
les exactions imposées par les comtes de Hollande sur le
chemin qui conduisait à Cologne; qu'il fit ouvrir des canaux à
travers la Flandre maritime pour relier la vallée de l'Escaut
à la côte; qu'il créa de nouveaux ports, Gravelines, Nieuport,
Damme, capables d'accueillir des navires dont s'accroissait
le tonnage; qu'il favorisa leur activité par l'octroi de privilèges. Il voulait être le dispensateur de l'abondance. Les
mêmes intentions animaient les évêques de Brême-Hambourg
lorsqu'ils organisèrent dans leur principauté la colonisation
agraire des marécages, les Stauffen, lorsqu'ils s'employèrent
à peupler et à équiper leurs domaines. Et c'étaient elles encore
qui incitèrent le comte de Champagne Thibaud le Grand à
prolonger au-delà des limites de sa seigneurie le « conduit »,
la protection qu'il accordait aux marchands fréquentant les
foires du comté. En effet, ce fut sans doute par le renforcement de la sécurité le long des grands itinéraires commerciaux et en leurs points de rencontre nécessaires, les foires —
c'est-à-dire par l'élargissement progressif de leur fonction
pacifique des princes —, que se marqua de la manière la plus
profonde l'action des détenteurs de la puissance publique sur
le progrès de l'économie. La reconstitution de fortes princi-

pautés territoriales — elles-mêmes soutenues par l'enrichissement des hauts seigneurs, par la croissance des villes et par
l'accélération de la circulation monétaire — favorisa l'organisation, dans le Nord-Ouest de l'Europe, de cycles cohérents
de réunions marchandes périodiques. Le trafic des laines, que
stimulait l'essor des ateliers de la draperie en Artois et en
Flandre, s'appuya sur un double réseau de foires, Winchester,
Boston, Northampton, Saint Yves et Stanford en Angleterre,
Ypres, Lille, Bruges, Messine, Tourhout en Flandre.

Dans le même temps, les marchés de chevaux et du gros
bétail qui se tenaient de longue date dans certaines bourgades
de Champagne changeaient de nature. Ils attirèrent les
vendeurs et les acheteurs de drap. Dès 1137, des trafiquants
d'Arras et de Flandre venaient loger à Provins pendant la
durée de la foire; on y voyait en 1148 des changeurs de Vézelay;
ce fut alors que l'autorité comtale s'employa à étendre les
garanties assurées aux visiteurs de ces marchés, à construire,
peu à peu, une juridiction efficace, capable de maintenir la
sécurité sur les aires où s'opéraient les transactions et sur
toutes leurs voies d'accès. Bientôt les marchands d'Italie
choisirent ces foires comme le lieu le plus commode où rencontrer les trafiquants de la draperie flamande : en 1172,
des hommes d'affaires de Milan s'y rendaient pour acheter
des tissus. Ainsi se mit en place peu à peu, par l'action consciente d'un seigneur puissant qui voulait accroître ses ressources en numéraire mais qui se savait d'abord chargé par
Dieu du maintien de la paix, ce qui devint au XIIIe siècle le
foyer majeur de toute activité commerciale et financière en
Occident.

Au cœur des principautés revigorées, la ville tient désormais
le principal rôle dans les structures politiques qui peu à peu
émergent de la féodalité, s'en dégagent avant de bientôt la
dominer. Elle est le siège du pouvoir rénové. Point d'appui
militaire de première importance par ses murailles, par la
population de chevaliers qu'elle abrite en permanence,
par l'appui que leur prête, en cas d'alerte, le peuple bourgeois,
plus familier aux armes et beaucoup mieux harnaché pour le
combat que ne le sont les paysans, elle est aussi le point où
se fixent autour du palais les assises primitives de l'administration princière. On voit grossir dans les dernières années du
XIIe siècle, au sein de la société urbaine, un nouveau groupe,
à vrai dire mal distinct des strates supérieures du milieu
bourgeois, très étroitement lié à elles et, comme elles, à la cour
du prince : c'est le corps des agents de l'autorité. Nouvelle
ministérialité, beaucoup plus souple et ouverte, elle rassemble

au service du prince des gens venus des anciens « ordres »
majeurs, des clercs et des chevaliers, mais aussi des marchands,
membres de ce nouvel *ordo* qui s'est isolé peu à peu de la masse
des travailleurs. Ces hommes ont en commun une culture,
une certaine attitude à l'égard des valeurs terrestres : ils
écrivent, ils lisent et surtout ils savent compter; pour eux la
richesse se traduit par des chiffres et par des références
précises aux unités monétaires; ils s'accoutument à évaluer
en deniers — et en ces unités abstraites de compte que sont le
sou et la livre — la puissance de leur maître. Car l'argent est
devenu dans la seconde moitié du xiie siècle le plus puissant
instrument du pouvoir. C'est en usant de la monnaie que le
prince, d'abord, s'attache ces auxiliaires fidèles; ils ne sont
plus, comme naguère et depuis le plus haut Moyen Age,
soldés par une dotation foncière et de la sorte indéracinables,
ni tenus par les liens de la dépendance personnelle; ils deviennent des salariés. C'est en usant de la monnaie que le prince,
exploitant les difficultés financières des « barons », récupère
par bribes les droits régaliens dans toute la province et réunit
peu à peu dans ses mains le faisceau des pouvoirs supérieurs,
fondement d'une fiscalité plus pesante. C'est en usant de la
monnaie que le prince commence à domestiquer la chevalerie,
à la ranger à son service, et qu'il recrute des combattants
mercenaires, spécialistes d'un autre métier, celui de la guerre
efficace. Auprès des maîtres, la fonction du trésor est capitale
autant que dans le haut Moyen Age; mais elle est différente.
La réserve de métaux précieux n'est plus une parure, mais un
outil. Elle est faite pour sa plus grande part d'espèces monétaires que l'on peut compter, et elle sert à acquérir. Le prince
laisse la bourgeoisie amasser peu à peu des deniers. Puis il
les lui soutire, autant qu'il peut. Par l'impôt. Par le pillage
pur et simple, lorsqu'il s'agit des juifs. Davantage peut-être
par l'emprunt.

Or, la source principale de ce stock de monnaie se trouve
dans la ville même. Car le seigneur de la grosse ville est très
riche, mais de droits et de terres, c'est-à-dire d'une richesse
rigide. S'il veut en mobiliser quelque peu, il lui faut demander
à ses bourgeois de lui ouvrir leurs coffres : la croissante
fluidité financière qui permet aux principautés de se raffermir
repose en fait sur les créances bourgeoises. Toutefois le
seigneur n'est pas le seul débiteur des marchands. C'est aussi
de la ville que jaillissent tous les courants monétaires, de
plus en plus vifs, de plus en plus diffus, qui irriguent peu à peu
toute l'économie rurale. C'est de la ville, finalement, que
viennent la plupart des deniers qui, dans tous les villages,

rachètent les corvées, soldent les taxes de mutation et paient les achats de récolte. L'agglomération urbaine en effet sollicite les campagnes voisines de lui vendre. Assez peu sans doute pour son propre ravitaillement. Les bourgeois, même les plus riches, sont encore, à la fin du XIIᵉ siècle, plus qu'à demi des paysans. Ils possèdent tous des terres dans la proche banlieue et dans le terroir où sont nés leurs ancêtres. Ils les exploitent eux-mêmes. Ils en tirent toute leur provende, et même une bonne part des denrées qu'ils vendent aux voyageurs ou que les artisans traitent dans leurs ateliers. L'approvisionnement du marché urbain dépend beaucoup moins du commerce que de cette liaison demeurée très intime, grâce aux assises rurales de la société bourgeoise, grâce à la puissance foncière que conservent tous les seigneurs établis dans la ville, entre l'agglomération urbaine et les villages environnants. Toutefois, tout le bétail, tout le cuir, toute la laine, tout le vin, tout le blé même, et ces plantes qui servent à teindre les draps que les négociants exportent au loin, ne sortent pas du propre fonds des citadins ni de celui des seigneurs dont ils gèrent la fortune. Ils doivent donc acheter aux producteurs des campagnes. Et tandis que croît régulièrement le volume des affaires, tandis que les hommes de la cité se spécialisent davantage dans leurs fonctions spécifiques et se détachent peu à peu de la terre, on sent que s'infiltre de plus en plus profondément dans le milieu rural à la fois l'instrument monétaire et l'habitude de négocier.

Entre la grosse ville et les producteurs paysans s'interposent alors des relais, ces petites bourgades, favorisées par la lucidité d'un seigneur qui s'est avisé d'octroyer des franchises et de protéger spécialement un marché, et qui sont toutes de puissants ferments de dynamisme. Parmi les travailleurs des champs, ceux qui résidaient dans ces villages privilégiés, à peine plus peuplés que les autres, furent les premiers à s'engager résolument dans l'économie d'échange. Les clauses qu'ils firent insérer dans les chartes de liberté manifestent l'intérêt qu'ils portaient au négoce et à la monnaie. Voici la coutume rédigée au milieu du XIIᵉ siècle d'une bourgade, La Chapelaude, née dans le Berry près d'un prieuré monastique. Le seigneur y détient encore de vigoureux monopoles commerciaux : nul ne peut vendre du vin avant qu'il n'ait écoulé sa récolte, il a droit d'acheter à crédit dans le village. Mais les habitants peuvent tenir chez eux des mesures; ils vendent du pain, de la viande, sur place, aux gens qui passent, et du vin, que certains vont porter au loin, sur un âne ou sur un char, pour en tirer meilleur prix; des foires se tiennent pendant lesquelles s'interrompent les monopoles seigneuriaux; on attend du seigneur qu'il maintienne le niveau des prix, qu'il empêche les hausses abusives qui pourraient inciter les acheteurs étrangers à se fournir ailleurs; enfin, qu'il impose une monnaie « utile à lui et aux habitants du bourg » et qui ait cours dans les bourgades environnantes. Les structures économiques que le texte fait entrevoir se sont décidément entrouvertes à des sollicitations dont l'origine est urbaine. Ces demandes renforcent les effets des exigences seigneuriales, viennent stimuler plus vivement la production rurale. Dans celle-ci, petitement d'abord, mais de manière de plus en plus manifeste, on voit se déployer un secteur proprement extérieur, en ce sens qu'il ne sert pas à l'entretien du producteur et de sa famille et qu'il n'est pas absorbé non plus par les ponctions qu'opère le seigneur. Il s'oriente vers la vente, c'est-à-dire vers la ville. Ce secteur demeure marginal par rapport au terroir, lequel reste voué principalement à la nourriture des hommes, c'est-à-dire à la culture des céréales. Il se développe dans l'aire enclose du jardinage, d'où viennent les plantes tinctoriales et le raisin, et dans les espaces encore sauvages où paissent les animaux à viande et à laine. C'est un peu, dans l'économie du ménage paysan, le domaine de l'aventure. C'est celui du gain, la brèche encore étroite par où s'insinue l'esprit de profit dans les consciences paysannes. C'est le domaine de l'argent, indispensable, non point pour acheter, sinon le fer des outils et les bestiaux de l'attelage, mais pour acquitter aux seigneurs ce que leur doivent la terre et les hommes. Toutefois, ce secteur est encore au XIIᵉ siècle très limité; il l'est même trop sans aucun doute pour satisfaire les besoins de numéraire. Et c'est par le crédit, en vérité, plus que par le commerce, que la monnaie — cette monnaie que les seigneurs ont dépensée dans la ville, après l'avoir prise aux paysans — revient à la campagne depuis les coffres des bourgeois.

En effet, malgré les interdits ecclésiastiques, les négociants chrétiens du bourg prêtent à intérêt, comme les juifs, à tous les gens de la campagne l'argent qui manque à ceux-ci — au seigneur foncier qui doit doter sa fille ou armer son fils chevalier, au hobereau qui s'apprête pour un tournoi où toute la province le verra parader et où il dépensera en un jour, même s'il gagne à ce jeu, cent fois plus de deniers qu'il n'en a, aussi bien qu'aux tenanciers très humbles obligés de remplacer le bœuf malade ou talonnés par les percepteurs des tailles. Les hommes d'Église dénoncent ces « usuriers », ces « rongeurs de pauvres », comme dit Guibert de Nogent, qui emplissent leur bourse de « gains affreux » et accumulent des « montagnes » de métaux précieux. Mais dans la force de leur âge, et tant que l'approche de la mort ne réveille pas leur peur du péché, les aventuriers des affaires n'ont guère de scrupule à remettre en circulation par le crédit les deniers qu'ils gagnent et qu'ils n'ont pas utilisés à compléter leur cargaison. Les pièces de monnaie, en effet, ne sont pas des valeurs auxquelles personne puisse alors s'attacher. Nul ne les tient encore pour des réserves de richesse. Elles sont faites pour circuler. Plus elles circulent, plus elles rapportent. Les plus avisés des bourgeois commencent à sentir que de l'animation d'un tel circuit dépend toute vitalité économique et par conséquent le succès même de leurs propres entreprises.

Nous touchons là sans doute à ce qui fait le caractère profond du xiie siècle. La civilisation demeure encore toute rurale et tout son développement est animé par les conquêtes paysannes. La monnaie, cependant, dont, par un mouvement ininterrompu depuis le très haut Moyen Age, l'usage n'a cessé de se répandre, finit alors par s'insinuer jusque dans les relations entre les travailleurs du sol et leurs seigneurs; se vulgarisant, elle s'est affaiblie; devenant ainsi plus apte à tenir un rôle aux niveaux les plus humbles de l'activité économique, elle est venue insensiblement s'établir au cœur de tous les mouvements de croissance. La place qu'elle y occupe ne cesse de s'élargir. Vers 1180, cette place devient prépondérante. S'ouvre alors une nouvelle phase : dans tout le corps du continent européen, la circulation de l'argent, comme elle le faisait déjà deux siècles plus tôt sur les frontières de la chrétienté que vivifiaient les entreprises militaires, entraînera désormais tout l'élan du progrès.

IV

Le démarrage

Ils demeurent cependant encore fort rares à la fin du
XIIe siècle ceux pour qui la monnaie est autre chose qu'un
instrument de mesure utilisé dans des circonstances exceptionnelles, presque anormales, en tout cas très en marge des
réalités économiques profondes. Et l'un des freins les plus
efficaces au développement réside en fait dans la résistance
tenace de certaines attitudes mentales et des modèles culturels qui les soutiennent. De ceux-ci le plus solide et le plus
fascinant s'était construit à l'usage de l' « ordre » dominant
de la société féodale, la chevalerie. Il proposait en exemple,
comme seule attitude digne de l'homme parfait, un certain
comportement à l'égard de la richesse : ne pas produire mais
détruire; vivre en seigneur, de la possession de la terre et du
pouvoir sur les hommes, sources des seuls revenus qui ne
fussent pas tenus pour ignobles; dépenser follement dans la
fête. Au moment même où, dans la seconde moitié du XIIe siècle, les difficultés financières s'aggravent aux niveaux les plus
élevés de l'aristocratie laïque, où s'accumulent les dettes des
grands seigneurs envers les bourgeois, où l'art de gouverner
avec l'argent incline les princes à choisir leurs meilleurs
serviteurs, non plus dans la noblesse, mais parmi les guerriers
mercenaires et les hommes qui savent compter, c'est-à-dire
les marchands, ce modèle, cette éthique de l'oisiveté cavalière
et du gaspillage prend plus de rigueur encore dans l'Europe
féodale. Elle forme l'armature de la conscience de classe dans
un groupe social qui perçoit pour la première fois des phénomènes de promotion au sein des strates qu'il dominait jusqu'alors de très haut et qui commence à se sentir menacé
dans sa supériorité économique. Ce qu'illustre de manière
éclatante l'un des thèmes qui se répandent aux approches de

l'an 1200 dans la littérature composée pour un public de chevaliers : le thème du vilain parvenu, de l'homme de naissance rustique qui gravit les degrés de l'échelle sociale, se substitue aux hommes bien nés, grâce à son argent, dans l'exercice du pouvoir seigneurial, qui s'acharne à copier leurs manières mais ne parvient qu'à se rendre ridicule, et odieux par l'espèce d'usurpation dont il est coupable. Scandale du nouveau riche, qui n'est pas, comme le noble, désintéressé, ni généreux, ni couvert de dettes. Tandis que s'accélère le progrès de l'économie monétaire, la morale des gentilshommes condamne avec plus d'insistance que jamais l'esprit de profit, le goût d'accroître ses ressources. Au milieu du xiiie siècle encore, les traités d'agronomie pratique écrits pour l'aristocratie laïque d'Angleterre — un milieu social pourtant soucieux plus que tout autre de bien gérer la terre seigneuriale, puisque la puissance de la royauté ne laissait dans ce pays que très peu de pouvoir sur les hommes — proposent d'organiser l'économie domestique en fonction seulement de la dépense, de déterminer pour cela un certain plafond de production, de veiller à s'y maintenir. « Voir les comptes, selon Walter de Henley, est fait pour connaître l'état des choses... », non point pour délimiter ce qui peut être investi. Et s'il existe des surplus, le conseil est de les mettre de côté pour les mauvais jours, de les employer à rendre la maison plus confortable, non point de les faire fructifier pour accroître les profits futurs.

Or les incidences du comportement des nobles sont d'autant plus profondes que, d'une part, tous les mouvements de l'économie s'ordonnent encore autour de la seigneurie et que, d'autre part, dans les milieux sociaux les plus dynamiques, tous les entrepreneurs, ceux qui apparaissent comme les entraîneurs véritables du développement, ne poursuivent en vérité d'autre but que de pénétrer dans la noblesse et de s'y conduire comme les gens de bonne naissance. De fait, c'est la fascination des modèles culturels aristocratiques qui anime toute la poussée de capillarité sociale, et les hommes les plus avides ne mettent toute leur ardeur à gagner que pour, un jour, sacrifier les richesses en dons gratuits, avec la munificence des rois. Le « vilain parvenu » des poèmes profanes n'est pas un mythe. Tous les ministériaux rêvent de forcer l'entrée de la noblesse, de vivre sans rien faire, entourés d'obligés, des revenus d'une seigneurie. Et tous les bourgeois qui font fortune s'empressent d'acquérir des droits fonciers, de se constituer des rentes, de ne plus toucher à l'argent que du bout des doigts, de faire de leurs fils des chevaliers — ce

qui advint aux Hucquedieu d'Arras dès le début du xiie siècle
—, ce qui explique aussi, trois quarts de siècle plus tard,
l'éducation que François d'Assise reçut de son père, marchand, et qui l'orienta vers l'aventure militaire, le chant
lyrique et la générosité sans limites. A donner largement, les
gens d'affaires sont poussés plus vigoureusement d'ailleurs
que tous les autres, car ils savent leur âme en péril. Ils veulent
la sauver par l'aumône. Les gestes sacrificiels qu'accomplis-
saient les rois du haut Moyen Age, puis, au xie siècle, les gens
de l' « ordre des combattants », deviennent peu à peu, au
xiie siècle, l'affaire des bourgeois. Ce furent les donations
pieuses recueillies parmi ceux-ci dans les villes qui permirent
de poursuivre la construction des cathédrales gothiques, de
fonder à l'entrée des faubourgs tant d'hôpitaux, de lancer
tant d'institutions de charité, l'ordre des Trinitaires, les
confréries du Saint-Esprit, qui furent toutes des entreprises
urbaines. La *Geste des évêques de Cambrai* raconte l'histoire
d'un citoyen de la ville, ce Werimbold, qui mourut vers 1150;
il était fort riche, pratiquait sans doute l'usure, possédait une
grande maison de pierre et de bois flanquée de bains, de celliers,
d'écuries; sa femme nourrissait les pauvres; elle finit par se
retirer dans un monastère ainsi que leurs quatre enfants;
après avoir donné vingt-cinq « hôtes » à l'abbaye de Saint-
Hubert, pris en charge l'entretien d'un pont, enrichi de ses
dons l'hôpital de Sainte-Croix, il termina sa vie, dépouillé
comme un religieux, au service des indigents. Précédant de
vingt ans Valdès, marchand de Lyon, qui distribua tous ses
biens aux pauvres et voulut partager leur existence, précédant
de cinquante ans François d'Assise... On peut dire que, dans
la plupart des destinées individuelles, ce qui touchait à
l'économie de profit aboutissait finalement, aux approches
de la mort, à l'économie du don, de nouveau triomphante.

A l'esprit de largesse, légué par le haut Moyen Age et dont
les rythmes précipités de l'évolution économique n'altéraient
en rien la vitalité, s'alimente encore en effet tout entière
l'idéologie dominante. C'est l'Église qui l'exprime et la pro-
page. Bien que tant de chanoines et de moines soient alors si
préoccupés de promouvoir les défrichements, de bien placer
l'argent des aumônes et de vendre au meilleur prix, l'Église
continue de condamner le lucre, interdit aux monastères de
pratiquer le prêt sur gage, qu'elle dénonce comme une forme
d'usure. Elle maintient que le travail est une malédiction;
s'y livrer ne peut être pour l'homme bien né qu'une pratique
ascétique : à Cîteaux, les tâches manuelles étaient tenues pour
des exercices de mortification, et les Vaudois eux-mêmes

pour être vraiment pauvres, refusaient de travailler de leurs mains. Cette idéologie propose aux riches un idéal de perfection : la pauvreté, le dépouillement, le mépris de cet argent que les hérésiaques et les prédicateurs orthodoxes du xiie siècle tiennent, comme le faisaient les moines de l'an mille, pour une souillure de l'âme. Aux hommes de ce temps en effet, comme à leurs plus lointains ancêtres, et d'autant plus aisément que leur situation de fortune les tient à l'abri du besoin, les réalités économiques apparaissent accessoires. Ce sont des épiphénomènes; les vraies structures sont spirituelles, de l'ordre de la surnature. Elles seules méritent attention. La subordination de l'économique à l'éthique est totale, et pour très longtemps encore : le 5 décembre 1360, une ordonnance du roi de France fait écho aux mesures monétaires que prit le comte de Flandre en 1123; elle présente encore la monnaie, avant toute chose, comme l'un des moyens de la charité : « Nous devons faire bonne et forte monnaie d'or et d'argent, et monnaie noire *par laquelle on pourra aisément faire aumône aux pauvres gens.* » La puissance de ces représentations morales a incontestablement constitué le principal obstacle à l'accumulation durable du capital. L'épargne qui n'était point capturée par la machine fiscale allait finalement s'engluer dans des placements immobiliers, ou bien se dispersait en dons de toutes sortes. Dans les villes de France, d'Angleterre, de Germanie, il existait à la fin du xiie siècle des dynasties patriciennes; mais elles s'étaient pour la plupart éloignées des affaires; elles se souciaient de fonder des chapellenies et de marier leurs fils dans les familles d'ancienne aristocratie. Ce qui anime à cette époque les progrès économiques, ce n'est pas encore l'accumulation d'un capital monétaire, c'est toujours l'accumulation du pouvoir, sur la terre et sur les hommes. D'un pouvoir qui exploite l'expansion de la production rurale et dont les profits servent à soutenir un train de vie toujours plus éclatant. D'un pouvoir qui de ce fait est générateur de dépenses croissantes et, par conséquent, de vitalité commerciale.

*

Il existe pourtant, dans la chrétienté latine, des lieux où les attitudes mentales sont sensiblement différentes, ce sont les cités d'Italie. La morale est ici la même, et la fascination des modèles aristocratiques aussi vive : tout le destin de François d'Assise en fournit la preuve éclatante. Mais le climat d'ensemble se trouve cependant modifié pour deux raisons principales. Ce ne sont pas des ministériaux qui ont animé le renouveau de l'économie urbaine, mais de libres citoyens, possesseurs de seigneuries foncières, et qui utilisèrent très tôt la monnaie pour gérer leur fortune. Compter, gagner ne furent donc pas ici des pratiques dont quiconque, soucieux de sa dignité, se devait de se décharger sur des domestiques. Dans une aristocratie pour sa plus grande part urbanisée, la notion de profit trouvait sa place au sein d'une éthique, celle du civisme. D'autre part, dans les cités maritimes, à Venise, à Pise, à Gênes, il demeura plus longtemps que partout ailleurs difficile de distinguer le trafic de la guerre, et même d'une guerre qui se prétendait sainte, c'est-à-dire d'une opération noble. Mais, à la différence des Vikings, les aventuriers de la mer, dans l'Italie du xiie siècle, ne consacraient pas à la parure de leur tombe les métaux précieux qu'ils avaient rapportés de leurs expéditions lointaines; ils les utilisaient dans les affaires. Lorsque la flotte génoise se fut emparée de Césarée, on préleva sur le butin quelques objets pour le trésor de la cathédrale et de quoi gratifier les capitaines, mais de ce qui restait le sixième fut attribué aux propriétaires des navires, et chacun des huit mille rameurs reçut quarante-huit sous en argent et deux livres de poivre — c'est-à-dire le petit capital qui permettait de se lancer dans le commerce. Dans les villes italiennes, la monnaie n'était pas seulement une mesure, c'était une valeur véritablement vivante et susceptible de fructifier. N'hésitons pas à qualifier de capitaliste une telle attitude à l'égard de l'argent.

De l'argent que l'on place, prudemment, par petites parts disséminées entre de multiples associations. De ces *societates,* les noms changent d'une ville à l'autre. Mais partout elles rendent solidaires pour une opération commerciale déterminée et de courte durée un homme qui apporte le capital et un autre qui l'utilise au loin à faire des bénéfices. « Moi Giovanni Lissado de Luperio et mes héritiers avons reçu en *colleganza* de toi Sevestro Orefice, fils de messire Tridimundo, et de tes héritiers, deux cents livres de deniers; moi, j'ai mis cent livres de deniers. De ceci nous aurons deux parts dans un navire dont le capitaine est Gosmiro de Molino. Je dois tout emporter avec moi sur ledit navire à Thèbes. Le profit sera divisé entre nous par moitié[1]. » Le document est vénitien, fort ancien; il date de 1073. Mais à Gênes, à Pise furent conclus d'innombrables accords semblables. A partir du milieu du xiie siècle,

---

1. *Documenti del Commercio Veneziano nei secoli XI-XIII* (éd. M. della Rocca et Lombardo), t. I, p. 12.

les registres de notaires en livrent abondamment les textes. Aux plus chanceux, de tels accords promettaient un enrichissement rapide. Prenons le cas, bien étudié, du Génois Ansaldo Baialardo. En 1156, tout jeune, émancipé par son père (les aventures du commerce sont individuelles), il s'entend avec un homme riche et noble, qui avance deux cents livres; lui n'a rien; il s'embarque pour un voyage dans les ports de Provence, de Languedoc et de Catalogne; au retour, il reçoit sa part, minime, des profits : dix-huit livres. Ou plutôt il ne les touche pas; lui et son associé réinvestissent la même année tout le capital, c'est-à-dire deux cent cinquante-quatre livres, dans un second voyage; le bénéfice cette fois est de deux cent quarante-quatre livres, soit presque 100 %; cinquante-six livres reviennent à Ansaldo, outre son apport personnel; parti de rien, il a accumulé en quelques semaines un capital de soixante-quatorze livres génoises. Deux ans plus tard, toujours avec le même associé, il monte une opération plus complexe; pour un voyage en Égypte, Palestine et Syrie, ils réunissent un capital de près de cinq cents livres, dont la moitié leur est avancée par différents prêteurs; Ansaldo lui-même aventure soixante-quatre livres; au retour de l'expédition, et après le partage des profits, il se trouve à la tête d'un capital de cent quarante-deux livres. Cet argent était le prix de sa peine et de son courage, ce que lui devaient, pour avoir affronté les périls de la mer, les épidémies et les bagarres, ceux qui, sans bouger, s'étaient enrichis et, comme son associé principal, avaient en trois ans triplé leur mise. L'exemple est éclairant. Il n'a rien d'exceptionnel. Il affirme le contraste de tonalité économique entre les cités maritimes du Sud et le reste de l'Europe.

A vrai dire, ces richesses gagnées dans les expéditions du commerce finissaient, elles aussi, pour une large part par s'immobiliser dans des fortunes terriennes. On connaît celle de Sebastiano Ziani, qui fut doge de Venise en 1172; elle est faite essentiellement de domaines dans la lagune, le delta du Pô, dans la campagne de Padoue. Et lorsque l'évêque Otton de Freising découvrit les villes d'Italie au milieu du XIIe siècle, il fut scandalisé de voir tant de garçons d'artisans et de commerçants accéder à la chevalerie, vivre dans la prouesse et la largesse. En Italie comme ailleurs, les fils de riches aspiraient à l'oisiveté des nobles. Mais eux traitaient l'administration de leurs biens ruraux comme une affaire, où l'argent devait rapporter. Ils exigeaient de leurs tenanciers, non point des rentes en argent, mais du blé, du vin, qu'ils allaient vendre eux-mêmes. Ils concluaient avec les travailleurs des villages des « compagnies », des *societates*, de même allure que les associations de commerce : ils fournissaient le capital, le paysan son travail et ses soins; le bénéfice était partagé. Les contrats de *soccida*, de *mezzadria* injectèreut ainsi la monnaie dans des entreprises de plantation, d'élevage, d'exploitation agricole. Ce qui hâta l'équipement des ménages ruraux, fit naître autour des villages un paysage agraire nouveau hautement productif, stimula partout, hors des plaines côtières infestées de malaria, un puissant élan de croissance dont l'économie urbaine, par l'effet de ces intimes connexions monétaires, bénéficia plus directement qu'au-delà des Alpes.

Mais les Alpes, depuis le dernier quart du xie siècle les trafiquants d'Italie les franchissaient de plus en plus nombreux, à la recherche de gains plus aisés. Au débouché du Mont-Cenis et des autres passages, qu'apportaient-ils avec eux? L'argent d'abord, un sac de cette monnaie qui s'était accumulée dans les ports et dans les villes de la plaine du Pô, mais qui demeurait encore si rare et si précieuse dans le monde où ils pénétraient. Ils apportaient aussi des techniques, un savoir-faire qui leur conféraient dans l'économie toute campagnarde encore d'outre-monts cette supériorité même dont les juifs avaient longtemps détenu le privilège : la pratique de l'écriture, du chiffre et de ces contrats d'association de capital qui, de Constantinople à Bougie, étaient en usage sur tous les rivages méditerranéens. Ils apportaient enfin une autre mentalité économique, une attitude à l'égard des espèces monétaires, de la valeur et du profit très différente de celle des paysans et des seigneurs. Des répercussions de ce comportement insolite, de la manière dont il put s'infléchir et se propager, du succès des entreprises italiennes, de l'ébranlement qu'elles suscitèrent, la documentation ne montre à peu près rien avant les dernières années du xiie siècle. Dans ces années du moins, un fait est sûr : le monde était en train de changer très vite.

*

En l'absence de toute donnée statistique, il est bien difficile, dans l'étalement du mouvement de croissance, de discerner des phases et de repérer entre elles les points de rupture où le rythme s'est modifié. Pourtant les indices d'une mutation se multiplient dans les deux dernières décennies du xiie siècle, ce qui incite à situer à ce moment l'un des principaux tournants de l'histoire économique européenne. En quelques mots, ce paraît être le moment où, décidément, partout, et non seulement en Italie, la vitalité urbaine l'emporte sur celle des campagnes. Celles-ci, dans le développement économique, ne seront désormais plus que les suivantes : le paysan cède au bourgeois le rôle d'animateur et, dans les milieux d'avant-garde, les résistances mentales vont bientôt fléchir de toutes parts. Deux traits se révèlent alors : une accélération du mouvement de progrès; l'établissement sur l'ensemble de la chrétienté latine, réunissant les trois domaines géographiques que séparaient jusqu'ici de profondes disparités économiques, d'un espace commun, rassemblé par les multiples connexions des itinéraires du commerce. Cette unité nouvelle, ce rapprochement entre le revers méditerranéen, le versant de sauvagerie de l'Est et du Nord, l'épaisseur continentale et rustique dont le Bassin parisien constitue à peu près le centre, les progrès de la circulation et des échanges les avaient lentement préparés. Ils procèdent des succès de l'aventure marchande.

Les indices de mutation ne se rencontrent pas dans l'Europe de la Méditerranée. Ici se trouvaient, en effet, depuis très longtemps mises en place les structures dont l'instauration dans les autres régions d'Occident marque le seuil d'un temps nouveau. A la fin du XIIe siècle, tandis que sans rupture se poursuivent en Castille les profitables entreprises militaires qui dépouillent l'Islam de ses richesses et conduisent le roi chrétien en 1173 à frapper de la monnaie d'or, l'essor des affaires, le perfectionnement des diverses formes juridiques de la *societas*, de l'association capitaliste, se poursuivent sans rupture en Italie. Les colonies que les trafiquants des cités maritimes ont fondées dans tous les carrefours importants, en terre musulmane et dans les pays byzantins, continuent de croître. Certaines deviennent déjà si envahissantes que leur présence excite dans la population locale, comme à Constantinople en 1176 et en 1182, des sursauts d'agressivité xénophobe. L'esprit de croisade, ressort des premières aventures de mer, justification des premiers gains et de l'accumulation primitive du capital monétaire, s'attiédit dans les ports de l'Adriatique et de la Tyrrhénienne. Là, il apparaît clairement désormais à tous les négociants que ravir du butin les armes à la main rapporte moins que des opérations commerciales menées pacifiquement avec les infidèles : ce n'est point par hasard que François d'Assise, qui voulut substituer la mission à la croisade, était fils d'un marchand, habitué des foires de Champagne. Dans les cités maritimes, les croisés, maintenant, sont presque tous des hommes d'outre-monts.

On les traite comme des clients; on leur avance volontiers les deniers du passage, mais chacun s'efforce de tirer le meilleur profit de ces débiteurs naïfs. Pour les conducteurs de navire, pour les manieurs d'argent, pour les négociants de toutes sortes, pour les notaires qui rédigent les contrats, l'expédition de Terre sainte est, elle aussi, une affaire. Il convient de l'exploiter comme telle. A la fin du XIIe siècle, lorsque les trafiquants italiens pénètrent en Angleterre, c'est pour y recouvrer les créances des croisés; ils se font rembourser en sacs de laine, qu'ils vont vendre en Flandre aux fabricants de drap; et pour obtenir l'autorisation de rester, de poursuivre cet heureux négoce, ils offrent au roi de lui prêter de l'argent. Ce fut de cette façon qu'un réseau d'affaires, dont les nœuds se situaient dans les grosses villes d'Italie, qui se développait largement du côté de Byzance, du Levant et de la Barbarie, qui depuis peu s'avançait jusqu'aux foires de Champagne, s'élargit d'un coup et que l'on vint à établir une liaison directe entre le foyer méditerranéen et celui de la mer du Nord, alors vivifié par la pénétration de courants commerciaux venus du fond de la Baltique.

*

Si rien ne montre que les structures économiques de la chrétienté méditerranéenne se soient modifiées durant les dernières décennies du XIIe siècle, des changements sensibles se décèlent alors sur les franges septentrionales et orientales, dans l'Europe jadis sauvage. Les traits originaux de son économie s'effacent, en même temps que s'amenuise le retard de son développement. Toutefois, ici, la mutation reste lente. Elle se développe dans une zone chronologique très étalée. Elle se situe très directement dans la lancée de l'expansion agraire. Pendant tout le XIIe siècle, les princes des plaines orientales, empressés d'accroître le rendement de leur terre afin de vivre aussi somptueusement que leurs voisins de l'Ouest, ont accueilli, ont attiré les paysans de Flandre et de Germanie. Ils les savaient maîtres de techniques plus efficaces et capables de tirer parti des sols négligés par les cultivateurs indigènes. Encadrés par leurs prêtres, guidés par des entrepreneurs persuadés de faire rapidement fortune en organisant le défrichement au nom du prince, des dizaines de milliers de pionniers s'établirent à l'est de l'Elbe et du Danube; ils introduisirent la bonne charrue, tracèrent de longs sillons profonds dans les terres lourdes, repoussèrent les marais et la brousse, étendirent le domaine du blé. A leur exemple, les paysans autochtones colonisèrent les marges de leur terroir et substituèrent peu à peu à la culture itinérante l'usage de rotations régulières sur les champs permanents. L'afflux des immigrants, dotés de tenures aux charges légères, exemptes de corvées et pourtant de rapport fructueux pour le maître du sol, provoqua la progressive dissolution des grands domaines esclavagistes et l'amélioration générale de la condition paysanne. Par les dîmes, par les redevances, les surplus de la production céréalière affluèrent dans les greniers des princes et dans ceux des *locatores*, les conducteurs de la colonisation. Au milieu du XIIe siècle, la réussite agricole s'était avancée assez loin pour susciter la floraison des villes.

Après 1150 on entrevoit diverses transformations dans la structure des vieux *castra*, des agglomérations fortifiées construites autour du palais des princes et des cathédrales. Elles se vident peu à peu de leur population militaire. La suite guerrière se disperse et les chevaliers, comme à l'Ouest, vont se fixer sur des domaines ruraux. Dans le même temps, la production artisanale cesse en Bohême d'être répartie entre des villages de serviteurs spécialisés; elle se concentre progressivement dans le faubourg des villes. En effet, à quelque distance du *gorod*, de l'enceinte, un groupement de maisons se développe autour du *rynek*, de la place du marché; des étrangers, spécialisés dans le trafic, se sont établis là, dans ce quartier que l'on nomme à Györ le *vicus latinorum*, le « bourg des Latins ». Ainsi, dans les anciennes *civitates*, les fonctions économiques prennent insensiblement le pas sur les autres, tout comme à l'occident de l'Europe. De même que s'instaure un réseau de bourgades, intermédiaires entre le gros marché urbain et les producteurs paysans. Enfin de nouvelles villes sont fondées. La plus décisive de ces fondations — et celle-ci très directement déterminée par les préoccupations économiques d'un prince qui voulait, comme dans le même temps le comte de Flandre, accroître ses revenus monétaires par l'exploitation des activités commerciales — fut celle de Lübeck. Dès 1138, des négociants allemands s'étaient installés dans le vieil *emporium* de Haithabu, bonne place pour trafiquer dans la Baltique et supplanter les marchands scandinaves. Lorsque le site fut détruit en 1156-1157, le duc de Saxe Henri le Lion accueillit la colonie marchande. Il l'établit dans une ville, Lübeck, déjà édifiée quelques années auparavant par le comte de Holstein, mais que le duc fonda véritablement de nouveau à ce moment. Il institua là une monnaie, un marché, un tonlieu; « il envoya des messagers dans les royaumes du Nord », offrit la paix aux princes russes et scandinaves, afin que leurs marchands « aient la liberté de passage et d'accès à sa ville de Lübeck »; il promit aux commerçants de Rhénanie et de Westphalie qui viendraient y résider un droit aussi favorable que celui de Cologne. Le commerce de la Baltique était alors dominé par les paysans de l'île de Gotland qui trouvaient dans les trafics de la mer un complément de ressources. Des aventuriers sortis d'Allemagne étaient venus, là aussi, s'installer dès 1133-1136, fonder une colonie à Visby, dans le principal port de l'île. En 1161, Henri le Lion prit sous sa protection « la communauté des marchands de l'Empire romain qui fréquentent l'île de Gotland » et les aida à s'assurer, de concert avec les Gotlandais, une position privilégiée sur le marché de Novgorod. Dans les années quatre-vingt du xiie siècle, des bateaux ventrus, de fort tonnage, les « cogues », apportaient à Lübeck le miel, les fourrures, la poix et le goudron depuis les extrémités orientales de la Baltique; mais portées par voie de terre jusque sur la mer du Nord, transbordées sur des navires semblables, ces marchandises partaient plus loin encore, vers la Flandre et l'Angleterre; déjà les bateaux du Nord poussaient vers l'Atlantique. C'était pour eux que s'aménageaient sur la côte flamande, puis à La Rochelle, des ports nouveaux, munis de quais accessibles à ces vaisseaux de fort tirant d'eau. Ceux-ci repartaient chargés de sel, de vin. Leur intrusion dans l'Atlantique vint stimuler l'activité des sauniers de la baie de Bourgneuf, activa la croissance d'un nouveau grand vignoble d'exportation, à Oléron et autour de La Rochelle. Une nouvelle jonction surtout s'établissait. Décisive. Aux deux extrémités de l'espace économique européen, elle attisait d'est en ouest une nouvelle flambée de croissance.

★

C'est toutefois dans la troisième zone, au cœur de l'Occident, en Angleterre et dans les vieux pays francs de Gaule et de Germanie, où viennent se nouer les courants du grand commerce, que se dessine de la manière la plus apparente l'inflexion de la fin du xiie siècle. Elle prend ici l'allure d'un véritable démarrage. Des indices qui la révèlent, on en a vu paraître beaucoup déjà dans le cours de cet essai. Le moment est venu de les rassembler en gerbe.

1. L'histoire des techniques est celle dont la chronologie est la plus incertaine. Je serais cependant tenté de placer

dans le dernier quart du XIIe siècle l'aboutissement d'une
première phase de développement technologique. A ce
moment, dans les campagnes picardes, alors que l'extension
de l'espace agraire marque un temps d'arrêt et que se multiplient les signes d'un renforcement de la pression démographique, n'entrevoit-on pas que les ménages de laboureurs
achèvent de compléter leur équipement en instruments aratoires efficaces, en chevaux de labour, que la rotation triennale est adoptée, que la campagne a maintenant les forges,
les moulins qui lui sont nécessaires? Un premier bond a permis
en quelques décennies, par la conquête de terres vierges et
le perfectionnement de l'outillage, d'élever sensiblement le
rendement du travail agricole. La culture céréalière semble
atteindre alors une sorte de palier, et les progrès les plus nets
de la production rurale vont se marquer désormais dans le
domaine, non plus du champ mais de l'herbage et de la forêt,
en réponse aux demandes les plus pressantes de l'économie
urbaine. Celle-ci se trouve à ce moment même relancée par
l'effet d'un ensemble de perfectionnements techniques. C'est
alors, par exemple, que l'emploi du rouet, que la diffusion
du moulin à came appliqué au foulage des tissus, au traitement du chanvre, à la fabrication du fer, permettent un
progrès plus rapide de la production artisanale, tandis que
l'utilisation de navires de plus fort tonnage accélère le transport des marchandises lourdes. Enfin des environs de 1170
date la découverte en Saxe des mines d'argent de Freiberg,
qui non seulement ouvre la première grande période de
l'histoire minière européenne, mais qui fournit à l'économie
d'échange ce qui lui manquait alors peut-être le plus, le
moyen de multiplier les espèces monétaires.

2. La poussée de l'expansion commerciale devient à
partir de ce moment beaucoup plus vive. Tandis que des
négociants italiens tentent l'aventure en Angleterre, inversement, la présence de marchands venus d'Arras se révèle à
Gênes et c'est en 1190 que les trafiquants ligures obtiennent
du duc de Bourgogne les privilèges dont bénéficiaient déjà
ceux d'Asti; ils pourront désormais traverser aux moindres
frais les villes bourguignonnes en direction des foires de
Champagne. C'est alors aussi que les deniers provinois
commencent à disputer à ceux de Paris la prééminence parmi
les monnaies qui courent dans la France du Nord, parce que
se met à fonctionner régulièrement, à Troyes, à Lagny, à Bar-
sur-Aube et à Provins, le mécanisme de rencontres marchandes
et de compensations financières qui pendant un siècle servira
de tremplin à l'essor, dans toute l'Europe, du commerce à

longue distance. C'est à la même date que s'intensifie nettement la croissance urbaine : cette période majeure du développement des villes qui se poursuivra jusque vers le milieu du xive siècle débute en Westphalie vers 1180[1]. C'est à la même date que s'observe ici et là, à l'égard de la production artisanale, une relative fermeture du marché urbain; il s'agit bien d'un effet de la croissance puisque cette contraction résulte en fait de la concurrence entre les villes, de la multiplication des bourgades rurales et du reflux vers la campagne de certains travaux, tels ceux qu'accomplissait le forgeron; elle rend nécessaire une organisation plus stricte de la production et conduit donc à accentuer la réglementation des métiers; des artisans, les seigneurs de la ville ne s'étaient guère jusqu'à présent souciés que pour lever sur eux des taxes, comme sur d'anciens domestiques; ils sont sollicités, à Paris, à Londres, à Toulouse, de les réunir en corps de métiers d'armature plus rigoureuse. Enfin, preuve de l'animation décidément de plus en plus vive du commerce, les prix montent, et vite. Les premières séries de comptabilité domaniale qui viennent d'Angleterre montrent, l'évolution du prix du blé. Par rapport à la période comprise entre 1160 et 1179, il est entre 1180 et 1199 de 40 % plus élevé, et de 130 % entre 1200 et 1219 si l'on se réfère au nombre de deniers — de 25 % et de 50 % si l'on se réfère cette fois au poids d'argent contenu dans les pièces. Ces données numériques mettent à la fois en évidence une dépréciation progressive de la monnaie et une hausse accélérée des prix. L'une et l'autre sont provoquées par la brusque intensification des échanges.

3. Dans le dernier quart du xiie siècle se discerne enfin dans la société rurale un premier ébranlement des primitives attitudes économiques. Alors que les premiers signes apparaissent d'un renouvellement de la petite aristocratie par la pénétration dans la chevalerie d'individus d'humble naissance — ainsi se concrétise le thème du parvenu qui se diffusait à ce moment même dans la littérature chevaleresque —, alors que la propension à dépenser toujours davantage commence à introduire dans les finances des petits seigneurs de village une gêne permanente comparable à celle que depuis cent ans connaissaient les princes et les prélats. Ces chevaliers ne trouvent plus comme jadis auprès de leur parenté ou de leurs voisins nobles l'aide en deniers qui les aurait tirés d'affaire; ils doivent eux aussi emprunter aux bourgeois,

1. C. Haase, *Die Enstehung des westfälischen Städte*, 1960.

bientôt leur vendre des bribes de leur domaine; ne pouvant plus supporter les frais de la fête, certains renoncent à armer leurs fils chevaliers et s'accrochent avec d'autant plus d'âpreté à leurs privilèges nobiliaires. En Angleterre, ce sont de nouvelles manières de gérer les domaines que l'on voit se répandre à partir de 1180. A ce moment — celui-là même où, dans son *Dialogue de l'échiquier*, Richard Fitzneal tente d'expliquer pourquoi des prestations en argent ont remplacé, dans la seigneurie rurale, les redevances en nature — les grandes abbayes bénédictines renoncent à affermer les manoirs; elles en reprennent en main l'exploitation directe, et le souci des seigneurs de faire rendre davantage à leur terre conduit alors à diverses innovations. Ainsi à assimiler la condition des vilains à l'ancienne servitude, de manière à les exploiter plus durement. Ainsi à faire contrôler strictement l'administration des régisseurs ruraux par des spécialistes du chiffre qui savent strictement compter. Décision fort importante pour l'histoire de l'économie : au dernier quart du XIIe siècle débutent dans les manoirs anglais des séries de comptes domaniaux qui permettent la première approche numérique des phénomènes économiques (on vient de voir que l'on pouvait dès ce moment suivre le mouvement du prix des blés) et qui en fait marque en Europe l'orée d'une histoire quantitative. Mais l'apparition de ces documents comptables manifeste surtout un changement de comportement : le souci nouveau de connaître avec précision la mesure des choses, d'établir un bilan, d'estimer le gain — donc le progrès de l'esprit de profit. En sont porteurs tous les techniciens des finances que les princes prennent à leur service, tel Richard Fitzneal, tels les scribes qui en 1181 calculèrent les revenus du comte de Flandre. Ces gens commencèrent alors à transporter dans les villages les usages des marchands des villes, à les diffuser peu à peu parmi tous les entrepreneurs de petite volée que sont les ministériaux, les fermiers, les chefs des chantiers du défrichement; ils aiguisent ainsi leur désir de gagner et les poussent à jouer un rôle plus actif encore dans la poursuite du développement économique. Par eux, l'esprit urbain va bientôt s'insinuer jusqu'au fond des campagnes.

*

Si j'ai choisi de clore cet essai sur les années quatre-vingt du XIIe siècle, c'est que ce moment me paraît correspondre à un tournant majeur de l'histoire économique européenne. Tout comme le premier jalon, celui du départ, moins précis en raison de la pénurie documentaire : le VIIe siècle. A cette époque, un mouvement de croissance s'était mis en marche. Le progrès de la production agricole le soutenait, et ce progrès répondait aux exigences d'une aristocratie militaire qui possédait la terre, dominait ceux qui la travaillaient et dont le premier souci était de rendre toujours plus somptueuse sa munificence ostentatoire. Jusqu'au XIe siècle, le travail rural était resté toutefois d'un faible rendement, et la croissance avait été principalement celle d'une économie de la guerre, dont l'esclavage et le pillage constituaient les deux assises. Mais, dans la paix féodale qui s'était ensuite instaurée, les conquêtes déterminantes étaient peu à peu devenues celles de la paysannerie, incitée par les contraintes seigneuriales à produire toujours davantage, de plus en plus nombreuse aussi, et pour cela de plus en plus libre de conduire son labeur à sa guise et d'en vendre les fruits. La mutation qui se situe à la fin du XIIe siècle n'affecte pas le rythme de ce progrès agricole : son élan ne faiblit pas; il va se poursuivre pendant plusieurs décennies encore. Ce qui change radicalement c'est sa fonction : il était jusqu'alors le moteur de tout le développement, il devient désormais subalterne. Tandis que se discernent, aux approches de l'an 1200, les premiers symptômes d'une faim de terre que l'essor démographique, prolongé pendant cinq siècles, n'avait pas encore suscitée et qui bientôt provoquera la durable détérioration de la condition paysanne, l'économie des campagnes s'établit en position subordonnée. Elle est destinée à ne plus subir désormais que des incitations, des appels, des sujétions, bref une exploitation toujours plus pesante : la domination de l'économie urbaine. Vers 1180, dans toute l'Europe, le temps des hommes d'affaires commence. Après 1180, l'esprit de profit fera sans cesse reculer l'esprit de largesse. De cette vertu survivra très longtemps la nostalgie. Mais elle ne parera plus que des héros mythiques, symboles et refuges à la fois de ces valeurs que le Moyen Age avait longtemps célébrées, vivantes et souveraines. Un premier Moyen Age. Celui des paysans. Celui des guerriers, leurs maîtres.

ORIENTATION BIBLIOGRAPHIQUE

Cette liste d'ouvrages est volontairement courte. Ce livre, je le répète, n'est pas un manuel, mais un essai. J'indique ici les principaux travaux qui ont orienté mes réflexions et, d'autre part, les publications où l'on pourra trouver les bibliographies les plus utiles et les plus récentes.

I. GÉNÉRALITÉS

BLOCH M. : *La Société féodale*, 2 volumes, Paris, 1940.

BOUTRUCHE R. : *Seigneurie et féodalité*, 2 volumes, Paris, 1959-1970.

Caratteri del secolo VII in Occidente, 2 volumes *(V Settimane di Studi del Centro italiano di Studi sull'alto medioevo)*, Spolète, 1958.

CIPOLLA C. M. : *Storia dell'economia italiana*, vol. I, Turin, 1959.

CIPOLLA C. M. (édit.) : *The Middle Ages (The Fontana Economic History of Europe)*, Londres, 1972.

Deuxième conférence internationale d'histoire économique, Aix-en-Provence, 1962, Paris, 1965.

DOEHAERD R. : *Le Haut Moyen Age occidental. Économies et sociétés* (Nouvelle Clio), Paris, 1971.

HENSEL W. : *La Naissance de la Pologne*, Wroclaw, 1966.

I problemi comuni dell'Europa post-carolingia (II Settimana di Studi del Centro italiano di studi sull'alto medioevo), Spolète, 1955.

KULISCHER J.-M. : *Allgemeine Wirtschaftsgeschichte des Mittelalters und der Neuzeit*, 4e édition, Berlin, 1958.

LESNE E. : *Histoire de la propriété ecclésiastique en France*, 6 volumes, Paris, 1910-1943.

LOPEZ R. S. : *The Commercial Revolution of the Middle Ages, 950-1350*, Englewood Cliffs, 1971.

LUZZATO G. : *Storia econòmica d'Italia. I. L'Antichità e il Medio Evo*, Rome, 1949.

MUSSET L. : *Les Peuples scandinaves au Moyen Age*, Paris, 1951.

PIRENNE H. : *Histoire économique et sociale du Moyen Age*, nouvelle édition revue par H. Van Werveke, Paris, 1963.

SALIN E. : *La Civilisation mérovingienne d'après les sépultures, les textes et le laboratoire*, 4 vol., Paris, 1950-1959.

VICENS VIVES J. : *Manual de Historia económica de España*, 3e édition, Barcelone, 1964.

WOLFF Ph., MAURO F. : *L'Age de l'artisanat, Ve-XVIIIe siècle, Histoire générale du travail*, t. II, Paris, 1960.

II. ÉCOLOGIE, DÉMOGRAPHIE, TECHNOLOGIE

BAUTIER A. M. : « Les plus anciennes mentions de moulins hydrauliques, industriels et de moulins à vent », *Bulletin philologique et historique*, 1960.

BLOCH M. : « Les inventions médiévales », *Annales E.S.C.*, 1935.

DARBY H. C. (édit.) : *An Historical Geography of England*, Cambridge, 1936.

DAUMAS M. (édit.) : *Histoire générale des techniques*, t. I, B. GILLE, *Les Origines de la civilisation technique*, Paris, 1962.

DERRY T. K. et WILLIAMS T. P. : *A short history of technology*, New York, Oxford, 1961.

FOURNIER G. : *Le Peuplement rural en basse Auvergne durant le haut Moyen Age*, Paris, 1962.

GILLE B. : « L'industrie métallurgique en Champagne au Moyen Age », *Revue d'histoire de la sidérurgie*, 1960.

JAHNKUHN H. : « Die Entstehung der mittelalterlichen Agrarlandschaft in Angeln », *Geographische Annalen*, 1961.

LE ROY LADURIE E. : *Times of Feast, Times of Famine : a History of Climate since the year 1000*, New York, 1971.

RUSSEL J. C. : *British Medieval Population*, Albuquerque, 1948.

RUSSEL J. C. : *Late Ancient and Medieval Population*, Philadelphie, 1958.

SCHNEIDER J. : « Fer et sidérurgie dans l'économie européenne du XIe au XVIIe siècle », *Actes du colloque international : le fer à travers les âges*, Nancy, 1956.

SINGER C., HOLMYARD E. J., HALL A. R., WILLIAMS T. I., édit. : *A history of technology*, vol. II : *The mediterranean Civilizations and the Middle Ages*, Oxford, 1956.

SPRANDEL R. : *Das Eisengewerbe im Mittelalter*, Stuttgart, 1968.

VERHULST A. : *Histoire du paysage rural en Flandre de l'époque romaine au XVIIIe siècle*, Bruxelles, 1966.

WHITE L. : *Medieval technology and Social Change*, Oxford, 1962.

III. L'ÉCONOMIE RURALE

1. Généralités.

ABEL W. : *Geschichte der deutschen Landwirtschaft von frühen Mittelalter bis zum XIX. Jahrhundert*, vol. II de *Deutsche Agrargeschichte*, Stuttgart, 1962.

ABEL W. : chap. VI et VII du *Handbuch der deutschen Wirtschafts- und Sozialgeschichte* (H. Aubin et W. Zorn, édit.), Stuttgart, 1971.

Agricoltura e mondo rurale in Occidente nell'alto medioevo' (*XIII Settimana di Studi sull'alto medioevo*), Spolète, 1966.

BLOCH M. : *Les Caractères originaux de l'histoire rurale française*, 2 volumes, Paris, 2e édition, 1961-1964.

DUBY G. : *L'Économie rurale et la vie des campagnes dans l'Occident médiéval*, 2 volumes, Paris, 1961.

FRANZ G. : *Geschichte des Bauernstandes*, vol. VI de *Deutsche Agrargeschichte*, Stuttgart, 1963.

JONES P. J. : « Per la storia agraria italiana nel medioevo; lineamenti e problemi », *Rivista storica italiana*, 1964.

LUTGE F. : *Geschichte der deutschen Agrarverfassung vom frühen Mittelalter bis zum XIX*, vol. III de *Deutsche Agrargeschichte*, Stuttgart, 1963.

SLICHER VAN BATH B. H. : *The Agrarian History of Western Europe, 500-1850*, Londres, 1963.

The agrarian life of the Middle Ages, vol. I de *The Cambridge Economic History of Europe*, M. M. POSTAN, édit., 2e édition, Cambridge, 1966.

2. *Études particulières.*

DELEAGE A. : *La Vie rurale en Bourgogne jusqu'au début du XIe siècle*, 3 volumes, Paris, 1941.

DESPY G. : « Villes et campagnes aux IXe et Xe siècles : l'exemple du pays mosan », *Revue du Nord*, 1968.

DION R. : *Histoire de la vigne et du vin en France, des origines au XIXe siècle*, Paris, 1959.

DOLLINGER Ph. : *L'Évolution des classes rurales en Bavière jusqu'au milieu du XIIIe siècle*, Paris, 1949.

DUBOULAY F. R. H. : *The Lordship of Canterbury. An essay on medieval society*, Londres, 1966.

DUBY G. : *La Société aux XIe et XIIe siècles dans la région mâconnaise*, Paris, 1953.

FINBERG H. P. R. : *Tavistock Abbey. A Study in the social and economic History of Devon*, Cambridge, 1951.

FOSSIER R. : *La Terre et les hommes en Picardie jusqu'à la fin du XIIIe siècle*, Paris-Louvain, 1968.

HERLIHY D. : « Agrarian Revolution in France and Italy 801-1150 », *Speculum 1958.*

LENNARD R. : *Rural England, 1068-1135. A Study of Social and Agrarian Conditions*, Oxford, 1959.

METZ W. : « Die Agrarwirtschaft im karolingischen Reiche », *Karl der Grosse*, I, Düsseldorf, 1965.

MILLER G. : *The Abbey and Bishopric of Ely. The social History of an Ecclesiastical Estate from the Xth century to the early XIVth century*, Cambridge, 1951.

PERRIN Ch. E. : *Recherches sur la seigneurie rurale en Lorraine d'après les plus anciens censiers* (Xe-XIIe siècle), Strasbourg, 1935.

PERRIN Ch. E. : « Observations sur le manse dans la région parisienne au début du IXe siècle », *Annales d'histoire sociale*, 1945.

POSTAN M. M. : *The Famulus, the estate Labourer in the XIIth and XIIIth centuries*, Cambridge, 1954.

RAFTIS J. A. : *The Estates of Ramsey Abbey. A Study in Economic Growth and organisation*, Toronto, 1957.

VERHULST A. G. : *De Sint-Baafsaddij te Gent en haar Grondbezit*, Bruxelles, 1958.

VERLINDEN C. : *L'Esclavage en Europe médiévale*, t. I : *Péninsule ibérique, France*, Bruges, 1955.

IV. MONNAIE, VILLES ET MARCHANDS

1. *La monnaie.*

BLOCH M. : *Esquisse d'une histoire monétaire de l'Europe*, Paris, 1954.

BLOCH M. : « Le problème de l'or au Moyen Age », *Annales E.S.C.*, 1933.

CIPOLLA C. M. : *Money, Prices and Civilization in the Mediterranean World*, Princeton, 1956.

CIPOLLA C. M., *Le avventure della lira*, Milan, 1958.

DOEHAERD R. : « Les réformes monétaires carolingiennes », *Annales E.S.C.*, 1952.

DUBY G. : « Le budget de l'abbaye de Cluny entre 1080 et 1155 », *Annales E.S.C.*, 1952.

KIERSNOWSKI R. : « Coins in the economic and political structure of states between the ixth and the xith century », *L'Europe aux XIe-XIIe siècles*, Varsovie, 1968.

LALIK, T. : « La circulation des métaux précieux en Pologne du xe au xiie siècle », *Acta Poloniae historica*, 1968.

LOPEZ R. : « An aristocraty of money in the early middle ages », *Speculum 1953.*

Moneta e scambi nell'alto medioevo (VIII Settimana di Studi del Centro italiano di Studi sull'alto medioevo), Spolète, 1961.

SAWYER P. H. : « The Wealth of England in the xith century », *Transactions of the Royal Historical Society*, 1965.

VAN VERWEKE H. : « Monnaies, lingots ou marchandises. Les instruments d'échange aux xie et xiie siècles », *Annales d'histoire économique et sociale*, 1932.

2. *Villes et sociétés urbaines.*

AKKERMAN J. B. : « Het Koopmansgilde van Tiel omstreeks het jaar 1000 », *Tijdschrift voor Rechtsgeschiedenis* 1962.

BONNASSIE P. : « Une famille de la campagne barcelonaise et ses activités économiques aux alentours de l'an mille », *Annales du Midi*, 1965.

COORNAERT E. : « Des confréries carolingiennes aux guildes marchandes », *Mélanges d'histoire sociale*, 1942.

DOLLINGER Ph. : *La Hanse (XIIe-XVIIe siècle)*, Paris, 1964.

ENNEN E. : *Frühgeschichte der europaïschen Stadt*, Bonn, 1953.

La Città nell'alto medioevo (VI Settimana di Studi del Centro italiano di studi sull'alto medioevo), Spolète, 1959.

L'Artisanat et la vie urbaine en Pologne médiévale, Varsovie, 1962.

Les Origines des villes polonaises (Congrès et Colloques de la VIe section de l'École pratique des Hautes Études), Paris, 1960.

LEICHT P. S. : *Operai, artigiani, agricoltori in Italia del secolo VI al XVI*, Milan, 1946.

LESTOCQUOY J. : *Aux origines de la bourgeoisie. Les villes de Flandre et d'Italie sous le gouvernement des patriciens. XIe-XVe siècle*, Paris, 1952.

MUNDY J. H., RIESENBERG P. : *The Medieval Town*, Princeton, 1958.

PLANITZ H. : *Die deutsche Stadt im Mittelalter*, Graz-Cologne, 1954.

ROMERO J. L. : *La Revolución burguesa en el mundo feodal*, Buenos Aires, 1967.

SANCHEZ-ALBORNOZ C. : *Estampas de la vida en León hace mil annos*, Madrid, 1934.

VERCAUTEREN F. : *Étude sur les « civitates » de la Belgique seconde*, Paris, 1934.

VIOLANTE C. : *La Società milanese nell'età precomunale*, Bari, 1953.

3. Le commerce.

DHONDT J. : « Les problèmes de Quentovic », *Studi in onore di Amintore Fanfani*, Milan, 1962.

DOEHAERD R. : « Au temps de Charlemagne. Ce qu'on vendait et comment on le vendait dans le Bassin parisien », *Annales E.S.C.*, 1947.

Economic organization and policies in the Middle Ages, vol. III de *The Cambridge Economic History of Europe*, M. M. POSTAN, édit., Cambridge, 1963.

ENDEMANN R. : *Markturkunde und Markt in Frankreich und Burgund vom 9. bis 11. Jahrhundert*, Constance, 1964.

GRIERSON P. : « Commerce in the Dark Ages : a critique of the evidence », *Transactions of the Royal Historical Society*, Bruxelles, 1959.

JANKUHN H. : « Die frühmittelalterlichen Seehandelsplätze im Nord- und Ostseeraum », *Studien zu den Anfängen des europäischen Städtewesens*, Constance, 1958.

LE GOFF J. : *Marchands et banquiers du Moyen Age*, Paris, 1956.

LEWIS A. R. : « Le commerce et la navigation sur les côtes atlantiques de la Gaule du Ve au VIIIe siècle », *Le Moyen Age*, Paris, 1953.

LEWIS A. R. : *Naval Power and trade in the Mediterranean, A. D. 500-1100*, Princeton, 1951.

LOPEZ R., RAYMOND I. W. : *Mediaeval trade in the Mediterranean World*, New York, 1955.

Recueils de la société Jean Bodin : vol. V : *La Foire*, Bruxelles, 1953.

RENOUARD Y. : *Les Hommes d'affaires italiens du Moyen Age*, Paris, 1949.

Trade and Industry in the Middle Ages, vol. II de *The Cambridge Economic History of Europe*, M. M. POSTAN, édit., Cambridge, 1952.

WARNKE Ch. : *Die Anfänge des Fernhandels in Polen*, Würzbourg, 1964.

PREMIÈRE PARTIE

LES BASES. VIIe ET VIIIe SIÈCLE

I. LES FORCES PRODUCTIVES   13

La nature   13
Conjectures démographiques   19
L'outillage   22
Le paysage   25

II. LES STRUCTURES SOCIALES   41

Les esclaves   41
Les paysans libres   43
Les maîtres   46

III. LES ATTITUDES MENTALES   60

Prendre, donner, consacrer   60
La fascination des modèles antiques   69

DEUXIÈME PARTIE

LES PROFITS DE LA GUERRE.
IXe-MILIEU DU XIe SIÈCLE

I. L'ÉTAPE CAROLINGIENNE   91

Les tendances démographiques   92
Le grand domaine   97
Le commerce   113

II. LES DERNIÈRES AGRESSIONS   129

Les attaques   130
Les effets   132
Les pôles de développement   139
  L'Europe sauvage   139
  Autour de la mer du Nord   148
  Le versant méridional   159

TROISIÈME PARTIE

LES CONQUÊTES PAYSANNES.
MILIEU DU XIe-FIN DU XIIe SIÈCLE

I. LES TEMPS FÉODAUX   179

Les premiers signes de l'expansion   180
L'ordre féodal   184
    Les trois ordres   187
    La seigneurie   191
Les ressorts de la croissance   200

II. LES PAYSANS   205

Le nombre des travailleurs   205
Le facteur technique   211
Le défrichement   225

III. LES SEIGNEURS   237

L'exemple monastique   240
Exploiter   248
    La rente foncière   248
    Le faire-valoir direct   251
    L'exploitation des hommes   254
Dépenser   260

IV. LE DÉMARRAGE   286

ORIENTATION BIBLIOGRAPHIQUE   301

DU MÊME AUTEUR

Aux Éditions Gallimard

DES SOCIÉTÉS MÉDIÉVALES (1971)

LE DIMANCHE DE BOUVINES (1973)

GUERRIERS ET PAYSANS (1973)

L'AN MIL (1974)

LE TEMPS DES CATHÉDRALES (1976)

LES TROIS ORDRES OU L'IMAGINAIRE DU FÉODALISME (1978)

GUILLAUME LE MARÉCHAL OU LE MEILLEUR CHEVA-LIER DU MONDE (Folio histoire)

Ouvrage reproduit
par procédé photomécanique.
Impression S.E.P.C.
à Saint-Amand (Cher), le 7 octobre 1988.
Dépôt légal : octobre 1988.
Premier dépôt légal : février 1978.
Numéro d'imprimeur : 2005.

ISBN 2-07-029542-7./Imprimé en France.

44581